기계재료가공법

이건이, 최영, 강기영, 고성림, 김권희, 안동규 지음

Σ 시그마프레스

기계재료가공법

발행일 | 2014년 8월 1일 1쇄 발행
2017년 1월 20일 2쇄 발행

저자 | 이건이, 최영, 강기영, 고성림, 김권희, 안동규
발행인 | 강학경
발행처 | ㈜시그마프레스
디자인 | 송현주
편집 | 문수진

등록번호 | 제10-2642호
주소 | 서울특별시 영등포구 양평로 22길 21 선유도코오롱디지털타워
A401~403호
전자우편 | sigma@spress.co.kr
홈페이지 | http://www.sigmapress.co.kr
전화 | (02)323-4845, (02)2062-5184~8
팩스 | (02)323-4197
ISBN | 978-89-6866-193-8

머리말

19 90년 이후 여러 산업 분야에서 수많은 새로운 기술 개발과 새로운 재료의 등장 및 새로운 가공법의 개발에 따라 최근에는 기계공학도가 배워야 할 지식의 양이 굉장히 늘어났을 뿐만 아니라, 다른 공학 분야와 또는 공학이 아닌 분야와의 융합에 의한 전공 분야 이외의 많은 지식도 갖출 것을 요구받고 있다.

또한 산업 분야의 다양화와 함께 수직 계열화에 의한 분업화라는 기업 환경의 변화에 따라 엔지니어에게는 다양한 분야의 기초 지식뿐만 아니라 담당 분야에 있어서는 보다 전문적인 지식을 갖출 것을 요구받고 있다. 이에 따라 학교에서는 다양한 분야의 기초 지식을 가르치고 사회에서는 조직에서 필요한 전문 지식을 배우는 기술 교육 이원화의 필요성이 더욱 절실해지게 되었다.

이러한 요구에 부응하기 위하여, 기업에서 수십 년간 근무하며 느낀 점과 대학에서 강의하며 느낀 점을 접목하여 기존의 책과는 차원이 다른 새로운 책을 구상하였고 수년 동안 준비하여 집필하였다. 이를테면 기존에 출판된 책에서는 조금밖에 기술되지 않고 있지만 현재는 매우 중요한 공정 중 하나가 된 표면 처리와 각인에 대한 내용을 별도의 장으로 다루는 등 실제 기업 현장에서 현재 사용되고 있는 거의 모든 가공 방법에 대해 기술하고자 최선을 다했다.

'재료 가공법'은 더 이상 부품 가공을 위해 배우는 과목이 아니다. 즉 '부품을 어떻게 하면 가공을 잘할 수 있는지(가공 조건, 공구의 종류 등)보다 그 가공법이 어떤 것인지(가공 원리의 이해, 장단점, 특징 등)를 아는 것이 더 중요하며, 보다 전문적인 지식은 전문 서적 및 전문가를 통하여 습득한다'라는 관점에서 기계 재료 및 가공법에 대한 전반적인 이해 및 기본적인 지식을 전달하여 간접 경험을 할 수 있도록 도와주고, 이에 대한 체계적인 정리를 통하여 실무 수행 시 새로이 습득하는 지식을 빨리, 쉽게 자기 것으로 만드는 능력을 키워주는 데 이 책의 중점을 두었다.

이 책은 기계공학을 전공하는 학생이 아니어도 내용을 이해할 수 있도록 알기 쉽게 설명하려고 노력했다. 재료 및 가공법에 대한 특징, 장점 및 단점은 일목요연하게 비교하여 서술하였고, 다양한 사진, 그림 및 실무에서 활용 가능한 각종 비교표와 데이터도 수록하였다.

아울러 국내 기업 현실 및 산업 발전 현황에 따른 요구에 부응하기 위해 실제 산업 현장에서 일어나는 공정 순서 및 용도 또는 목적을 기준으로 내용을 분류하였고, 최근에 사용하기 시작한 가공법에 대해서도 빠짐없이 소개하였다.

첫 출간이라 내용에 다소 미흡한 부분이 있을 것이지만, 독자 여러분의 의견을 수렴하여 이후 수정, 보완할 것을 약속드린다. 마지막으로 이 책이 출간되기까지 도와주신 분들에게 감사한 마음을 전한다.

2014년 7월
저자 일동

차례

제4장 공차와 끼워맞춤

제5장 절단 가공

제6장 재료 제거 가공

제10장 비금속 재료 부피성형

1 서론

1 기계란 무엇인가?

세상에서 기계가 모두 멈추면 우리는 하루도 살아갈 수 없을 것이다. 우리 주변에서 보이는 움직이거나 이동하는 것은 전부 기계이기 때문이다. 자전거부터 우주선까지, 탈곡기부터 콤바인까지, 맷돌에서 세탁기까지 모두 기계이며, 범위를 넓혀 최근 수요가 급성장하고 있는 기기(휴대기기, 사무기기, 측정기기 등)를 포함하면 기계공학 엔지니어가 개발과 생산에 관여하는 분야는 엄청나게 넓다.

기계란 무엇인가? 많은 사람들이 여러 가지 방법으로 정의하고 있지만 '외부로부터 에너지를 공급받아 이 에너지를 전달 또는 변환하여 어떤 주어진, 즉 목적으로 하는 일을 하는 장치'라는 정의가 적당하다.

기계의 기본 조건은 여러 개의 부품으로 구성되어 있어야 하고 적절한 구속을 받아 운동이 제한적이어야 하며 구성 부품은 저항력에 견딜 수 있도록 강도를 가져야 하며 특히 유효한 일을 해야 한다.

기계의 종류는 표 1.1과 같다.

::: **표 1.1 기계의 종류**

종류	제품
공작 기계	선반, 밀링기, 보링기, 머시닝 센터, 프레스, 레이저 가공기 등
운송 기계	자동차, 철도 차량, 선박, 항공기, 지게차, 엘리베이터 등
건설 기계	굴삭기, 크레인, 굴착기, 로드 롤러, 포장기, 대형 덤프트럭
플랜트	제철, 화학, 정유, 시멘트, 해저 유정 설비, 제지 등
섬유 기계	자수기, 직조기, 재봉틀 등
인쇄 기계	윤전기, 오프셋 인쇄기
식음료 기계	식품 제조 기계, 음료 제조 기계, 주류 제조 기계
목공 기계	NC루터, 벨트 샌더, 패널 소(panel saw)
농업 기계	트랙터, 콤바인, 파종기, 경운기 등
로봇	용접 로봇, 조립 로봇, 운반 로봇
전용 장비	반도체, 디스플레이, 솔라셀 제조 장비 등
동력 장치	발전기, 내연 기관, 전동기

2 기계를 잘 만들려면?

기계를 잘 만든다는 것은

① 목적하는 기능 및 성능이 만족되어야 하며
② 목표로 하는 내구성 및 수명이 보장되어야 하며
③ 고장 발생이 잦지 않고 수리가 쉬워야 하며
④ 안전성이 충분히 확보되어야 하고
⑤ 조작 및 사용이 쉽고 편리해야 하며
⑥ 효율이 높고 유지비가 낮아야 하며
⑦ 환경에 대한 부담이 적어야 하고
⑧ 제조비용이 낮아야 한다.

등을 달성한다는 것을 뜻하며, 이 모든 것은 기계 설계 단계에서 그 수준이 결정된다. 즉 기계 설계를 잘하느냐 못하느냐에 따라 기계의 품질이 결정된다.

3 기계 설계란 무엇인가?

기계 설계는 '인간 최고의 지적 창조 행동' 또는 '시장(고객)이 원하는 제품이나 장치를 가장 경제적으로 만들기 위한 행위'라고 정의되곤 한다.

즉 적절한 기능, 성능 및 외관을 가진 제품을 적정한 원가로 만들기 위해, 기계공학을 활용하여 또는 주어진 조건(기능, 성능, 외관)하에서 가장 낮은 원가로 만들기 위해 수행하는 모든 행위를 말한다.

4 설계를 잘하려면?

음식을 저렴하고 맛있게 만들려면 적절하고 좋은 음식 재료와 양념 등을 선택한 후 이들을 싸게 구입해야 하며 이 재료들을 적절한 조리 기구를 이용하여 적절한 조리 방법으로 만들어야 한다.

기계 설계도 마찬가지로 아래 분야에 대한 풍부한 지식을 가져야 하며 이러한 지식을 적절히, 종합적으로 활용하고 응용할 수 있어야 창의적인 설계 결과를 기대할 수 있을 것이다.

   ① 기초 이론 지식 : 고체역학(재료역학), 열역학, 유체역학, 동력학, 기구학 등
   ② 기계 재료의 종류 및 특성
   ③ 기계 재료 가공법의 종류와 장단점
   ④ 기계 요소의 종류 및 활용 방법
   ⑤ 기계 제도법
   ⑥ 측정기기의 종류 및 특징
   ⑦ 조립 및 분해 방법
   ⑧ CAD
   ⑨ 제어 관련 지식
   ⑩ 분석 및 구조 해석 소프트웨어 사용

5 도면이란?

도면은 설계의 결과물이며 설계자가 만들고자 하는 부품이나 제품에 대한 설계 의도를 약속된 그림, 숫자, 기호, 문자 등을 사용하여 관련된 모든 사람에게 정확하고 알기 쉽게 전달하는 수단이자 매개체이다.

조립도는 조립을 위해, 부품도는 부품 가공 및 검사를 위해 그려지는 것이며, 이를 위해 각 도면에 반드시 포함되어야 할 내용은 다음과 같다.

1) 조립도
- 삼각법에 의한 외관 형상 도면
- 내부 조립 상태를 알기 위한 부분 단면도
- 사용되는 모든 부품의 도면 번호, 부품명, 수량 등

2) 부품도
- 도면 번호, 부품명, 수량
- 재질 및 두께(판재인 경우)
- 형상 및 치수
- 정밀도 또는 공차
- 표면 거칠기
- 용접 규격
- 열처리 방법
- 표면 처리 방법
- 필요한 경우 가공 방법을 구체적으로 지시
- 기타 설계자의 의도를 전달하기 위한 지시 : 주기(注記)

6 주요 기계 요소의 종류 및 기계 구성 부품의 일반적인 명칭

① 기어(gear, 치차)
② 풀리(pulley)와 벨트(belt)
③ 스프로킷(sprocket)과 체인(chain)
④ 베어링(bearing)
⑤ 리드 스크루(lead screw), 볼 스크루(ball screw)
⑥ 랙(rack)과 피니언(pinion)
⑦ 리니어 모터(linear motor)
⑧ 축(shaft)
⑨ 크랭크 축(crank shaft)
⑩ 캠(cam)
⑪ 키(key)
⑫ 핀(pin)
⑬ 베이스(base)
⑭ 프레임(frame)
⑮ 브래킷(bracket)
⑯ 커버(cover)

⑰ 하우징(housing)

⑱ 플랜지(flange)

7 기계 부품의 일반적인 제작공정 순서

우리가 사용하고 있는 부품이나 제품을 만들기 위해서는 다음의 제작공정 순서 중 하나를 거쳐야 한다.

1) 금속 재료

① 소재 절단→소재 열처리→절삭→부품 열처리→연삭→표면 처리→각인

　수량이 적은 소형·중형 부품, 정밀 부품, 강도가 필요한 부품

　전동 축, 기어, 풀리, 캠 등

② 소재 절단→소재 열처리→절삭→용접→부품 열처리→연삭→표면 처리→각인

　①번 항의 부품 중 부품 내·외경의 차이가 큰 부품 및 두께의 차이가 큰 부품

③ 소재 절단→용접→부품 열처리→절삭→표면 처리

　수량이 적은 중형 및 대형 부품

　기계 프레임, 베이스, 기어 박스 등

④ 형재 절단→형재 성형 가공→용접→열처리→표면 처리

　대형 구조물, 받침대, 브래킷 등

⑤ 판재 절단→판재 성형 가공→용접→절삭→표면 처리

　수량이 적은 케이스, 커버, 박스 등

⑥ 롤 판재→판재 성형 가공→절단→용접→표면 처리

　대량 생산이며 단면 형상이 동일한 판재 부품

　트럭 짐칸 문짝, 파이프 등

⑦ 판재 프레스 절단→판재 프레스 성형→용접→절삭→표면 처리

　대량 생산 부품, 커버, 케이스, 박스, 판재 부품 등

　자동차 외곽 패널, 전기·전자제품 케이스, 용기

⑧ 주조→절삭→열처리→연삭→표면 처리

　중량 및 대량 생산 구조물, 베이스, 프레임, 기어 박스, 하우징 등

기계 프레임, 자동차 실린더 블록

⑨ 소재 절단 → 단조 → 절삭 → 부품 열처리 → 표면 처리

중량 및 대량 생산 동력 전달 계통 부품

축, 크랭크 축, 캠 축, 기차 바퀴 등

⑩ 압출 → 절단 → 절삭 → 부품 열처리 → 표면 처리

대량 생산이며 단면 형상이 일정하고 어느 정도 복잡한 부품

건축 자재, 모터 케이스, 알루미늄 프레임 등

⑪ 인발 → 절단 → 절삭 → 부품 열처리 → 표면 처리

⑨번 항목 중 단면 형상이 단순하며 가늘고 긴 부품

안내 축, 가이드 레일 등

2) 플라스틱, 고무, 복합 재료

- 사출 성형 → 절삭 → 표면 처리
- 압출 성형 → 절단 → 표면 처리
- 블로 성형 → 표면 처리
- 진공 성형 → 절단 → 표면 처리
- 회전 성형
- 압축 성형
- 소재 절단 → 절삭 → 표면 처리

3) 분말 금속, 세라믹스

블렌딩 → 압축 → 절삭 → 소결

8 기계 재료 및 기계 재료 가공법은 왜 배워야 하는가?

우리가 값이 싸고 맛있는 음식을 만들기 위해서는 요리 재료의 종류와 특성 및 산지별 가격 등과 아울러 조리 기구, 조리 방법 및 그릇의 종류와 특성까지 알아야 한다. 더 나아가 나만의 창조적인 음식 또는 요리를 개발하기 위해서는 한식, 중식, 일식 및 양식은 물론 가능한 한 많은 나라의 음식에 대한 정보를 습득하여 내 것으로 소화한 후 그것들을 내 요리에 응용할 줄 알아야 한다.

이와 마찬가지로 좋은 제품, 즉 잘 팔리는 제품을 만들기 위해서는 기계 재료, 기계 재료 가공법, 기계 요소의 종류와 특징 및 구입 용이성 등에 대해 많은 정보와 지식을 갖고 있어야 한다. 다음 표를 예로 들어 구체적으로 설명하여 보자.

∷ 표 1.2 재료의 종류별 가공법에 따른 가공비용 비교

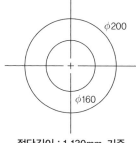

수량 : 10개 기준

$\phi 200$

$\phi 160$

절단길이 : 1,130mm 기준

두께 2mm일 때의 1개 가공비 비교   단위 : 원

	SS, SPCC	STS	Al	Brass	Acryl
절삭 가공	–	–	–	–	–
레이저 가공	1,100	1,700	2,00	2,000	1,000
워터제트 가공	3,000	3,000	1,500	2,000	1,500
와이어컷 가공	10,000	9,100	12,700	12,700	–

두께 6mm일 때의 1개 가공비 비교   단위 : 원

	SS, SCP	STS	Al	Brass	Acryl
절삭 가공	35,000	60,000	30,000	30,000	35,000
레이저 가공	1,700	4,500	5,000	5,000	1,500
워터제트 가공	6,500	6,500	3,000	4,500	2,500
와이어컷 가공	30,000	27,300	38,000	38,000	–

두께 20mm일 때의 1개 가공비 비교   단위 : 원

	SS, SCP	STS	Al	Brass	Acryl
절삭 가공	30,000	55,000	32,000	32,000	30,000
레이저 가공	4,500	–	–	–	4,000
워터제트 가공	23,000	23,000	12,000	16,000	9,000
와이어컷 가공	100,000	91,000	127,000	127,000	–

위의 표에서 알 수 있듯이 설계해서 만들려고 하는 부품을 형상 및 크기, 재질 및 두께, 가공 정밀도, 생산 수량, 강도, 인건비 등에 따라 비용을 최소화하면서 성능, 기능 등 기대 효과는 최대화할 수 있는 최적의 가공법은 달라지게 된다.

특정 부품에 대한 최적 가공법이 무엇인지 알기 위해서는 현재 사용되고 있는 모든 가공법의 특성, 장단점, 소요 비용, 기술 난이도 및 일반성 등에 대해 잘 알지 않으면 안 된다. 이것이 기계 재료 가공법을 배워야 하는 이유이다.

2 기계 재료

1 개요

기계 재료란 기계를 구성하는 부품에 필요한 요건을 갖춘 재료를 말한다. 기계에 필요한 기능, 강도, 사용 환경에 맞는 성질을 가진 각종 금속 재료, 비금속 재료 및 복합 재료 등이 널리 사용되고 있으며, 기계 재료는 설계 시 결정되어야 하고 조립도 및 부품도에 반드시 기입되어야 한다.

2 기계 재료의 성질

① 기계적 성질 : 기계 부품이나 구조물에 가해지는 각종 하중에 대한 파괴나 변형 등과 관련된 성질로 인장강도, 항복강도(내력), 피로강도, 강성, 인성, 연성, 탄성, 비강도, 비강성, 경도, 충격 저항 등이다.
② 화학적 성질 : 기계나 그 부품이 사용되는 환경에 대한 특성을 나타내는 성질로 내마모성, 내부식성, 내열성, 내산화성, 고온강도, 내약품성, 고온 크리프 저항 등이 이에 속한다.
③ 물리적 성질 : 재료가 가진 고유의 성질로 비중, 비열, 융점, 비점, 원자량, 열용량, 열전도, 선팽창 계수 등이다.
④ 전기 자기적 성질 : 전기 및 자기에 대한 성질로 전기 전도도, 자성 등이 이에 속한다.
⑤ 가공성 : 재료는 어떤 형태로든 가공되어 기계 부품으로 사용되므로 가공성은 매우 중요한 성질이며 절단성, 절삭성, 주조성, 소성 가공성, 용접성, 열처리성 등이 있다.

3 기계 재료의 소재 형태

시중에 판매되고 있는 재료의 소재 형태에는 다음과 같은 종류가 있다.

1) 절단 판재

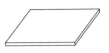

구입 가능한 크기 : 3×6ft, 1×2m, 4×8ft, 5×10ft, 8×20ft

구입 가능한 두께 : 0.8~400mm

재질에 따라 차이가 있으며 더 작은 크기 및 얇은 두께 또는 더 두꺼운 두께의 소재도
구입 가능하다.

2) 환봉재

직경 : ϕ6~800mm

길이 : 6m

3) 각봉재 : 4각, 6각

굵기 : □ 1×1~□ 400×400mm

육각 한 변 길이 : 1~400mm

길이 : 6m

4) 관재(파이프)

원형 : 내경 10~600mm

각형 : 내측 16×16~500×500mm

5) 형재

H빔, I빔 : 100×100~900×300mm

C채널 : 60×30~250×80mm

앵글 : 25×25~200×200mm

6) 평재

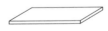

13mm×3t~280mm×25t

7) 롤재

두께가 얇은 판재를 두루마리로 말아서 만든다.

4 기계 재료의 종류

대부분의 기계 재료는 금속이며 이 중에서도 철강 재료가 가장 많이 사용되고 있으나 제품의 경량화, 내식성 및 외관 중시 경향에 따라 비철금속의 사용이 점점 증가하고 있다.

금속 재료는 강도가 높고 재료의 성질이 대체로 균일하며 원하는 형상으로 만들기 쉽고 열처리에 의해 재료의 성질을 쉽게 향상시킬 수 있어 많이 사용된다.

최근에는 화학 공업의 발전에 따라 기계 재료의 요건을 가진 많은 종류의 비금속 재료가 만들어져 이용되고 있다.

다음 그림 2.1은 재질에 따른 분류를 나타낸 것이다.

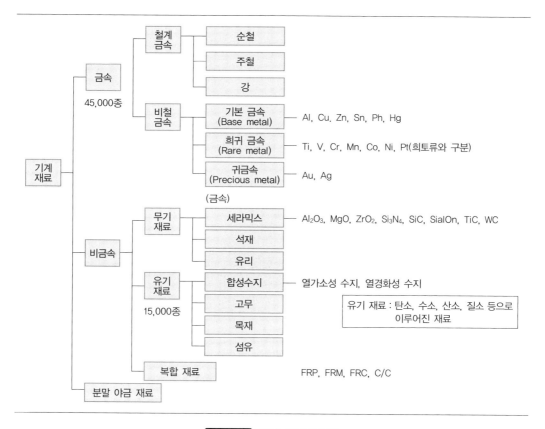

그림 2.1 기계 재료의 분류

1) 철계 금속

철계 금속이란 철(Fe) 성분이 전체의 50% 이상인 금속을 말하며 그 분류는 그림 2.2와 같다.

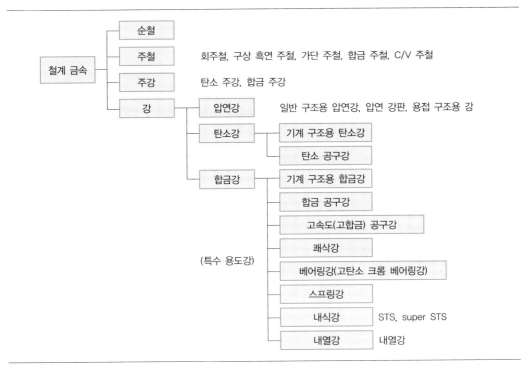

그림 2.2 철계 금속 재료의 분류

(1) 순철(SUY-1)

철(Fe) 이외의 불순물인 탄소 0.03%, 망간 0.01%, 인 0.02%, 황 0.02%, 동 0.07%, 알루미늄 0.15% 이하인 순도 높은 선철.

- 용도 : 모터 요크, 자기 차폐판, 전자 재료, 자성 재료, 초 내열, 초 내마모, 초 내부식 부품에 사용

(2) 주철

탄소(C)가 2.14~4.5%, 규소 3% 이하, 망간 0.3~1%, 황 0.02~0.13% 정도 함유한 철로 충격에 약해 단조나 압연 등 열간 가공에 부적합하다. 또한 융점이 낮아 주조하기 쉬워 복잡한 형상 및 대형 부품을 만들기가 용이하다.

종류에는 일반 주철, 고급 회주철, 가단 주철, 구상 흑연 주철, C/V 주철, 합금 주철, 칠드 주철 등이 있다.

① 일반 주철

- 회주철 : 탄소(C)와 규소(Si) 함량이 많고 냉각 속도가 느릴 때 나타나는 주철 조직으로 흑연이 편상이며 파단면이 회색이다. 회주철은 진동 흡수 능력 및 감쇠 능력이 뛰어나다. 또한 윤활성 및 열전도율이 높으므로 마찰열을 피하기 쉽고 내마모성이 좋다.
  - 기계 베이스, 플라이 휠 등에 사용한다.

- 백주철 : 탄소(C)와 규소(Si)가 적고 냉각 속도가 빠를 때 나타나는 주철 조직으로 파단면이 백색이다. 백주철은 경도와 내마모성이 우수하다. 실린더 라이너, 압연용 롤, 철도 차량의 브레이크 슈 등에 사용된다.
- 잡주철 : 회주철과 백주철의 혼합형이다.

② 고급 회주철

장강도가 $30kg/mm^2$ 이상인 회주철로 끈기가 강하고 마모 및 고온에 잘 견디며 용해 시 고철을 다량 첨가하여 일반 주철보다 탄소량을 줄이고, 전기로에서 용해하여 만든다.

③ 가단 주철

백주철을 열처리하여 시멘타이트를 흑연화하거나 탈탄하여 만든 주철이다. 주조성도 좋고 강인성도 있어 단조 가능한 주철이지만 장시간 어닐링이 필요하여 비용이 상승하므로 최근에는 가능한 한 구상 흑연 주철로 대체하여 사용된다.

종류에는 흑심 가단 주철, 백심 가단 주철, 펄라이트 가단 주철 등이 있다.

④ 구상 흑연 주철

세륨(Ce), 마그네슘(Mg), 칼슘(Ca) 등을 첨가하여 편상 흑연을 구상화시킨 것으로, 인장강도가 일반 주철의 2배 이상이며 연성이 커 강과 비슷한 성질을 가져 ductile cast iron 또는 nodular cast iron이라고도 불린다.

구상 흑연 주철은 내식, 내열성이 좋아 주철 관, 각종 롤, 엔진 라이너 등에 사용된다. 그러나 진동 흡수 능력은 현저히 떨어진다는 단점도 있다.

⑤ C/V(compacted vermicular) 주철

구상 흑연 주철 제조 과정에서 첨가 원소가 부족하거나 많아 흑연의 구상화가 30~70% 정도 진행되어 가늘고 긴 애벌레 모양으로 된 주철이다. 기계적 성질은 회주철과 구상 흑연 주철의 중간 정도이며 절삭성이 구상 흑연 주철보다 좋고 주조성도 우수하다.

고온과 열 피로 저항이 필요한 부품에 적합하여 자동차 엔진 블록, 실린더 헤드, 크랭크 케이스, 브레이크 디스크 등에 사용된다.

⑥ 합금 주철

회주철에 니켈, 크롬, 몰리브덴, 티타늄 등을 첨가한 주철이다.

⑦ 칠드 주철

칠드(chilled) 주철은 탄소(C)와 규소(Si)가 적은 회주철을 급랭하여 표면은 백주철화하고 내부는 회주철인 주철이다. 칠드 주철은 표면은 내마모가 강하고 내부는 점성이 강해 압연 롤, 차륜 등에 사용한다.

:::: **표 2.1** 주철의 종류

KS 재료 기호	분류	인장강도 (N/mm^2)	내력 (N/mm^2)	연신율 (%)	경도 (HB)	용도	JIS 기호
GC100 150 200 250	보통 회주철	100 이상 150 200 250			201 이하 212 223 241	충돌이 적은 기계 부품, 수도용 부품	FC
GC300 350	고급 회주철	300 350			262 277	내연기관 실린더 피스톤, 피스톤 링 내마모, 내고온	FC
GCMB270 310 340 360	흑심 가단 주철	270 이상 310 340 360	165 이상 185 205 215	5 이상 8 10 14		자동차 부품 철도 차량 공작기계 파이프 플랜지	FCMB
GCMW330 370	백심 가단 주철	310~350 이상 350~390	165~195 이상 185~215	3~8 이상 6~14			FCMW
GCMP 440 490 540	펄라이트 가단 주철	440 이상 490 540	265 305 345	6 4 3			FCMP
GCD400-15 450-10 500-7 600-3 700-2	구상 흑연 주철	400~499 450~549 500~649 600~749 700~849	250~350 280~380 320~420 370~470 480~580	15 이상 10 7 3 2	130~180 140~210 150~230 170~270 180~300	주철관, 각종 롤, 롤러류, 엔진용 라이너, 기어	FCD

(3) 강

강은 철을 주성분으로 하는 합금이며, 탄소가 0.03~2.14%인 것을 총칭한다. 열처리에 의해 기계적 성질을 쉽게 변화시킬 수 있는 특징이 있고, 적당한 강도와 인성을 가지며 가격도 저렴해 기계 재료로 가장 많이 쓰이고 있다. 강의 분류에는 여러 가지 방법이 있지만 아래 분류를 기본으로 하여 정리한다.

① 열처리하지 않고 쓰는 강
- 열간 압연강
  - 일반 구조용 압연강 : SS xxx
  - 용접 구조용 압연강 : SM xxx
  - 내후성강 : SMA xxx, SPA xxx
  - 비조질 장력강
  - 쾌삭강
  - 열간 압연 연강판 : SPHC, SPHD, SPHE
  - 자동차 구조용 열간 압연 강판 : SAPH xxx
- 냉간 압연 강판 : SPCC, SPCD, SPCE

② 열처리하여 쓰는 강

- 고장력강
  - 조질형 고장력강
  - 복합 조직강
- 기계 구조용 탄소강 : SM xx C
- 기계 구조용 합금강 : SCr xxx, SCM xxx, SNCM xxx, SNC xxx
- 표면 경화용 강
  - 침탄강 : SM xx CK
  - 질화강 : SACM645
- 탄소공구강 : STC x
- 합금공구강 : STS xx, STD xx, STF xx
- 고속도 공구강 : SKH xx

표 2.2~2.6에 각종 강의 특징과 용도를 KS 기호 기준으로 정리하였으며 JIS 기호도 병기하여 이용에 혼란이 없도록 하였다.

(4) 주강

강을 녹여 주형에 붓고 응고시킨 후 형을 해체하여 만든 주물을 주강물이라 하며 주강물에 쓰인 재료를 주강이라 한다.

① 일반 주강 : SC360/SC410/SC450/SC480/SCC3/SCC5
② 합금 주강 : 니켈강 주강, 니켈크롬강 주강, 크롬강 주강 등

▷▷▷ **표 2.2 열간/냉간 압연강 및 기계 구조용 탄소강의 종류**

KS 재료 기호	분류	형태	특징	용도	JIS 기호
SS330/400/490/540/590	일반 구조용 압연강	강판, 환봉, 평강 Angle, H 형강, I 형강, T 형강	Rimmed 강을 압연 가공성, 용접성 양호	일반 구조용	KS와 동일
SS400D	냉간 인발봉	평강, 각강, 환봉 육각강	정도,면 조도 양호 그대로 또는 약간 가공해서 사용	일반 구조용	KS와 동일
STK400	일반 구조용 탄소강관	강관(외경 ϕ21.7 ~1,016mm)	강도는 SS400과 동일	일반 구조물 장비 프레임	KS와 동일
STKR400	일반 구조용 각형 강관	각관	강도는 SS400과 동일		
SM400/490/520/570	용접 구조용 압연강		용접성 우수	용접 부위가 많은 구조물	KS와 동일
SMA400/490/570	용접 구조용 내후성강			교각, 선박 건축물 구조재	KS와 동일
SPA	고내후성강		도장하지 않고 사용		
SPHC	열간 압연 연강판	강판 (14mm 이하)	일반 구조용 부품	일반용	KS와 동일
SPHD				인발용	
SPHE				딥드로잉용	
SPCC	냉간 압연강	강판 (3.2mm 이하)	치수 정도가 좋고 표면 깨끗 굽힘, 인발, 절단성 양호 강도는 SPHC와 동일	커버, 케이스 등	KS와 동일
SPCD			불순물을 적게 하여 품질 편차를 SPCC보다 작게	인발 전용 강판	
SPCE				딥드로잉 전용 강판	
SAPH 310/370 400/440	자동차 구조용 열간 압연강	P : pickled-oiled steel sheets			KS와 동일
SAPC 310/370/ 400/440	자동차용 냉간 압연강			인발용	KS와 동일
	고장력강				
	초고장력강				
SECC SECD SECE (SEHC-E)	전기 아연도금 강판	강판	SPCC, SPHC를 원판으로 전기 아연도금한 강판 딥드로잉해도 도금이 벗겨지지 않음	실내용 부품 자동차, 가전제품 OA 기기	KS와 동일
SGCC SGCD SGCE (SGHC-E)	용융 아연도금 강판	강판	SPCC, SPHC를 원판으로 용융 아연도금한 강판 방청력 매우 우수 용접이 쉽고, 내식성 우수 가공성은 떨어짐	옥외용 기기 건재 자동차 자동판매기	KS와 동일

▷▷ **표 2.2 열간/냉간 압연강 및 기계 구조용 탄소강의 종류(계속)**

KS 재료 기호	분류	형태	특징	용도	JIS 기호
ET HD	주석도금 강판			각종 공조용 덕트	SPTE SPTH
SM10 C −SM25C	기계 구조용 저탄소강	강판, 평강 각강, 육각강	탄소 함유량 : 0.xx%±0.03 xx : 10~55까지 5단위 인장강도 : 32~66kg/mm² 열처리 : N, Q & T, 고주파, 침탄 임계 직경 : 17mm	볼트, 너트, 핀, 리벳 용접 필요 부품	S10C −S25C
SM30C −SM40C	기계 구조용 중탄소강			스터드 볼트, 축류 각종 암 등 중요 부품 작은 기어	S30C −S40C
SM45C −SM58C				크랭크 축, 키, 클러치, 체인	S45C −S58C
SM9CK SM15CK	기계 구조용 탄소강		침탄용 : 0.07~0.12% 　　　　　0.12~0.18%		S9CK S15CK
SACM	질화강		질화용		KS와 동일
STM	기계 구조용 탄소강관			기계 프레임용	STKM

▷▷ **표 2.3 기계 구조용 합금강의 종류**

KS 재료 기호	분류	형태	특징	용도	JIS 기호
SCM415 420 435 440 445	기계 구조용 합금강 크롬몰리브덴강	평강, 각강, 육각강, 환봉, 강판	단접, 용접성, 점성 강도 증가 임계 직경 : 60~100mm	강도를 요하는 일반 기계 부품(기어, 핀, 축, 냉간 단조 부품, 크랭크 축)	KS와 동일
SCr415 420 430 440	크롬강		열처리성, 내식성, 내열성 내산화성, 내마모성 임계 직경 : 60mm 이하	캠 축, 핀 기어류, 스플라인 축 강력 볼트, 암 축류	
SNC236 415 631 815 836	니켈크롬강		점성이 높고 열처리성 증가 임계 직경 : 150mm 이하	축, 볼트 피스톤 핀 크랭크 축, 기어	
SNCM220 415 439 447 625	니켈크롬몰리브덴강		열처리성 매우 좋음 최우수강인 강 임계 직경 : 200mm 이상	기어 축류, 안전 버클 피켈	
SMn420 443	망간강		인장강도, 항복점이 높으나 전연성 감소가 적음	철골, 교량 등 구조 부품 압력 용기	
SMnC420 443	망간크롬강				

H강(예 : SCM435H) : 담금성을 보증하는 구조용 강재

>>> 표 2.4 공구강의 종류

KS 재료 기호	분류	형태	특징	용도	JIS 기호
STC140-95	탄소공구강 (0.9% 이상)	SK4 : 평강, 환봉 SK5 : 평강, 환봉, 강판	탄소 함유량 : 0.6~1.5% (고탄소강 : 숫자의 역순)	절삭 공구, 날(바이트, 면도 날, 줄, 탭, 다이스)	SK140-95
STC85-65	0.6~0.8%		SK5 : 가장 열처리성이 좋으며 내마모, 인성이 우수함	인성이 필요한 공구 또는 기계 부품 단조형, 프레스형, 톱, 침, 펜촉, 스프링, 게이지, 칼날	SK85-65
STD 4 5	합금공구강 열간 금형용		고온에서의 기계적 성질 향상 고W-V계	고강도 열간 공구 프레스 금형, 압출 공구 다이캐스팅 금형	SKD
STD 6 61/62			5% Cr-Mo-V계 일반용	다이스 금형 프레스 금형	
STF 3 4			Ni-Cr-Mo-V계	해머형 금형 강 수냉 열간 단조 금형	SKT
STF 7/8					SKD
SKH 2/3/4	고속도공구강		W계, 600℃까지 내열성	일반 절삭용 공구	KS와 동일
SKH 51			Mo계	인성이 필요한 일반 절삭용 공구	
SKH 52/53				인성이 필요한 고경도재	
SKH 10 54/57			V계	냉간 단조용 다이 드로잉 다이	
STS 11	합금공구강 절삭공구용		탄소공구강보다 절삭성 및 내구성 향상시킨 것	절삭 공구, 냉간 다이스, 센터 드릴	SKS
STS 2 21			탄소량 : 0.8~1.5% Cr량 : 0.2~1.0%	탭, 드릴, 커터, 다이스	
STS 5 51			니켈로 인성을 높임	목공용 원형 톱, 띠톱	
STS 7				쇠톱	
STS 8				줄	
STS 4 41	합금공구강 내충격용		인성을 높인 것 크롬 첨가하여 담금성 향상	도끼, 끌, 펀치	SKS
STS 43 44			0.2% V 첨가하여 표면은 딱딱하나 내부는 인성이 있음	착암기용 피스톤 끌	
STS 3 93	합금공구강 냉간 금형용	평강, 각강, 환봉	고탄소 저합금강 내구성에 한계	판재 가공용 금형, 게이지, 칼날	SKS
STS 31			고탄소 고크롬	게이지, 프레스 형틀	
STD 1			고탄소 고크롬	드로잉형 다이, 블랭크 다이	SKD
STD 11 12			고탄소 고크롬	냉간 금형 다이 포밍 롤	

:::: 표 2.5 스테인리스강의 종류

KS 재료 기호	분류	형태	특징	용도	JIS 기호
STS303	특수용도강 오스테나이트계 (18-8계) 크롬, 니켈, 망간 비자성 : 단, 상온에서 냉간 가공하면 자성 피하려면 온간 가공 연성, 성형성	평강, 환봉, 각봉	쾌삭용 STS 자동 선반용 부품 소재	축, 볼트, 너트	SUS
STS304		평강, 각강, 육각강, 환봉, 강판, 형강, 관재	일반 내식, 내열강으로 가장 범용성이 높음 가공성, 용접성 좋음	주방, LNG 탱크	
STS304L		환봉, 관재, 판재	304의 저탄소강	화학 공업, 석유 정제, 제지 공업	
STS310S			내식, 내열, 내산용	화학 공업	
STS316		평강, 환봉, 강판 형강	내해수 및 내산	화학 공업, 제지 공업, 사진 공업	
STS316L		환봉, 관재, 판재	316의 저탄소강	석유 화학, 염색, 섬유, 식품	
STS317			316보다 Mo를 높여 내공식성 개선	내산성이 필요한 화학 공업 설비	
STS317L			317의 저탄소강 내입계 부식성이 좋음	상동	
STS403	마텐자이트계 (13 Cr계) 니켈 없음 자성		410의 저 Si 강	밸브 시트	
STS416			S, P 첨가로 피삭성 향상(최고), 쾌삭용 STS	볼트, 너트, 기화기 부품, 밸브, 복사기 축	
STS431			Ni, Cr 첨가로 인성, 내식성 개선	제지 기계, 선박용 축, 항공기 부품	
STS440C	특수용도강 마텐자이트계	환봉	열처리 가능, 피삭성 개선 내식성은 오스테나이트계보다 떨어짐		SUS
STS410		환봉	열처리 가능, 가공성 양호	칼, 포크, 식기류	
STS410S			410의 탄소를 0.08 이하로 한 것, 내식성 향상 가공성이 좋음	증류 탑 부품	
STS420J2			경도가 높고 내식성이 좋음	칼, 노즐	
STS410L	페라이트계 (18 Cr계) Cr 최고 27% 자성		410의 저탄소강 가공성이 좋음	자동차 배기가스 처리 장치, 배기 파이프	
STS430		판재, 형강, 관재, 환봉	냉간 가공성, 내식성이 좋음	주방기기, 자동차 몰딩, 스토브 반사판	
STS430F			절삭성 향상, 자동 선반 가공용 부품 소재	볼트, 너트 등	
STS434			430에 Mo를 첨가해 내식성 개선		
STS630	석출 경화계 크롬, 니켈, 구리, Al, Ti, Mo 자성		내부식성, 연성이 좋음 고온에서 높은 강도를 가짐 항공, 우주용 부품에 사용	축 류, 터빈 부품	
STS631				축, 스프링, 계기 부품	
STS631J				선재	
STS329	2상계		내산성, 내공식성, 고강도	내해수용, 배연탈황시설 화학 장치용	

>> **표 2.6** 특수강의 종류

KS 재료 기호	분류	형태	특징	용도	JIS 기호
SUM 21 22L 24L	쾌삭강	각강, 육각강, 환봉	피삭성 향상을 위해 탄소강에 황, 납, 칼슘을 첨가한 강 저탄소강이 원재료임	일반 기계 부품, 높은 강도가 필요한 부품에는 사용 안 함	SUM
STB 2 3	고탄소 고크롬 베어링강	환봉	SUJ 3는 Mn이 함유되어 있 어 후육(厚肉) 대물에 적합	구름 베어링용, 롤, 미끄 럼 축	SUJ
SPS 1/3/4/5	열처리 스프링강		내충격 및 내피로성 우수, Si 약간 첨가	겹판/코일 스프링	SUP
6/8				코일 스프링	
7/9				대형 판, 코일 스프링	
SWRS	가공 스프링강		고탄소강(0.6~0.95%C) 선재 를 파텐팅(patenting) 처리	선 코일 스프링	SWRS
SWRH			경강 선재를 파텐팅		SWRH
STR 31/309 310/660	내열강 오스테나이트계		600℃ 이상에서 사용	가열로 구조재 자동차 엔진 배기 밸브 제트 엔진 노즐	SUH
STR 21/446 409	페라이트계		550℃ 이하에서 사용	가열로 구조재	
STR 1/3/4 11	마르텐사이트계			흡입 저급 배기 밸브 터빈 날개	
SPP	배관용 탄소강관			물, 기름 등의 배관	SGP
STPG370	압력배관용 탄소강관		압력 100kg/cm^2 정도 이하 350℃ 정도 이하에서 사용		STPG

2) 비철금속

비철금속의 종류는 다음과 같다(그림 2.3 참조).

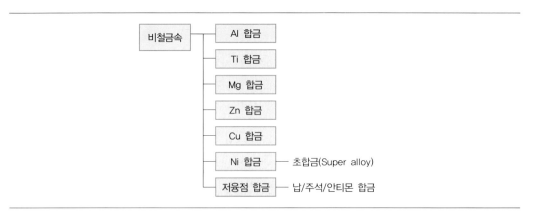

그림 2.3 비철금속의 분류

(1) 알루미늄 및 알루미늄합금

이 재료는 아래와 같은 특성을 가지고 있어 그 용도 및 사용량이 빠른 속도로 증가하고 있다.

- 가볍다.
- 전기가 잘 통한다.
- 내식성이 좋다.
- 열을 잘 전달한다(열전도성이 동 다음으로 좋다).
- 소성 가공성 및 절삭성이 좋다.
- 융점이 낮아 주조성이 좋다.

표 2.7 알루미늄합금의 종류(압연/압출품)

KS 재료 기호	분류	형태	특징	용도	JIS 기호
A1050 1100 1200	Al 99.5% 99% (비열처리 합금)	판재, 환봉, 관	내식성이 가장 좋음 가공성, 용접성, 전기 및 열전도성 우수 강도는 낮음	Al 박, 반사판, 장식품 각종 용기, 방열재, 송배선재	KS와 동일
		판재, 환봉			
A2011	Al-Cu 합금 (열처리 합금)	환봉, 육각봉	쾌삭 합금, 가공성 우수 내식성 떨어짐	항공기용 부품 수송기계 기계 부품 구조용	
2017		평강, 육각봉, 판재	강도 높고 가공성 양호 내식성, 용접성은 떨어짐 두랄루민		
2024		환봉	기계적 성질 및 가공성 뛰어남 초두랄루민		
A3003 3004	Al-Mn 합금 (비열처리 합금)	판재	1100보다 강도는 높으나 내식성은 동일 성형성, 용접성 우수	Al 캔, 건재, 용기	
A4032	Al-Si 합금	판재	내마모성 높음	주조 피스톤	
4043				건축용 패널	
A5052 5056 5083	Al-Mg 합금 (비열처리 합금)	판재, 평강, 환봉	중간 정도의 강도 성형성, 내식성, 용접성 우수 피로강도가 높고 내해수성 뛰어남	압력 용기, 캔 뚜껑 자동차 Al 힐 LNG용 저온 탱크 선박 자재, 건재	
		환봉			
		판재			
A6061	Al-Mg-Si 합금 (열처리 합금)	평강, 육각봉, 판재	내식성 합금 T6 처리에 의해 상당히 높은 내력값 얻어짐 용접성 떨어짐	볼트, 리벳 조립 구조용 부품	
A6N01		압출 형재	중강도의 압출용 합금 6061과 6063의 중간	복잡한 단면의 대형 박육(薄肉) 부품	
A6063		평강, 사각봉, 압출 형재, 관	대표적 압출용 합금 6061보다 강도는 낮음 복잡한 단면 형상 내식성, 표면 처리성 양호	건축자재	

:::: 표 2.7 알루미늄합금의 종류(압연/압출품)(계속)

KS 재료 기호	분류	형태	특징	용도	JIS 기호
A7075	Al-Zn 합금 (열처리 합금)	환봉, 판재	Mg-Cu계 : 가장 고강도 초초두랄루민 용접성 나쁘고 내식성 열세	항공기 부품, 금형 스포츠 용구	KS와 동일
7N01			Mg계 : 용접 구조용 내식성 비교적 양호	철도 차량 구조물 건축 용접 구조물	
A8090	Al + 리튬		가장 가벼움, 가격이 비쌈	항공 우주용	
AC1A AC1B	Al-Cu 합금	Al 주물	주조성, 절삭성 양호 열간 가공성 나쁨	가전 부품, 자동차 부품, 항공기 유압 부품	
AC2A AC2B	Al-Cu-Si 합금		라우탈 Si 첨가 주조성 향상	매니폴드, 실린더 헤드, 휠 부품	

:::: 표 2.8 알루미늄합금의 종류(주조용)

KS 재료 기호	분류	형태	특징	용도	JIS 기호
AC3A	Al-Si 합금	Al 주물	내식성, 인성 우수, 실루민 대표적 알루미늄 주물 합금	강도가 요구되는 대형 주물, 복잡 주물, 박육 주물	KS와 동일
AC4A AC4C,D	Al-Si-Mg 합금		감마 실루민, 내압성, 내식성 우수, 용접성, 내진성 우수	엔진 부품, 실린더 헤드	
AC5A	Al-Cu-Ni-Mg		Y 합금, 고온 강도, 청열 특성 양호	실린더 헤드, 피스톤	
AC4B	Al-Si-Cu		Cu 실루민		
AC7A AC7B	Al-Mg		하이드로날륨 내식성, 내해수성 최고 절삭성 우수, 주조성 나쁨		
AC8A AC8B	AC4D + Ni		고온 강도 양호	피스톤, 실린더 헤드	

(2) 동 및 동합금

동은 구리라고도 불리며 인간이 사용해온 가장 오래된 금속으로, 다음과 같은 특성을 갖고 있다.

- 전기저항이 작아 전기 전도성이 높다.
- 소성 가공성이 좋다.
- 내식성이 좋다.
- 열전도성이 좋다.

또한 동 및 동합금의 분류는 다음과 같다.

- 순동 : 무산소동, 전기동(tough pitch copper), 인탈산동
- 황동 : 단동, 73 황동, 64 황동, 65 : 35 황동, 쾌삭 황동, 주석 황동(네이벌 황동), 애드미럴티 황동, 알루미늄 황동, 고장력 황동

- 청동 : 주석 청동(인청동, 쾌삭 인청동), 알루미늄 청동, 납청동, Si-Zn 청동, 규소 청동
- 동니켈합금 : 백동(cupro nickel), 양은(양백), 쾌삭 양백
- 고장력 동합금 : 베릴륨동, 티타늄동, 지르코늄동, 철동

표 2.9 동합금의 종류

KS 재료 기호	분류		형태	특징	용도	JIS 기호
C1020	무산소동(OFC) Cu : >99.96%		환봉, 판재, 압출형재	전기, 열전도성이 뛰어나고 가공성, 용접성, 내식성이 좋음	전기용, 화학공업용, 레이저 광학 부품용	KS와 동일
C1100	전기동(TPC) Cu : >99.5%		압출형재, 환봉, 판재	전기, 열전도성이 뛰어나고 전연성, 인발 가공성이 좋음	전기용, 개스킷	
C1200 1220	인탈산동 Cu : >99.9%		관재	전연성, 인발 가공성, 용접성이 좋으며 수소 취화(shortness)를 일으키지 않음 충격 시 불꽃이 튀지 않음	탕비기, 건축용, 냉장고, 개스킷, 화학공업용 정유소, 광산용 안전 공구	
C1700	베릴륨동	1종		동합금 중 최고의 강도와 경도 내식성, 내피로성, 전도성	고성능 스프링, 시계용 기어, 커넥터, 베어링, 소켓, 전극, 방폭 공구	
C1720		2종				
C2100 −2400	단동(동, 아연합금, gold brass/red brass)			색 및 광택이 아름답고 전연성, 인발성, 내식성이 좋음	건축용, 장신구용, 화장품 케이스, 가구용, 제지용 금망	
C2600	황동 1종, 73 황동 (동 7/아연 3)			전연성, 인발 가공성이 우수, 도금성이 좋음	자동차 라디에이터, 카메라 등의 딥드로잉용	
C2680	황동 2종, 65 : 35 황동 동 6.5/아연 3.5			전연성, 인발 가공성이 우수, 도금성이 좋음	자동차 라디에이터, 카메라, 기계 부품 등의 딥드로잉용, 스프링, 배선기기	
C2720 C2801	황동 3종 64 황동		판재, 관재	강도가 높고 전연성이 있음 열간 가공, 판재 가공	일반 명판, 계기판, 배선기구 부품	
C3601−4	쾌삭 황동 납 3%		각봉, 육각봉, 환봉, 압출재	피삭성 우수	일반 볼트, 너트, 기어	
C4250 C4621	주석 황동 (네이벌 황동)		환봉, 판재	64 황동에 Sn 첨가 내식성, 내해수성 우수	선박용 부품, 열교환기	
C4430	애드미럴티 황동			73 황동에 Sn 첨가 내식성, 내해수성 우수	선박용 부품, 열교환기	
C6782 6783	고장력 황동 (망간 황동) 스프링		환봉, 판재	64 황동에 Mn 첨가 강도 및 내식성 향상 강도가 높고 열간 단조성, 내식성 우수	선박용 부품, 프로펠러 축, 펌프 축	
C5191	인청동(PB) Cu+Sn+P : >99.5% Sn : 5.5~7%		환봉, 판재	전연성, 내피로성, 내식성 우수	스위치, 베어링, 부시, 전기전자용 스프링, IC 리드 프레임, 다이어프램	
C5341	쾌삭 인청동		환봉	내식성, 내마모성 양호	기어, 베어링	
C5210	스프링용 인청동		판재		전기기기용 스프링, S/W, 커넥터, 릴레이(계전기)	
C7521	양백(양은) Nickel silver 동+아연+니켈		판재	광택이 아름답고 전연성, 내피로성이 좋음, 인발성 좋음	양식기, 의료기기, 리벳, 카메라 부품, 명판	

표 2.10 마그네슘합금의 종류

MB	MP	MT	MS	ASTM	주요 성분	MC	ASTM	주요 성분
1				AZ31	Al_3/Zn_1	1	AZ63A	$Al_6/Zn_3/Mn_{0.1}$
2				AZ61A	Al_6/Zn_1	2	AZ91C	$Al_9/Zn_{0.7}/Mn_{0.3}$
3				AZ80A	Al_8/Zn	3	AZ92A	$Al_9/Zn_2/Mn_{0.8}$
4				ZK	Zn_1/Zr	5	AM100A	$Al_{10}/Zn_{0.3}/Mn_{0.8}$
5				ZK	Zn_3/Zr			
6				ZK60A	Zn_6/Zr	6	ZK51A	$Zn_{4.5}/Zr_{0.8}$
7						7	ZK61A	$Zn_6/Zr_{0.8}$
8					Mn_2	8	EZ33A	$Zn_{2.5}/Re_3/Zr_{0.8}$
9				ZM	Zn_2/Mn_1			
10				ZC71A	Zn_7/Cu_1			
11				WE54A	$Y_5/Re_4/Zr$			
12				WE43A	$Y_4/Re_3/Zr$			

ASTM 합금 기호
A : Al, K : Zr, Q : Ag, E : 희토류
L : Li, T : Sn, H : Th, M : Mn
Z : Zn, W : Y

(3) 마그네슘과 마그네슘합금

마그네슘은 실용 금속 중 가장 가벼운 금속으로 아래와 같은 특징이 있다.

- 알루미늄에 비해 내식성은 떨어지지만 비강도는 높다.
- 전자파를 차단한다.
- 진동감쇠 특성이 우수하다.
- 고온으로 가열해도 형상이 틀어지지 않아 정도 유지 가능하다.
- 절삭성은 좋으나 산소와 급격히 반응하여 불이 붙기 쉽다.
- 해수도 원료이므로 자원은 무궁무진하다.

(4) 티타늄 및 티타늄합금

티타늄은 가벼우며 강도가 높고 내식성이 뛰어나 주로 화학공업 및 항공 우주용 부품에 사용된다.

⁘ **표 2.11 티타늄합금의 종류**

KS 재료 기호	분류	형태	특징	용도	JIS 기호
TP 270	순 티타늄		순 티타늄 중 가장 유연하고 가공성이 좋음	위스키 병, 액세서리	KS와 동일
TP 340			범용성이 높은 대표적 티타늄	열교환기, 액세서리, 이륜차 머플러, 화학 플랜트	
TP 480			중간 강도	석유화학, 휴대전화, 자전거	
TP 550			고강도로 스프링 특성	도금 치구, 스포츠 레저	
TAP1500	알파 합금				
TAP6400 3250	$\alpha + \beta$ 합금		범용성이 높은 대표적 합금 경량 고강도, 비자성 상온, 고온에서 내부식성 우수	화학, 기계공업, 수송기기 구조재, 임플란트, 골프 헤드	
TAP6400E			극저온에서 인성 유지	저온, 극저온용 구조재 심해용 내압용기	
TAP4220	베타 합금		냉간 가공성, 시효 경화성	스포츠 레저, 민생 용품	
TP270Pd	내식 합금		내간극 부식성 양호	화학 장치, 석유 정제 장치	
TP340Pd					
TP480Pd					
TP550Pd					

(5) 니켈합금 및 기타

⁘ **표 2.12 주요 니켈합금의 종류**

재료 기호	분류	형태	특징	용도
Ni 201	순 니켈		300℃ 이상에서도 C에 의한 취성 없음, 냉간 가공성 우수	식품, 가성소다, 약품 등 제조설비, 항공기, 전자
VNi			은백색 금속, 강도, 인성, 내부식성을 갖게 하는 합금 원소	전자관 양극, 그리드, 리드 와이어, 건전지 양극 및 케이스
백동 (cupronickel)	Ni+Cu		해수 중 내식성 및 생물 부착 방지, 피로강도, 열전도성 우수 용접성	해수담수화 장치 부품
모넬(Monel) 400	Ni+Cu		강도 있고 가공성 좋음 내해수, 산, 알칼리	해양구축물 피복 해수담수화 장치, 제염, 석유 정제 장치 부품
500			−100℃에서 완전 비자성	
CN−49	Ni+Cu 콘스탄탄 (constantan)		저항 합금	저온용 열전대선
PB	45% 퍼멀로이 (45% Ni+Fe) 78% Ni		연자성 합금	각종 솔레노이드의 코어 스텝 모터 코어 전자파 실드, 시계 부품
PC				비디오헤드 케이스, 코어 변압기 철심, 자기 실드

▷▷▷ **표 2.12** 주요 니켈 합금의 종류(계속)

재료 기호	분류	형태	특징	용도
KOV (Kovar)			열팽창계수가 세라믹스에 근접	IC 리드 프레임 선, 형광등, 브라운관의 Glass 관통선
FN-36 315	36% Ni+Fe (Invar)		극저온부터 260℃까지 열팽창계수가 매우 적음	Thermostud, 바이메탈 맞춤 판, 계측기 부품
NCH-1/2 Nichrome	Ni+Cr+Fe	니크롬 선	최고 사용온도 1,100℃인 전기 저항 합금	열선 전기저항체
I-600/601 (Inconel)	Ni+Cr		고온에서의 내산화성 우수 내고순수 및 알칼리 부식	화학식품 제조 장치, 열처리 치구, 원자로 부품
I-625	Ni+Cr+Mo		고온에서 높은 크립 강도	화학공업, 공해 방지, 핵융합, 원자로, 항공우주
I-718 X750			고온 강도, 내식성, 700℃까지 크립 강도, 용접성 뛰어나 크랙이 일어나기 어려움	항공기, 가스터빈, 로켓, 인공위성, 우주선 부품
I-800 (Incoloy)	Ni+Cr		고온 환경에서 강도, 내산화, 내침탄성 우수, 가공성 우수	화학석유공업의 배관, 열교환기
I-825	Ni+Cr+Mo		응력 부식에 대한 내식성 우수	화학, 공해 방지, 산 제조 산 세척 설비
H-X (Hastelloy)			1,200℃까지 강도 및 내산화성	가스터빈 부품, 열처리 설비, 원자로 설비
HB-2 (Hastelloy)			내염산용	유황 용해 탱크, 염산, 유산, 인산, 불산 내식재, 불소 수지 성형용, 실린더 스크루
내열 금속	몰리브덴		융점이 매우 높음 고온에서 강도 유지 로켓엔진, 가스터빈, 항공우주 분야 공구 및 금형 재료	레이저용 미러
	니오븀			
	텅스텐			전구 필라멘트 선, 텅스텐 카바이드
	탄탈			
형상 기억 합금	55% 니켈+45% 티타늄 구리+알루미늄+니켈 구리+아연+알루미늄 철+망간+규소			

3) 비금속

(1) 합성수지

합성수지(synthetic resin)의 특징은 아래와 같다.

- 성형 가공만으로 복잡한 형상의 제품을 만들 수 있다.
- 부식되지 않으므로 표면 처리가 불필요하다.
- 소재 자체에 착색이 가능하다.
- 가벼우며 내수성, 전기 절연성이 높다.
- 내열성이 부족하고 탄성률이 작다.

① 열가소성 수지

열가소성 수지(thermoplastic resin)는 일단 어떤 모양을 가진 후 다시 열을 가하면 녹아 다른 형상으로 소성 가공이 가능한 합성수지를 말한다.

열가소성 수지				용도	특징
범용 플라스틱	폴리에틸렌(Polyethylene)		PE	용기류(식기, 물동이) 물탱크, 연료 탱크, 주방용품 전선 피복	고밀도, 중밀도, 저밀도 내산, 내알칼리, 내수 내한성 우수, 내열성 열세
	폴리프로필렌(Polypropylene)		PP	배터리 케이스, 세탁조, 회전 날개, 단자대, 배선 기기	찢어짐에 대한 저항 우수 내열, 내알칼리성 내수성, 내유기용제성
	ABS 수지(Acrylonitrile Butadiene Styrene)			냉장고 내상, TV, 라디오 등의 하우징, 캐비닛, 전화기, 헬멧, 보트 선체	넓은 온도 범위에서 내충격 강도, 인장강도
	아크릴 수지(Acrylic resin, PMMA)			창(window), 도광판(LCD, LED), 렌즈, 조명기구	투명성, 내후성
	PVC (Polyvinyl Chloride)	강성		파이프, 바닥재, 시트	저렴하고 내수성
		연성		전선 피복, 저압 튜브 호스	
	PVDC(Polyvinylidene Chloride)			식품 포장용 필름, 섬유	
	폴리스티렌(Polystyrene)		PS	약전 기기 부품, 하우징, 일회용 용기, 포장 받침	저렴하고 약간 취성
	테프론(Poly tetra fluoroethylene)		PTFE	방수재 : 고어텍스	듀퐁(Dupont)사 상품명
	AS 수지(Acrylonitrile styrene)			선풍기 날개, 전기 계량기, 배터리 케이스, 볼펜 심	인장강도, 탄성률 최고
범용 엔지니어링 플라스틱	폴리아미드 (Polyamide)	나일론 (MC nylon)	PA	기어, 캠, 베어링, 호스, 포장재, 섬유	기계적 성질 양호 마찰 저항이 작음, 내열성, 내약품성, 내유, 내한성 자체 윤활성, 흡습성
		방향족 폴리아미드 (aromatic polyamide)		방탄 조끼, 케이블, 타이어 강화 플라스틱 섬유재	인장강도와 강성 우수 케블라(Kevlar)라고도 불림
	폴리아세탈(Polyacetal)		POM	기어, 캠, 베어링, 커넥터, 모터 팬, 솔레노이드 밸브 케이스	내구성, 고온 고습에서 치수 안정성
	폴리카보네이트(Polycarbonate)		PC	전동 공구 하우징, 해치 기계 부품, 헬멧 실드 방탄용 창유리, 광학 렌즈	충격 강도 최우수, 내열성 투명체 렉산(Lexan)
	폴리에틸렌 테레프탈레이트 (Polyethylene terephthalate)		PET	음료수 용기	
	폴리부틸렌 테레프탈레이트 (Polybutylene terephthalate)		PBT	커넥터, 릴레이(계전기) 자동차 부품(와이퍼 암, 점화 코일, 분배기)	고온성, 내휘발유, 엔진 오일
	셀룰로오스(Cellulosic)			공구 손잡이, 필기 용구, 안경 테, 보안경, 헬멧, 당구공, 완구	강성, 강도, 인성 내후성 약하고, 열과 화학 물질에 약함

열가소성 수지			용도	특징
슈퍼 엔지니어링 플라스틱 (Super Eng. Plastic)	폴리페닐렌 설파이드 (Polyphenylene sulfide)	PPS	가전, 전기, 전자, 자동차 부품	
	테프론(Poly tetra fluoroethylene) 불화탄소(fluorocarbon)	PTFE	초정밀 성형 부품	듀퐁(Dupont)사 상품명
	폴리설폰(Polysulfone)	PSF	커넥터, 공구 가전 하우징 증기 다리미, 커피 제조기, 온수 용기, 살균 의료용기	열, 물, 증기저항성
	폴리에테르 설폰(Polyether sulfone)	PES	프린트 기판, 인디케이터	
	폴리아리레이트(Polyarlylate)	PAR	s/w 레버, 렌즈, 플러그	
	액정폴리머(Liquid crystal polymer)	LCP	커넥터, 박육 성형부	고융점이지만 용융 시 유동성 이 좋음
	폴리에테르 이미드(Polyether imide)	PEI	안경테, 전기/전자 부품, 항공기 내부 부품, 조리 기기 조명 반사판, 의료기기 트레이, 보닛 내부 자동차 부품	
	폴리아미드 이미드(Polyamide imide)	PAI	고온용 전기 절연 재료 펌프 부품(베어링, 밀봉재 등) 고강도 충격저항 구조물, 스포 츠 용품	구조는 열가소성 특성은 열경화성 고온 특성 양호 저마모 특성

② 열경화성 수지

열경화성 수지(thermoset resin)는 중합 과정에서 완전한 구조가 만들어져 제품의 모양이 영구히 만들어지며 열을 다시 가해도 녹지 않는 수지이다.

열경화성 수지			용도	특징
페놀 수지(Phenol resin)		PF	통신기기 부품, 배선 기구, 손잡이, 핸들, 적층판, 도료	취성 있으나 강성이 높음, 열, 물, 전기, 화학저항성
에폭시 수지		EP	도료, 접착제, 전기 부품, 공구 및 다이	기계적 전기적 성질 우수 강력한 접착력, 열과 화학물질 저항성 우수
아미노 (aminos)	멜라민 포름알데히드 수지	MF	전기 부품, 식기	경도와 강성이 있음
	요소 수지(Urea formaldehyde resin)	UF	뚜껑, 합판, 재떨이, 식기	마모, 크립, 전기 방전저항
불포화 폴리에스테르(Unsaturated polyester resin)		UP	FRP, 건물 바닥재, 헬멧 보트, 의자, 자동차 차체	기계적, 화학적, 전기적 성질 양호, 대개 유리 또는 다른 섬 유로 보강
폴리우레탄(Polyurethane)		PU	도료, 접착제	탁월한 내마모성 절단이나 찢어짐에 대한 저항성 양호
	반응성 폴리우레탄	PUR		
	열가소성 폴리우레탄	TPU	자동차 부품, 운동화, 스키화, 유공 압용 호스, 튜브, 벨트	
알키드(Alkyds)			전기 전자 부품	전기 절연성, 충격저항 양호 흡습성이 낮음
실리콘(Silicone)			고온 강도 요구 전기 부품 오븐용 개스킷, 열 밀봉재, 방수 재료	광범위한 온도, 습도 및 기후 범위에서 전기적 성질 우수 화학, 열에 대한 저항 우수

③ 절삭 가공용 엔지니어링 플라스틱

선반, 밀링 등 절삭 가공 기계를 사용하여 일정한 강도, 강성을 가진 플라스틱 가공 부품을 만들기 위한 소재로 쓰이는 것을 말하며 일반적으로 다음과 같은 것들이 있다.

a) MC 나일론(mono cast nylon)

사출 또는 압출에 의한 6 나일론이라 불리는 폴리아미드 6에 비해 기계적, 열적, 화학적 성질이 좋다. 내충격성이 뛰어나고 표면 경도가 높으며 가공성, 저온 특성, 내약품성이 좋고 기름에 강하다.
  종류와 각각의 용도는 아래와 같다.

- 기본 cast nylon : 상아색, 청색, 흑색, 기어, 롤러, 부싱, 스크루, 컨베이어 롤러
- +MoS₂(이황화 몰리브덴) : 진회색, 표면 강도가 높고 내마모성 향상, 기어, 베어링, 톱니바퀴 등
- +oil : 녹색, 황색, 내마모성 향상(기본의 5∼10배), 고하중 저속 회전 부품
- +wax : 회색, 내마모와 마찰 특성 향상, 저하중, 고속 회전 부품에 적합
- +lube : 적색, 자체 윤활성이 뛰어나고 마찰계수가 극히 낮음. 윤활제를 사용할 수 없는 부품에 적합
- +GF : 흑색, 유리 섬유를 첨가하여 인장강도, 경도, 내크리프성, 치수 안정성 우수. 사용 온도가 높음
- AST : 흑색, 백색, 대전 방지 기능 부여. 클린룸, 반도체 제조 공정용 부품에 적합
  소재 크기 : 봉재 ϕ30∼600mm, l=220∼1,000mm
          판재 폭 500×1,000∼1,200×2,400mm, 두께 5∼200mm

CAST NYLON(청색, 상아색, 흑색)

CAST NYLON + MoS₂(진회색)

CAST NYLON + Oil(녹색/황색)

CAST NYLON + Wax(회색)

CAST NYLON LUBE(적색)

CAST NYLON + GF(흑색)

CAST NYLON AST(흑색)

출처 : 남일 엔프라

b) POM(polyoxymethylene, 폴리아세탈)

- 특성 : 기계적 성질, 내마모성, 내피로성, 내크리프성, 치수 안정성 우수, 절삭성, 전기 절연성 우수, 강산에 약하고 접착이 어려움, 100℃까지 사용
- 용도 : 베어링, 기어, 펌프 부품, 전기 절연 부품
- 소재 크기 : 봉재 ϕ6~300mm, l=1,000mm/2,000mm
  판재 폭 600×2,000/1,000×2,000mm, 두께 5~100mm

POM

c) HDPE(high density polyethylene)

- 특성 : 내산, 내알칼리, 절연성 우수, 용접성 좋음, 수분 흡수율 낮음, 식품 안전성 우수, 경도와 인장강도가 낮으며 내후성 취약
  −50~90℃에서 사용
- 용도 : 오・폐수 처리산업 부품, 펌프 밸브 부품, 식품산업 부품 등
- 소재 크기 : 봉재 ϕ10~330mm, l=1,000/2,000mm
  판재 폭 1,000×2,000/1,200×2,400mm, 두께 5~200mm

HDPE POLYETHYLENE

d) UHMW PE(ultra high molecular weight polyethylene)

- 특성 : 내마모, 내마찰성 특히 우수, 내약품성, 전기 절연성 우수, 무독성, 경도 낮음, −100~80℃에서 사용
- 용도 : 병, 캔 포장 공업용, 제지, 섬유 기계 부품, 광산 및 시멘트 공업, 화학 공업 및 전기 도금 공업

PE-UHMW(GUR)

e) UHMW+boron PE

- 특성 : 방사능 차폐성 우수
- 용도 : 원자력 분야 설비 부품

f) PP(polypropylene)

- 특성 : 높은 인장강도, 용접 가능, 내화학성, 전기 특성 좋음
  저온 특성이 좋지 않으며 충격강도 낮고 내후성 취약, 5~100℃에서 사용
- 용도 : 화학 공업, 식품 공업
- 소재 크기 : 봉재 ϕ10~300mm, l=1,000/2,000mm
  판재 폭 1,000×2,000/1,200×2,400mm, 두께 1~200mm

PP

g) ABS(acrylonitrile butadiene styrene)

- 특성 : 표면 마찰에 의한 흠집 및 손상에 강함, 습도 변화에 강해 치수 안정성이 우수, 기계적 강도 우수, 표면강도. 충격강도 높음, −50~70℃에서 사용

ABS

- 용도 : 식품, 냉장산업, 모형 제작
- 소재 크기 : 봉재 ϕ20~100mm, l=1,000mm

  판재 폭 600×1,000/1,000×2,000mm, 두께 1~120mm

h) PC

- 특성 : 높은 경도와 충격강도, 치수 안정성 양호, 내열성, 절연성 양호, 방사선에 강함, −60~120℃에서 사용
- 용도 : 절연 부품, 방호 유리, 시험용 튜브
- 소재 크기 : 봉재 ϕ6~200mm, l=1,000/2,000mm

  판재 폭 610×1,000/2,000mm, 두께 20~100mm

PC

i) 유리 단섬유 강화 PET

- 특성 : 압출 성형 후 가열 압축에 의해 생산, 내열성, 2차 가공성 우수, 흡수율 낮음, 절연성 우수, 방향성이 있으므로 절단 시 표시 방향에 유의
- 용도 : 전기 절연재, 반도체 제조, 식품 기계, 작업대 등
- 소재 크기 : 판재 폭 1,000×1,000mm, 두께 0.5~55mm

UNILATE

j) PTFE(테프론)

- 특성 : 가장 수요가 많은 대표적인 불소 수지로 내약품성이 우수, 마찰계수가 극히 작으며 전기적인 특성이 우수, −180~260℃에서 사용
- 용도 : 절연재, 실(seal), 라이닝, 베어링 패드, 밸브 시트
- 소재 크기 : 봉재 ϕ5~300mm, l=300/1,000/2,000mm

  판재 폭 300×300/1,200×2,200mm, 두께 4~100mm

k) PVC

- 특성 : 내약품성 매우 우수, 절삭성 우수, 기계적 강도 높음, 접착이나 용접 가능, 충격 및 내후성 약함, −15~60℃에서 사용
- 용도 : 화학 탱크, 램프 하우징, 치의학 부품, 배관
- 소재 크기 : 봉재 ϕ3~500mm, l=500~2,000mm

  관재 ϕ15×5~ϕ230×150mm, l=1,000/2,000mm

PVC

l) PPE

- 특징 : 폴리스티렌 변성 플라스틱, 내충격성 우수, 흡습성이 낮아 치수 안정성이 좋음, 고(저)주파에 변함이 없어 전기 부품에 많이 사용, 식품 안정성 좋음, −50~105℃에서 사용
- 용도 : 식기 세척기, 세탁기, 건조기 부품, 식품 기계 부품
- 소재 크기 : 봉재 ϕ10~200mm, l=1,000mm

PPE(Noryl)

판재 폭 500×1,000mm, 두께 10~100mm

m) PA

PA6/PA6.6/PA6.6 30GF

- 특징 : 압출 성형으로 생산된 폴리아미드로 경도, 강도, 충격 강도, 열 안정성, 내화학성, 식품 안전성, 내마모성 우수, 수분에 영향 받음, −60~100℃에서 사용
- 용도 : 베어링, 기어, 펌프 부품, 슬라이딩 레일, 바퀴, 링크 등
- 소재 크기 : 봉재 φ6~300mm, l=1,000/3,000mm
  판재 폭 610/1,000×1,000~3,000mm, 두께 8~100mm

n) PET

PET

- 특성 : 인장강도, 경도가 높으며 내마모성 및 치수 안정성이 좋음, 표면 광택 가능(연마 가공), 전기 특성 우수, 내충격 약함, −40~110℃에서 사용
- 용도 : 베어링, 펌프 하우징, 탱크 덮개, 톱니바퀴, 절연재 등
- 소재 크기 : 봉재 φ10~200mm, l=1,000/3,000mm
  판재 폭 610×1,000/2,000mm, 두께 10~100mm

o) PVDF(polyvinylidene fluoride)

PVDF

- 특성 : 같은 불소 수지인 PTFE보다 인장강도와 치수 안정성이 좋으나 마찰, 절연 특성은 낮음, 자외선에 강함, 태울 때 유해 가스 발생, −30~150℃에서 사용
- 용도 : 펌프, 회전 디스크, 밸브
- 소재 크기 : 봉재 φ10~250mm, l=1,000/2,000mm
  판재 폭 620×1,000mm, 두께 10~80mm

p) PSU(polysulphone)

PSU

- 특성 : 내열성 우수(−100~160℃), 전기 특성 매우 우수, 기계적 강도와 방사선에 대한 내구력 우수
- 용도 : 극초단파 오븐, 건조기, 식품 기계
- 소재 크기 : 봉재 φ20~100mm, l=1,000mm
  판재 폭 620mm, 두께 10~80mm

q) PPSU(polyphenylene sulphone)

PPSU

- 특성 : 충격 강도, 내약품성 향상. −100~180℃에서 사용
- 용도 : 극초단파 오븐, 건조기, 식품 기계, 의료기기
- 소재 크기 : 봉재 φ20~100mm, l=1,000mm
  판재 폭 620mm, 두께 10~80mm

r) PEI(polyetherimide)

- 특성 : 내약품성, 내열성 우수, 치수 안정성 좋으며 방사선에 내성, 난 연성, $-100 \sim 170℃$에서 사용
- 용도 : 전기 공업, 항공기, 식품 기계, 의료기기
- 소재 크기 : 봉재 $\phi 20 \sim 100mm$, $l=1,000mm$
  판재 폭 620mm, 두께 $10 \sim 80mm$

PEI(Ultem)

s) PEEK(polyetherether ketone)

- 특성 : 260℃까지 사용 가능하며 짧은 시간인 경우 300℃까지 가능, 강도, 경도, 굽힘강도 뛰어남, 열 안정성·치수 안정성 우수, 아세톤에 약함
- 용도 : 베어링, 피스톤 링, 밸브 시트, 실(seal), 기어 등
- 소재 크기 : 봉재 $\phi 5 \sim 200mm$, $l=1,000/3,000mm$
  판재 폭 $500 \times 1,000mm$, 두께 $8 \sim 50mm$

PEEK

(2) 세라믹스

세라믹스는 금속 원소와 비금속 원소의 화합물로 기본 성분이 금속의 산화물, 탄화물, 질화물 등이며 고온에서 열처리하여 구워 응고시킨 소결체이다. 세라믹스의 특성은 다음과 같다.

- 상온에서 고체이며 경도는 높지만 깨지기 쉽다.
- 내열성이 뛰어나지만 열 충격 파괴가 일어나기 쉽다.
- 금속보다 가볍고 플라스틱보다는 무겁다.

또한 세라믹스의 종류에는 다음과 같은 것들이 있다.

- 산화물계 : 알루미나(Al_2O_3), 지르코니아(ZrO_2), 실리카(SiO_2)
- 탄화물계 : 탄화규소(SiC), 텅스텐 카바이드(WC), 티타늄 카바이드(TiC)
- 질화물계 : 질화규소(Si_3N_4), 큐빅 보론 질화물(cBN), 티타늄 질화물(TiN), 질화알루미늄(SiAlOn)
- 붕화물계 : TiB_2, ZrB_2
- 불화물계 : CaF_2, BaF_2
- 황화물계 : ZnS, TiS_2

주요 세라믹스의 특징은 다음과 같다.

① 공업용 다이아몬드 : 전자 재료, 초경 합금, 다이아몬드 커터, 절삭용 바이트
② 알루미나 : 연삭재 등 고강도, 고인성, 내열성, 내충격성, 전기 절연성을 필요로 하는 분야에서 사용된다. 경도가 높고 강도는 보통이다. 전기 부품, 기계 부품에 오래전부터 사용되어 왔다. 자동차 배기가스 정화 촉매, IC 회로 기판, 절연 애자, 플러그용 절연체, 인공 치근, 인공 관절 수요가 많으므로 비용이 낮다.

③ 지르코니아 : 기계적 강도 및 인성이 뛰어나며 절연성, 내열성 세라믹 재료이다. 열 팽창률이 금속에 가까워 금속과의 접합에 적용할 수 있다. 또한 열전도율과 마찰계수가 낮다. 금속의 열간 압출용 다이, 항공 우주용 부품 피복용 등에 사용된다.

④ 실리카(silica, 규토) : 유리 원료

석영(Quartz) : 통신용 고정 주파수 진동자

규산염(Silicate) : 촉매 변환기, 재생기, 열교환기 부품

⑤ 탄화규소 : 경도가 높아 내마모성이 뛰어난 재질로, 충격 부식 저항성이 우수하다. 또한 미끄럼 마모에 강하고 고온에서도 강도를 유지한다. 연마재, 내화 벽돌, 전기 소자 재료, 열기관의 고온 부품, 디젤차 매연 집진용 필터(DPF) 재료로 사용된다.

⑥ 텅스텐 카바이드, 티타늄 카바이드 : 절삭 공구, 다이 재료

⑦ 질화규소 : 경도, 내열, 고온 강도, 기계적 강도를 가진 뛰어난 고온 구조이며, 열 충격에 강하고 열 팽창 계수가 적은 세라믹스이다.

베어링, 터빈 블레이드, 캠 롤러, 자동차 엔진 부품, 제지산업용 부품 등에 사용된다.

⑧ 큐빅 보론 질화물 : 다이아몬드 다음으로 경도가 높은 재료이며 연삭 입자, 절삭 공구용으로 사용된다.

⑨ 티타늄 질화물 : 저마찰이 특징이다. 절삭 공구의 코팅 재료로 사용된다.

⑩ 질화알루미늄 : 질화규소에 알루미늄 산화물, 이트륨 산화물, 티타늄 카바이드를 첨가한 것으로, 질화규소보다 강도 및 열 충격 저항이 높으므로 절삭 공구 재료로 사용된다.

⑪ 서멧(cermet) : 흑색 세라믹 또는 열간 압축 세라믹으로, 고온 산화 저항성을 가진 세라믹과 인성, 열충격 저항, 연성을 가진 금속이 결합된 복합 소결 합금이다. 초경 합금도 서멧의 일종이다. 절삭 공구, 제트 엔진의 노즐, 항공기 브레이크 등 고온 용품, 연마재, 내화 벽돌, 전기 소자 재료, 열기관의 고온 부품, 디젤차 매연 집진용 필터(DPF) 재료 등으로 사용된다.

⑫ 나노 세라믹(nanophase ceramic, 초미세상 세라믹) : 매우 낮은 온도에서도 연성을 나타내며 강도가 높고 결함 없이 쉽게 가공된다.

자동차용 밸브, 로커암, 터보 차저 회전자, 실린더 라이너, 제트 엔진 부품, 피복 재료, 초소형 전지, 광학 필터, 태양 전지, 인공 심장 밸브 등에 사용된다.

(3) 유리

최근 기계는 물론 기구 및 기기에서 유리의 사용이 급격히 늘고 있으며 그 종류도 요구되는 기능 및 성능에 따라 다양해지고 있다. 유리는 성분, 구조와 성질 및 기능에 따라 다음과 같은 종류가 있다.

① 성분에 따른 분류

유리의 성질은 알루미늄, 나트륨, 칼슘, 바륨, 보론, 마그네슘, 리튬, 납, 칼륨 등의 산화물을 첨가함으로써 크게 개선되어 화학 물질, 산, 알칼리 및 습기 등에 의한 부식에 강해진다.

- 소다-석회 유리(soda-lime glass) : 규사, 탄산나트륨, 탄산칼슘 등이 성분이며 주로 유리창이나

유리병에 쓰이고 있다.

- 칼리 유리 : 투명도가 높고 딱딱하여 조각하기에 적합하다.
- 납-알칼리 유리(lead glass) : 규사, 칼륨, 소다회 등에 산화 납을 첨가한 것으로 식기나 유리 공예품에 쓰이고 있다.
- 석영 유리(quartz glass) : 순도가 높은 규사를 사용하며 열을 가하면 투명해지고 내식성과 내열성이 뛰어나다. 열전도율이 매우 낮지만 열팽창률도 매우 작으므로 급격한 온도 변화에 의한 열 충격의 영향을 거의 받지 않는다. 레이저 빔으로 절단이 가능한 유리이다. 비커, 플라스크 등 실험 기재와 광 파이버의 재료 및 반도체 웨이퍼 운반구 등에 쓰이고 있다.
- 보로 실리케이트 유리(borosilicate)
- 알루미노 실리케이트
- 96% 실리카 유리
- 융해 실리카(fused silica)

② 구조 및 성질에 따른 분류

이미 만들어진 유리에 후처리를 하거나 기능성 수지 필름을 붙이고 유리 사이에 건조 공기나 가스를 넣거나 하여 만든 것으로 아래와 같은 것들이 있다.

- 강화 유리(tempered glass) : 판 유리를 700℃까지 가열한 후 유리 표면에 공기를 불어 균일하게 급속 냉각하여 표면을 압축해 만들어지는 유리로 내충격성이 3~5배 정도 강해진다. 또 파손 시 파편이 가루가 되므로 안전하다. 자동차 유리(전면 유리 제외), 유리 문, 식탁용 유리 등으로 쓰이고 있다.
- 중첩 유리(laminated glass) : 복수의 판유리 사이에 수지 등으로 된 특수 기능 필름으로 중간 막을 끼운 후 가열 압착한 유리이며 중간 막의 특성에 따라 자외선 및 적외선의 흡수 차단, 방음, 착색 및 방탄, 방화, 안전, 가열 유리 등이 있다. 자동차 전면 유리, 건축물 유리 등에 쓰이고 있다.
- 내열 유리 : 열팽창률을 낮춰 급격한 온도 변화가 있어도 갈라지지 않는 유리이며 붕규산 유리의 일종으로 내부식성도 뛰어나다. 파이렉스(Pyrex, 코닝사 제품명) 유리가 대표적이며 조리용 레인지 유리, 탄산가스 레이저의 방전관 유리 등에 쓰이고 있다.
- 복층 유리(pair glass) : 두 장의 유리 사이를 띄우고 그 사이를 건조 공기 또는 아르곤 가스를 넣고 밀폐하여 중간층을 둔 유리이며 중간층이 12mm를 넘으면 대류가 발생하여 단열성이 떨어진다. 단열, 결로 방지 및 소음 차단 효과가 크며 건축물 외측 유리, 냉동·냉장 쇼케이스 등에 쓰이고 있다.

③ 기능성 유리

최근 IT 제품에 쓰이고 있는 특수 유리로 아래와 같은 것들이 있다.

- 태양전지 커버 유리(photovoltaic cover glass) : 고투과형 판유리로 표면에 요철을 주어 배 껍질처럼 만든 유리이다.

- 태양전지 TCO 기판 유리(transparent conductive oxide) : 박막형 유리 기판으로 입사광을 산란시켜 실리콘 층 내에 광을 닫아 넣고 있다. 고투과율을 가지며 투명 도전막을 코팅한 판유리이다.
- 모니터용 커버 유리(anti-glare glass) : 표면에 실리카 코팅한 유리로 고내흠집성, 고해상도의 태블릿 PC, 터치 패널, 액정 및 PDP 패널의 커버 유리로 사용된다.
- TFT용 유리 기판 : 플로트 법으로 개발된 알칼리 성분을 포함하지 않는 알루미노 규산염 유리로 투명성과 내열성이 있으며 표면이 평활하고 평탄하다.
- PDP용 유리 기판 : 소다-석회 유리로 열에 의한 치수 변화가 적으며 전기저항도 높다.

(4) 고무

네덜란드어 gom에서 유래된 일본 외래어로 영어는 rubber, gum이다. 탄성중합체로 열경화성과 열가소성 중합체가 있으며 그 종류에는 아래와 같은 것들이 있다.

① 열경화성 탄성중합체

- 고무 : 천연 고무/합성 고무
- 열경화성 수지계 탄성중합체 : 우레탄 고무 중 일부, 실리콘 고무, 불소 고무

② 열가소성 탄성중합체

- 천연 고무 : 마모와 피로저항이 높고 고마찰 특성이 있다. 기름, 열, 오존, 햇빛에 약하다. 타이어, 밀봉재, 신발 굽, 커플링, 엔진 마운트 등에 사용된다.
- 합성 고무 : 천연 고무보다 열, 휘발유, 화학 물질, 고온에 대한 저항성이 높다. 타이어, 충격 흡수기, 밀봉재, 벨트 등에 사용된다.

고무의 종류에는 부틸, 스티렌-부타디엔, 폴리 부타디엔, 에틸렌 프로필렌, 이소프렌, 네오프렌, 니트릴, 폴리우레탄, 실리콘, 불소 고무 등이 있다.

- 실리콘 : 315℃의 고온까지 사용 가능하다. 그러나 강도 및 내마모성, 기름에 대한 저항성은 다른 탄성중합체보다 못하다. 밀봉재, 개스킷, 열 절연재, 고온용 전기 스위치, 각종 전자부품에 사용된다.
- 폴리우레탄 : 강도, 강성, 경도가 높고, 내마모성이 탁월하다. 절단, 찢어짐에 대한 저항성이 우수하다. 밀봉재, 개스킷, 쿠션, 금속 판재 고무 성형용 다이아프램, 범퍼 등에 사용된다.
- 이소프렌 고무 : 천연 고무와 비슷하나 탄성률이 낮다.
- 스티렌 부타디엔 고무 : 내마모성, 내노화성, 내유성은 양호하고 탄성, 내굴곡성, 저온성은 떨어진다. 가장 많이 사용되고 있는 고무이다.
- 부타디엔 고무 : 내마모성, 반발 탄성은 양호하지만 기계적 강도는 떨어진다.
- 클로로프렌 고무 : 내유성, 내후성, 내열성이 비교적 양호하다. 또한 내수성이 떨어지고 전기 절연성이 낮다.
- 아크릴로 니트릴 부타디엔 고무 : 내유성은 매우 우수하고 내마모성은 우수하지만 내후성, 내오존성, 내수성은 떨어진다.

- 에틸렌 프로필렌 고무 : 내후성, 내오존성, 내수성, 내열성, 전기 절연성이 우수하고 내유성은 떨어진다.
- 부틸 고무 : 내 가스 투과성, 전기 절연성이 우수하고, 극성 용제에 대해 우수하다. 내유성, 탄성은 떨어지며 반발 탄성이 낮다.
- 불소 고무 : 최고의 내열성을 가지고 있으며 내약품성, 내용제성, 내후성이 우수하다. 기계적 강도, 내한성은 떨어진다.

(5) 목재

- 재목(timber) : 원목에서 컨 목재
- 합판(plywood) : 목재를 얇게 발라낸 단판을 섬유 방향이 서로 엇갈리게 하여 여러 장을 겹쳐 접착제로 붙여 한 장의 판으로 가공한 것. 베니어판
- 파티클 보드(particle board) : 목재 조각에 접착제를 섞어 가열 압축 성형한 보드 단열성, 차음성은 우수하나 내수성은 모자라 주로 가구, 내장재로 사용
- OSB(oriented strand board) : 접착 전에 나무 조각의 방향을 일치시켜 일정 방향으로의 강도를 높인 것. 저급 활엽수를 사용
- 파이버 보드(fiber board) : 목재 섬유를 모아 그대로 건조하거나 가열 압축한 보드 비중에 따라 하드 보드(hard board), MDF(medium density fiber board), IFB(insulation fiber board) 등으로 나뉘며 용도는 파티클 보드와 비슷함
- 럼버 코어 합판(lumber core plywood) : 재목의 작은 봉재를 나란히 놓은 것을 중심재로 하고 표면에 얇은 판을 붙여 한 장의 판으로 가공한 것
- 집성목 : 작은 목재판을 옆으로 이어 붙여 큰 판으로 만든 것

(6) 흑연

흑연(graphite)은 탄소 동소체의 하나로 탄소 원자가 평면 형태로 결합된 시트가 적층하여 이루어져 있는 매우 안정한 탄소이며 전기저항이 낮고 열 충격과 고온에 강하며 윤활성이 있다.

융점은 환원성 분위기에서는 3,550℃이며 산화성 분위기에서는 550℃ 정도이다. 주로 전극 봉, 고온용 고정구(fixture), 가열로 부품, 도가니 부품 등에 쓰이고 있다.

(7) 복합 재료

성질이 다른 두 종류 이상의 재료를 하나로 조합한 재료로, 복합화한 후 원래 재료를 구별할 수 있어야 한다.

복합 재료는 모재(매트릭스)와 강화재로 구성되어 있으며, 모재에는 합성수지(ABS, PC, PES, EP, UP, 페놀 수지, PI), 금속(알루미늄, 마그네슘, 베릴륨, 티타늄, 스테인리스강) 및 세라믹스 등이 사용되고 강화재로는 주로 섬유가 쓰이고 있다.

① 섬유 강화 플라스틱
가벼우며 비강도 및 비강성이 금속의 10배 이상이다.

- 유리섬유 강화 플라스틱(GFRP) : 비교적 저렴하며 전파 투과성이 우수하다. 내부식성이 좋아 소형 선박 및 저장 탱크 등에 사용된다.
- 탄소섬유 강화 플라스틱(CFRP) : 비탄성률, 내열성, 내식성, 전도성, 진동감쇠성 및 마모 특성이 뛰어나 가장 널리 사용되고 있으며 알루미늄합금 대체재로 사용되고 있다. 비강도, 비강성도 매우 높다. 스포츠 용품, 항공 우주기기, 고속 이송 장비의 이동 구조물로 사용된다.
- 아라미드섬유 강화 플라스틱(AFRP, Kevlar FRP) : 충격 에너지 흡수력이 뛰어나고 강도가 높아 방탄용 등 군사용으로 많이 사용된다.
- 보론(붕소)섬유 강화 플라스틱(BFRP) : 비강도가 높으며 내충격성이 뛰어나 항공 우주 분야에 주로 사용된다.
- 자일론(zylon)섬유 강화 플라스틱(ZFRP) : 최고 수준의 인장강도와 탄성률을 가진 섬유로 난연성이며 방탄 재킷, 탁구 라켓, 콘크리트 보강재 등으로 사용된다.

② 섬유 강화 복합 금속[FRM, 금속 모재 복합재료(metal-matrix composite, MMC)]

고온 저항성과 양호한 연성, 인성을 가졌으며 강성이 높고 경량이며 열전도도가 좋다. 주로 셔틀 우주 왕복선의 구조용 튜브형 지지대, 자전거 프레임, 항공기 및 헬리콥터의 안정판에 사용된다.

- 모재 금속 : 알루미늄합금, 마그네슘합금, 티타늄합금
- 강화 섬유 재료 : 탄소 섬유, 알루미나 섬유, 실리콘 카바이드 섬유, 보론 섬유, 몰리브덴 섬유, 텅스텐 섬유

③ 섬유 강화 세라믹스[(FRC, 세라믹 모재 복합 재료(CMC)]

제트 엔진, 자동차 엔진, 해저 탐사 장비, 압력 용기, 각종 구조용 부품에 사용한다.

④ 탄소 섬유 강화 탄소 복합재료(carbon fiber reinforced carbon composite, C/C)

CFRP를 열처리하여 모재인 플라스틱을 탄화시켜 만든다. 우주로켓 및 항공기의 구조재, 레이싱 카 및 항공기의 브레이크 재료에 사용한다.

3 측정과 측정기기, 표면 거칠기

1 측정의 정의

측정이란 길이, 두께, 직경, 경사도, 각도, 평면도, 윤곽 등 제품의 형상이나 상태를 정의하는 데 필요한 치수를 재는 것을 말한다. 제품 치수를 측정하는 경우 가공 정밀도보다 높은 측정 정밀도를 가진 측정기기를 써야 하지만, 지나치게 정밀도가 좋은 측정기기를 쓰면 다루기가 복잡하고 시간이 많이 걸려 비경제적이라는 단점이 있다. 일반적으로는 도면에 표시된 치수 공차의 1/10 정도까지 측정 가능한 측정기를 사용하는 것이 좋다.

2 측정기의 종류

측정기는 여러 가지 종류가 있으며 각각 측정 가능한 치수 정밀도가 다르다. 각 측정기기의 특징과 사용법은 다음과 같다.

1) 자 : 막대자, 줄자

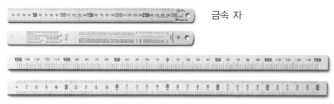

금속 자

기계용 자(주로 수동 기계에 놓여 이동거리 참고용으로 사용)

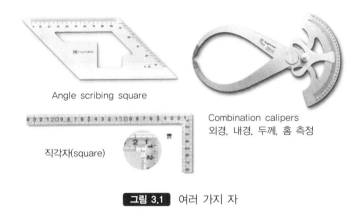

Angle scribing square

직각자(square)

Combination calipers
외경, 내경, 두께, 홈 측정

그림 3.1 여러 가지 자

2) 버니어 캘리퍼스

버니어 캘리퍼스(vernier calipers)는 가장 많이 사용되는 측정기로 막대자에 버니어라 불리는 이동자(slider)를 붙인 것으로 큰 눈금과 작은 눈금을 합친 것이 측정값이다. 버니어 눈금은 39mm를 20등분한 것이며 최소 읽기 값은 0.05mm이다. 그 구조는 아래 그림과 같다.

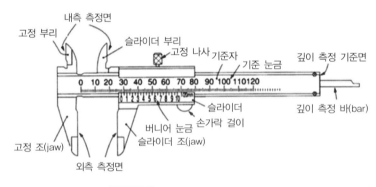

그림 3.2 버니어 캘리퍼스의 구조

버니어 캘리퍼스로 측정한 값을 읽는 방법은 소수점 이상 값은 슬라이더의 '0'이 지난 고정자의 값을 읽고, 소수점 아래 값은 슬라이더의 눈금과 고정자의 눈금이 일치하는 곳의 슬라이더 값을 읽는다. 아래 그림에 측정 예가 나타나 있다.

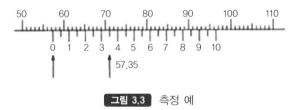

그림 3.3 측정 예

버니어 캘리퍼스로 측정할 수 있는 형상은 네 가지로 각각의 측정 방법은 그림 3.4에 나타나 있다.

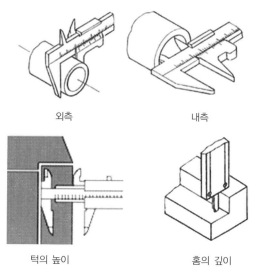

외측   내측

턱의 높이   홈의 깊이

그림 3.4 여러 가지 측정 방법

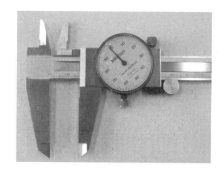

디지털 버니어 캘리퍼스   다이얼 게이지형 버니어 캘리퍼스

그림 3.5 여러 가지 버니어 캘리퍼스

3) 마이크로미터

마이크로미터(micrometer)는 버니어 캘리퍼스와 같이 끼움자의 일종이며 길이의 변화를 나사의 회전 각과 지름에 의해 확대된 눈금으로 읽는다. 사용 방법은 측정면 사이에 측정할 부위를 넣고 측정면이 측정 부위에 닿을 때까지 외통을 돌린 후(일단 닿은 다음에는 절대 힘을 주어 강하게 돌리면 안 된다) 래칫 스톱(ratchet stop)을 한두 바퀴 정도 돌린 후 그 값을 읽는다. 구조는 그림 3.6과 같다.

마이크로미터로 측정한 값을 읽는 방법은 다음과 같다−소수점 이상은 회전하는 외통의 좌측 끝 선이 지난 슬리브의 눈금을 읽으며 소수점 이하는 슬리브 중간의 수평선과 만나는 외통의 눈금을 읽되 외통의 좌측 끝 선이 슬리브 눈금 한 칸의 절반을 넘지 않았으면 외통의 눈금을 그대로 읽고, 넘었으면 외통 눈금 값에 50을 더하여 읽는다.

마이크로미터는 내측용과 외측용 및 깊이 측정용이 있으며 측정 범위는 0~25mm용, 25~50mm용 등과 같이 일정한 범위로 제한되어 있다.

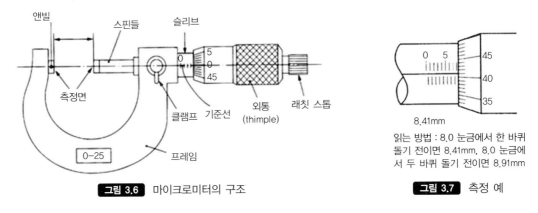

그림 3.6 마이크로미터의 구조

8.41mm

읽는 방법 : 8.0 눈금에서 한 바퀴 돌기 전이면 8.41mm, 8.0 눈금에서 두 바퀴 돌기 전이면 8.91mm

그림 3.7 측정 예

외측용

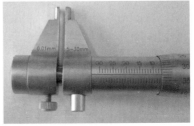

내측용

그림 3.8 마이크로미터

4) 하이트 게이지

하이트 게이지(height gauge)는 주로 정반 위에 측정하고자 하는 부품과 게이지를 같이 놓고 높이를 측정하거나 부품에 금 긋기를 하는 데 사용한다.

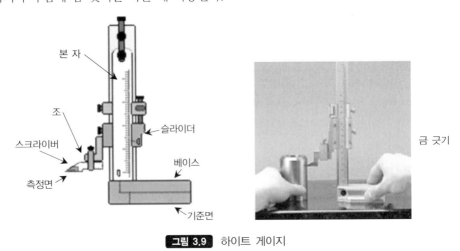

그림 3.9 하이트 게이지

5) 각도 측정기

제품의 경사진 부분의 각도를 측정하는 데 쓰는 측정기이다.

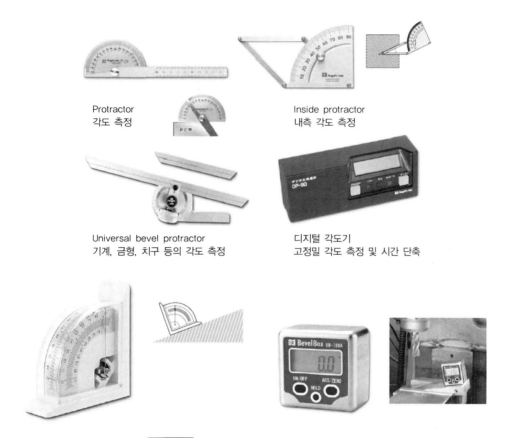

Protractor
각도 측정

Inside protractor
내측 각도 측정

Universal bevel protractor
기계, 금형, 치구 등의 각도 측정

디지털 각도기
고정밀 각도 측정 및 시간 단축

그림 3.10 여러 가지 각도 측정기(출처 : Mitutoyo)

6) 다이얼 게이지, 다이얼 인디케이터

다이얼 게이지(dial gauge)와 다이얼 인디케이터(dial indicator)는 길이를 재는 것이 아니라 변위량을 표시하는 측정기기이다. 스핀들 끝에 붙어 있는 측정자의 직선 운동을 기어 등에 의해 회전 운동으로 변환하여 지침으로 표시하는 아날로그 기계식이며, 측정 범위는 10mm 이하이다. 눈금은 측정 범위에 따라 0.01mm, 0.002mm 및 0.001mm가 있다. 최근에는 디지털로 표시되는 것도 판매되고 있다.

공작물의 평행도, 평면도, 진직도, 직각도 등 형상 정밀도를 측정하거나 회전축 및 선반 가공물의 원주 흔들림(run-out) 측정에 쓰인다. 사용 온도는 일반적으로 0~40℃이며 습도는 30~70% 정도 이내가 바람직하다.

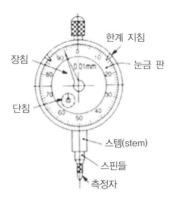

한계 지침
장침
0.01mm
눈금 판
단침
스템(stem)
스핀들
측정자

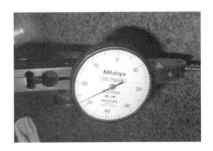

다이얼 인디케이터

마그네틱 베이스

그림 3.11 다이얼 게이지 (주로 마그네틱베이스를 이용하여 고정한 후 사용한다.)

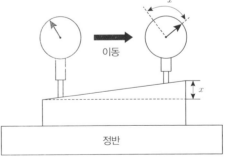

이동

정반

그림 3.12 다이얼 게이지 사용 예

7) 직각 자

제품의 직각도 및 가공 시 직각도를 간편히 측정하는 데 사용한다.

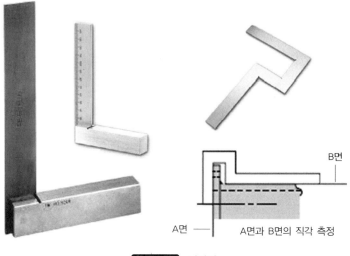

B면

A면 ── A면과 B면의 직각 측정

그림 3.13 직각자

8) 핀 게이지

핀 게이지(pin gauge)는 작은 구멍의 정밀 측정 및 구멍 간 거리와 평행도 측정 또는 각종 측정기의 검사용으로 쓰이고 있다. 나사 핀 게이지는 탭의 센터링 및 탭 간 거리 측정 시 사용되고 있다. 핀 게이지의 종류는 스트레이트형과 섕크형 두 가지가 있으며, 핀 게이지 홀더(holder)는 핀 바이스(pin vise)라고 한다(그림 3.14).

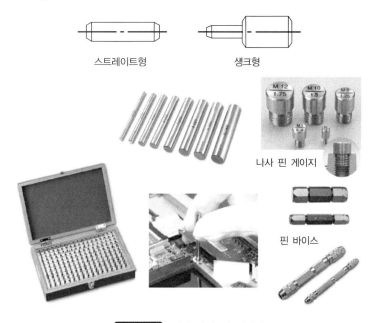

스트레이트형   섕크형

나사 핀 게이지

핀 바이스

그림 3.14 여러 가지 핀 게이지

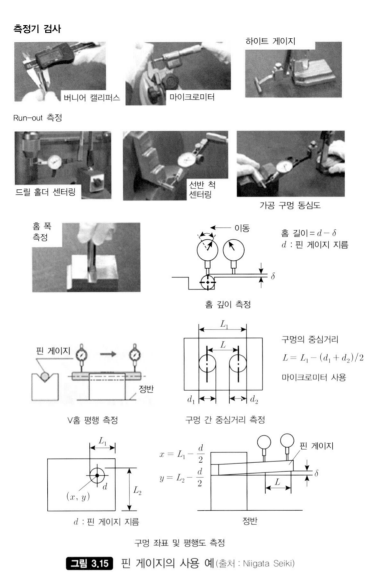

측정기 검사

버니어 캘리퍼스　　마이크로미터　　하이트 게이지

Run-out 측정

드릴 홀더 센터링　　선반 척 센터링　　가공 구멍 동심도

홈 폭 측정

이동

홈 길이 $= d - \delta$
d : 핀 게이지 지름

홈 깊이 측정

핀 게이지

정반

V홈 평행 측정

구멍의 중심거리
$$L = L_1 - (d_1 + d_2)/2$$
마이크로미터 사용

구멍 간 중심거리 측정

d : 핀 게이지 지름

핀 게이지

$$x = L_1 - \frac{d}{2}$$
$$y = L_2 - \frac{d}{2}$$

정반

구멍 좌표 및 평행도 측정

그림 3.15 핀 게이지의 사용 예 (출처 : Niigata Seiki)

9) 틈새 게이지

틈새 게이지(thickness gauge)는 홈 폭 또는 틈새를 재는 데 사용하는 것으로, 간단히 틈새에 끼워 넣는 것만으로도 치수 측정이 가능하다.

① 리프형(leaf type) : 리프의 폭은 12.7mm이며 두께는 0.01~3.0mm까지 있다.

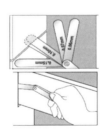

그림 3.16 리프형 틈새 게이지 및 사용 방법

② 테이퍼형 : 측정 범위는 0.3~6mm, 1~15mm, 15~30mm, 30~45mm, 45~60mm의 5종류가 있다.

그림 3.17 테이퍼형 틈새 게이지 및 사용 방법

③ 원통 테이퍼형 : 구멍 지름, 홈 지름, 파이프 내경의 측정에 쓰이며 대량 검사에 편리하다. 측정 범위는 1~6mm, 4~15mm, 4~25mm의 3종류가 있다.

그림 3.18 원통 테이퍼형 틈새 게이지

④ 필러 게이지(feeler gauge) : 틈새를 측성한 후 이 틈새를 메우기 위한 조립 조정용으로 사용되며 필요한 길이로 잘라 사용한다. 폭은 12.7mm이며 길이는 1m, 3m, 5m의 3종류가 있다.

두께는 스테인리스강인 경우 0.01~0.1mm까지 있으며, 탄소 공구강인 경우는 0.03~1.0mm까지 있다.

그림 3.19 휠러 게이지

10) 고정 게이지

고정 게이지(fixed gauge, GO-NO GO fixed gauge)는 한계 게이지(limit gauge)라고도 불리며, 한쪽은 통과되는 최소(최대) 허용값, 다른 쪽은 통과되지 않는 최대(최소) 허용값으로 만들어진 게이지를 가진 측정기로 대량 생산품의 전량 검사를 신속하게 수행하는 데 사용한다. 실제 치수를 측정하지 않으며 공차 내 합격, 불합격만 판정한다.

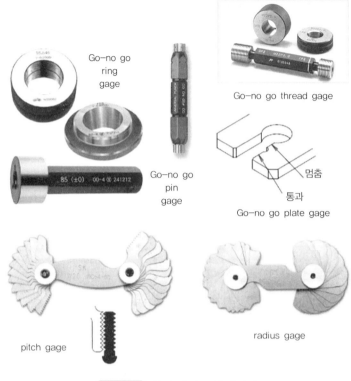

Go-no go ring gage

Go-no go thread gage

Go-no go pin gage

멈춤

통과

Go-no go plate gage

pitch gage

radius gage

그림 3.20 여러 가지 고정 게이지

11) 블록 게이지

블록 게이지(block gauge)는 측정기 검사용 기준 길이와 CNC 공작기계의 이송 정밀도 검사용으로 많이 사용되고 있다. 폭이 1.005mm부터 100mm까지 여러 개의 블록으로 구성되어 있다.

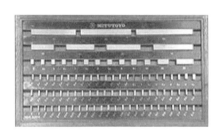

그림 3.21 블록 게이지

12) 3차원 측정기(좌표 측정기)

입체 형상을 가진 부품을 3차원적으로 계측할 수 있는 측정기로, 루비 또는 세라믹으로 된 촉침(probe)으로 부품을 찍어 얻어진 좌푯값을 검출하고 이 값들을 컴퓨터로 처리한다.

1. 3차원 좌푯값 측정
2. 기하 공차 측정

STRATO-Apex9106

그림 3.22 3차원 측정기 (출처 : Mitutoyo)

13) 레이저 간섭계

레이저 간섭계(laser interferometer)는 레이저로부터 나온 광을 빔 스플리터(beam splitter)에서 2개의 빔으로 나누고 각각 멀리 있는 거울(mirror)에 의해 반사되어 다시 빔 스플리터로 돌아오게 한 후 재결합시키면 서로 간섭한다.

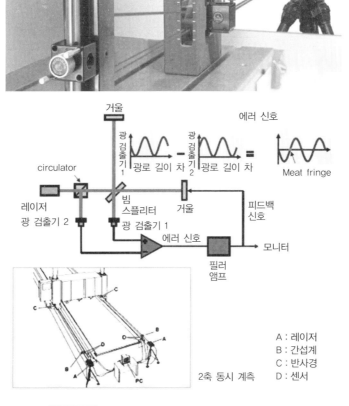

A : 레이저
B : 간섭계
C : 반사경
D : 센서

2축 동시 계측

그림 3.23 레이저 간섭계와 기본 원리 (출처 : Renishaw)

간섭광의 강도는 광로 길이 차이가 1파장 바뀔 때마다 명암을 반복하며 이것을 활용하여 각종 오차를 측정하는 것이다. 레이저 간섭계는 공작기계 및 정밀 이송이 필요한 장비의 정밀 조립 및 정밀도 평가에 사용된다.

계측 가능한 정밀도의 종류는 다음과 같다.

- 축의 위치 정밀도와 반복 정밀도
- 축의 피칭(pitching)과 요잉(yawing)
- 축의 진직도
- 직교 축의 직각도
- 표면의 평면도
- 회전 축의 인덱스 각도

14) 수준기

수준기(leveler)는 기계나 장비 등의 설치 또는 조립을 하기 위해 본체, 베이스 프레임 등을 지면에 수평하게, 즉 중력 방향에 수직하게 설치하기 위해 사용하는 것으로 기포 관에 의해 수평 측정 및 미세 경사를 확인한다. 일반적인 측정 정밀도는 0.02mm/m 정도이다.

평형 정밀 수준기

T형 정밀 수준기

각형 정밀 수준기

그림 3.24 여러 가지 수준기

3 표면 거칠기(조도)

표면의 거칠기는 아래와 같이 이전에는 ▽ 마크의 개수로 나타내었다(아직도 현장에서는 많이 사용되고 있음).

	: 소재 상태 그대로
~	
▽	: 황삭 가공(절삭)
▽▽	: 중삭 가공(절삭)

    ▽▽▽　: 정삭, 연삭 가공

    ▽▽▽▽ : 연마 가공

이것은 가공 작업자 입장에서는 알기 쉽게 되어 있어 편리하지만, 설계자 입장에서 보면 생각한 대로 가공면의 거칠기가 나오지 않을 때가 있어 최근에는 Ra(산술 평균 조도), Ry(최대 높이 조도), Rz(십점 평균 조도) 등을 같이 쓰고 있다. 자주 사용되고 있는 것은 Ra와 Ry이다.

도면에 가공면 거칠기 기호로 1.6이나 1.6S로 표기되어 있는데, 1.6은 Ra1.6, 1.6S는 Ry1.6을 의미한다. Ra보다 Ry가 더 엄격한 가공면 거칠기이며 일반적으로 Ry=4Ra로 알려져 있는데 이것은 다르게 나올 수도 있으므로 단지 참고 기준으로 알고 있는 것이 좋다. 아래에 세 가지 조도 표기법에 대해 간단히 설명하였다.

1) 산술 평균 조도 : Ra(중심선 평균 조도, arithmetic mean deviation of the profile)

단면 곡선을 중심선으로부터 꺾어 올려 그림의 빗금친 부분의 면적을 길이 L로 나눈 값을 마이크로미터(μm)로 표시한 값

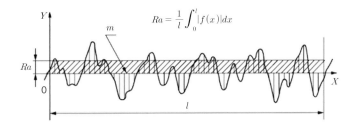

$$Ra = \frac{1}{l}\int_0^l |f(x)|dx$$

2) 최대 높이 조도 : Ry(maximum height of the profile)

단면 곡선으로부터 기준 길이 L을 떼어내 그 부분의 최대 높이를 구해 마이크로미터(μm)로 표시

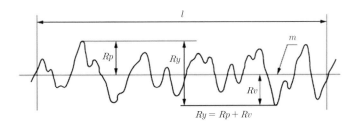

$$Ry = Rp + Rv$$

3) 십점 평균 조도 : Rz(value of ten-point height of irregularities)

단면 곡선으로부터 기준 길이 L을 떼어내 높은 쪽부터 5번째까지의 꼭짓점 높이의 평균값의 절댓값과 깊은 쪽부터 5번째까지의 깊이의 평균값의 절댓값을 합한 것을 마이크로미터(μm)로 표시

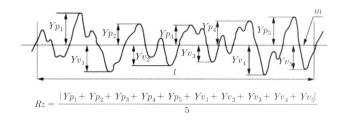

$$Rz = \frac{|Yp_1 + Yp_2 + Yp_3 + Yp_4 + Yp_5 + Yv_1 + Yv_2 + Yv_3 + Yv_4 + Yv_5|}{5}$$

표 3.1에 여러 가지 표면 거칠기 표기 방법의 상대 비교표를, 표 3.2에 표면 거칠기(Ra 기준)와 IT 공차 등급과의 상관관계를, 그림 3.25에 재료 가공 방법별 가능한 표면 거칠기를, 그림 3.26에 표면 거칠기의 도면 표기 방법을 정리하였다.

⠿ 표 3.1 표면 거칠기 표기 방법의 상대 비교표

산술 평균 조도 Ra			최대 높이 조도 Ry	십점 평균 조도 Rz	RyRz 표준 길이 l(mm)	기존 표시 방법
	컷오프 값	도면 표시				
0.012 a 0.025a 0.05 a 0.1 a 0.2 a	0.08 0.25	0.012✓ ~ 0.2✓	0.05 s 0.1 s 0.2 s 0.4 s 0.8 s	0.05 z 0.1 z 0.2 z 0.4 z 0.8 z	0.08 0.25	▽▽▽▽
0.4 a 0.8 a 1.6 a	0.8	0.4✓ ~ 1.6✓	1.6 s 3.2 s 6.3 s	1.6 z 3.2 z 6.3 z	0.8	▽▽▽
3.2 a 6.3 a	0.25	3.2✓ ~ 6.3✓	12.5 s 25 s	12.5 z 25 z	0.25	▽▽
12.5 a 25 a	8	12.5✓ ~ 25✓	50 s 100 s	50 z 100 z		▽
50 a 100 a	·	50✓ ~ 100✓	200 s 400 s	200 z 400 z	8 ·	~

▽▽▽▽ : 연마, ▽▽▽ : 연삭 · 정삭, ▽▽ : 중삭, ▽ : 황삭, ~ : 소재 표면

⠿ 표 3.2 표면 거칠기(Ra 기준)와 IT 공차 등급과의 상관관계

기준 치수		IT5	IT6		IT7		IT8	
초과	이하	슬라이딩면	고정면	슬라이딩면	고정면	슬라이딩면	고정면	슬라이딩면
6mm	30mm	0.4	1.6	0.8	1.6	1.6	3.2	1.6
30mm	120mm	0.4	1.6	0.8	3.2	1.6	3.2	3.2
120mm	315mm	0.8	3.2	1.6	6.3	3.2	6.3	3.2

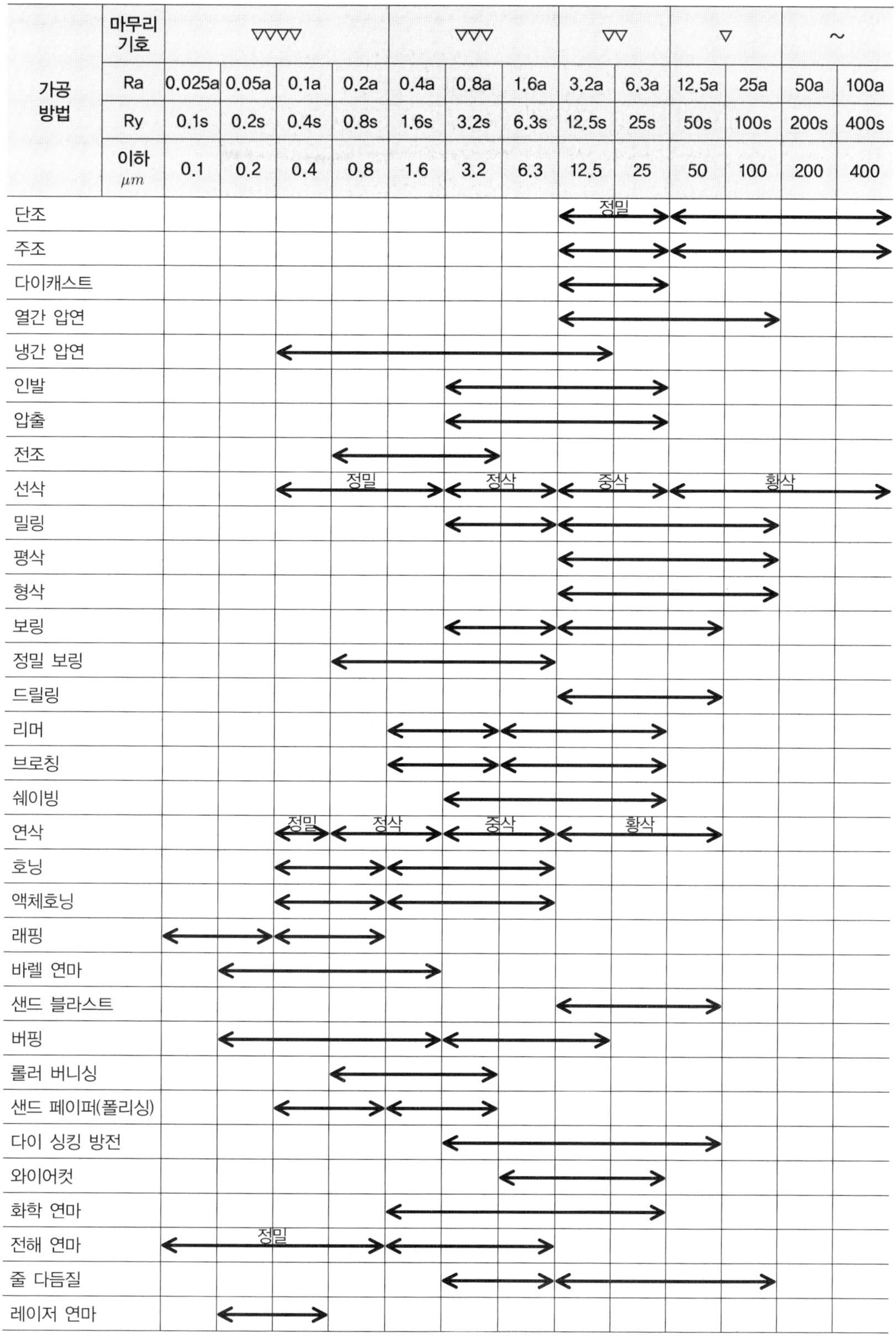

가공 방법	마무리 기호	▽▽▽▽				▽▽▽			▽▽		▽		~	
	Ra	0.025a	0.05a	0.1a	0.2a	0.4a	0.8a	1.6a	3.2a	6.3a	12.5a	25a	50a	100a
	Ry	0.1s	0.2s	0.4s	0.8s	1.6s	3.2s	6.3s	12.5s	25s	50s	100s	200s	400s
	이하 μm	0.1	0.2	0.4	0.8	1.6	3.2	6.3	12.5	25	50	100	200	400

가공 방법:

단조 (정밀), 주조, 다이캐스트, 열간 압연, 냉간 압연, 인발, 압출, 전조, 선삭 (정밀, 정삭, 중삭, 황삭), 밀링, 평삭, 형삭, 보링, 정밀 보링, 드릴링, 리머, 브로칭, 쉐이빙, 연삭 (정밀, 정삭, 중삭, 황삭), 호닝, 액체호닝, 래핑, 바렐 연마, 샌드 블라스트, 버핑, 롤러 버니싱, 샌드 페이퍼(폴리싱), 다이 싱킹 방전, 와이어컷, 화학 연마, 전해 연마 (정밀), 줄 다듬질, 레이저 연마

그림 3.25 재료 가공 방법별 가능한 표면 거칠기

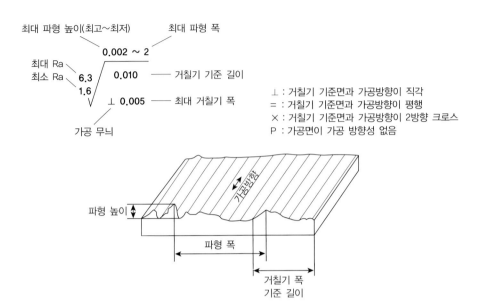

최대 파형 높이(최고~최저)   최대 파형 폭

0.002 ~ 2

최대 Ra   6.3   0.010 ——— 거칠기 기준 길이
최소 Ra   1.6

⊥ 0.005 ——— 최대 거칠기 폭

가공 무늬

⊥ : 거칠기 기준면과 가공방향이 직각
= : 거칠기 기준면과 가공방향이 평행
✕ : 거칠기 기준면과 가공방향이 2방향 크로스
P : 가공면이 가공 방향성 없음

파형 높이

가공방향

파형 폭

거칠기 폭
기준 길이

그림 3.26 표면 거칠기 도면 표기 방법

참고

현재는 최대 높이 조도는 Rz로 표기하고 있으며 십점 평균 조도 Rz는 사용하지 않고 있다.

4 공차와 끼워맞춤

1 공차란?

가공하려고 하는 치수가 50mm로 적혀 있는 경우 정확히 50mm로 가공하는 것은 매우 어려우며 어느 정도의 오차는 피할 수 없다.

공차란 도면에 지시된 치수에 대해 가공물이 어느 정도 범위까지가 기능이나 성능에 지장을 주지 않을 것인지를 정하는 것, 즉 어디까지를 합격품으로 할 것인지를 나타내는 것이다. 즉 공차의 의미는 다음과 같다.

'공차＝최대 허용 치수－최소 허용 치수＝최대 오차 허용 폭'이다.

아래와 같이 표기된 경우 각 숫자의 의미는 다음과 같다.

$$50^{+0.05}_{-0.04}$$

50 : 기준 치수
　+0.05 : 상한 치수 허용차
　−0.04 : 하한 치수 허용차
허용 한계 치수 :
　최대 허용 치수 : 50.05
　최소 허용 치수 : 49.96
치수 공차 : 0.05−(−0.04)＝0.09
　　　　　　＝최대 오차 허용 폭

2 공차의 목적

가공하고자 하는 부품의 치수에 적절한 공차를 부여하는 목적은 다음과 같이 세 가지를 들 수 있다.

- 조립 : 조립은 상대가 있으며, 상대와의 조립 상태를 어떻게 할 것인지는 조립 후 사용 조건에 따라서 다르고, 요구되는 기능 및 성능을 얻기 위해 끼워맞춤의 정도를 어느 정도로 할 것인지를 정해야 한다.
- 부품의 교환 : 마모되거나 고장난 부품의 교환 시 아무런 문제가 없도록 호환성을 확보하기 위해서이다.
- 원가를 적절히 억제하기 위함 : 가공 시 정밀도를 좋게 가공하려는 경향이 있으므로 이를 적절히 제어하기 위함이다.

3 공차 등급

공차 등급은 ISO 기본 공차, 즉 IT(ISO Tolerance)로 규정되어 있으며 IT 1등급에서 IT 18등급까지 나뉘어 있다. 같은 등급이라도 공차의 크기는 기준 치수의 크기 범위에 따라 다르며 각각의 값은 표 4.1과 같다.

또한 등급 범위별 개략적인 용도는 아래와 같다.

IT 1~4 : 높은 정밀도가 요구되는 게이지 류의 끼워맞춤
IT 5~10 : 기계 부품인 축과 구멍의 끼워맞춤 부분
IT 11~18 : 끼워 맞추지 않는 부분

IT 공차 등급은 공차값만 표시하므로 최대, 최소 허용차를 선택함에 있어 매우 많은 경우의 수가 존재하여 실제로 사용하는 데 불편한 점이 있다. 예를 들어 기준 치수 50mm에 대한 IT 6등급의 공차 범위는

50[0 − (+0.016)], 50[−0.004 − (+0.012)], 50±0.008, 50[−0.012 − (+0.004)], 50(−0.016 − 0)

를 비롯하여 매우 많은 상·하한값을 선택할 수 있게 된다.

이를 개선하기 위해 이를 좀 더 구체적으로 규정하여, 사용하기 편리하도록 축의 경우 알파벳 소문자 a(−영역)부터 zb(+영역)까지, 구멍의 경우 대문자 A(+영역)부터 Zb(−영역)까지 사용하여 공차 범위의 위치를 규정하고 있다.

즉 k6, k7, m6, m7 및 H6, H7, H8 등과 같이 사용하며 각각의 값은 그림 4.1과 같이 표기한다. 표 4.2와 표 4.3에 공차 위치별 축과 구멍의 공차 범위가 나타나 있으며 그림 4.2에 이를 알기 쉽게 표시하였다.

js와 JS는 상·하한의 값이 같은 공차 범위이다.

표 4.1 IT 기본 공차 등급

초과	이하	공차 등급																	
		1	2	3	4	5	6	7	8	9	10	11	12	13	14	15	16	17	18
		기본 공차값(μm)											기본 공차값(m)m						
−	3	0.8	1.2	2	3	4	6	10	14	25	40	60	0.10	0.14	0.26	0.40	0.60	1.00	1.40
3	6	1	1.5	2.5	4	5	8	12	18	30	48	75	0.12	0.18	0.30	0.48	0.75	1.20	1.80
6	10	1	1.5	2.5	4	6	9	15	22	36	58	90	0.15	0.22	0.36	0.58	0.90	1.50	2.20
10	18	1.2	2	3	5	8	11	18	27	43	70	110	0.18	0.27	0.43	0.70	1.10	1.80	2.70
18	30	1.5	2.5	4	6	9	13	21	33	52	84	130	0.21	0.33	0.52	0.84	1.30	2.10	3.30
30	50	1	2.5	4	7	10	16	25	39	62	100	160	0.25	0.39	0.62	1.00	1.60	2.50	3.90
50	80	2	3	5	8	13	19	30	46	74	120	190	0.30	0.46	0.74	1.20	1.90	3.00	4.60
80	120	2.5	4	6	10	15	22	35	54	87	140	220	0.35	0.54	0.87	1.40	2.20	3.50	5.40
120	180	3.5	5	8	12	18	25	40	63	100	160	250	0.40	0.63	1.00	1.60	2.50	4.00	6.30
180	250	4.5	7	10	14	20	29	46	72	115	185	290	0.46	0.72	1.15	1.85	2.90	4.60	7.20
250	315	6	8	12	16	23	32	52	81	130	210	320	0.52	0.81	1.30	2.10	3.20	5.20	8.10
315	400	7	9	13	18	25	36	57	89	140	230	360	0.57	0.89	1.40	2.30	3.60	5.70	8.90
400	500	8	10	15	20	27	40	63	97	155	250	400	0.63	0.97	1.55	2.50	4.00	6.30	9.70

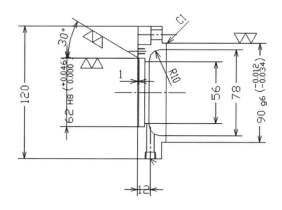

그림 4.1 공차의 도면 표기

⁑ 표 4.2 축의 공차 범위

초과	이하	b9	c9	d8	d9	e7	e8	e9	f6	f7	f8	g5	g6	h5	h6	h7	h8	h9
−	3	−140 −165	−60 −85	−20 −34	−20 −45	−14 −24	−14 −28	−14 −39	−6 −12	−6 −16	−6 −20	−2 −6	−2 −8	0 −4	0 −6	0 −10	0 −14	0 −25
3	6	−140 −170	−70 −100	−30 −48	−30 −60	−20 −32	−20 −38	−20 −50	−10 −18	−10 −22	−10 −28	−4 −9	−4 −12	0 −5	0 −8	0 −12	0 −18	0 −30
6	10	−150 −186	−80 −116	−40 −62	−40 −76	−25 −40	−25 −47	−25 −61	−13 −22	−13 −28	−13 −35	−5 −11	−5 −14	0 −6	0 −9	0 −15	0 −22	0 −36
10	14	−150 −193	−95 −135	−50 −77	−50 −93	−32 −50	−32 −59	−32 −75	−16 −27	−16 −34	−16 −43	−6 −14	−6 −17	0 −8	0 −11	0 −18	0 −27	0 −43
14	18	−150 −193	−95 −135	−50 −77	−50 −93	−32 −50	−32 −59	−32 −75	−16 −27	−16 −34	−16 −43	−6 −14	−6 −17	0 −8	0 −11	0 −18	0 −27	0 −43
18	24	−160 −212	−110 −162	−65 −98	−65 −117	−40 −61	−40 −73	−40 −92	−20 −33	−20 −41	−20 −53	−7 −16	−7 −20	0 −9	0 −13	0 −21	0 −33	0 −52
24	30	−160 −212	−110 −162	−65 −98	−65 −117	−40 −61	−40 −73	−40 −92	−20 −33	−20 −41	−20 −53	−7 −16	−7 −20	0 −9	0 −13	0 −21	0 −33	0 −52
30	40	−170 −232	−120 −182	−80 −119	−80 −142	−50 −75	−50 −89	−50 −112	−25 −41	−25 −50	−25 −64	−9 −20	−9 −25	0 −11	0 −16	0 −25	0 −39	0 −62
40	50	−180 −242	−130 −192	−80 −119	−80 −142	−50 −75	−50 −89	−50 −112	−25 −41	−25 −50	−25 −64	−9 −20	−9 −25	0 −11	0 −16	0 −25	0 −39	0 −62
50	65	−190 −264	−140 −214	−100 −146	−100 −174	−60 −90	−60 −106	−60 −134	−30 −49	−30 −60	−30 −76	−10 −23	−10 −29	0 −13	0 −19	0 −30	0 −46	0 −74
65	80	−200 −274	−150 −224	−100 −146	−100 −174	−60 −90	−60 −106	−60 −134	−30 −49	−30 −60	−30 −76	−10 −23	−10 −29	0 −13	0 −19	0 −30	0 −46	0 −74
80	100	−220 −307	−170 −257	−120 −174	−120 −207	−72 −107	−72 −126	−72 −159	−36 −58	−36 −71	−36 −90	−12 −27	−12 −34	0 −15	0 −22	0 −35	0 −54	0 −87
100	120	−240 −327	−180 −267	−120 −174	−120 −207	−72 −107	−72 −126	−72 −159	−36 −58	−36 −71	−36 −90	−12 −27	−12 −34	0 −15	0 −22	0 −35	0 −54	0 −87
120	140	−260 −360	−200 −300	−145 −208	−145 −245	−85 −125	−85 −148	−85 −185	−43 −68	−43 −83	−43 −106	−14 −32	−14 −39	0 −18	0 −25	0 −40	0 −63	0 −100
140	160	−280 −380	−210 −310	−145 −208	−145 −245	−85 −125	−85 −148	−85 −185	−43 −68	−43 −83	−43 −106	−14 −32	−14 −39	0 −18	0 −25	0 −40	0 −63	0 −100
160	180	−310 −410	−230 −330	−145 −208	−145 −245	−85 −125	−85 −148	−85 −185	−43 −68	−43 −83	−43 −106	−14 −32	−14 −39	0 −18	0 −25	0 −40	0 −63	0 −100
180	200	−340 −455	−240 −355	−170 −242	−170 −265	−100 −146	−100 −172	−100 −215	−50 −79	−50 −96	−50 −122	−15 −35	−15 −44	0 −20	0 −29	0 −46	0 −72	0 −115
200	225	−380 −495	−260 −375	−170 −242	−170 −265	−100 −146	−100 −172	−100 −215	−50 −79	−50 −96	−50 −122	−15 −35	−15 −44	0 −20	0 −29	0 −46	0 −72	0 −115
225	250	−420 −535	−280 −395	−170 −242	−170 −265	−100 −146	−100 −172	−100 −215	−50 −79	−50 −96	−50 −122	−15 −35	−15 −44	0 −20	0 −29	0 −46	0 −72	0 −115
250	280	−480 −610	−300 −430	−190 −271	−190 −320	−110 −162	−110 −191	−110 −240	−56 −88	−56 −108	−56 −137	−17 −40	−17 −49	0 −23	0 −32	0 −52	0 −81	0 −130
280	315	−540 −670	−330 −460	−190 −271	−190 −320	−110 −162	−110 −191	−110 −240	−56 −88	−56 −108	−56 −137	−17 −40	−17 −49	0 −23	0 −32	0 −52	0 −81	0 −130

축의 공차역 클래스

초과	이하	js5	js6	js7	k5	k6	m5	m6	n6	p6	r6	s6	t6	u6	x6
−	3	±2	±3	±5	+4 0	+6 0	+6 +2	+8 +2	+10 +4	+12 +6	+16 +10	+20 +14	−	+24 +18	+26 +20
3	6	±2.5	±4	±6	+6 +1	+9 +1	+9 +4	+12 +4	+16 +8	+20 +12	+23 +15	+27 +19	−	+31 +23	+36 +28
6	10	±3	±4.5	±7	+7 +1	+10 +1	+12 +6	+15 +6	+19 +10	+24 +15	+28 +19	+32 +23	−	+37 +28	+43 +34
10	14	±4	±5.5	±9	+9 +1	+12 +1	+15 +7	+18 +7	+23 +12	+29 +18	+34 +23	+39 +28	−	+44 +33	+51 +40
14	18	±4	±5.5	±9	+9 +1	+12 +1	+15 +7	+18 +7	+23 +12	+29 +18	+34 +23	+39 +28	−	+44 +33	+56 +45
18	24	±4.5	±6.5	±10	+11 +2	+15 +2	+17 +8	+21 +8	+28 +15	+35 +22	+41 +28	+48 +35	−	+54 +41	+67 +54
24	30	±4.5	±6.5	±10	+11 +2	+15 +2	+17 +8	+21 +8	+28 +15	+35 +22	+41 +28	+48 +35	+54 +41	+61 +48	+77 +64
30	40	±5.5	±8	±12	+13 +2	+18 +2	+20 +9	+25 +9	+33 +17	+42 +26	+50 +34	+59 +43	+64 +48	+76 +60	−
40	50	±5.5	±8	±12	+13 +2	+18 +2	+20 +9	+25 +9	+33 +17	+42 +26	+50 +34	+59 +43	+70 +54	+86 +70	−
50	65	±6.5	±9.5	±15	+15 +2	+21 +2	+24 +11	+30 +11	+39 +20	+51 +32	+60 +41	+72 +53	+85 +66	+106 +87	−
65	80	±6.5	±9.5	±15	+15 +2	+21 +2	+24 +11	+30 +11	+39 +20	+51 +32	+62 +43	+78 +59	+94 +75	+121 +102	−
80	100	±7.5	±11	±17	+18 +3	+25 +3	+28 +13	+35 +13	+45 +23	+59 +37	+73 +51	+93 +71	+113 +91	+146 +124	−
100	120	±7.5	±11	±17	+18 +3	+25 +3	+28 +13	+35 +13	+45 +23	+59 +37	+76 +54	+101 +79	+126 +104	+166 +144	−
120	140	±9	±12.5	±20	+21 +3	+28 +3	+33 +15	+40 +15	+52 +27	+68 +43	+88 +63	+117 +92	+147 +122	−	−
140	160	±9	±12.5	±20	+21 +3	+28 +3	+33 +15	+40 +15	+52 +27	+68 +43	+90 +65	+125 +100	+159 +134	−	−
160	180	±9	±12.5	±20	+21 +3	+28 +3	+33 +15	+40 +15	+52 +27	+68 +43	+93 +68	+133 +108	+171 +146	−	−
180	200	±10	±14.5	±23	+24 +4	+33 +4	+37 +17	+46 +17	+60 +31	+79 +50	+106 +77	+151 +122	−	−	−
200	225	±10	±14.5	±23	+24 +4	+33 +4	+37 +17	+46 +17	+60 +31	+79 +50	+109 +80	+159 +130	−	−	−
225	250	±10	±14.5	±23	+24 +4	+33 +4	+37 +17	+46 +17	+60 +31	+79 +50	+113 +84	+169 +140	−	−	−
250	280	±11.5	±16	±26	+27 +4	+36 +4	+43 +20	+52 +20	+66 +34	+88 +56	+126 +94	−	−	−	−
280	315	±11.5	±16	±26	+27 +4	+36 +4	+43 +20	+52 +20	+66 +34	+88 +56	+130 +98	−	−	−	−

표 4.3 구멍의 공차 범위

구멍의 공차역 클래스

초과	이하	B10	C9	C10	D8	D9	D10	E7	E8	E9	F6	F7	F8	G6	G7	H6	H7	H8	H9	H10
−	3	+180/+140	+85/+60	+100/+60	+34/+20	+45/+20	+60/+20	+24/+14	+28/+14	+39/+14	+12/+6	+16/+6	+20/+6	+8/+2	+12/+2	+6/0	+10/0	+14/0	+25/0	+40/0
3	6	+188/+140	+100/+70	+118/+70	+48/+30	+60/+30	+78/+30	+32/+20	+38/+20	+50/+20	+18/+10	+22/+10	+28/+10	+12/+4	+16/+4	+8/0	+12/0	+18/0	+30/0	+48/+0
6	10	+208/+150	+116/+80	+138/+80	+62/+40	+75/+40	+98/+40	+40/+25	+47/+25	+61/+25	+22/+13	+28/+13	+35/+13	+14/+5	+20/+5	+9/0	+15/0	+22/0	+36/0	+58/0
10	14	+220/+150	+138/+95	+165/+95	+77/+50	+93/+50	+120/+50	+50/+32	+59/+32	+75/+32	+27/+16	+34/+16	+43/+16	+17/+6	+24/+6	+11/0	+18/0	+27/0	+43/0	+70/0
14	18	+220/+150	+138/+95	+165/+95	+77/+50	+93/+50	+120/+50	+50/+32	+59/+32	+75/+32	+27/+16	+34/+16	+43/+16	+17/+6	+24/+6	+11/0	+18/0	+27/0	+43/0	+70/0
18	24	+244/+160	+162/+110	+194/+110	+98/+65	+117/+65	+149/+65	+61/+40	+73/+40	+92/+40	+33/+20	+41/+20	+53/+20	+20/+7	+28/+7	+13/0	+21/0	+33/0	+52/0	+84/0
24	30	+244/+160	+162/+110	+194/+110	+98/+65	+117/+65	+149/+65	+61/+40	+73/+40	+92/+40	+33/+20	+41/+20	+53/+20	+20/+7	+28/+7	+13/0	+21/0	+33/0	+52/0	+84/0
30	40	+270/+170	+182/+120	+220/+120	+119/+80	+142/+80	+180/+80	+75/+50	+89/+50	+112/+50	+41/+25	+50/+25	+64/+25	+25/+9	+34/+9	+16/0	+25/0	+39/0	+62/0	+100/0
40	50	+280/+180	+192/+130	+230/+130	+119/+80	+142/+80	+180/+80	+75/+50	+89/+50	+112/+50	+41/+25	+50/+25	+64/+25	+25/+9	+34/+9	+16/0	+25/0	+39/0	+62/0	+100/0
50	65	+310/+190	+214/+140	+260/+140	+146/+100	+174/+100	+220/+100	+90/+60	+106/+60	+134/+60	+49/+30	+60/+30	+76/+30	+29/+10	+40/+10	+19/0	+30/0	+46/0	+74/0	+120/0
65	80	+320/+200	+224/+150	+270/+150	+146/+100	+174/+100	+220/+100	+90/+60	+106/+60	+134/+60	+49/+30	+60/+30	+76/+30	+29/+10	+40/+10	+19/0	+30/0	+46/0	+74/0	+120/0
80	100	+360/+220	+257/+170	+310/+170	+174/+120	+207/+120	+260/+120	+107/+72	+126/+72	+159/+72	+58/+36	+71/+36	+90/+36	+34/+12	+47/+12	+22/0	+35/0	+54/0	+87/0	+140/0
100	120	+380/+240	+267/+180	+320/+180	+174/+120	+207/+120	+260/+120	+107/+72	+126/+72	+159/+72	+58/+36	+71/+36	+90/+36	+34/+12	+47/+12	+22/0	+35/0	+54/0	+87/0	+140/0
120	140	+420/+260	+300/+200	+360/+200	+208/+145	+245/+145	+305/+145	+125/+85	+148/+85	+185/+85	+68/+43	+83/+43	+106/+43	+39/+14	+54/+14	+25/0	+40/0	+63/0	+100/0	+160/0
140	160	+440/+280	+310/+210	+370/+210	+208/+145	+245/+145	+305/+145	+125/+85	+148/+85	+185/+85	+68/+43	+83/+43	+106/+43	+39/+14	+54/+14	+25/0	+40/+0	+63/0	+100/0	+160/0
160	180	+470/+310	+330/+230	+390/+230	+208/+145	+245/+145	+305/+145	+125/+85	+148/+85	+185/+85	+68/+43	+83/+43	+106/+43	+39/+14	+54/+14	+25/0	+40/0	+63/0	+100/0	+160/0
180	200	+525/+340	+355/+240	+425/+240	+242/+170	+285/+170	+355/+170	+146/+100	+172/+100	+215/+100	+79/+50	+96/+50	+122/+50	+44/+15	+51/+15	+29/0	+46/0	+72/0	+115/0	+185/0
200	225	+565/+380	+375/+260	+445/+260	+242/+170	+285/+170	+355/+170	+146/+100	+172/+100	+215/+100	+79/+50	+96/+50	+122/+50	+44/+15	+51/+15	+29/0	+46/0	+72/0	+115/0	+185/0
225	250	+605/+420	+395/+280	+465/+280	+242/+170	+285/+170	+355/+170	+146/+100	+172/+100	+215/+100	+79/+50	+96/+50	+122/+50	+44/+15	+51/+15	+29/0	+46/0	+72/0	+115/0	+185/0
250	280	+690/+480	+430/+300	+510/+300	+271/+190	+320/+190	+400/+190	+162/+110	+191/+110	+240/+110	+88/+56	+108/+56	+137/+56	+49/+17	+69/+17	+32/0	+52/0	+81/0	+130/0	+210/0
280	315	+750/+540	+460/+330	+540/+330	+271/+190	+320/+190	+400/+190	+162/+110	+191/+110	+240/+110	+88/+56	+108/+56	+137/+56	+49/+17	+69/+17	+32/0	+52/0	+81/0	+130/0	+210/0

구멍의 공차역 클래스

초과	이하	JS6	JS7	K6	K7	M6	M7	N6	N7	P6	P7	R7	S7	T7	U7	X7
−	3	±3	±5	0/−6	0/−10	−2/−8	−2/−12	−4/−10	−4/−14	−6/−12	−6/−16	−10/−20	−14/−24	−	−18/−28	−20/−30
3	6	±4	±6	+2/−6	+3/−9	−1/−9	0/−12	−5/−13	−4/−16	−9/−17	−8/−20	−11/−23	−15/−27	−	−19/−31	−24/−36
6	10	±4.5	±7	+2/−7	+5/−10	−3/−12	0/−15	−7/−16	−4/−19	−12/−21	−9/−24	−13/−28	−17/−32	−	−22/−37	−28/−43
10	14	±5.5	±9	+2/−9	+6/−12	−4/−15	0/−18	−9/−20	−5/−23	−15/−26	−11/−29	−16/−34	−21/−39	−	−26/−44	−33/−51
14	18	±5.5	±9	+2/−9	+6/−12	−4/−15	0/−18	−9/−20	−5/−23	−15/−26	−11/−29	−16/−34	−21/−39	−	−26/−44	−38/−56
18	24	±6.5	±10	+2/−11	+6/−15	−4/−17	0/−21	−11/−24	−7/−28	−18/−31	−14/−35	−20/−41	−27/−48	−	−33/−54	−46/−67
24	30	±6.5	±10	+2/−11	+6/−15	−4/−17	0/−21	−11/−24	−7/−28	−18/−31	−14/−35	−20/−41	−27/−48	−33/−54	−40/−61	−56/−77
30	40	±8	±12	+3/−13	+7/−18	−4/−20	0/−25	−12/−28	−8/−33	−21/−37	−17/−42	−25/−50	−34/−59	−39/−64	−51/−76	−
40	50	±8	±12	+3/−13	+7/−18	−4/−20	0/−25	−12/−28	−8/−33	−21/−37	−17/−42	−25/−50	−34/−59	−45/−70	−61/−86	−
50	65	±9.5	±15	+4/−15	+9/−21	−5/−24	0/−30	−14/−33	−9/−39	−26/−45	−21/−51	−30/−60	−42/−72	−55/−85	−76/−106	−
65	80	±9.5	±15	+4/−15	+9/−21	−5/−24	0/−30	−14/−33	−9/−39	−26/−45	−21/−51	−32/−62	−48/−78	−64/−94	−91/−121	−
80	100	±11	±17	+4/−18	+10/−25	−6/−28	0/−35	−16/−38	−10/−45	−30/−52	−24/−59	−38/−73	−58/−93	−78/−113	−111/−146	−
100	120	±11	±17	+4/−18	+10/−25	−6/−28	0/−35	−16/−38	−10/−45	−30/−52	−24/−59	−41/−76	−66/−101	−91/−126	−131/−166	−
120	140	±12.5	±20	+4/−21	+12/−28	−8/−33	0/−40	−20/−45	−12/−52	−36/−61	−28/−68	−48/−88	−77/−117	−107/−147	−	−
140	160	±12.5	±20	+4/−21	+12/−28	−8/−33	0/−40	−20/−45	−12/−52	−36/−61	−28/−68	−50/−90	−85/−125	−119/−159	−	−
160	180	±12.5	±20	+4/−21	+12/−28	−8/−33	0/−40	−20/−45	−12/−52	−36/−61	−28/−68	−53/−93	−93/−133	−131/−171	−	−
180	200	±14.5	±23	+5/−24	+13/−33	−8/−37	0/−46	−22/−51	−14/−60	−41/−70	−33/−79	−60/−106	−105/−151	−	−	−
200	225	±14.5	±23	+5/−24	+13/−33	−8/−37	0/−46	−22/−51	−14/−60	−41/−70	−33/−79	−63/−109	−113/−159	−	−	−
225	250	±14.5	±23	+5/−24	+13/−33	−8/−37	0/−46	−22/−51	−14/−60	−41/−70	−33/−79	−67/−113	−123/−169	−	−	−
250	280	±16	±26	+5/−27	+16/−36	−9/−41	0/−52	−25/−57	−14/−66	−47/−79	−36/−88	−74/−126	−	−	−	−
280	315	±16	±26	+5/−27	+16/−36	−9/−41	0/−52	−25/−57	−14/−66	−47/−79	−36/−88	−78/−130	−	−	−	−

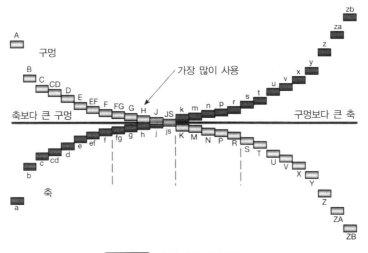

그림 4.2 축과 구멍의 공차 위치

4 일반 공차

공차가 적혀 있지 않은 치수는 적당히 가공해도 좋은가? 결론부터 말하면 '아니다'이다. 일반 치수 허용차라는 것이 규정되어 있어 이에 따라야 한다. 이 허용차는 대부분의 사람이 신경 쓰지 않고 상식 범위에서 제작하면 별 문제 없이 공차 내로 들어오는 범위를 말한다. 부품 제작 시 가공 오차에 문제가 생겨 조립이 되지 않을 때 오차가 일반 공차 내에 들어오지 않으면 책임을 추궁할 수 있다.

일반 공차의 등급에는 정밀급, 중간급, 거친급, 매우 거친급의 네 가지가 있으며, 일반 공차는 아래와 같은 경우에 적용한다.

- 금속의 제거 가공 또는 판재 성형 가공에 의해 제작된 부품의 치수에 적용하되 금속 이외의 재료에 적용해도 된다.
- 다음 치수 종류에 적용한다.
  - 길이 치수 : 외측, 내측, 턱, 직경, 반경, 틈새, 모서리 R 및 모따기
  - 각도 치수
  - 조립품을 기계 가공하여 얻어지는 길이 치수 및 각도 치수
- 다음 치수에는 적용하지 않는다.
  - 괄호로 지시된 참고 치수
  - 네모로 지정된 이론적으로 맞는 치수

∷ **표 4.4 길이 치수에 대한 일반 공차**

공차 등급	기준 치수							
	0.5	3	6	30	120	400	1,000	2,000
	3	6	30	120	400	1,000	2,000	4,000
정밀급	±0.05	±0.05	±0.1	±0.15	±0.2	±0.3	±0.5	–
중간급	±0.1	±0.1	±0.2	±0.3	±0.5	±0.8	±1.2	±2.0
거친급	±0.2	±0.3	±0.5	±0.8	±1.2	±2.0	±3.0	±4.0
매우 거친급	–	±0.5	±1.0	±1.5	±2.5	±4.0	±6.0	±8.0

0.5mm 미만인 기준 치수에 대해서는 허용차를 별도로 지시한다.

∷ **표 4.5 모서리 부분 길이 치수에 대한 일반 공차**

공차 등급	기준 치수		
	0.5	3	6 초과
	3	6	
정밀급	±0.2	±0.5	±1
중간급	±0.2	±0.5	±1
거친급	±0.4	±1	±2
매우 거친급	±0.4	±1	±2

∷ **표 4.6 각도 치수에 대한 일반 공차**

공차 등급	대상으로 하는 각도의 짧은 쪽 변의 길이				
	10 이하	10	50	120	400 초과
		50	120	400	
정밀급	±1	±0.5	±0.33	±0.17	±0.08
중간급	±1	±0.5	±0.33	±0.17	±0.08
거친급	±1.5	±1	±0.5	±0.25	±0.17
매우 거친급	±3	±2	±1.0	±0.5	±0.33

5 끼워맞춤

베어링은 단독으로 사용되는 일은 없으며 반드시 축과 하우징에 끼워져 사용된다. 끼워맞춤이란 축과 베어링 내경, 하우징과 베어링 외경이 끼워맞춰질 때 헐거움 또는 끼임의 정도를 나타내며(그림 4.3) 조립된 후의 가동 조건 및 기능에 따라 다양한 선택을 할 수 있다.

끼워맞춤의 종류에는 크게 다음과 같이 세 가지가 있다.

① 헐거운 끼워맞춤(clearance fit)

② 억지 끼워맞춤(interference fit)

③ 중간 끼워맞춤(medium fit)

각각의 종류별로 강약에 따라 여러 가지 끼워맞춤 방법이 있다. 실제 공차 선택 시에는 공차 선택 기준표라는 것을 이용하는데 여기에는 구멍을 기준으로 한 것(표 4.7)과 축을 기준으로 한 것(표 4.8)이 있으며, 어느 한쪽을 고정시켜 놓고 다른 한쪽의 공차를 증감시켜 끼워맞춤 종류와 정도를 선택할 수 있도록 만들었다.

그러나 특별한 이유가 없는 한 구멍 기준표를 사용하는 것이 좋다. 그 이유는 (1) 구멍 가공이 축 가공보다 어려워 미세한 조정이 어려우며 (2) 구멍 가공이 축 가공보다 측정이 어렵고 (3) 대부분의 작은 구멍은 드릴 가공 후 리머 가공을 하므로 리머의 치수에 의존하게 되는데 리머는 미세 치수 조정이 어렵기 때문이다.

구멍 기준 공차로 많이 사용되고 있는 것은 H6~H10까지의 공차 범위이다. 이것은 최소 허용차가 가공물 크기에 관계없이 0으로 설정되어 있어 작업자가 숫자를 기억하기 쉽고 별도로 계산할 필요가 없다.

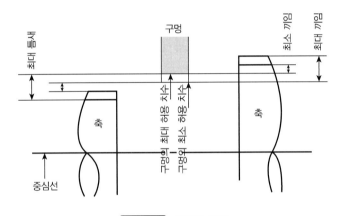

그림 4.3 틈새와 끼임

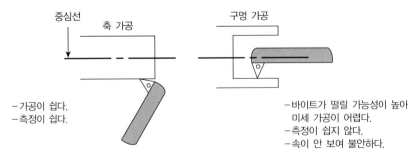

그림 4.4 축과 구멍 기준의 차이

표 4.7 자주 사용되는 끼워맞춤 종류(구멍 기준)

기준 구멍	헐거운 끼워맞춤						중간 끼워맞춤			억지 끼워맞춤						
H6					g5	h5	js5	k5	m5							
				f6	g6	h6	js6	k6	m6	n6*	p6*					
H7				f6	g6	h6	js6	k6	m6	n6	p6*	r6*	s6	t6	u6	x6
			e7	f7		h7	js7									
H8				f7		h7										
			e8	f8		h8										
H9		d9	e9													
		d8	e8			h8										
	c9	c9	e9			h9										
H10	b9	c9	c9													

표 4.8 자주 사용되는 끼워맞춤 종류(축 기준)

기준 축	헐거운 끼워맞춤						중간 끼워맞춤			억지 끼워맞춤						
H5						H6	JS6	K6	M6	N6*	P6					
H6				F6	G6	H6	JS6	K6	M6	N6	P6*					
				F7	G7	H7	JS7	K7	M7	N7	P7*	R7	S7	T7	U7	X7
H7			E7	F7		H7										
				F8		H8										
H8		D8	E8	F8		H8										
		D9	E9			H9										
H9		D8	E8			H8										
	C9	D9	E9			H9										
	B10	C10	D10													

각 끼워맞춤 조합의 구체적인 적용 기준을 정리하면 표 4.9, 4.10, 4.11과 같다.

:::> **표 4.9 헐거운 끼워맞춤의 적용 기준**(부품을 상대적으로 움직일 수 있다)

맞춤 정도	공차 조합	적용 부분	기능상 분류	적용 예
헐거운 맞춤	H9/c9	– 매우 큰 틈새가 있어 좋거나 틈새가 필요한 움직이는 부분 – 조립을 쉽게 하기 위해 틈새를 크게 해서 좋은 곳 – 고온 시에도 적당한 틈새를 필요로 하는 부분	위치 오차가 크다 끼워맞춤 길이가 길다 팽창한다 비용을 낮추고 싶다	피스톤 링과 링 홈 느슨한 멈춤 핀
가벼운 돌려 맞춤	H8/d9 H9/d9	– 큰 틈새가 있어 좋거나 틈새가 필요한 움직이는 부분		크랭크 웨브와 핀 베어링 배기 밸브 박스와 스프링 받이 슬라이딩부 피스톤 링과 링 홈
	H7/e7 H8/e8 H9/e9	– 약간 큰 틈새가 있어 좋거나 틈새가 필요한 움직이는 부분 – 약간 큰 틈새로 윤활이 좋은 베어링부 – 고온, 고속, 고부하인 베어링(고도의 강제 윤활)	일반 회전 또는 슬라이딩하는 부분(윤활이 좋아야 함) 분해할 일이 많은 부분	배기 밸브 시트 끼워맞춤 크랭크 축 주베어링 일반 슬라이딩부
돌려 맞춤	H6/f6 H7/f7 H8/f7 H8/f8	– 적당한 틈새가 있어서 운동이 가능한 끼워맞춤 – 그리스, 유 윤활의 일반 상온 베어링부	일반 회전 또는 슬라이딩하는 부분(윤활이 좋아야 함) 분해할 일이 많은 부분	냉각식 배기 밸브 박스 삽입부 일반적인 축과 부시 링크 장치 레버와 부시
정밀 돌려 맞춤	H6/g5 H7/g6	– 하중 작은 정밀기기의 연속 회전 부분 – 틈새가 작은 운동이 가능한 끼워맞춤 (위치 제어) – 정밀한 슬라이딩 부분	까딱거림이 거의 없는 정밀한 운동이 요구되는 부분	링크 장치 핀과 레버 키와 키 홈

:::> **표 4.10 중간 끼워맞춤의 적용 기준**(부품을 상대적으로 움직일 수 없다)

맞춤 정도	공차 조합	적용 부분	기능상 분류	적용 예
윤활 끼움	H6/h5 H7/h6 H8/h7 H8/h8 H9/h9	– 윤활제를 사용하면 손으로 움직일 수 있는 끼워맞춤(고급 위치 제어) – 특히 정밀한 슬라이딩 부분 – 중요하지 않은 정지 부분	부품을 손상하지 않고 분해 조립 가능 끼워맞춤 결합력만으로는 힘을 전달할 수 없음	림과 보스 끼움 정밀한 기어 장치 끼움
눌러 끼움	H6/h5 H6/h6 H7/js6	– 약간 끼임이 있어도 좋은 부분 – 사용 중 서로 움직이지 않도록 하는 고정도 위치 제어 – 나무 또는 납 망치로 조립 분해할 수 있는 정도의 끼임		커플링 플랜지끼리의 끼움 기어 림과 보스의 끼움
때려 끼움	H6/js5 H7/k6	– 조립 분해에 쇠망치, 핸드 프레스를 사용하는 정도의 끼움(부품 서로 간의 회전 방지에는 키 등 필요) – 고정도 위치 결정		기어 펌프 축과 케이싱 고정 리머 볼트
가벼운 압입	H6/k5 H7/m6	– 조립 분해는 위와 동일 – 작은 틈새도 허용되지 않는 고정도 위치 결정	(작은 힘은 끼워맞춤 결합력으로 전달 가능)	유압기기 피스톤과 축의 고정 커플링 플랜지와 축의 끼움

⁛ **표 4.11 억지 끼워맞춤의 적용 기준**(부품을 상대적으로 움직일 수 없다)

맞춤 정도	공차 조합	적용 부분	기능상 분류	적용 예
압입 끼움	H6/n5 H6/n6 H7/p6	– 조립 분해에 큰 힘이 필요한 끼워맞춤 (큰 토크의 전동에는 키 등이 필요). 단, 비철금속 부품끼리인 경우에는 가벼운 압입이 됨 – 철과 철, 청동과 동의 표준 압입 고정	작은 힘은 끼워맞춤 결합력으로 전달 가능 부품 손상 없이 분해 불가능	기어와 축의 고정(작은 토크) 플렉서블 커플링 축과 기어(구동측)
강한 압입 열 끼움 냉 끼움	H6/p5 H7/r6	– 조립 분해는 위와 동일 – 큰 치수의 부품에서는 열 끼움, 냉 끼움, 강한 압입으로 됨		커플링과 축
	H6/r5 H7/s6 H7/t6 H7/u6 H7/x6	– 서로 확실히 고정되고 조립에는 열 끼움, 냉 끼움, 강한 압입을 필요로 하며 분해하는 일이 없는 영구적인 조립으로 됨 – 경합금인 경우에는 압입 끼움으로 됨	끼워맞춤 결합력으로 큰 힘 전달 가능	베어링 부시의 끼워맞춤 고정 커플링 플랜지와 축의 고정(큰 토크) 구동 기어 림과 보스의 고정

6 베어링의 끼워맞춤

구름 베어링은 단독으로 사용되는 일은 없으며 반드시 축 및 하우징과 끼워맞춰 사용된다. 끼워맞춤은 축과 내륜 내경, 하우징과 외륜 외경 사이에서 이루어진다.

끼워맞춤의 목적은 회전 시의 진동을 억제하는 것과 베어링 내륜과 축, 하우징과 외륜을 확실히 고정하여 서로 유해한 미끄럼을 방지하는 것이다. 미끄럼이 생기면 미끄럼 마모에 의해 이상 발열 및 마모 분진이 발생한다. 이상 발열은 그리스 및 리테이너의 열화를 빠르게 하고 마모 분진은 베어링 내로 침투하여 진동 및 열화를 일으킨다. 그러므로 사용 목적에 따라 적절한 끼워맞춤 방법을 선택할 필요가 있다.

일반적으로 베어링 제조업체에서 추천하는 베어링의 끼워맞춤 공차는 표 4.12, 4.13과 같다. 더욱 상세한 자료는 베어링 제조업체에서 발행한 제품 설명서를 참조하면 된다.

⁛ **표 4.12 래디얼 베어링의 내륜 끼워맞춤**

베어링의 정도 등급	축의 공차 범위									
	내륜 회전 하중 또는 방향이 일정하지 않은 하중							내륜 정지 하중		
0급	r6	p6	n6	m6	k6	js6	h5	h6	g6	f6
6급				m5	k5	js5		h5	g5	
5급	–	–	–	m5	k4	js4	h4	h5	–	–
끼워맞춤	억지 끼워맞춤				중간 끼워맞춤					헐거운

⠶ **표 4.13** 래디얼 베어링의 외륜 끼워맞춤

베어링의 정도 등급	구멍의 공차 범위								
	외륜 정지 하중				외륜 회전 하중 또는 방향이 일정하지 않은 하중				
0급	G7	H7	JS7	–	JS7	K7	M7	N7	P7
6급		H6	JS6		JS6	K6	M6	N6	
5급	–	H5	JS5	K5	–	K5	M5	–	–
끼워맞춤	헐거운 끼워맞춤			중간 끼워맞춤					억지

7 기하 공차

길이나 각도 치수가 아니고, 면에 대한 또는 면과 면 사이, 선과 선 사이의 허용 오차를 지정하기 위해 사용하는 공차를 기하 공차라 하며, 여기에는 네 가지 종류가 있다.

- 형상 공차
- 자세 공차
- 위치 공차
- 흔들림 공차

각각의 세부 공차 종류, 기호, 정의 및 표기 방식은 표 4.14 및 그림 4.5와 같다. 또한 기하 공차에도 일반 기하 공차가 있으며 그 값은 표 4.15와 같다.

⠶ **표 4.14** 기하 공차의 종류

공차의 종류		기호		정의	지시 방식
형상 공차	진직도	─		원통의 실제 축선이 ϕt의 원통 공차역 내에 있어야 함	
	평면도	▱		실제 표면이 t만큼 떨어진 평행 두 평면 내에 있어야 함	
	진원도	○		실제 원의 선이 t만큼 떨어진 2개의 동심 원 사이에 있어야 함	
	원통도	⌀		실제 원통 표면이 t만큼 떨어진 동축인 2개의 원통 사이에 있어야 함	

∷∷ **표 4.14 기하 공차의 종류(계속)**

공차의 종류		기호		정의	지시 방식
형상 공차	선의 윤곽도	⌒		실제 윤곽선이 t만큼 떨어진 2개의 이상적인 윤곽선 사이에 있어야 함	
	면의 윤곽도	⌓		실제 윤곽면이 t만큼 떨어진 2개의 이상적인 윤곽면 사이에 있어야 함	
자세 공차	평행도	//		실제 축선이 데이텀 A와 데이텀 B에 평행인 t만큼 떨어진 2개의 평면 사이에 있어야 함	
	직각도	⊥		실제 축선이 데이텀 A에 직각인 t만큼 떨어진 2개의 평한 평면 사이에 있어야 함	
	경사도	∠		실제 축선이 데이텀 A에 이론적으로 60° 경사지고 t만큼 떨어진 2개의 평행한 평면 사이에 있어야 함	
위치 공차	위치도	⊕		실제 축선이 데이텀 A, B, C에 대해 이론적으로 정확한 위치에 있는 φt인 원통 내에 있어야 함	
	동심도	◎		원통의 실제 축선이 데이텀 A, B와 동축인 φt인 원통 내에 있어야 함	
	대칭도	═		실제 중심 평면이 데이텀 A에 대칭이고 t만큼 떨어진 2개의 평행한 평면 사이에 있어야 함	
흔들림 공차	원주 흔들림	╱		원통 또는 단면 중 한 점의 흔들림 규제	
	전 흔들림	╱╱		원통 전체의 흔들림 규제	

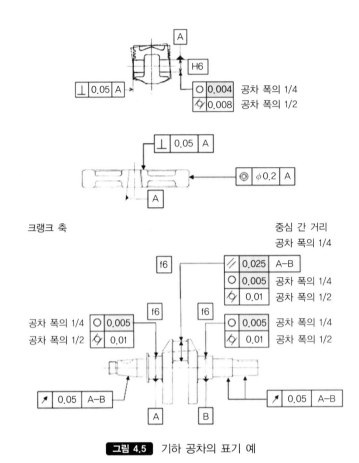

크랭크 축

중심 간 거리
공차 폭의 1/4

공차 폭의 1/4
공차 폭의 1/2

그림 4.5 기하 공차의 표기 예

⁙ **표 4.15** 일반 기하 공차

공차 등급	기준 치수						기준 치수			
	10 이하	10 30	30 100	100 300	300 1,000	1,000 3,000	100 이하	100 300	300 1,000	1,000 3,000
상	0.02	0.05	0.1	0.2	0.3	0.4	0.2	0.3	0.4	0.5
중	0.05	0.1	0.2	0.4	0.6	0.8	0.4	0.6	0.8	1.0
하	0.1	0.2	0.4	0.8	1.2	1.6	0.8	1.2	1.6	2.0
	진직도/평면도						직각도			

공차 등급	기준 치수				
	100 이하	100 300	300 1,000	1,000 3,000	
상	0.2	0.3	0.4	0.5	0.1
중	0.4	0.6	0.8	1.0	0.2
하	0.8	1.2	1.6	2.0	0.5
	대칭도				원주 흔들림

5 절단 가공

1 개요

1990년 이전에는 절단 가공이라 하면 정밀 가공과는 거리가 먼, 단지 부품 가공에 필요한 소재를 준비하기 위해 가공 치수보다 크게 여유를 주고 가공하는 것으로 여겨졌다. 그러나 그 후 플라스마 절단기, 레이저 절단기 및 워터제트 절단기 등이 개발되어 가공 정밀도가 높은 부품의 절단이 가능해지면서 중요한 재료 가공법의 한 분야로 자리잡게 되었다.

절단 가공의 목적 또는 용도는 다음과 같다.

- 부품 제작을 위한 소재 준비
- 부품의 정밀도와 표면 거칠기가 그다지 중요하지 않은 부품을 판재 상태인 소재에서 바로 가공
- 비교적 얇은 판재에서 복잡한 형상의 부품을 가공
- 소량부터 중량 생산에 이용

현재 절단 가공에 이용되고 있는 기계에 대해서 알아보자.

2 톱

톱은 가장 손쉽게 소재를 절단하거나 단순한 형상의 판재 부품을 가공할 수 있는 기계이며 다음과 같은 종류가 있다.

① 활톱(hack saw) : 재료를 고정하고 그 위에 활 모양 톱날을 올려놓으면 편심 축에 의해 자동적으로 왕복운동하면서 봉재를 절단한다.

그림 5.1 활톱의 이용

② 띠톱(contour machine, band saw) : 끝이 없는 모양으로 연결된 띠 톱날을 회전시켜 주로 판재를 직선 및 임의의 형상 곡선으로 절단하거나 봉재인 소재를 절단한다.

그림 5.2 각재, 봉재의 절단

그림 5.3 판재 절단

③ 실톱 : 직경 10mm 이하인 봉재를 자르는 경우 활톱을 쓰면 재료가 휘어 활톱이 파손된다. 이때는 실톱을 쓴다.

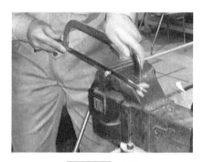

그림 5.4 실톱

3 고속 절단기

고속 절단기는 앵글 및 파이프를 절단하는 데 주로 사용하며, 고속으로 회전하는 두께 5mm 정도의 원형 숫돌을 재료에 누르면서 절단한다.

그림 5.5 고속 절단기

4 전단기

전단기(shearing machine)는 판재를 자르고 싶은 치수로 맞춘 다음 페달을 밟으면 위 날이 하강하여 절단하는 기계로 기본 작동은 가위로 종이를 자를 때와 같으며(그림 5.7 참조) 절단면의 단면 형상은 그림 5.6과 같다.

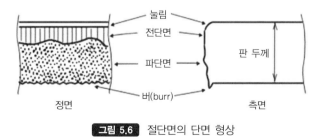

그림 5.6 절단면의 단면 형상

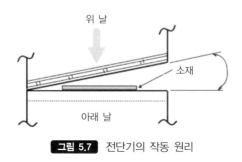

그림 5.7 전단기의 작동 원리

전단기에는 다섯 가지 종류가 있으며 각각의 특징은 다음과 같다.

1) 동력 전단기

전기나 유압 등의 동력을 사용하여 철판을 절단하는 전단기로 갭의 유무에 따라 두 가지 종류가 있다.

(1) 스퀘어 시어(플레이트 시어)[Square shear(plate shear without gap)]

프레임에 갭을 갖고 있지 않은 전단기로 박판 절단에 쓰인다.

(2) 갭 시어(Gap shear)

프레임에 갭이 있어 긴 판재를 이동시키면서 자를 수 있으며 후판 절단에 쓰인다. 갭 시어는 동력원의 종류에 따라 기계식과 유압식이 있다.

① 기계식

전기 모터로 발생시킨 운동 에너지를 플라이 휠에 비축하여 전단하는 방식으로 두께 6.5mm, 길이 2m 정도 절단 가능하다.

그림 5.8 기계식 전단기 (출처 : Amada)

② 유압식

유압 실린더로 작동되며 소음이 적고 전단 면의 버(burr)도 작아 정밀 전단이 가능하다. 두께 16mm, 길이 4m 정도 절단 가능하며 정밀도는 ±0.5mm 정도까지 가능하다.

그림 5.9 유압식 전단기(출처 : 태양유압)

2) 발디딤식 전단기

발로 밟아 사용하는 소형 절단기로 두께 2mm 이하의 알루미늄과 두께 1mm 이하의 철판 및 스테인리스강의 간이 절단에 쓰이고 있다.

그림 5.10 발디딤식 전단기(출처 : Noguchi Press co.)

3) 레버식 전단기

손으로 레버를 당겨 판재를 절단한다. 두께 2.3mm×1,300mm 이하의 판재 절단에 쓰인다.

그림 5.11 레버식 전단기(출처 : Noguchi Press co.)

4) 코너 전단기

판재의 코너 부분을 따내기 위해 사용한다.

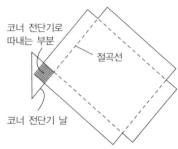

코너 전단기로
따내는 부분

절곡선

코너 전단기 날

그림 5.12 코너 전단기(출처 : 태양유압)

5) 원형 전단기

원형으로 생긴 한 쌍의 전단 날을 회전시키면서 압력을 가해 판재를 연속적으로 자르는 기계이다. 롤재의 전단에 주로 쓰인다.

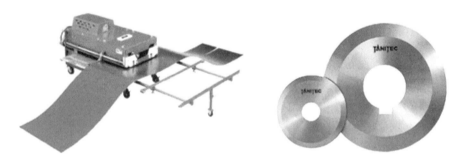

그림 5.13 원형 전단기와 원형 날(출처 : Irino Co.)

5 터렛 펀치프레스

터렛 펀치프레스(turret punch press)는 여러 가지 크기의 형상이 다른 다수의 금형을 원 또는 부채 모양의 터렛이라 불리는 금형 홀더에 배치하여 다양한 크기 및 형상의 구멍을 빠른 속도로 재료에 타공하거나 성형 가공하는 기계이다. 크기가 큰 구멍은 원형, 장 원형, 각형 또는 장각형 금형을 사용 하여 일정 간격으로 약간씩 겹치게 여러 번 이동하면서 가공한다. 주로 3mm 이하의 박판 가공에 사용되며 그 특징은 다음과 같다.

1) 장점

① 박판에 펀칭 및 성형 가공이 동시에 가능
② 임의의 형상 가공 가능
③ 전용 금형이 필요없음 : 초기 비용이 적음
④ 다품종 소량 생산에 대응 가능
⑤ 제품 정밀도, 가공 정밀도 유지가 양호함 : ±0.1mm 정도
⑥ 능률이 높음
⑦ 설계 변경 시 유연하게 대처 가능
⑧ 동, 알루미늄 등 레이저 가공이 어려운 소재도 가능

2) 단점

① 날카로운 버(burr) 대책 필요
② 기계가 고가임
③ 많은 가짓수의 금형이 필요함 : 기계 가격과 비슷한 비용 소요

3) 가공 가능한 두께

① SPCC/SECC/SGCC : 0.8~3.2mm
② STS : 0.8~2.0mm
③ 알루미늄 : 0.8~3.0mm
*0.5mm 이하의 박판용 고정밀 터렛 펀치프레스도 있다.

그림 5.14 여러 가지 터렛 펀치프레스 (출처 : 위-Trumpf, 아래-Amada)

그림 5.15 작업 장면

　수치 제어 방식에 의해 판재를 이동시켜 구멍 뚫을 위치를 펀치와 다이가 있는 위치에 맞추고 동시에 위 터렛에 있는 펀치들 중 가공하려는 구멍의 펀치를 고르고 아래 터렛에서는 펀치와 한 쌍인 다이를 골라 위아래를 맞춘 다음 펀치를 눌러 가공한다(그림 5.16 참조). 펀치와 다이의 일반적인 형상은 그림 5.17과 같다.

　길이가 긴 구멍과 큰 구멍의 외곽 절단은 적당한 펀치를 사용하여 그림 5.16과 같이 옆으로 이동하면서 펀칭하거나 외곽의 윤곽선을 따라 이동하면서 펀칭하여 따낸다. 이러한 가공을 니블링(nibbling)이라 한다.

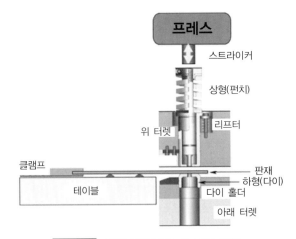

그림 5.16 터렛 펀치프레스의 가공 원리

그림 5.17 펀치와 다이

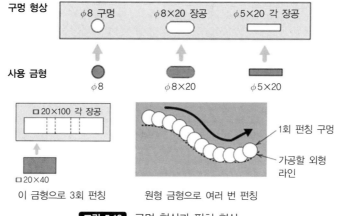

이 금형으로 3회 펀칭   원형 금형으로 여러 번 펀칭

그림 5.18 구멍 형상과 펀치 형상

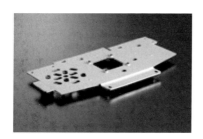

그림 5.19 터렛 펀치프레스로 가공된 부품

6. 가스 절단기

가스 절단기(gas cutting apparatus)는 연료 가스를 태워 절단 토치로부터 나오는 고온의 불꽃으로 강재를 발화 온도(약 900℃)까지 가열하면서 그 부분에 산소를 불어넣어 강재를 연소시키고 그 열(산화반응열)로 강재를 용융시킴과 동시에 산소의 분출력으로 불어내 절단한다.

외부로부터 절단 에너지를 아랫부분까지 공급하기 어려운 두꺼운 판 절단 가공에 주로 쓰인다. 또한 철강 재료만 절단 가능하며 최대 절단 두께는 일반형은 400mm까지, 특수형은 4m까지 절단할 수 있다. 두께 50mm 이상의 소재 절단에 가장 효율적인 방법이다. 사용되는 연료 가스의 종류는 다음과 같다.

- 아세틸렌 가스(C_2H_2)
- 에틸렌(C_2H_4)
- 프로필렌(C_3H_6)
- 프로판(C_3H_8)
- 메탄(CH_4)
- 수소(H_2)

그림 5.20 가스 절단기

그림 5.21 가스 절단 중인 모습

그림 5.22 가스 절단된 가공용 소재

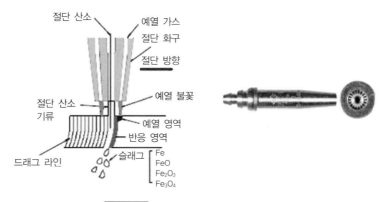

그림 5.23 가스 절단 원리와 절단 노즐

7 플라스마 절단기

플라스마 절단기(plasma cutting machine)는 전극과 소재 사이의 고농도 아크 방전에 의해 공기, 산소, 질소 또는 아르곤 수소 등의 가스를 플라스마화하고 이것을 소재에 직접 불어넣어 순식간에 소재를 용융시켜 절단하는 가공기이다. 여기서 플라스마란 기체를 초고온으로 가열하여 자유전자와 이온으로 분리한 전리기체이다.

판 두께 3~160mm까지 절단 가능하나 주로 50mm 이하에 사용된다. 특징은 다음과 같다.

① 모든 전기 전도 재료, 특히 구조용 합금강, 스테인리스강 및 비철금속 절단에 사용된다.
② 플라스마 아크가 고밀도로 집중되어 있어 재료의 열 변형이 적다.
③ 절단 속도가 매우 빠르며 에너지 효율이 높다.
④ 파인 플라스마 또는 워터제트 플라스마를 사용하면 높은 절단 품질을 얻을 수 있다(슬래그 부착 및 고열에 의한 암갈색 변색이 없음).
⑤ 최대 절단 크기는 4,000×12,200mm 정도이다.

그림 5.24 플라스마 절단기

표 5.1에 플라스마의 종류와 특징을 정리하였다.

▷▷ **표 5.1** 플라스마의 종류와 특징

종류	대상 재료	가스 공급 방식	전극 재료	비고
에어 플라스마	연강	선회류	하프늄 지르코늄	
산소 플라스마	연강	선회류	하프늄	질화의 영향이 없으므로 고품질 절단 가능
아르곤＋수소 플라스마	스테인리스강 알루미늄합금	축류	텅스텐	산화 문제로 산소 플라스마 사용 안 됨
질소 플라스마	스테인리스강 알루미늄합금	선회류	텅스텐	

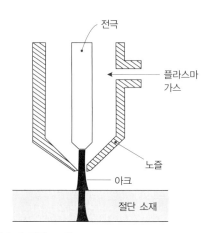

그림 5.25 플라스마 절단 토치

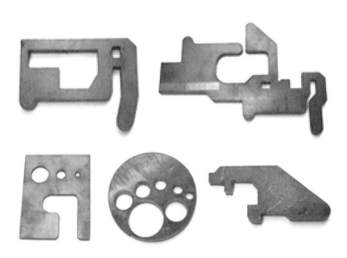

그림 5.26 플라스마 절단된 부품

8 레이저 빔 절단기

오래전의 공상과학 영화를 보면 레이저 총, 레이저 검 등을 가지고 전쟁을 하는 장면을 볼 수 있다. 지금도 실현되지 않은 얘기지만 레이저는 현재 많은 분야에서 실용화되어 있으며 그 응용 분야는 점점 확대되고 있다.

산업용을 필두로 의료용, 측정용, 군사용 및 디스플레이용 등 다양한 응용 분야가 있으나 여기에서는 산업용에 국한하여 각각의 응용 분야에서 설명하고자 한다. 산업에서의 응용은 레이저 절단을 비롯하여 드릴링, 용접, 열처리, 표면 처리, 마킹 및 반도체, 평면 TV, 솔라셀 등에 쓰이는 미세 가공 분야까지 다양하다.

이 장에서는 레이저 절단에 대한 설명에 앞서 여러 가지 응용 분야에 공통으로 해당되는 부분에 대해 먼저 설명하고자 한다. 레이저(LASER)란 Light Amplification by Stimulated Emission of Radiation (방사의 유도 방출에 의한 광 증폭)의 첫 글자를 조합한 단어이다.

1) 레이저 빔의 발생 원리

레이저 빔은 어떻게 발생하는가? 물질의 원자는 중심이 되는 원자핵과 그 주위를 도는 전자로 구성되어 있는데 원자가 가장 안정한 상태로 있는 것을 기저 상태(ground state)라 한다.

기저 상태에 있는 원자에 외부로부터 광이나 전기 방전에 의해 에너지를 주면 전자가 일단 바깥에 있는 궤도로 이동하여 높은 에너지 상태가 되며 이를 여기 상태(energy excited state)라 한다.

여기 상태의 원자는 불안정한 상태이므로 자연스럽게 원래의 기저 상태로 돌아가는데, 이때 에너지, 즉 광을 방출하게 된다. 이것을 자연 방출(spontaneous emission)이라 한다.

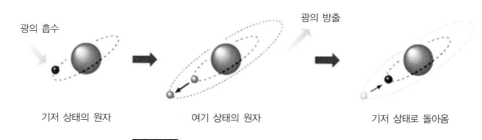

그림 5.27 광의 자연 방출 (출처 : OMRON Laserfront)

자연 방출된 광이 여기 상태에 있는 다른 원자에 입사하면 이 광에 자극되어 에너지(광)를 방출하고 기저 상태로 돌아가는데 이를 유도 방출(simultaneous emission)이라 한다. 유도 방출된 광은 자연 방출광과 같은 방향, 같은 파장의 강한 광으로 된다(방출된 광의 파장은 매질에 포함되어 있는 원자의 종류에 따라 달라진다).

레이저 매질에 강한 에너지를 공급하면 여기 상태가 되는 원자 수가 늘어나(pumping) 기저 상태인 원자 수보다 많아지게 되며 이를 반전 분포 상태(population inverted state)라 한다. 이 상태에서 외부로부터 같은 주파수의 광신호를 보내면 유도 방출 과정에 의한 광 증폭(light amplification)이 일어난다. 여기 상태인 원자가 연쇄 반응에 의해 같은 방향으로 광을 방출하여 보다 강한 광이 얻어진다.

이러한 과정을 효율이 높게 반복하여 수행할 수 있게 만들어진 구조를 레이저 공진기(resonator, cavity)라 한다. 레이저 발생 원리에 의해 생성된 레이저 빔은 한 번의 유도 방출로는 약하므로 증폭시킬 필요가 있다. 발생된 레이저 빔을 두 장의 거울에 의해 만들어진 광 공진기 사이를 왕복시킴에 의해 증폭시킬 수 있으며 증폭된 빔은 한쪽 거울(부분 반사 거울 : 일부는 투과시키고 나머지는 반사시키는 거울, partial reflector)을 통해 빼내 쓰게 된다.

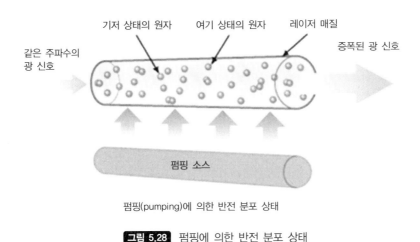

그림 5.28 펌핑에 의한 반전 분포 상태

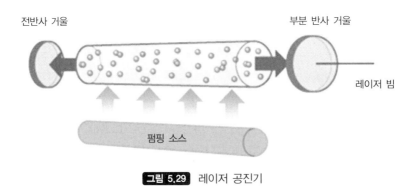

그림 5.29 레이저 공진기

2) 레이저 빔의 특징

이렇게 만들어진 레이저 빔은 태양광, 형광등 빛, 전등 빛과는 다른 다음과 같은 특징을 가지고 있다.

① 단색성(monochromatic)이 뛰어나다

일반광은 복수의 색과 파장을 포함하고 있지만 레이저 빔은 단색이며 하나의 파장이므로 강도가 강하다.

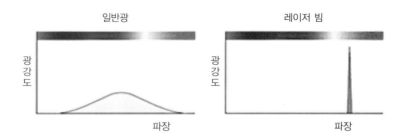

② 지향성(directionality)이 뛰어나다

일반광(점 광원)은 사방으로 분산되지만 레이저 빔(평행 광원)은 퍼짐이 적어 직진하는 지향성이 뛰어나다.

③ 위상성(coherency)이 좋은 광이다

파장과 위상이 같은(coherent) 광의 집합으로 간섭성이 뛰어나다.

④ 에너지 집중도(high intensity, 집광성)가 좋다

일반광은 광의 파장, 위상, 방향이 분산되므로 에너지 집중도가 낮지만 레이저 빔은 단색성, 지향성이 뛰어나 에너지 집중도가 높으므로 큰 에너지 밀도를 얻을 수 있다.

　태양광은 지구 위에 거의 평행하게 내리쪼이므로 태양광을 렌즈로 집광하면 초점에서 종이를 태울 수 있으나 광의 집속에 한계가 있어 에너지 집중성이 낮다. 레이저 빔의 경우는 광의 파장, 위상, 방향이 일치하므로 회절 한계까지 광을 집속할 수 있어 금속을 녹일 수 있는 높은 에너지를 얻을 수 있게 된다.

　태양광과 레이저 빔의 집속 한계를 비교해보면(그림 5.30) 레이저 빔의 초점 직경은 탄산가스 레이저인 경우 태양광 초점 직경의 1/20.6이며 집광 면적은 1/427로 된다.

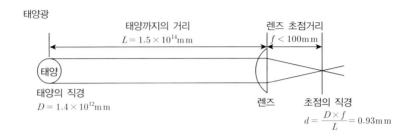

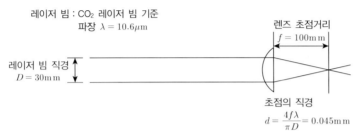

그림 5.30 태양광과 레이저 빔의 렌즈에 의한 집속성 비교

표 5.2에 여러 가지 가공법의 파워 집중도를 알 수 있는 파워 밀도를 나타냈다.

표 5.2 여러 가지 가공법의 파워 밀도

가공 방법	파워 밀도
솔더링	0.4 W/cm^2
아크 용접	500
연삭	20,000
고속 절삭	200,000
태양 표면	6,000,000
전자 빔 용접	10,000,000
레이저 열처리	1,000~10,000
레이저 용접	100,000~1,000,000
레이저 절단	10,000,000~100,000,000
레이저 드릴링	100,000,000~1,000,000,000

3) 레이저 빔의 흡수율(반사율)

레이저 빔이 각종 재료에 흡수되는 비율은 재료의 종류와 레이저 빔의 파장에 따라 다르며 특히 재료의 온도에 크게 영향을 받는다. 일반적으로 재료의 온도가 올라가면 흡수율이 높아진다.

표 5.3에 산업용으로 가장 널리 쓰이고 있는 파장 $1.06\mu m$와 $10.6\mu m$인 레이저 빔에 대한 주요 재료의 반사율을 정리하였다.

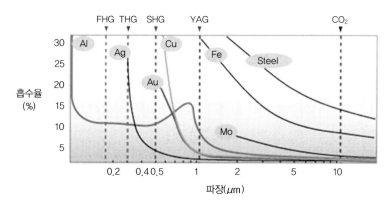

그림 5.31 주요 금속의 레이저 파장별 흡수율

표 5.3 주요 재료의 YAG 레이저 및 CO_2 레이저 빔의 반사율

금속 재료명	900~1,100nm(고체)	9~11μm(CO_2)
금(Ag)	96.4	99.0
은(Au)	94.7	97.7
동(Cu)	90.1	98.4
알루미늄(Al)	73.3	96.9
백금(Pt)	72.9	95.6
탄탈럼(Ta)	79.5	94.0
마그네슘(Mg)	74.0	93.0
니켈(Ni)	72.0	95.6
텅스텐(W)	62.3	95.5
몰리브덴(Mo)	58.2	94.5
아연(Zn)	49.0	98.1
철(Fe)	65.0	93.8
크롬(Cr)	57.0	93.0
바나듐(V)	64.5	92.0
주석(Sn)	54.0	87.0
규소(Si)	28.0	28.0
그래파이트(Graphite)	26.8	59.0

4) 레이저의 종류

레이저는 레이저 빔을 방출하는 매질의 상태에 따라 고체 레이저, 기체 레이저, 액체 레이저 및 반도체 레이저로 나뉘며 매질의 종류에 따라 그 이름을 붙이고 있다. 산업용으로 쓰이고 있는 주요 레이저는 표 5.4와 같다.

⋰ **표 5.4** 주요 레이저의 종류와 특징

레이저 종류		매질	파장(μm)	레이저파워 범위	주요 응용 분야
고체 레이저	Nd : YAG	YAG	1.06	최대 5kW	절단, 마킹, 용접, 드릴링, 트리밍
	Nd : YVO4	YVO4	1.06	최대 20W	마킹, 트리밍, 드릴링
	루비(Ruby)	Ruby			드릴링
기체 레이저	CO_2	CO_2	9.3~10.6	최대 20kW	절단, 용접, 열처리, 마킹, 드릴링
	아르곤 이온	Ar ion	0.488/0.5145		우라늄 농축, 반도체 가공, 디스플레이
	엑시머 (excimer)	XeF, KrF, XeCl	0.193~0.4		광화학 반응에 의한 재료 제거, 포토 에 칭, 반도체 패턴 가공 등
파이버(fiber) 레이저		LD	1.08	최대 50kW	절단, 용접, 드릴링, 마킹, 트리밍 등
반도체 레이저		GsAlAs 등	0.808~1.4	최대 1kW	수지 용착, 솔더링, 열처리 등

Nd : YAG : Neodium-doped Yttrium Aluminum Garnet
Nd : YVO4 : Neodium-doped Yttrium Vanadium Oxide

5) 레이저 절단

레이저 빔을 금속에 쏘면 광에너지가 금속의 자유 전자에 흡수되어 가열되어 표면에서부터 용융하게 된다. 일단 용융이 시작되면 레이저 빔의 흡수율이 급격히 올라가 용융 속도가 매우 빨라지게 되며, 강재인 경우 레이저 빔이 나오는 노즐을 통하여 동시에 불어주는 절단 보조 가스인 산소와의 산화 반응에 의한 반응열까지 더해져 용융이 가속화된다. 또한 보조 가스의 압력에 의해 아래쪽으로 용융 물이 불어 내려가 떨어지게 되어 정해진 폭(커프, kerf)으로 절단된다. 한편 스테인리스강처럼 절단 시 열에 의해 누렇게 변색되는 재료인 경우 불활성 가스인 질소나 아르곤을 절단 보조 가스로 사용하 는데 용융물의 점도가 높아 매우 높은 압력(10^{-25}kg/cm²)의 가스가 필요하다.

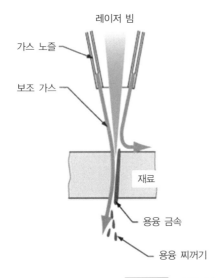

그림 5.32 레이저 절단의 원리 및 절단 헤드

두꺼운 금속 재료인 경우 절단된 벽면을 따라 레이저 빔이 반사하면서 재료 아래쪽까지 중간에서 퍼짐 없이 도달할 수 있는데(이것을 터널 효과라 부른다) 이것에 의해 재료의 위아래 절단 폭이 큰 차이 없이 절단 가능하게 된다. 그러나 레이저 빔이 반사되지 않는 비금속 재료(목재, 플라스틱 등)는 이 효과를 볼 수 없어 일반적으로 재료 두께가 20mm를 넘는 경우 위아래 절단 폭이 크게 된다. 아래 그림은 대표적인 CO_2 레이저 절단기를 보여주고 있다.

빔 이동형(beam moving type)

하이브리드형(hybrid type)

그림 5.33 대표적인 레이저 절단기 외형

레이저 빔 절단의 특징은 다음과 같다.

① 열 영향이 적어 열 변형이 매우 작고 절단 정밀도가 높아 변형하기 쉬운 박판의 정밀 절단에 적합하다.
② 재료가 제거되는 절단 폭(kerf)이 좁다.
③ 높은 파워 밀도의 빔을 사용하므로 절단 속도가 빠르다.
④ 비접촉 가공이므로 공구 마모에 의한 교환이 없으며 렌즈, 거울 등의 소모품 수명이 길다.
⑤ 절단부의 산화가 적다. 특히 무산화 절단(보조 가스로 질소 사용)을 하면 별도의 마무리 가공 없이 바로 쓸 수 있다.

표 5.5 재료별 절단 보조 가스

재료	산소	공기	질소	아르곤, 헬륨
탄소강 저합금강	◉	○	○	△
STS	○	○	◉	△
Al 합금	○	◉	△	○
Ti 합금	△	△	○	◉
아크릴		○	◉	○
목재, 종이, 섬유		○	◉	○

⑥ 절단 가능 두께는 재료의 종류에 따라 다르며 일반 강재의 경우 0.1~30mm 정도이다.

⑦ 가공 장치의 자동화가 쉽다.

⑧ 장비 가격이 비싸다.

재료별 레이저 절단에 쓰이는 절단 보조 가스의 종류는 표 5.5와 같다.

레이저 빔은 강을 비롯하여 대부분의 금속과 아크릴 등의 플라스틱, 목재, 종이는 물론 세라믹스까지 대부분의 비금속 재료의 절단이 가능하지만 반사율이 높은 금, 은, 동, 알루미늄 등의 금속과 열팽창률이 낮은 유리 및 석재는 절단이 어렵다.

레이저 절단의 종류는 절단 메커니즘에 따라 다음의 세 가지로 분류하고 있다.

- 화염 절단(flame cutting) : 산소를 보조 가스로 사용하는 절단으로 산소와의 산화 반응열(레이저 에너지의 5배 정도)을 이용하는 절단이다.
- 융해 절단(fusion cutting) : 질소, 아르곤 등 불활성 가스를 보조 가스로 쓰는 절단으로 레이저 에너지만으로 절단한다. 많은 레이저 파워 및 고압의 보조 가스가 필요하다.
- 기화 절단(sublimation cutting) : 주로 압축공기를 보조 가스로 사용하며 재료를 기화시켜 절단하는 방법이다. 비금속의 레이저 절단이 이에 속한다. 레이저 절단에 쓰이고 있는 레이저 발진기의 종류에는 여러 가지가 있으나 주로 사용되는 것은 다음의 네 가지이다.
  - 탄산가스 레이저(CO_2 laser) : 파장이 $10.6\mu m$이며 금속과 비금속 모두 절단 가능하다. 가장 많이 쓰이고 있으며 출력 대비 가격이 가장 저렴하다.
  - 야그 레이저(Nd : YAG laser) : 파장이 $1.06\mu m$이며 금속의 정밀 절단에 사용되고 비금속 중에서는 세라믹 절단에 사용되고 있다.
  - 파이버 레이저(fiber laser) : 최근에 상용화된 레이저로 그 성질은 야그 레이저와 거의 비슷하나 빔 전송이 쉬워 복잡한 빔 전송이 필요한 절단 장비에 많이 사용된다. 파장은 $1.08\mu m$이다.
  - 자외 레이저(UV laser) : 야그 또는 파이버 레이저의 파장을 자외선 영역인 355nm 또는 266nm로 줄인 레이저로 고반사율 금속(금, 은, 동 등)의 절단도 가능하며, 동시에 비금속 절단도 가능하여 반도체 산업 및 디스플레이 산업 등에 쓰이는 부품의 미세 정밀 절단에 사용되고 있다.

그림 5.34에 대표적인 절단기인 CO_2 레이저 절단기의 구성이 나타나 있으며, 그 주요 구성품은 다음과 같다.

① CO_2 레이저 발진기 : 레이저 빔 발생 장치

② 레이저 빔 전송계 : 레이저 발진기로부터 나온 레이저 빔을 절단할 재료까지 전송하는 역할을 하며 여러 개의 반사 거울로 이루어져 있다.

③ 절단 헤드 : 집속 렌즈와 노즐로 구성되어 있다.

④ 워크스테이션 : 재료를 올려놓고 수치 제어 장치에 의해 동시 제어되는 2개 이상의 축으로 구성되어 있다.

⑤ 배출 컨베이어 : 잘린 조각이나 작은 부품 등을 쉽게 처리할 수 있도록 기계 밖으로 배출하는 역할을 한다.

⑥ 집진기 : 절단 시 발생하는 재료의 분진 가루나 냄새 등을 모아 처리한다.

⑦ 열교환기(chiller, cooler) : 레이저 발진기 및 광학 부품을 냉각하는 역할을 한다.

⑧ 보조가스 공급 장치 : 절단 시 사용되는 보조 가스를 공급하기 위한 액화가스 저장 용기 및 기화기로 구성되어 있다.

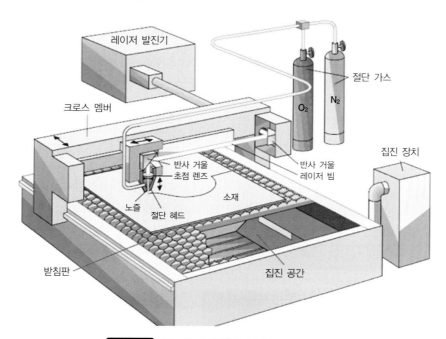

그림 5.34 CO_2 레이저 절단기 구성도 (출처 : Trumpf)

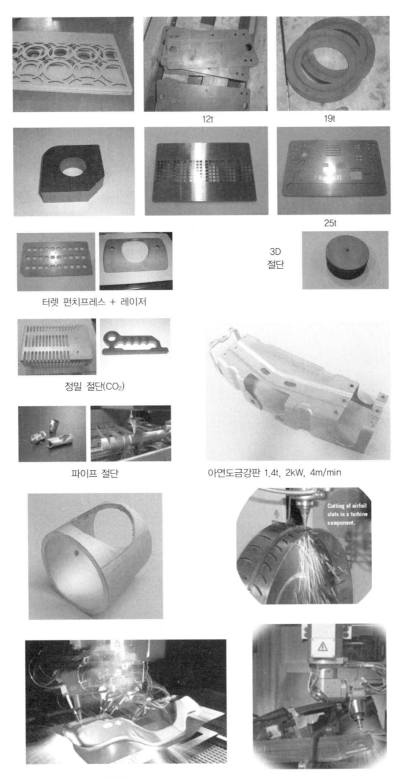

12t

19t

25t

3D
절단

터렛 펀치프레스 + 레이저

정밀 절단(CO$_2$)

파이프 절단

아연도금강판 1.4t, 2kW, 4m/min

그림 5.35 여러 가지 레이저 절단 부품 및 절단 장면

9 워터제트 절단기

워터제트 절단기(water jet cutting machine)는 초고압수(압력 4,000~6,000bar)를 구멍 직경이 0.1~1.0mm 정도인 노즐을 통해 1,300m/s의 속도로 분사하여 높은 운동 에너지를 이용하여 절단하는 것으로 다음 두 가지 종류가 있다.

① 순수 워터제트(pure water jet, aqua jet) : 초고압수만으로 절단하므로 절단 폭이 좁으며 고무, 종이 등 유연한 소재 절단에 사용된다.

② 연마재 혼합 제트(abrasive water jet) : 초고압수에 연마재(garnet)를 섞어 분사하며 주로 경질재(금속) 및 복합 재료 절단에 사용된다.

그림 5.36에 워터제트 가공의 고압수 회로도를 표시하였다.

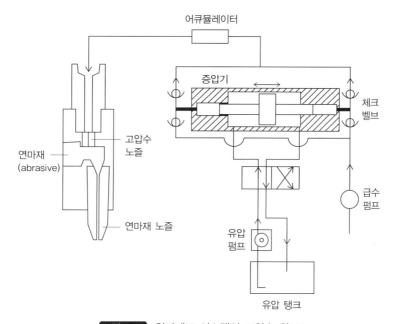

그림 5.36 워터제트 시스템의 고압수 회로도

그림 5.37에는 워터제트 가공기의 전체 외형과 절단 헤드 사진을 게재하였다.

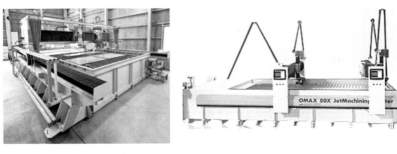

절단 헤드

그림 5.37 워터제트 가공기의 전체 외형과 절단 헤드 (출처 : OMAX Waterjet)

이 가공의 장단점은 아래와 같다.

- 장점
  - 열 영향이 없어 변형 및 변색이 거의 없으며 화학 변화에 의한 유독 가스 등이 발생하지 않는다.
  - 절단 가능한 소재에 제한이 없다.
  - 절단면이 자성을 띠지 않고 산화되지 않아 후가공이 쉽다.
  - 용융하여 절단하기 어려운 금, 은, 동, 알루미늄 및 티타늄 등의 재료와 각종 수지, 세라믹스, 고무, 복합 재료 등도 절단할 수 있다.
- 단점
  - 버(burr) 없는 가공은 불가능하다. 단, 크고 단단하지 않으므로 쉽게 제거할 수 있다.
  - 레이저 가공보다 운전 비용이 비싸다.
  - 아크릴은 레이저 가공한 단면이 더 깨끗하다.
  - 철강은 두께 200mm까지 가능하지만 절단 속도가 느려(1~2mm/분) 비싸며 아래쪽 절단면도 깨끗하지 않다. 절단 정밀도는 ±0.5mm가 일반적이며 두께 50mm까지는 절단면의 직각이 유지되지만 그 이상에서는 경사가 나타난다.

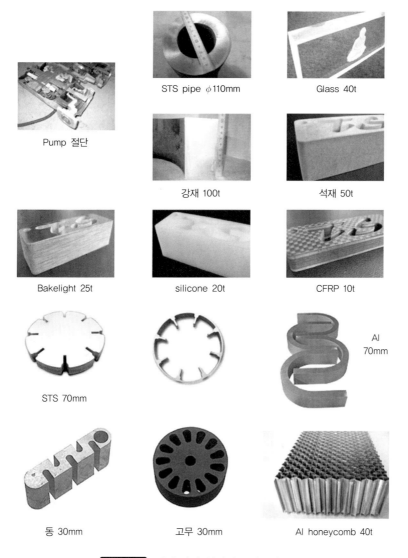

Pump 절단

STS pipe φ110mm

Glass 40t

강재 100t

석재 50t

Bakelight 25t

silicone 20t

CFRP 10t

STS 70mm

Al 70mm

동 30mm

고무 30mm

Al honeycomb 40t

그림 5.38 여러 가지 워터제트 가공된 부품

10 와이어컷 소 가공

와이어컷 소 가공(wire cut saw machining)은 슬러리(slurry, 액체와 연삭 입자의 혼합물)를 와이어에 발라 와이어에 부착된 연삭 입자(abrasive)로 피삭 재료를 슬라이스하는 가공이다.

실제에서는 와이어가 수백 줄 걸려 있는 멀티 와이어 소에 의해 가공이 이루어지고 있다. 가공은 7~8시간 정도 걸리며 잉곳(ingot)의 길이에 따라 다르지만 1개의 잉곳에서 100~200장의 웨이퍼가 생산된다. 이후 세정하고 다음 공정인 단면 연삭, 상ㆍ하면 연마, 세정을 거쳐 웨이퍼가 완성된다. 완성된 웨이퍼는 반도체, 솔라셀(solar cell) 등의 기판으로 사용된다.

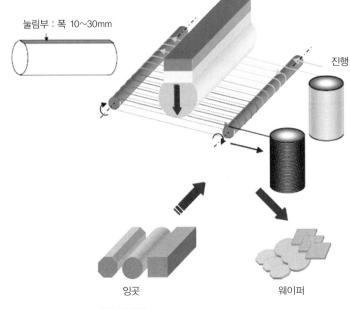

눌림부 : 폭 10~30mm

진행

잉곳

웨이퍼

그림 5.39 와이어컷 소 가공 개념도

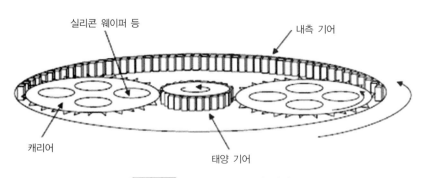

실리콘 웨이퍼 등

내측 기어

캐리어

태양 기어

그림 5.40 웨이퍼 표면 연마 개념도

피삭재로는 실리콘(단결정, 다결정), 석영 글래스, 수정, 화합물 반도체 등 매우 비싼 잉곳이 대부분이며 이들의 형상은 원주, 각주 등 다양하다.

와이어컷 소 가공에 사용되는 와이어 직경은 0.14mm나 0.16mm 등으로 매우 가늘다. 그림 5.41과 같은 내측 날 밴드 소(band saw)에 의한 가공과 비교하면 와이어 소 가공에서는 가루로 버려지는 '가공 여유분'이 적으므로 비싼 원료의 손실이 적으며 생산 가능한 웨이퍼의 장 수가 늘어난다.

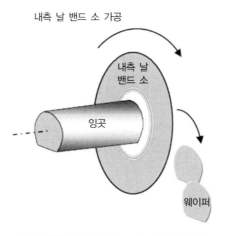

내측 날 밴드 소 가공

내측 날
밴드 소

잉곳

웨이퍼

그림 5.41 내측 날 밴드 소 가공 개념도

이 장에서 설명한 여러 가지 절단 방법 중 일반적으로 널리 사용되고 있는 주요 절단 방법의 특징을 비교하여 표 5.7에 정리하였다.

표 5.6 각종 절단 방법 비교

	금속 재료		비금속 재료		절단면 품질			
	절단 재료	가능 두께	절단 재료	가능 두께	정밀도	면 조도	절단 폭	열 영향
CO_2 레이저	연강	30mm	수지, 목재, 세라믹스	50mm	0.05~0.1mm	20~100µm	0.3~0.6mm	매우 적다
	STS	16mm						
	Al	10mm						
	황동	5mm						
플라스마 절단	연강	0.5~75mm		불가	0.5~1.0mm	30~100µm	1.0~	적다
	STS	0.5~180mm						
	Al	0.5~100mm						
가스 절단	연강	4.5~400mm		불가	0.5~1.0mm	50µm 정도	1.0mm	크다
액체산소 절단	연강	50~300mm						
연마제 혼합 제트 절단	연강	300mm	세라믹스, 석재	수십 mm	0.1~1.0mm	50~150µm	1.0~1.5mm	없다
	STS							
	Al							
	동							
전단	연강	20mm		불가	0.3−판 두께 5~10%	버 발생		
	STS	15mm						
니블링	연강	10mm		불가		공구 연결 자국		
	STS	3mm						

6 재료 제거 가공

1 개요

재료 제거 가공(material removal machining)이란 공구를 사용하여 소재를 돌리거나 공구를 돌려 재료를 제거하여 원하는 형상과 치수를 가진 부품을 만드는 방법이다. 그 종류는 크게 절삭과 연삭 및 특수 가공으로 나뉘며 각각의 세부 종류는 다음과 같다.

- 절삭 가공(cutting process)
  - 공작물 회전 : 선삭
  - 공구 회전 : 밀링, 드릴링, 보링, 기어 호빙
  - 공작물 또는 공구의 직선 운동 : 형삭, 브로칭
- 연삭 가공(abrasive process) : 연삭, 호닝, 래핑
- 특수 가공(advanced machining process) : 방전 가공, 전해 가공, 포토 에칭

재료 제거 가공의 목적 또는 용도는 (1) 수량 1개를 포함한 소량 제작, (2) 정밀한 가공 정밀도와 좋은 표면 거칠기를 얻기 위함, (3) 다른 방법으로는 얻을 수 없는 예리한 모서리부 및 내측 나사 같은 형상 가공, (4) 용접, 열처리 등에 의해 생긴 적은 양의 변형을 제거하기 위한 마무리 가공 등이다.

한편 재료 제거 가공의 단점으로는 재료의 낭비를 피할 수 없으며 가공 시간이 많이 걸리고 가공비가 비싼 것 등을 들 수 있다.

일반적으로 많이 사용되고 있는 재료 제거 가공기의 종류는 다음과 같으며, 엄밀하게 절삭이나 연삭 가공은 아니지만 그 용도(정밀 가공)로 보아 방전 가공과 전해 가공도 이 장에서 다룬다.

① 선반
② 밀링기

③ 드릴링기

④ 보링기

⑤ 형삭반

⑥ 브로칭기

⑦ 머시닝 센터

⑧ 기어 가공기

⑨ 연삭기

⑩ 호닝기

⑪ 래핑기

⑫ 방전 가공기

⑬ 전해 가공기

⑭ 포토 에칭

⑮ 모서리 가공기(면취기)

각 가공기의 종류, 용도 및 특징에 대해 다음 각 절에서 자세히 설명한다.

2 선반

선반(lathe)은 선삭 가공을 주로 하는 기계, 즉 회전하고 있는 소재에 바이트라 불리는 절삭공구를 밀어 대고 가로축과 세로축을 이동시켜 원하는 형상 및 치수로 가공하는 기계이다. 기본적으로는 원통 형상의 부품을 대상으로 하지만 단동척을 사용하면 원통 이외의 형상을 가진 부품도 가공 가능하며 외경 선삭, 내경 선삭, 정면 선삭, 나사 가공, 테이퍼 가공, 외측 홈 가공 및 절단 분리 작업 등에 사용된다. 작업 방법 개념도를 그림 6.1에 나타내었다.

선반의 구조는 다음과 같은 유닛으로 구성되어 있다(그림 6.3 참조).

- 베드(bed) : 선반의 기초가 되는 부분으로 안내면 위에 왕복대를, 양 끝에 주축대와 심압대가 고정되어 있다.
- 주축대(headstock) : 주축(main spindle)에 척을 고정하고 이 척에 원통형 소재를 물려 공작물을 회전시키는 역할을 한다. 척(chuck)에는 다음과 같이 세 가지 종류가 있다(그림 6.2 참조).
  - 연동척(scroll chuck, 3-jaw chuck) : 3개의 조가 동시에 움직이므로 원통 형상 재료를 잡을 때 사용하며 보증하는 정밀도는 0.2mm이다.
  - 단동척(4-jaw chuck) : 각각의 조를 독립적으로 움직일 수 있어 편심 가공 및 원통이 아닌 형상의 재료를 잡을 때 사용한다.
  - 콜레트척(collet chuck) : 조로 재료를 잡는 것이 아니라 콜레트 내면 전체로 재료를 잡으므로 알루미늄, 동, 은 및 얇은 파이프 등 연한 재료나 약한 재료, 이미 정삭 가공이 되어 있는 부품을 잡는 데 사용한다.

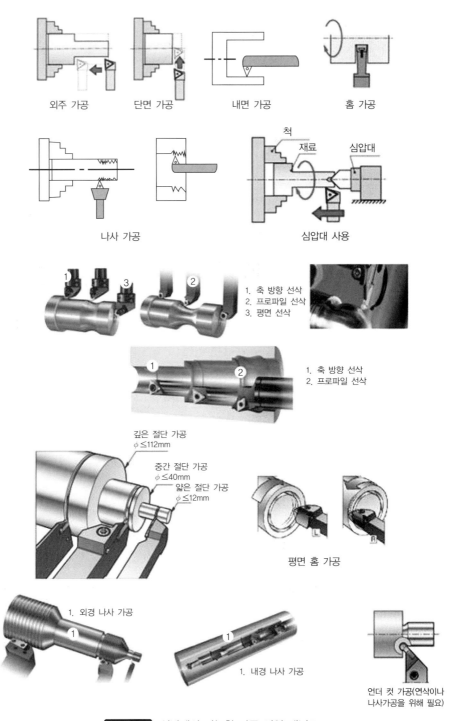

외주 가공   단면 가공   내면 가공   홈 가공

나사 가공   심압대 사용

척
재료
심압대

1. 축 방향 선삭
2. 프로파일 선삭
3. 평면 선삭

1. 축 방향 선삭
2. 프로파일 선삭

깊은 절단 가공
φ ≤112mm
중간 절단 가공
φ ≤40mm
얇은 절단 가공
φ ≤12mm

평면 홈 가공

1. 외경 나사 가공

1. 내경 나사 가공

언더 컷 가공(연삭이나
나사가공을 위해 필요)

그림 6.1 선반에서 가능한 가공 작업 개념도

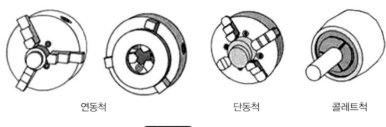

| 연동척 | 단동척 | 콜레트척 |

그림 6.2 척의 종류

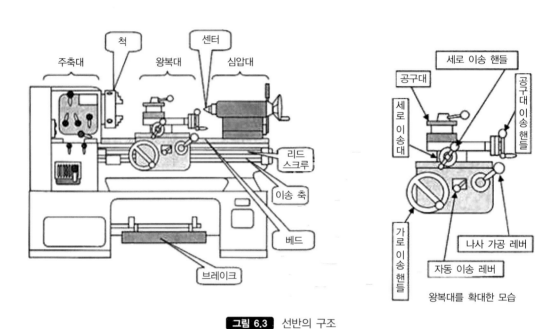

그림 6.3 선반의 구조

- 심압대(tailstock) : 길이가 긴 소재의 한쪽을 지지하거나 소재 중심에 드릴 가공할 때 사용한다.
- 공구대(tool post) : 공구를 고정하는 곳
- 이송대(saddle) : 공구대를 올려놓고 있으며 공구대를 세로축으로 이동시키는 데 사용한다.
- 왕복대(carriage) : 이송대와 공구대를 올려놓고 있으며 공구대를 가로축으로 이동시키는 데 사용한다.

선반에서 가공하기 쉬운 형상 및 가공하기 어려운 형상의 전형적인 모양은 그림 6.4와 같다.

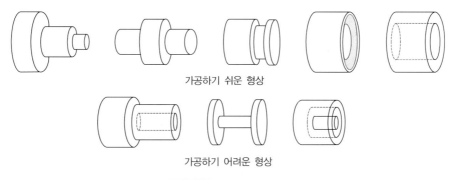

가공하기 쉬운 형상

가공하기 어려운 형상

그림 6.4 선반 작업 형상

선반의 종류에는 다음과 같은 것들이 있으며 그 생김새, 용도 및 특징은 다음과 같다.

1) 보통 선반

보통 선반(engine lathe)은 범용 선반이라고도 불리고 가장 오래되었으며 가장 널리 일반적으로 쓰이고 있다.

그림 6.5 보통 선반

2) 탁상 선반

탁상 선반(bench lathe)은 시계 부품과 같은 매우 작은 부품을 가공하는 데 사용되는 소형 선반으로 시계 선반이라고도 불린다.

그림 6.6 탁상 선반

3) 터렛 선반

터렛 선반(turret lathe)은 보통 선반에 터렛이라 불리는 선회식 공구대를 장착한 선반으로, 터렛에 복수의 공구를 고정해 놓고 필요 시 터렛을 돌려 간단히 사용할 공구를 바꿀 수 있다. 공구 교환시간 단축이 가능하다.

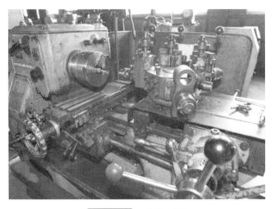

그림 6.7 터렛 선반

4) 모방 선반

모방 선반(copying lathe)은 복잡한 형상의 부품을 만들 때, 그 형상의 틀을 만들고 트레이서(tracer)에 의해 틀을 따라가면서 공구를 이동시켜 같은 형상을 만들어내는 데 사용된다. NC 선반의 등장에 따라 점점 사라져가고 있다. 모방 선반은 또한 도면이 없고 샘플만 있는 경우에도 사용된다.

그림 6.8 모방 선반

5) 자동 선반

자동 선반(automatic turning machine)은 주축 회전 수, 공구 절입, 이송 등이 캠 또는 수치 제어에 의해 제어되며 재료의 공급이 자동적으로 이루어져 연속적으로 가공이 가능하다. 대량 생산용이며 $\phi 1 \sim 10$ 또는 $\phi 2.5 \sim 20$ 정도의 직경, 길이 160mm 이내의 작은 부품 가공에 사용된다.

재료는 쾌삭강, STS 303, 430F, 416 및 쾌삭 황동 알루미늄 등이 쓰인다.

캠형 공구대

NC형 공구대

그림 6.9 여러 가지 자동 선반
(출처 : 넥스턴)

6) 정면 선반

정면 선반(face lathe)은 주로 정면 절삭 가공을 하는 선반으로, 큰 공작물을 고정하기 위한 면판을 공구가 주축과 직각으로 넓은 범위를 움직여 평면을 깎는다. 대형 공작물 가공에 사용된다.

그림 6.10 정면 선반
(출처 : 한국공작기계)

7) 수직 선반

수직 선반(vertical lathe)은 공작물을 수평으로 회전하는 테이블 위에 고정하고 공구대를 컬럼 또는
크로스 레일을 따라 움직여 절삭하는 선반으로, 직경이 크고 길이가 짧은 공작물 가공에 주로 쓰인다.

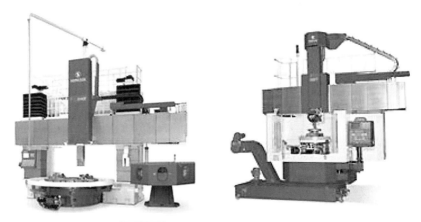

그림 6.11 수직 선반(출처 : 한국정밀기계)

8) NC 선반

NC는 Numerical Control(수치 제어)의 약자로, 공작물의 위치와 공구의 운동을 수치화하여 기계에
명령하는 것을 말하며, 이러한 명령에 따라 자동으로 공작물을 가공하는 선반을 NC 선반이라 한다.
이 선반의 장점은 다음과 같다.

- 같은 품질의 부품을 대량 생산할 수 있다.
- 수 m에 이르는 부품도 정밀 절삭이 가능하다.
- 테이퍼, 곡면 및 구면 가공이 가능하다.
- 안전성이 높다.

그림 6.12 NC 선반(출처 : 두산인프라코어)

9) NC 복합 선반(복합 터닝 센터)

회전수 변환만 가능한 NC 선반의 주축에 각도 제어가 가능한 인덱스 기능을 부가하고 동시에 공구대에 밀링, 드릴링 등의 기능을 가진 별도의 스핀들이 붙어 있는 선반이다. NC 복합 선반은 공작물의 세팅 전환 없이 선삭, 밀링 및 드릴링 등의 복합 가공이 가능하므로 정밀도가 높은 부품을 대량 생산할 수 있다.

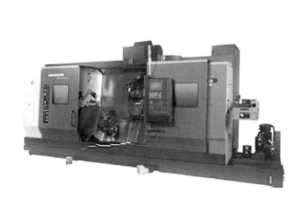

그림 6.13 NC 복합 선반

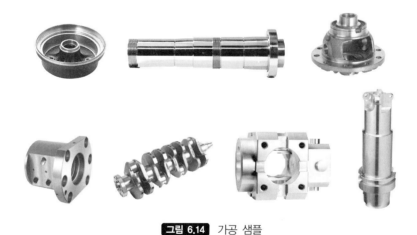

그림 6.14 가공 샘플

3 밀링기

밀링기(milling machine)는 선반과는 달리 밀링커터라는 공구를 회전축 끝에 붙여 회전시키고, 왕복운동하는 테이블 위에 고정되어 있는 공작물을 움직여 절삭하는 기계이다. 밀링기의 기본 구조는 그림 6.15와 같다.

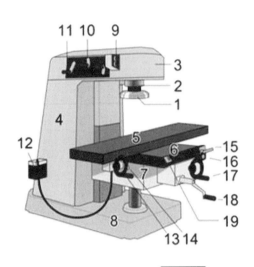

1. 정면 커터
2. 주축
3. 주축 헤드
4. 컬럼
5. 테이블
6. 새들
7. 니
8. 베이스
9. 주축 스위치
10. 주축 속도 변환 레버
11. 주축 회전수 변환 레버
12. 윤활 탱크
13. 테이블 수동 이송 핸들
14. 테이블 잠금 핸들
15. 주축 자동 이송 레버
16. 새들 자동 이송 속도 변화 다이얼
17. 새들 수동 이송 핸들
18. 니 수동 이송 핸들
19. 급속 이송 버튼

그림 6.15 밀링기의 구조

1) 밀링기의 종류

밀링기의 종류는 공구의 방향에 따라 수직형(vertical type), 수평형(horizontal type) 및 만능형(universal type)으로 구분되며 각각의 형태는 그림 6.16~6.18과 같다.

(1) 수직형

공구의 방향이 지면과 수직인 형을 말한다.

그림 6.16 수직형이며 니형

그림 6.17 수직형이며 램형

(2) 수평형

공구의 방향이 지면과 수평인 형을 말한다.

그림 6.18 수평형이며 베드형

(3) 만능형

공구의 방향을 지면과 수직인 상태에서 수평인 상태까지 임의 위치로 조정 가능한 형태를 말한다.

그림 6.19 만능형이며 니형

한편 공작물이나 공구의 세로축(앞뒤 방향) 이동 방식에 따라서는 다음과 같이 나뉜다.

- 니(knee) 이동형 : 니가 앞뒤로 이동하면서 가공
- 베드(bed) 이동형 : 베드가 앞뒤로 이동하면서 가공
- 램(ram) 이동형 : 주축이 붙어 있는 램이 앞뒤로 이동하면서 가공

한편 밀링기의 크기는 각 축의 이동 거리로 표시하는데, 현장에서는 관습적으로 0호 밀링, 5호 밀링 등으로 부르기도 한다. 참고로 테이블 이동 거리, 즉 좌우 이동 거리가 0호는 450mm, 1호는 550mm, 2호는 700mm, 3호는 850mm, 4호는 1,050mm, 5호는 1,250mm 정도이다.

평밀링 작업의 방향에는 하향 밀링과 상향 밀링이 있다(그림 6.20 참조). 하향 밀링은 처음에는

인서트가 깊이 들어가 절삭하지만 칩 두께가 점점 얇아지므로 절삭 과정에서 생기는 열과 압력 등의 부하 증가를 방지할 수 있으며 버니싱(burnishing)을 방지할 수 있어 가공 경화를 최소화할 수 있다. 반면에 상향 밀링은 가공물의 이송 방향과 커터의 회전 방향이 반대로 되어 절삭하므로 칩 두께가 증가하면서 절삭이 진행되고 이에 따라 인서트와 가공물 사이에 열과 응력이 발생하고 칩 배출 시 인서트에 충격을 주어 인서트의 수명을 단축시킨다. 일반적으로는 하향 밀링을 주로 사용한다.

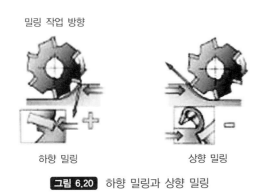

그림 6.20 하향 밀링과 상향 밀링

2) 밀링기 가공 및 공구의 종류

밀링기에서 가공할 수 있는 형상과 사용되는 공구의 종류는 다음과 같다.

(1) 평면 가공

테이블에 평행한 평면을 가공하는 것을 말한다.

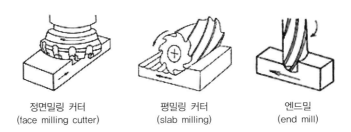

정면밀링 커터
(face milling cutter)

평밀링 커터
(slab milling)

엔드밀
(end mill)

(2) 측면 가공(직각 밀링)

테이블에 수직인 평면을 가공하는 것을 말한다.

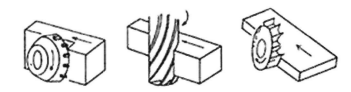

(3) 턱 가공

가공물에 턱을 주는 가공을 말한다.

①높이가 낮고 넓은 턱을 가공

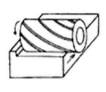  

②높고 좁은 턱을 가공

(4) 홈 가공

엔드밀이나 사이드 커터로 좁고 깊은 홈을 가공한다.

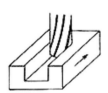 

측밀링 커터(side milling cutter)

 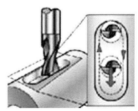

엔드밀 키홈 가공

(5) T홈 가공

우선 엔드밀이나 사이드 커터로 홈 가공을 하고 T홈 커터로 바닥 부분을 가공한다.

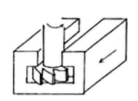

T홈 커터(T-groove cutter)

(6) 더브테일 홈 가공

우선 정면밀링 커터 또는 엔드밀로 단 가공을 하고 더브테일(dove tail) 커터로 경사 부분을 가공한다.

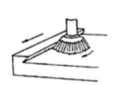

더브테일 커터

(7) 절단, 슬롯 가공

공구의 두께가 5mm 이상인 슬로팅 커터(slotting cutter)로 가공한다.

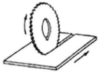

(8) 총형 가공

총형 가공(form milling)은 필요로 하는 형상에 맞춰 커터를 만들어 복잡한 형상을 한 번에 절삭하는 가공을 말한다. 절삭 공정이 간단하므로 생산성이 높지만 전용공구 비용이 들어간다.

(9) 스크루 가공

스크루 가공(thread mill)은 원통 외주에 스크루 홈을 만드는 가공으로 커터와 인덱스 장치를 같이 사용하여 가공한다.

(10) 캠 가공

엔드밀과 회전 테이블, 인덱스 유닛을 같이 사용하여 가공한다.

(11) 구멍 및 카운터 구멍 가공

드릴 또는 보링 바를 사용하여 가공한다.

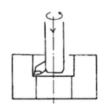

(12) 곡면 가공

3축 제어되는 NC 밀링기에 볼 엔드밀을 붙여 가공한다.

4 드릴링기

드릴링기(drilling machine)는 구멍을 뚫기 위한 기계로 테이블 위에 가공할 소재를 고정하고 주축에 고정된 드릴 또는 리머 등의 절삭 공구를 회전시켜 가공한다.

드릴링기의 종류와 특징 및 모양에 대해 알아보자.

1) 직립형

비교적 소형 공작물의 구멍 가공에 알맞으며 스트레이트 섕크를 쓰는 소경 드릴부터 ϕ13mm 이상인 드릴의 사용이 가능한 모스 테이퍼 섕크도 사용할 수 있다.

2) 탁상형

작업대 끝에 붙여 사용하는 소형 드릴링기로 비교적 작은 구멍 가공에 쓰인다(그림 6.22). 일반적으로 ϕ13mm 이하인 드릴까지 사용 가능하다.

그림 6.21 직립형

그림 6.22 탁상형

3) 래디얼형

수직으로 세워진 컬럼이라 불리는 기둥을 중심으로 선회할 수 있는 팔 위를 주축 헤드가 수평 이동 가능한 구조이며, 베이스 위에 놓인 공작물에 팔의 선회 각도와 주축 이동에 의해 위치를 결정하여 구멍을 가공한다. 주로 대형 가공물 가공에 쓰이고 있다.

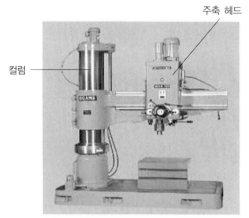

그림 6.23 래디얼형

4) 다축형

한 대의 기계에 다수의 드릴 축이 있어 동시에 많은 수의 구멍을 뚫을 수 있는 기계로 전용기로 주로 사용된다.

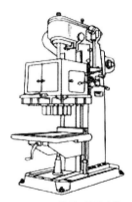

(출처 : 공작기계)

그림 6.24 다축형

5) 심혈형

심혈형(deep hole type)은 깊은 구멍을 효율적으로 뚫기 위해 중요한 것은 절삭된 칩의 배출을 매끄럽게 하는 것이다. 일반 드릴 가공에서는 절삭유를 공급하는 드릴의 홈으로 칩이 배출되므로 칩의 방해를 받아 절삭유가 끝까지 도달하기 어려워 깊은 구멍 가공이 어렵다. 이를 해결하기 위해 절삭 날을 1개로 하여 칩 배출용 홈을 크게 하고 절삭유는 공구 중간의 구멍을 통하여 공구 끝에서 토출시켜 구멍 가공하는 기술이 개발되었다. 이것이 건드릴 가공과 BTA 드릴 가공이다. 건드릴과 BTA(Boring & Trepanning Association) 드릴은 구멍의 깊이와 직경의 비율이 4배 이상인 구멍을 뚫기 위한 드릴링 기이다.

(1) 건드릴 방식

건드릴(gun drill) 머신은 소총 및 엽총 등의 총신에 구멍을 뚫기 위해 개발된 특수 기계이다. 직경 1mm 에서 35mm까지 가공 가능하며 최대 드릴 깊이는 4,000mm 정도이다. 건드릴의 특징은 다음과 같다.

- 직진성이 좋다 : 일반적으로 깊이 1,000mm 가공에서 중심 어긋남이 1mm 이하이다.
- 면 조도가 좋다 : 가이드 패드의 버니싱 효과에 의해 우수한 면 조도를 얻을 수 있다.
- 직경의 정밀도가 높다 : H7~H9 정도의 구멍을 가공할 수 있다.
- 가공 시간 단축이 가능하다.

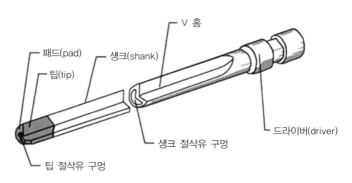

그림 6.25 건드릴

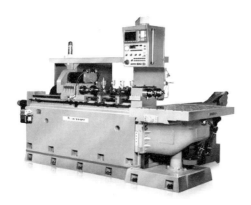

그림 6.26 건드릴 머신 (출처 : 성우 SPP)

(2) BTA 드릴 방식

이것은 대포의 포신 구멍을 뚫기 위해 개발된 것이지만 현재는 산업 기계에 응용되고 있다. 작은 구멍 가공용인 건드릴에 비해 BTA 가공은 중·대경 구멍 가공용이다. BTA 방식은 대량의 고압 절삭유로 절삭 칩을 배출시키며 동시에 공구 날도 냉각시킨다. BTA 드릴 머신은 보통 직경 15~500mm까지 가공 가능하며 최대 드릴 깊이는 10,000mm 정도이다. 그림 6.28은 BTA 드릴 머신의 가공 개념도를 보여주고 있다.

그림 6.27 BTA 드릴 머신(출처 : 성우 SPP)

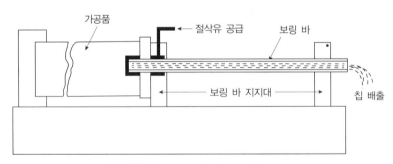

그림 6.28 BTA 드릴 머신의 개념도

BTA 방식 드릴 커터의 종류에는 세 가지가 있으며 각각의 특징과 개념도는 다음과 같다.

① 솔리드(solid) 커터 : 가공할 구멍 전부를 칩으로 배출하는 가공 방법으로 가공 범위는 직경 30~180mm 정도이며 면 조도는 25s 정도이다.

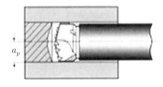

② 트리패닝(trepanning) 커터 : 구멍의 중심부를 남기고 칩으로 배출하는 방법으로 가공 범위는 직경 125~500mm 정도이고 정밀도는 ±0.5mm 정도이다.

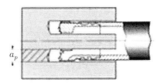

③ 카운터 보링(counter boring) 커터 : 이미 뚫린 구멍의 확대 또는 마무리 가공용이다.

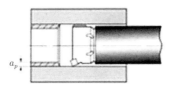

6) 레이저 드릴

오랜 세월에 걸쳐 지붕에서 떨어지는 물방울에 의해 바위에 구멍이 뚫리듯이, 레이저 빔을 펄스 형태로 짧은 시간(1초)에 수십에서 수천 번(높은 주파수) 재료의 한 부분에 조사하면 구멍이 가공된다. 재료가 연하거나 얇으면 하나의 펄스로도 구멍이 뚫린다.

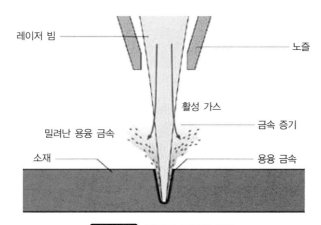

그림 6.29 레이저 드릴의 원리

퍼커션(percussion) 방식

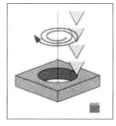

트리패닝(trepanning) 방식

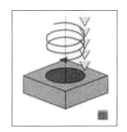

헬리컬(helical) 방식

그림 6.30 여러 가지 레이저 드릴 방식

레이저 드릴은 주로 경도가 높은 재료에 매우 작은 구멍을 뚫는 데 이용되며 보석과 같이 한 번에 큰 외력을 가해 구멍을 뚫으면 부서지는 재료를 가공하는 데도 이용된다. 최근에는 야채의 신선도를 오래 유지하기 위해 포장지에 숨구멍을 뚫는 데도 이용되고 있다. 구멍 깊이/구멍 직경의 비율(aspect ratio)이 높은 편이다.

그림 6.31 레이저 드릴 작업 장면

7) 드릴 공구의 종류

드릴 구조의 주요 부분 명칭은 그림 6.32와 같으며 날 부분의 형태에 따라 그림 6.33과 같이 세 가지로 구분된다.

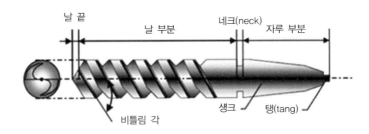

그림 6.32 드릴의 구조

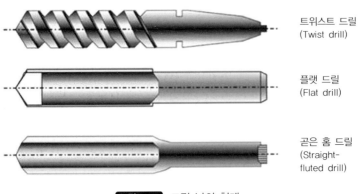

그림 6.33 드릴 날의 형태

한편 드릴의 종류에는 재료, 구조, 제작 방법, 샹크 형태 및 기능, 용도 등에 따라 다음과 같이 구분하고 있다.

(1) 날의 재료

고속도 공구강(하이스), 초경합금

(2) 제작 방법

솔리드(solid) 드릴, 용접 드릴

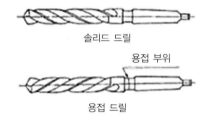

솔리드 드릴

용접 부위

용접 드릴

(3) 샹크의 형태

스트레이트 샹크($\leq\phi$13mm 용), 테이퍼 샹크($>\phi$13mm 용)

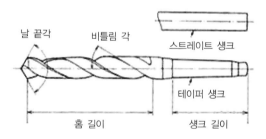

날 끝각 비틀림 각

스트레이트 샹크

테이퍼 샹크

홈 길이 샹크 길이

(4) 기능 및 용도

일반 드릴, 센터 드릴, 스텝 드릴, 코어 드릴, 홀 소, 접시자리 파기 드릴(countersink drill), 자리 파기 드릴, 건드릴

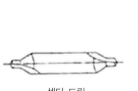

센터 드릴   스텝 드릴   고리 모양 구멍 가공용 코어 드릴

구멍 확장용 코어 드릴

홀 소

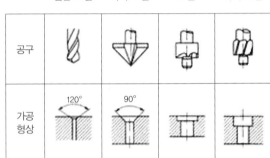

건드릴

8) 리머와 탭

(1) 리머

드릴링기에서 사용되는 공구에는 리머(reamer)가 있는데 이것은 드릴로 뚫은 구멍은 내면이 거칠고 직경은 드릴 직경보다 0.1~0.15mm 정도 크게 된다. 보다 정확한 직경의 구멍을 가공하고 싶은 경우에는 드릴 가공 후 리머 가공을 실시한다. 일반적으로 φ20mm 이하의 구멍에 적용한다.

표준 리머는 일반적으로 m5 공차로 제작되고 있으며 이것을 사용하여 H7 공차의 구멍을 얻을 수 있다. 여러 가지 요인으로 인하여 구멍이 커지는 값이 클 것으로 예측될 경우에는 k5 공차인 리머를 사용한다.

리머는 저속에서 사용되므로 일반 고속도강으로 제작되지만 경질 가공품 및 양산용에 쓰는 리머는 고급 고속도강을 쓰거나 표면 처리한 것을 쓴다.

리머의 종류에는 평행핀 리머, 테이퍼핀 리머, 테이퍼 리머, fluted chucking reamer, Jobber's reamer, shell reamer, skill reamer, broach reamer 등이 있으며, 리머의 기본 구조는 다음과 같다.

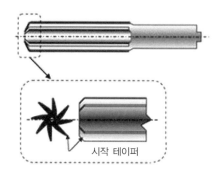

시작 테이퍼

(2) 탭

본체에 부품을 고정하기 위해 볼트나 나사 등을 사용하는데 이때 이들을 잠그기 위해서는 암나사가 필요하다. 이 암나사를 가공하는 공구를 탭(tap)이라 한다. 탭의 종류에는 핸드 탭, 스파이럴 탭, 포인트 탭, thread forming tap, 관용 탭이 있으며, 탭의 기본 구조는 아래 그림과 같다.

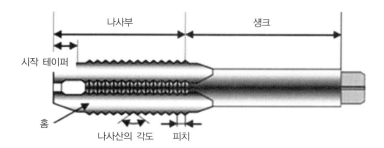

나사부　　　샘크

시작 테이퍼

홈

나사산의 각도　　피치

이 중 핸드 탭은 T형 탭 홀더나 탭 렌치를 사용하여 손으로 나사를 낼 때 쓰는 탭으로 1번 탭(선탭), 2번 탭(중 탭), 3번 탭(마무리 탭) 등 세 가지 탭을 사용하여 완료한다.

한편 봉재의 외경 부분에 수나사를 손으로 가공할 때는 다이스라는 작업 공구를 사용하며 형태는 아래와 같다.

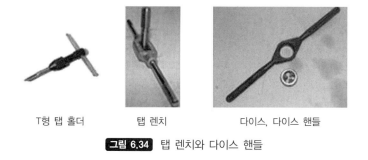

T형 탭 홀더　　　탭 렌치　　　다이스, 다이스 핸들

그림 6.34 탭 렌치와 다이스 핸들

5 보링기

보링기(boring machine)는 주축에 끼워져 있는 보링 바이트를 회전시키면서 공작물 또는 바이트를 절삭 이송시켜 드릴 가공 또는 주조에 의해 미리 뚫려 있는 구멍을 높은 정밀도로 정삭 가공하는 기계이다. 경우에 따라 정면 절삭도 할 수 있다.

보링기는 주로 공작 기계의 주축이나 전동 축을 지지하기 위한 베어링이 조립되는 구멍 및 엔진의 실린더 블록 구멍 등의 가공에 사용된다.

머시닝 센터에서도 위와 같은 보링 가공이 가능하지만 아래의 그림처럼 보링기의 주축이 머시닝 센터 주축보다 강성이 높아 더 정밀한 가공이 가능하다.

머시닝 센터 주축   보링기 주축

보링 공구에는 황삭 보링과 정삭 보링이 있으며 형태는 그림 6.35와 같다.

황삭 보링   정삭 보링

그림 6.35 보링 바

보링기의 종류 및 특징은 아래와 같다.

1) 수평형

보링, 드릴링, 정면 절삭, 밀링, 나사 가공 등 광범위한 작업이 가능하다.

(1) 테이블형

X-Y축으로 움직이는 테이블 위에 공작물을 고정하고 가공하며 소형 및 중형 공작물 가공에 적합하다.

그림 6.36 테이블형

(2) 플로어형

공작물은 고정되어 있으며 주축대를 포함한 컬럼이 움직여 작업을 수행하는 형태로 대형 공작물 가공에 적합하다.

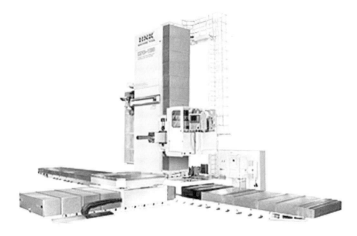

그림 6.37 플로어형

(3) 플래너형

X축으로 움직이는 베드 위에 공작물을 고정하고 가공 작업을 수행하는 형태이다.

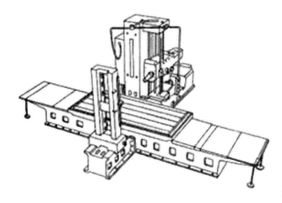

그림 6.38 플래너형 (출처 : 공작기계)

(4) 포터블형

크레인 등을 사용하여 보링 기계를 공작물 옆으로 이동시켜 작업이 가능한 형태이다.

2) 수직형

보링 및 밀링 가공이 가능하다.

그림 6.39 수직형

6 형삭기

형삭기(shaper, shaping machine)는 앞뒤로 움직이는 램에 바이트를 붙여 수평(수직) 방향으로 직선 운동시키고 테이블에 고정되어 있는 공작물을 직각(회전)으로 이동하면서 평면이나 홈을 절삭하는 기계로 가공 능률은 나쁘지만 절삭 시 발생하는 열이 적으므로 좁고 긴 평면 및 홈 가공에 적합하다.

형삭기의 종류와 특징은 다음과 같다.

1) 수평 형삭기

공구를 장착한 램이 수평 방향으로 왕복운동하며 테이블에 고정된 공작물의 평면 또는 특정 홈 등을 가공하는 기계를 말한다.

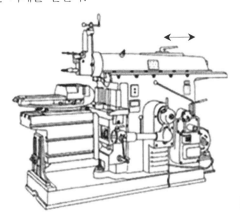

그림 6.40 수평 형삭기 (출처 : 공작기계)

2) 평삭기

평삭기(planner)는 테이블에 고정되어 왕복운동하는 공작물을 테이블 이동 방향과 직각으로 이동하는 바이트로 절삭하는 기계로 문형, 편지지형 및 에지 플래너가 이에 속한다. 이 평삭기의 바이트 대신에 밀링 커터를 장착한 주축대를 붙인 기계를 플래노밀러(planomiller)라 한다.

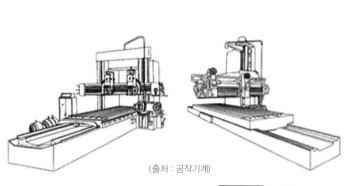

(출처 : 공작기계)

그림 6.41 평삭기

3) 수직 형삭기

공구를 장착한 램이 수직 방향으로 왕복운동하며 원형 테이블에 고정된 공작물의 구멍에 키홈, 스플라인 등을 가공하는 기계를 말한다.

① 슬로터(slotter) : 모든 형상 가공이 가능하며 특히 구멍의 끝이 막혀 있는 경우 및 테이퍼인 경우도 가공 가능하다.
② 키 시터(key seater) : 큰 제품에 적합하여 키 홈의 폭이 넓은 것, 절삭 길이가 긴 것 등에 알맞다.

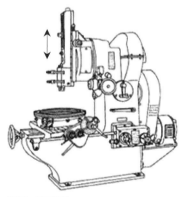

(출처 : 공작기계)

그림 6.42 슬로터

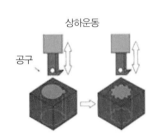

그림 6.43 키 시터

세레이션 가공 　　　　　　　스플라인 가공 　　　　　　　키홈 가공

그림 6.44 수직 형삭기 가공 예

7 브로칭기

브로칭기(broaching machine)는 브로치라 불리는 총형 공구를 사용해서 단면 형상이 복잡한 구멍을 한 번에 가공하는 기계로, 공작물 구멍에 삽입된 브로치가 위에서 아래 방향으로 내려가면서 브로치 아래쪽의 거칠고 작은 날부터 위쪽의 곱고 큰 날 순서로 조금씩 절삭하면서 원하는 치수로 가공한다. 고정밀 가공이며 가공 속도가 빨라 생산성이 높고 대량 생산용으로 주로 사용된다.

키홈, 사각구멍, 육각구멍, 스플라인(spline), 인벌류트(involute) 스플라인 및 세레이션(serration) 등의 구멍 가공이 가능하다.

브로치의 기본 구조를 그림 6.45에 나타냈으며 일반적으로 브로치 공구의 절삭 깊이는 한 번에 6mm 정도이다.

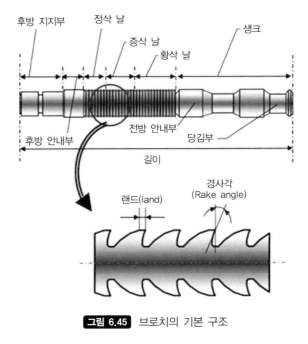

그림 6.45 브로치의 기본 구조

브로치 절삭 방식에는 풀 브로치(pull broach), 푸시 브로치(push broach) 및 표면 브로치가 있으며 그림 6.46에 가공 개념도를 나타내었다.

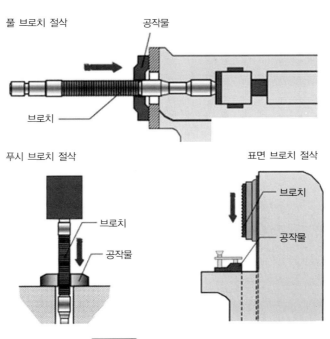

그림 6.46 브로치 가공 개념도

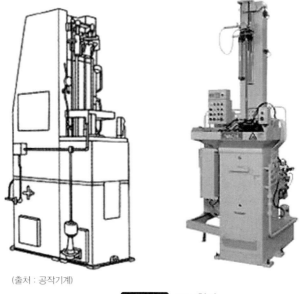

(출처 : 공작기계)

그림 6.47 브로칭기

브로치의 모양과 가공 원리는 그림 6.48을 보면 알 수 있다.

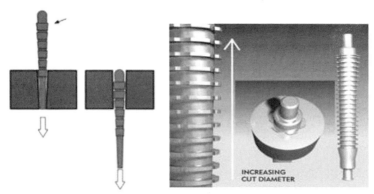

푸시 브로치

표면 브로치

그림 6.48 여러 가지 브로치

8 머시닝 센터

머시닝 센터(machining center)는 자동 공구교환 장치를 가지고 있으며, 가공 목적에 따라 공구를 자동으로 교환하면서 면 절삭, 보링, 드릴링, 탭핑 등의 가공을 1대의 기계에서 수치제어 명령에 의해 자동으로 수행하는 기계이다. 머시닝센터는 공구를 회전시켜 공작물을 가공하며, 그 종류 및 특징은 다음과 같다.

1) 수직형

주축이 지면에 수직이므로 중력에 의한 공구의 변형이 적고, 하나의 테이블에 복수의 동일한 공작물을 고정하고 가공할 수 있으며, 칩 배출성이 나쁘다. 주로 금형과 같이 한 면의 절삭량이 많은 가공물과 판재형 부품 가공에 효과적이며 소량 가공 부품에 일반적으로 사용되고 있다.

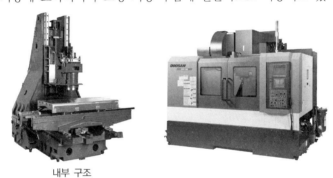

내부 구조

그림 6.49 수직형 (출처 : 두산인프라코어)

2) 수평형

주축이 지면에 수평이며 주축대와 테이블의 XYZ 3축 이동 제어에 더해 테이블을 회전시켜 공작물을 한 번 세팅하여 4면을 모두 가공할 수 있어 정밀도가 높은 가공이 가능하며, 여러 개의 테이블(pallet)에 공작물을 고정한 후 차례대로 교환하면서 가공하면 가공과 공작물 교환을 동시에 할 수 있으므로 생산성이 높다. 또한 가공면이 수직이므로 칩 배출이 좋다. 수평형은 주로 대량 생산용으로 사용된다.

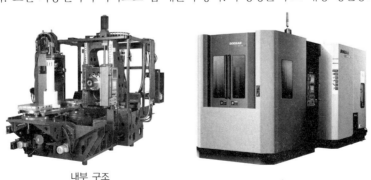

내부 구조

그림 6.50 수평형 (출처 : 두산인프라코어)

3) 문형

문형(gantry type)은 테이블을 한 방향으로 길게 만들 수 있어 대형 공작물 가공에 유용하다.

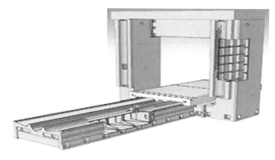

그림 6.51 문형

4) 5축 제어형

5축 제어형(5axes control type)은 임의의 위치에서 임의의 각도로 공구를 세팅할 수 있으며 수직, 수평형의 특징을 모두 갖고 있다. 또한 볼 엔드밀 사용에 의해 복잡한 형상의 윤곽 가공 및 곡면 가공이 가능하다. 5축 제어형은 일반적으로 직선 이동하는 3개의 축과 수평 및 수직면에서 회전하는 2개의 테이블로 구성되어 있다.

5) 5면 가공기

5면 가공기는 금형 및 기계부품 등을 가공할 때, 육면체를 가공기에 고정한 후 밑면을 제외한 5면을 공구를 직선 이동 및 회전시켜 한 번에 가공하는 것이 가능한 가공기이다.

5면 동시 가공이므로 요구되는 가공 정밀도(특히 기하 공차)가 높고 세팅을 다시 하는 데 시간이 많이 걸리는 대형 부품 가공에 위력을 발휘한다. 반도체 및 디스플레이 산업에 쓰이는 각종 정밀 장비 및 고정밀 공작 기계의 베이스 프레임 가공에 많이 사용된다.

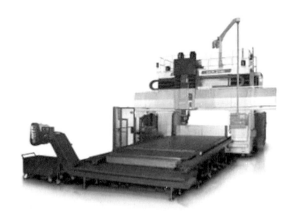

그림 6.52 5면 가공기

6) 헥사포드형

헥사포드형(hexapod type)은 1994년 개발된 병렬(parallel) 메커니즘으로 스튜어트 플랫폼이라는 기구에 기초한 설계로, 6개의 다리가 링크에 의해 주축과 연결된 구조이며, 운동 정밀도가 기존 공작기계에 비해 매우 떨어지고 강성이 작아 알루미늄 등 연한 재료의 가공에 사용한다.

(출처 : Okuma's Cosmo Center)

그림 6.53 헥사포드형

9 기어 가공기

기어 가공(gear cutting)은 기어 절삭과 기어 연삭으로 나뉜다. 여기서 기어 절삭은 창성 기어 절삭법과 총형 기어 절삭법이 있으며, 기어 연삭에는 기어 연삭, 기어 쉐이빙 및 기어 호닝이 있다.

1) 기어 절삭

(1) 창성 기어 절삭법

① 랙 공구에 의한 창성 기어 절삭

기어로 가공할 기어 소재를 수직인 축에 고정하고 랙(rack) 공구를 위에서 아래로 내리누르면서 원판 둘레를 깎아낸다. 한 번 깎은 후 랙 공구를 약간 옆으로 이동하고 동시에 원판도 같은 피치만큼 돌린다. 이 과정을 반복하여 기어를 완성한다.

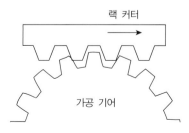

② 피니언 공구에 의한 창성 기어 절삭

랙은 일정한 길이로 제한되므로 왼쪽에서 오른쪽 끝까지 이동한 후에는 다시 원위치로 이동해야만 절삭을 계속할 수 있다. 만일 이 랙을 원형으로 만든다면 이동하지 않고 계속해서 가공할 수 있을 것이다. 이 원형 랙 공구를 피니언(pinion) 공구라 한다.

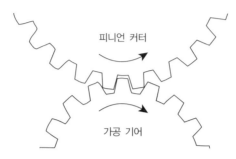

피니언 커터

가공 기어

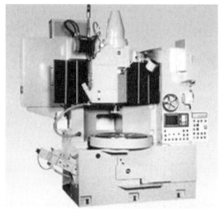

내측 기어 창성기(Internal gear generater)

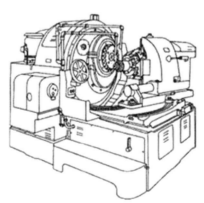

베벨 기어 창성기(Bevel gear generater)

그림 6.54 피니언 공구 기어 창성 절삭기

③ 홉에 의한 기어 절삭

랙 공구든 피니언 공구든 상하 운동에 의한 절삭이므로 가공 속도는 그리 빠르지 않다. 보다 고속 절삭을 하기 위해 고안된 것이 홉(hob)이라는 공구다. 홉은 랙 공구를 나사산처럼 꼬아 만든 회전체 모양의 공구이다. 또한 여러 곳에 노치를 두어 각각이 절삭을 할 수 있는 구조로 되어 있다. 호빙 기에 이 홉 공구를 수평으로 붙여 회전시키고 수직축에 고정한 원판 소재를 맞물려 돌리면서 기어를 가공한다.

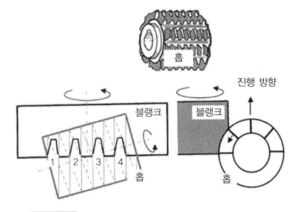

그림 6.55 홉 기어 가공 개념도(출처 : NS Lubricants)

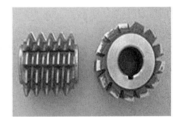

그림 6.56 호빙 머신(gear hobbing machine)과 홉 공구

(2) 총형 기어 절삭법

기어 형상을 가진 총형 밀링커터를 회전시켜 기어를 절삭한다.

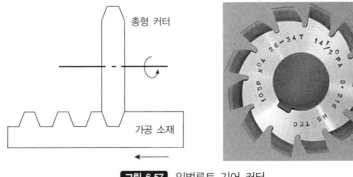

그림 6.57 인벌류트 기어 커터

2) 기어 연삭

절삭 가공된 기어의 표면은 거친 편으로 그대로 조립하여 구동하면 소음이 굉장히 크게 된다. 따라서 기어 소음도 줄이고 수명도 길게 하기 위해 기어의 절삭 후 마무리 가공을 하는데 여기에는 세 가지 방법이 있다.

(1) 기어 연삭기

기어 연삭기(gear grinding machine)는 기어의 치면(tooth face)을 기어의 치형을 전사한 모양의 숫돌로 연삭하는 기계이다.

그림 6.58 기어 연삭기

(2) 기어 셰이빙기

기어 셰이빙기(gear shaving machine)는 절삭 가공된 치면을 고정밀도화하고 표면 조도를 좋게 하여 진동과 소음을 줄이는 기어의 '후가공' 처리를 한다. 열처리 후 기어 연삭을 하는 경우에는 셰이빙 가공을 생략한다.

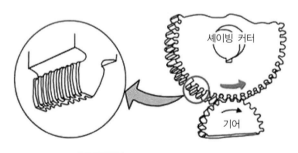

셰이빙 커터

기어

그림 6.59 기어 셰이빙 개념도

(3) 기어 호닝

기어 호닝(gear honing)은 열처리 후의 치면 마무리 가공법으로, 피가공 기어와 같은 기어에 다이아몬드 등을 코팅한 드레스 기어를 만들고 이것에 의해 인터널 기어 형상의 숫돌 기어를 만든다. 이 숫돌 기어에 의해 피가공 기어 치면을 호닝한다.

참고로 기어 제작 공정을 그림 6.60에 소개한다.

소재(환봉) 소재(단조) 내·외경 황삭

치 절삭 챔퍼링 치부 침탄(HRC58-62)
키홈부 침탄 방지 처리

내·외경 단면 정삭 내·외부 키홈 가공 내·외경 단면 연삭

치 연삭 검사(porfile lead test)

그림 6.60 기어 제작 공정

10 연삭기

절삭 가공은 재료를 깎아내는 작업이지만 재료의 경도가 높거나 취성이 있는 경우에는 절삭 가공으로는 가공하기 어려울 뿐 아니라 정확한 가공 정밀도를 얻기도 어렵다. 이런 경우 적절한 가공법이 연삭 입자를 사용하여 갈아내는 것이다.

연삭 입자의 종류로는 알루미나계, 탄화규소(silicone carbide)계, 다이아몬드와 큐빅 보론 질화물(cBN) 등이 있으며 결합제와 섞어 연삭 숫돌 형태로 쓰거나 입자 상태 그대로 쓰기도 한다.

연삭 입자의 종류에 따른 용도는 다음과 같다.

● 알루미나계 : 철강 재료 및 담금질된 강

- 탄화규소계 : 돌, 주철 등 딱딱하지만 부서지기 쉬운 재질
- 지르코니아 + 알루미나 : 중연삭용 레지노이드(resinoid, 본드로 레진을 쓴) 숫돌
- 알루미나 + 탄화규소 : 레지노이드 숫돌에 잘 쓰임
- 초연삭 입자 : 다이아몬드는 탄화규소계보다 딱딱한 것에 쓰이며 cBN은 알루미나보다 딱딱한 것에 쓰임

연삭기(grinding machine)란 숫돌을 고속으로 회전시켜 1차 절삭 가공된 부품을 더욱 정밀한 치수와 좋은 표면 거칠기를 갖도록 추가 가공하는 기계이다. 연삭 가공의 장점과 단점은 다음과 같다.

- 장점
  - 절삭 공구로 깎이지 않는 표면 경화 처리된 부분, 경성 및 취성 재료도 쉽게 가공할 수 있다.
  - 마무리 면의 조도 및 치수 정밀도를 쉽게 얻을 수 있다.
  - 가공 능률이 좋다.
- 단점
  - 연삭점의 온도가 높으므로(1,000℃ 이상) 열 크랙의 원인이 된다. 연삭액으로 충분히 냉각해야 한다.
  - 연삭 숫돌이 고속 회전하므로 위험하다.

연삭기의 종류에는 연삭할 수 있는 면의 형태와 연삭 대상 부품 및 방식에 따라 다음과 같은 종류가 있으며 각각의 특징에 대해 설명한다.

1) 원통 연삭기

원통 연삭기(cylindrical grinder)는 공작물을 양 끝의 센터로 지지하고 그리퍼(gripper)로 회전시키면서, 동시에 연삭 숫돌을 회전시켜 원통 모양 부품의 외주 면을 연삭하는 기계이다.

연삭 숫돌의 형태에 따라 트래버스(traverse) 연삭, 플랜지(flange) 연삭 및 앵귤러 슬라이드(angular slide) 연삭 방식이 있다.

그림 6.61 원통 연삭기

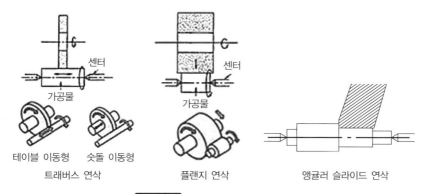

그림 6.62 다양한 원통 연삭 방식

2) 평면 연삭기

평면을 연삭하는 기계로 로터리형과 문형 등이 있다.

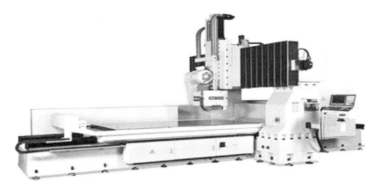

그림 6.63 다양한 평면 연삭기

캐리어형   스루피드형   수평 원테이블형

수평 각테이블형   수직 원테이블형   수직 각테이블형

그림 6.64 다양한 평면 연삭 방식

3) 프로파일 연삭기

자동차의 캠 축, 크랭크 축 등의 프로파일(profile)에 사용되는 연삭기로 어떤 정해진 형태를 가진 가공물과 이에 대응되는 형상의 연삭 숫돌을 이용하여 한 번에 연삭할 때 사용하며 주로 양산 용도로 쓰인다.

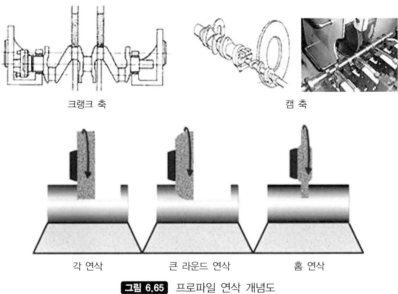

크랭크 축   캠 축

각 연삭   큰 라운드 연삭   홈 연삭

그림 6.65 프로파일 연삭 개념도

4) 공구 연삭기

바이트나 드릴 등 절삭 공구의 무뎌진 날을 연삭하는 기계로 연삭하는 공구의 종류에 따라 드릴 연삭기, 홉 연삭기, 밀링커터 연삭기 등 여러 가지가 있다.

그림 6.66 공구 연삭기 (출처 : (주)세스코)

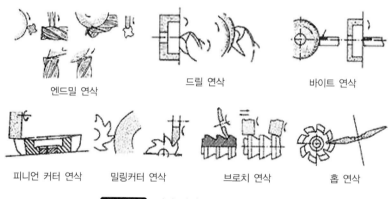

엔드밀 연삭   드릴 연삭   바이트 연삭

피니언 커터 연삭   밀링커터 연삭   브로치 연삭   홉 연삭

그림 6.67 여러 가지 공구의 연삭 개념도

5) 내면 연삭기

내면 연삭기(internal grinder)는 선반이나 보링기에서 가공된 구멍의 내면을 고정밀도로 마무리하는 연삭기로 일반형, 유성형 및 센터리스형이 있다. 일반형은 가공물을 척으로 잡고 숫돌과 가공물을 회전시켜 연삭하는 방식이고, 유성형은 가공물을 회전시키면서 숫돌 축이 공전과 자전을 하면서 연삭하는 방식이며, 센터리스형은 가공물을 조정 롤로 돌리면서 연삭하는 방식을 말한다. 각 방식을 그림 6.68과 6.69에서 볼 수 있다.

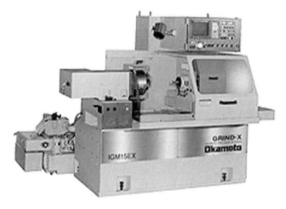

그림 6.68 내면 연삭기

(출처 : Okamoto)

그림 6.69 다양한 내면 연삭 방식

6) 양두 연삭기

양두 연삭기(double head grinder)는 2개의 숫돌을 마주보게 하고 회전시키면서 그 사이로 공작물을 지나가게 하여 양면을 동시에 연삭하는 기계로 베어링의 내·외륜 양면, 피스톤 링의 양면 등 양면이 평행해야 되는 부품의 연삭에 주로 사용된다. 양두 연삭기는 크게 휠 고정형과 휠 인피드(infeed)형으로 나뉘며 각각에는 아래 그림과 같은 종류가 있다.

그림 6.70 양두 연삭기(출처 : 티앤지엠)

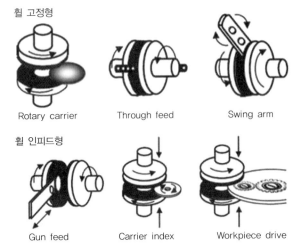

그림 6.71 다양한 양두 연삭 방식

7) 센터리스 연삭기

이것은 양 끝의 센터나 척으로 잡는 것이 곤란한 원통 모양 공작물을 연삭하는 데 쓰인다. 센터리스 연삭기에는 스루피드(throughfeed)형과 인피드(infeed)형이 있으며 전자는 강봉 또는 일직선 모양의 부품 가공에 적용되고 후자는 단이 있는 부품 가공에 적용되고 있다.

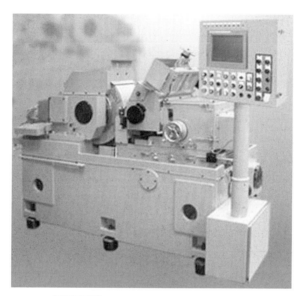

그림 6.72 센터리스 연삭기(출처 : (주)세스코)

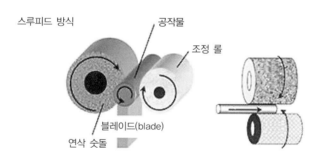

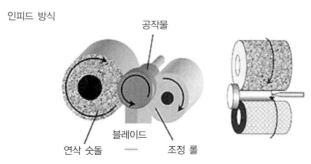

그림 6.73 다양한 센터리스 연삭 방식

8) 만능 연삭기

만능 연삭기(universal grinder)는 원통 연삭기와 비슷하지만 주축대와 숫돌대가 선회 가능하여 여러 가지 형태의 연삭이 가능한 연삭기이다.

9) 성형 연삭기

성형 연삭기(formed grinding machine)는 평면 연삭기의 숫돌을 드레싱하여 복잡한 형상으로 성형하고, 테이블을 트래버스시켜 금형 등을 연삭하는 성형 평면 연삭기이다.

그림 6.74 성형 연삭기 (출처 : 대산기계)

10) 나사 연삭기

삼각 나사, 사다리꼴 나사, 볼스크루 및 웜 등을 연삭하는 기계이다.

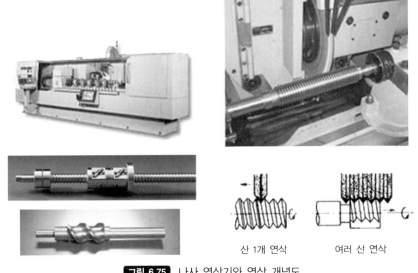

산 1개 연삭   여러 산 연삭

그림 6.75 나사 연삭기와 연삭 개념도

11) 크립 피드 연삭기

크립 피드 연삭(creep feed grinder)은 고능률 중연삭이라고도 불리는 가공으로, 최근에는 연삭량이 10mm에 이를 정도로 큰 절입량이 얻어지는 중연삭이다.

매우 느린 속도로 테이블을 이동하는 대신에 일반 연삭의 수십 배에서 수백 배의 절입량을 주어 가공물을 한 번의 이동으로 연삭 완료한다. 이 방법은 연삭 숫돌의 부스러짐이 적고 연삭 효율을 높게 하는 것이 가능하며 연삭면에 약간의 오차가 있어도 그 영향을 무시하고 가공 가능하므로 주 용도는 터빈 블레이드 및 전조 공구, 유압 펌프 로터 등 난삭재의 정밀 성형 연삭이다.

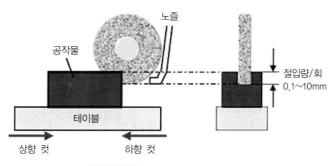

그림 6.76 크립 피드 연삭 개념도

12) 하드 터닝기

경도가 높거나 경화처리된 금속을 정밀가공하는 데는 일반적으로 연삭이나 특수가공 방법인 방전 가공 등을 사용해왔으나, 최근 고강성 공작 기계의 개발에 맞춰 PcBN(poly cubic boron nitride, 다결정 큐빅 보론 지화물) 공구를 사용하여 전통적인 절삭 가공 방법으로 HRC 45-68에 이르는 열처리된 강을 2μm 범위 내에서 정삭할 수 있게 되었다.

하드 터닝기(finish hard turning machine)는 가공 소재를 선반 척에 물린 후 마무리 가공까지 한 번에 가능하므로 원통 연삭에 비해 정밀도, 특히 동심도와 직각도가 좋고 생산성이 높으며 특정한 형상의 연삭 숫돌이 아니라 선삭 바이트를 쓰므로 가공물 형상의 융통성이 높을 뿐 아니라 부품의 열 변형이 적다. 또 절삭유와 연삭 숫돌을 쓰지 않으므로 연삭 슬러지가 생기지 않아 친환경적이다. 그러나 가늘고 긴 가공물의 지지에 문제가 있으며 공구 마모와 마모 관리가 어려운 단점이 있다.

그림 6.77 하드 터닝기(출처 : Hembrug Machine Tools)

11 호닝기

호닝기(honing machine)는 여러 개의 숫돌이 부착된 공구로, 숫돌을 일정한 면 압력으로 가공물 면에 누르면서 회전과 왕복운동을 시키고 동시에 다량의 호닝액을 공급하여 원하는 치수와 표면 조도를 얻는 마무리 가공법이다. 보링 가공, 리머 가공 및 내면 연삭 가공된 구멍이 보다 정밀한 진원도, 원통도 및 표면 조도를 갖도록 하기 위해서 사용된다.

(출처 : Tokyo-Honing Co.)

(출처 : 성우 SPP)

그림 6.78 호닝기와 호닝 공구

12 래핑기

래핑기(lapping machine)는 랩 정반이라 불리는 평면대 위에 숫돌 가루인 랩제(diamond slury)를 놓고 그 위에 공작물을 올려놓은 다음 위로부터 압력을 가하면서 슬라이딩시켜 연삭하는 기계이다. 고도의 가공면과 치수 정밀도를 얻을 수 있다.

이 방법의 대략적인 특징은 다음과 같다.

- 평랩의 재료 : 주철, 납, 주석
- 랩제의 재료 : 다이아몬드, 탄화규소, 알루미나
- 가공 정밀도 : ϕ460mm이며 두께 1~50mm 사이인 부품인 경우
  - 평면도 : 1μm
  - 면 조도 : Ra 0.002mm
  - 평행도 : 1μm
  - 두께 정밀도 : ±1μm

양면 래핑 폴리싱 머신(출처 : 티앤지엠)

그림 6.79 래핑기

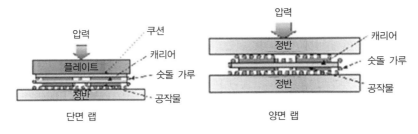

단면 랩   양면 랩

그림 6.80 래핑 개념도

13 방전 가공기

방전 가공(electrical discharge machining)은 전극과 피가공물 사이에 짧은 주기(1초에 1,000∼10만 회)로 반복되는 아크 방전에 의해 피가공물 표면의 일부를 제거하는 가공법이다. 공구를 + 전극, 피가공물을 − 전극, 가공액을 절연체로 하고 고전압을 펄스 형태로 전극 사이에 걸면서 공구와 피가 공물 사이를 수십 ㎛까지 가까이 하면 가장 가까운 부분에 아크 방전이 일어난다. 이를 통해 10억 W/m²라는 큰 파워 밀도의 에너지가 발생하고, 이로써 이 부분의 공작물이 단시간에 용융, 증발되어 제거되며, 제거된 부분은 가공액에 의해 재응고되고 미세한 가공칩이 되어 배출된다.

방전 가공의 특징은 다음과 같다.

- 공구나 피가공물에 걸리는 부하가 매우 작다.
- 가공할 재료의 경도에 상관이 없다.
- 가공 형상에 제한이 없다.
- 연삭에 버금가는 정밀도를 얻을 수 있다.
- 피가공물이 전기를 통하지 않으면 가공할 수 없다.
- 가공 속도가 느려 가공 비용이 높다.

방전 가공은 주로 금형을 제작하는 데 널리 사용되고 있다. 단, 양산 규모가 작은 항공우주산업이나 일부 전자산업에 있어서 부품을 만들기 위한 가공법으로 쓰인다. 방전 가공에는 다음과 같이 세 가지 종류가 있다.

1) 형조각 방전 가공

형조각 방전 가공(die-sinking EDM)은 피가공물에 만들고 싶은 형상과 반대되는 모양으로 만들어진 전극을 피가공물에 가까이 붙여 가면서 가공하는 방법이다. 전극의 재료로는 동(전기 동), 그래파이 트, 동텅스텐 등이 쓰인다.

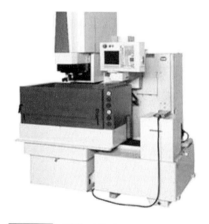

그림 6.81 방전 가공기(출처 : 두산인프라코어)

그림 6.82 방전 가공된 부품과 전극

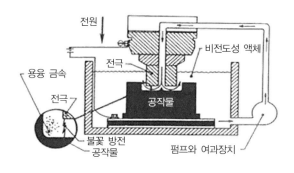

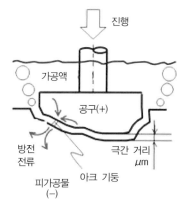

그림 6.83 방전가공 개념도와 방전가공 원리

2) 와이어 방전 가공

와이어 방전 가공(wire EDM)은 금속제의 가는 와이어를 피가공물에 가까이 붙여 이동시키면서 재료를 절단해가는 가공법으로, 와이어는 실패(bobbin)로부터 일정 속도로 공급되고 상하 가이드로 지지되고 있으며 상하 가이드의 위치에 따라 테이퍼의 방향 및 각도를 제어할 수 있다. 와이어의 재료는 황동이나 텅스텐이며 굵기는 0.03~0.3mm 정도이다.

그림 6.84 와이어 방전 가공기

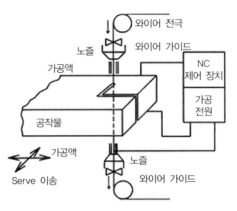

그림 6.85 와이어 방전 가공 개념도

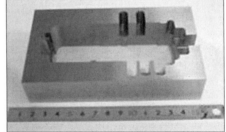

그림 6.86 와이어 방전 가공된 샘플

3) 세혈 방전 가공

매우 작은 구멍을 가공하기 위해 개발된 방전 가공기로, 구멍 직경에 맞춰 가늘고 긴 봉전극 또는 파이프전극을 사용한다. 회전하는 전극 내부로 압력수를 흘려 작고 깊은 구멍을 방전에 의해 빠르게 가공할 수 있다. 이 방법은 주로 와이어 방전 가공을 위한 스타트 구멍 뚫기에 사용되고 있다.

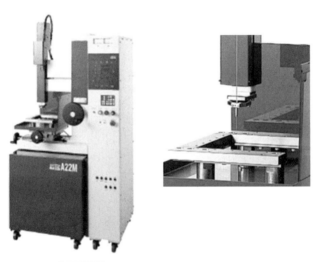

그림 6.87 세혈 방전 가공기 (출처 : (주)ASTEC)

14 전해 가공기

전해 가공기(electrolytic machine, electrochemical machine)는 공구를 −, 피가공물을 +로 하고 그 사이를 0.2~0.7mm 정도 띄운 다음 그 사이로 전해액을 6~60m/s의 속도로 흘리면서 직류 전압을 걸어 전기분해 작용에 의해 미세 가공 및 버 제거를 한다.

전해 가공의 특징은 다음과 같다.

- 대부분의 금속에 적용 가능하며 난삭재 및 경화 처리된 강 등도 쉽게 가공할 수 있다.
- 수작업으로 버 제거가 어려운 복잡한 형상의 부품도 간단히 가공할 수 있다.
- 가공 응력, 가공 변질층이 생기지 않는다.
- 가공 속도가 빠르고 전극 소모가 없다.
- 전해 시간은 일반적으로 10~15초로 짧다.
- 강산 또는 강알칼리성 액체를 사용하므로 환경 문제가 있다.
- 가공 정밀도가 떨어진다.

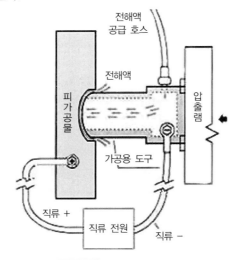

그림 6.88 전해 가공 개념도

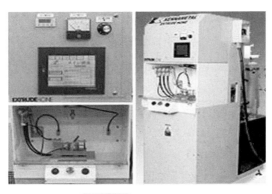

그림 6.89 전해 가공기

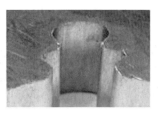

그림 6.90 전해 가공된 부품

15 포토 에칭

에칭(etching)이란 화학 약품 등을 화학적 또는 전기 화학적으로 용해하여 형상을 만들거나 표면을 가공하는 것으로, 재료의 필요한 부분의 표면을 방식 처리하고 부식재로 불필요한 부분을 용해 침식시켜 제거하여 목적으로 하는 형상을 얻는 가공 방법이다.

에칭은 동판에 의한 판화 및 인쇄 기법으로 발전하였으며, 동 및 아연 합금, 스테인리스강 등의 금속 가공에 주로 쓰이지만 부식성이 있는 재료라면 어느 재료든 가공 가능하며 우리 생활 주변에는 유리장식 및 유리공예 등 유리 에칭이 있다.

원하는 형상을 얻기 위한 방식 처리를 하는 것을 마스킹(masking)이라 하는데 이 마스킹 원판을 만드는 방식에 따라 일반 에칭, 포토 에칭(photo etching), 포토 리소그래피(photo lithography) 등으로 구분한다. 일반 에칭은 손으로 그린 그림, 인쇄된 그림 및 플로터로 그린 도면 등으로 만든 마스크가 사용되며, 포토 에칭은 CAD/CAM 데이터 및 레이저 플로터와 정밀 사진 기술 및 정밀 화상 기술을 결합시켜 만든 필름 마스크를 사용하고, 포토 리소그래피는 이러한 기술을 이용하여 만든 마스크에 광을 통과시킨 후 렌즈로 집속하여 불필요한 마스킹을 제거하는 방법을 사용한다. 여기에서는 정밀 기계 및 전기 전자부품 제조에 주로 사용되는 포토 에칭을 위주로 설명한다.

포토 에칭은 프레스 등으로는 만들기가 매우 어려운 복잡한 가공에 많이 이용되는데 박판으로 된 판 스프링, 박판으로 만든 메시(mesh), 높은 정밀도가 요구되는 다공판을 비롯하여 레이저 가공으로는 얻을 수 없는 치수 정밀도가 요구되는 부품, 재료의 변형을 피해야 하는 부품의 블랭킹(blanking), 리드 프레임, 전기 면도기의 그물 모양 날, 컬러 CRT의 섀도 마스크(shadow mask) 등 두께가 수십에서 수백 μm인 금속 판재 부품 등의 제조에 주로 이용되고 있다.

포토 에칭 가공의 특징은 다음과 같다.

- 재료의 가공 변형 우려가 없다 : 비접촉 가공이며 열에 의한 가공이 아니므로 변형 우려가 없다.
- 재료가 박판일수록 고정밀 가공이 가능하다 : 코너의 최소 반경은 아래 그림과 같으며 치수 정밀도는 판 두께의 $\pm(10^{-15})\%$ 정도이고 판 두께에 따른 최소 구멍 직경과 정밀도는 표 6.1과 같다.
- 고정밀, 복잡 미세 가공이 가능하다 : 에칭 패턴(원판)은 CAD 데이터와 레이저 플로터를 사용한 정밀 사진 기술에 의한 필름 마스크에 의해 작성되므로 복잡하고 미세한 가공이 가능하다.
- 임의의 형상 가공이 가능하다 : 사진 영상이 있으면 에칭 패턴을 작성할 수 있으므로 임의의 형상 가공이 가능하다.
- 고가의 금형이 필요없어 시작품이나 소량 부품인 경우 저렴하게 짧은 기간 내에 납품 가능하다.
- 깊이 조정이 가능하다 : 부식을 제어하여 요철의 깊이를 조절할 수 있다.

포토 에칭에 사용되는 판의 두께는 일반적으로 0.005~2.0mm 정도이며 가공면의 단면 형상은 그림 6.92와 같다.

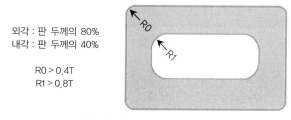

외각 : 판 두께의 80%
내각 : 판 두께의 40%

R0 > 0.4T
R1 > 0.8T

그림 6.91 코너 최소 반경

표 6.1 판 두께별 최소 구멍 직경과 정밀도

판 두께(mm)	최소 구멍 직경	정밀도(mm)
0.01~0.04	0.07mm	±0.025
0.05~0.07	0.1mm	±0.025
0.08~0.1	0.125mm	±0.03
0.15	0.18mm	±0.035
0.2	0.25mm	±0.04

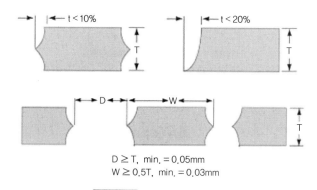

D ≥ T, min. = 0.05mm
W ≥ 0.5T, min. = 0.03mm

그림 6.92 가공면 단면 형상

한편 포토 에칭의 공정 순서는 다음과 같다.

① 패턴 작성 및 마스크 제작 : 도면 또는 CAD 데이터 등을 레이저 플로터로 출력하여 고정밀 패턴 필름 원판을 작성한다. 에칭 필름 원판은 부품의 치수 및 품질을 좌우하는 중요한 것이다.

② 재료 세정 건조 : 레지스터(resister)를 재료 표면에 바르기 전에 재료와의 밀착력을 좋게 하기 위해 오염 및 기름 등을 제거한다.

③ 레지스터 도포(laminate) : 에칭액에 침투되지 않는 감광성 막(레지스터)을 재료 양면에 바른다. 포토 레지스터는 내산성이 있는 감광제로서 에칭으로부터 금속 표면을 보호하므로 '레지스터(resister)'라 불린다.

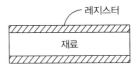

④ 노광 : 마스크를 레지스터가 발린 재료 표면에 덮고 광에 노출시킨다. 노광은 보통 클린 룸에서 작업한다.

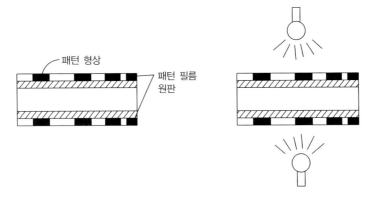

⑤ 현상 : 현상 처리를 하여 패턴 부위의 레지스터가 제거되며 그 부분의 금속 표면이 노출된다. 이것에 의해 마스킹 작업이 완료된다.

⑥ 에칭 : 마스킹된 금속 재료를 에칭액에 담그거나 재료 위에 에칭액을 뿌려 현상에 의해 노출된 부분을 에칭한다.

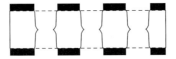

⑦ 레지스터 제거, 세정, 건조 : 에칭 가공 후 필요없게 된 표면에 남아 있는 레지스터 막을 떼어 낸 다음 세정, 연마, 건조 처리를 한다.

⑧ 검사 : 그림 6.93과 6.94에 주요 에칭 장비와 에칭에 의해 만들어진 부품을 소개하였다.

그림 6.93 주요 에칭 장비 (출처 : bkeye.com)

 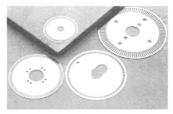 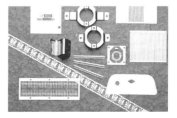

그림 6.94 포토 에칭 작업 및 샘플

포토 리소그래피는 반도체 집적 회로, 프린트 기판의 회로, 글래스 기판 회로(액정, 플라스마 디스 플레이 용) 등의 제조에 많이 쓰이는 기술로 마이크로미터 또는 나노미터급의 육안으로는 보이지 않는 작은 부분을 가공하는 미세 가공 기술이다.

대부분의 공정은 포토 에칭과 동일하며 단지 반도체 웨이퍼, 유리 등 재료 위에 산화막 등의 박막을 형성한 후 포토 레지스터를 바르고 엑시머 레이저 빔을 패턴 형상이 뚫려 있는 마스크에 통과시킨 후 집속 렌즈를 이용하여 미세하게 집속시켜 레지스터를 감광시키는 부분만 다르다.

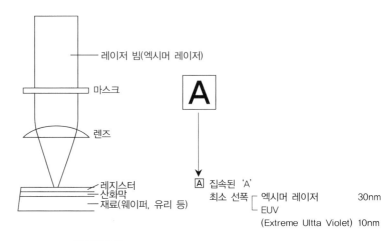

레이저 빔(엑시머 레이저)

마스크

렌즈

레지스터
산화막
재료(웨이퍼, 유리 등)

A

A 집속된 'A'
최소 선폭 ┌ 엑시머 레이저　　　30nm
　　　　　└ EUV
　　　　　　(Extreme Ultta Violet) 10nm

그림 6.95 포토 리소그래피 개념도

16　모서리 가공기

공작물의 각이나 모서리를 마무리 가공하는 기계로, 용도에 따라 다음과 같은 세 가지 종류가 있다.

1) 모따기 기계

모따기 기계(chamfering machine)는 가공된 부품의 모서리 부분을 R 또는 C로 따내기 위해 쓰이는 기계이며 대표적인 것으로 기어 챔퍼링기가 있다.

그림 6.96 수동 면취기 　　　　　**그림 6.97** 기어 챔퍼링기

2) 디버링 기계

디버링 기계(deburring machine)는 가공된 부품에 붙어 있는 버를 제거하기 위한 기계로 주로 브러시가 많이 이용되지만 워터제트 디버링(water jet deburring)기, 연마제 유동(abrasive-flow) 가공, 열 파동법 등도 쓰인다.

3) 개선 가공기

개선 가공기(bevelling machine)는 용접 시 용가재가 충분히 녹아들도록 용접 부품이 맞닿는 면의 모서리를 비스듬히 따내는 데 사용되는 기계이다.

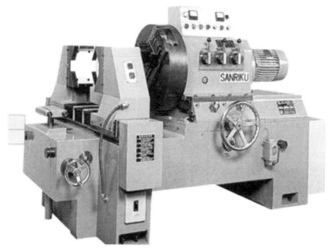

그림 6.98 다양한 개선 가공기(출처 : Sanriku)

7 형재 및 판재의 성형 가공

1 형재의 성형 가공

앵글, 파이프, H(I) 형강, 봉강 및 롤 포밍된 제품을 틀에 넣고 구부러진 형상으로 가공하는 공정이다.

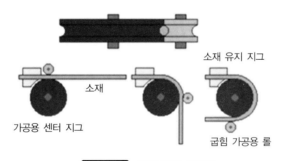

그림 7.1 벤더 가공 개념도

1) 앵글, ㄷ 형강(C 채널), 평철(flat bar)의 라운드 성형

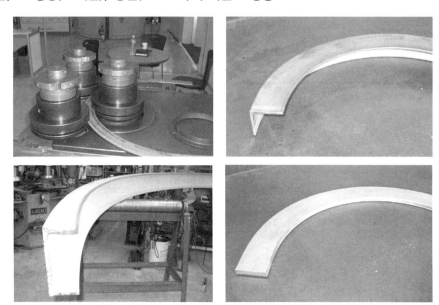

그림 7.2 앵글 등의 벤딩기

2) 파이프 라운드 성형

그림 7.3 파이프 벤딩기와 샘플(출처 : CML Korea)

3) H(I) 형강의 라운드 성형

그림 7.4 H 형강 벤딩기

4) 봉강의 라운드 성형

그림 7.5 봉강 벤딩 샘플

2　판재의 성형 가공

대부분의 기계, 장비 및 기기 등의 케이스, 커버, 문, 패널 등은 박판인 금속을 판재 성형가공(sheet metal forming/working)하여 만들어진다. 판재 성형이란 금속판을 자르거나 구멍을 뚫거나 굽히거나 눌러 어떤 형태를 갖추어 가는 것을 말한다.

　종류는 크게 분류하면 다음과 같이 11가지가 있으며 상세한 분류는 표 7.1에 정리하였다. 다음에서 각각의 판재 성형에 대해 자세히 알아볼 것이다.

- 프레스 브레이킹(press brake forming)
- 롤링(rolling)
- 롤 성형(roll forming)
- 스피닝(spinning)

- 프레스 성형(press forming)
- 프레스 전단(press shearing)
- 프레스 접합(press bonding)
- 하이드로포밍(hydroforming)
- 폭발 성형(explosive forming)
- 핀 성형(shot pin forming)
- 핫스탬핑(hot stamping)

표 7.1 판재 성형 가공법 분류표

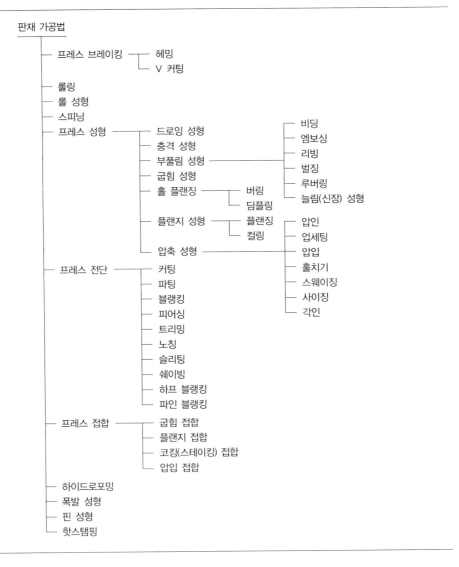

1) 프레스 브레이킹기

절곡기 또는 벤딩기라고도 불린다. 주로 기계의 커버나 전기 박스 등과 같이 수량이 많지 않고 얇은 판재로 된 제품을 만드는 데 활용되며 수동으로 또는 수치 제어에 의해 자동으로 부품을 성형한다.

박판(두께 3mm 이하)부터 후판(두께 6mm 이상)까지 가능하며 절곡 가능한 최대 길이는 두께에 따라 다르지만 일반적으로 4m 정도이다.

그림 7.6 프레스 브레이킹기와 샘플

(1) 헤밍

헤밍(hemming)은 프레스 브레이킹기에서 아래 그림과 같은 순서로 만들 수 있는 형상의 하나로, 판재로 된 부품의 끝단을 5~10mm 정도 180°로 접어, 취급자가 다치지 않도록 하거나 부품의 강성을 높이기 위해 실시하는 가공이다.

그림 7.7 헤밍 작업 순서

(2) V 커팅

판재 절곡 시 절곡부에는 펀치와 다이의 형상에 의해 판재 두께에 따라 달라지는 최소 R이 존재하게 된다. 이러한 최소 R 없이 접힌 모서리의 각을 살리기 위해서는 절곡 전에 절곡선을 따라 일정한 홈을 파고 프레스 브레이킹기에서 절곡을 하면 된다. 이 홈 가공을 V 커팅이라 하는데, 절곡부의 강도 저하 및 부식 촉진이라는 단점이 있으므로 꼭 필요한 경우 외에는 사용하지 않는 것이 좋다.

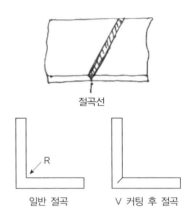

절곡선

일반 절곡   V 커팅 후 절곡

그림 7.8 V 커팅기

2) 롤링기

판재를 원통형이나 원추형으로 생긴 3개 또는 2개의 롤 사이에 끼우고 롤 간격을 줄여 가면서 원통형 또는 원추형으로 만드는 가공이다. 여기에는 두 가지 종류가 있다.

그림 7.9 롤링기와 롤링 작업 광경

(1) 3쌍 롤에 의한 가공

소재를 3쌍의 롤 사이로 지나가게 하여 원통 또는 원추형으로 만든다. 위 롤을 아래 2롤에 가깝게 하면 지름이 작아지고 멀리하면 지름이 커진다.

(2) 우레탄 롤에 의한 가공

아래쪽 롤이 우레탄이고 위쪽 롤이 금속인 롤 쌍으로 이루어져 있으며, 소재를 금속 롤과 우레탄 롤 사이에 넣고 두 롤 사이를 좁히면 금속 롤에 의해 우레탄 롤이 눌리면서 판재가 둥글게 말리게 되어 원통형으로 가공된다. 위 롤을 아래 롤에 가깝게 하면 지름이 작아지고 멀리하면 커진다.

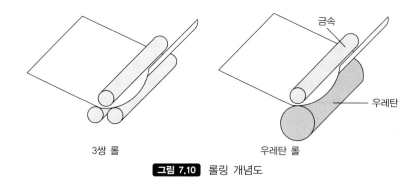

금속

우레탄

3쌍 롤   우레탄 롤

그림 7.10 롤링 개념도

3) 롤 성형기

한 쌍으로 된 원통 형태의 금형 사이로 금속판을 지나가게 하여 변형시키는 기계이다. 다단계로 되어 있어 단계별로 조금씩 원하는 형상으로 성형할 수 있다. 이 가공은 (1) 가공 속도가 빠르고, (2) 제품 길이를 자유롭게 조절할 수 있으며, (3) 성형 품질이 우수하고, (4) 같은 단면을 가진 제품을 연속으로 생산할 수 있는 장점이 있다. 그러나 소량 생산에는 적합하지 않다는 단점이 있다. 이 가공법은 트럭 짐칸의 문, 도로 변의 안전판, 빗물받이 홈통 등과 같이 동일한 단면을 가진 부품을 연속 생산하는 데 사용된다.

4) 스피닝

스피닝(spinning)은 원판 소재 또는 파이프 소재를 회전하는 틀(mandrel)에 끼우고 주걱이라 불리는 여러 가지 공구로 소재를 틀을 향하여 눌러 통 모양 부품을 성형하는 회전 소성 가공법이다. 이 기술은 오랜 기간의 숙련이 필요하며 경험과 감에 의해 제품을 만든다. 딥드로잉(deep drawing)으로는 만들 수 없는 수통과 같이 입구가 좁은 용기도 제조 가능하다.

- 스피닝의 장점
  - 한쪽 금형만 있어도 되므로 프레스보다 금형비가 저렴하다.
  - 시작품 및 다품종 소량 생산에 알맞다.
  - 납기가 짧다.
  - $\phi500\sim2,000$mm의 대형 제품도 가능하다.

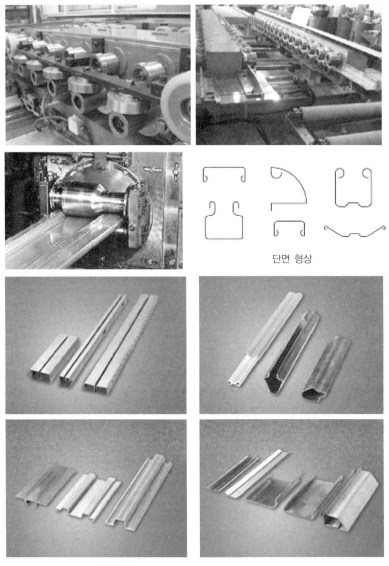

단면 형상

그림 7.11 롤 성형기와 샘플 (출처 : (주)롤포밍)

그림 7.12 스피닝기와 누름 공구 (출처 : 세기산업기계)

- 고속회전으로 가공된 표면이 좋다.
- NC 스피닝도 개발되어 어느 정도 양산도 가능하다.

- 스피닝의 단점
  - 제품의 두께가 균일하지 않다.
  - 대량 생산에 맞지 않다.

스피닝에 쓰이는 판재의 두께는 일반적으로 0.2~3.2mm 정도이며 재료의 종류는 연강, 스테인리스강, 알루미늄, 황동 및 동 등이 사용된다. 주로 시제품 제작이나 소량만 필요할 경우 이용되고 있다.

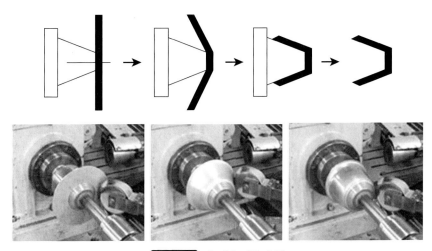

그림 7.13 스피닝 가공 순서

그림 7.14 스피닝 가공된 샘플

5) 프레스 성형 가공

프레스 성형 가공(press forming, stamping)은 펀치(상형)와 다이(하형)를 사용해 소재인 판재를 목적으로 하는 형상으로 만드는 가공 방법이며, 상하 금형을 프레스라는 기계에 장착하여 사용한다.

프레스는 아래쪽 베드 부분에 다이를 고정하고 위쪽의 구동 부분에 펀치를 고정한 다음 소재를 펀치와 다이 사이에 놓고 펀치를 내리눌러 목적하는 가공을 하는 기계로, 구동 방식에 따라 전기모터로 플라이 휠을 돌리고 휠의 관성을 이용하여 펀치를 상하로 왕복시키는 파워 프레스, 유압 실린더를 이용하는 유압 프레스, 서보 모터를 이용하여 상하 운동을 정밀하게 제어하는 서보 프레스 등이 있다. 프레스의 크기는 일반적으로 톤(ton)으로 나타낸다.

파워 프레스

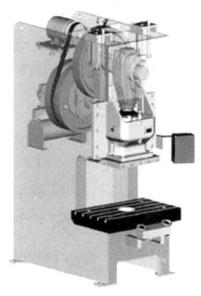

파워 프레스의 구조

유압 프레스

서보 프레스

그림 7.15 프레스의 종류

프레스 성형 가공은 성형할 때 재료에 가해지는 응력의 패턴에 따라 세 가지로 분류된다.

- 드로잉 성형(drawing forming) : 재료가 좁아지는 방향으로 인장되고 그것과 직각인 원주 방향으로 압축이 걸리는 가공 방법
- 부풀림 성형(bulge stretch forming) : 판에 인장 응력만 작용되며 풍선을 부풀리는 것과 같은 가공 방법
- 굽힘 성형(bending) : 굽힘이 일어나는 곳의 중심에서 외측은 인장 응력, 내측은 압축 응력이 걸리는 가공 방법

(1) 드로잉 성형

① 딥드로잉

딥드로잉(deep drawing)은 펀치와 다이라는 한 쌍의 금형에 미리 정해진 외곽 형상으로 절단된 소재(블랭크, blank)를 넣어 이음매 없는 움푹 들어간 제품을 판 두께의 감소 없이 만드는 가공 방법이다. 부피를 가진 판재로 된 부품을 제조하는 데 가장 많이 사용되는 방법으로 자동차에 쓰이는 각종 판재 부품, 생활가전제품에 쓰이는 각종 판재 부품 등 생산량이 많은 제품에 주로 쓰이고 있다.

딥드로잉의 장단점은 다음과 같다.

- 장점
  - 치수 정밀도가 높고 균일한 품질의 제품을 생산할 수 있다.
  - 성형품의 표면 스크래치를 없앨 수 있다.
  - 판 두께의 국부적 감소를 억제할 수 있다.
  - 복잡한 형상을 만들 수 있다.
  - 생산 공정 수를 줄일 수 있다 : 금형을 복수로 쓰기보다 복잡한 금형으로 한 번에 만들 수 있다.
  - 재료의 비용 절감이 가능하다.
  - 재료의 그레이드 다운(한 단계 낮은 강도 또는 얇은 두께)이 가능하다 : 용접하지 않고 용기 모양으로 만들므로 열에 의한 손상이 적어 소재 변형을 억제한다. 가공 경화가 크므로 보다 얇은 재료로 필요한 강도를 얻을 수 있다.
- 단점
  - 사전에 꼼꼼한 검토와 상당한 비용의 설비 및 금형 투자가 필요하다.
  - 대량 생산용이다.
  - 절단 및 굽힘에 비해 부정확한 요소가 많아 경험이 제품의 품질을 좌우한다.
  - 재료에 걸리는 스트레스가 크므로 기계 및 금형의 상태에 따라 품질이 좌우되기 쉽고 금형이나 소재에 묻은 미세한 먼지, 부스러기, 흠집 등에 크게 영향을 받는다.

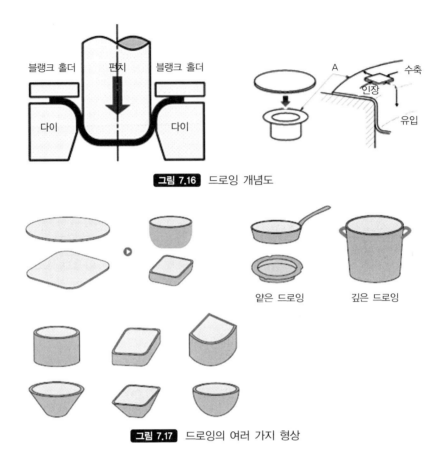

그림 7.16 드로잉 개념도

그림 7.17 드로잉의 여러 가지 형상

② 충격 성형

충격 성형(impact forming)용 프레스를 사용하여 슬러그(slug)를 다이에 넣고 펀치로 충격을 주어 다이와 펀치 사이의 틈새로 순간적으로 재료를 압출하여 성형하는, 알루미늄의 연성 특성을 살린 가공법이다.

이 가공법의 특징은 딥드로잉 가공에 비해 같은 직경인 경우 통의 깊이가 깊은 것을 성형할 수 있으며 통의 벽 두께와 바닥의 살 두께를 자유롭게 바꿀 수 있고 벽과 바닥에 리브나 단 등을 성형할 수 있다. 단면 형상은 원형, 타원형 및 라운드가 있는 각형 등의 성형이 가능하며 플랜지가 있는 튜브 형상도 가능하다.

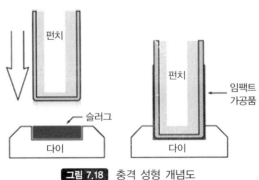

그림 7.18 충격 성형 개념도

소화기 케이스   정수기 카트리지 케이스

그림 7.19 충격 성형된 제품

(2) 부풀림 성형

한쪽 금형만으로 판재의 일부분을 부풀리는 가공 방법이며 제품 곡면부의 판 두께는 얇아지며 계속하게 되면 파단되므로 깊은 성형은 불가능하다.

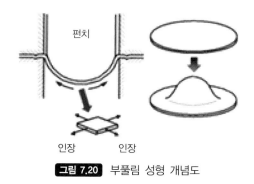

그림 7.20 부풀림 성형 개념도

여기에는 아래와 같은 여섯 가지 종류가 있다.

① 비딩

비딩(beading)은 판재에 가는 띠 형상의 돌기를 만드는 성형으로 판재의 강도를 상당히 높이며 장식용으로도 쓰인다. 또 관재의 끝에 호스가 빠지지 않도록 돌기를 만드는 가공도 비딩의 일종이다.

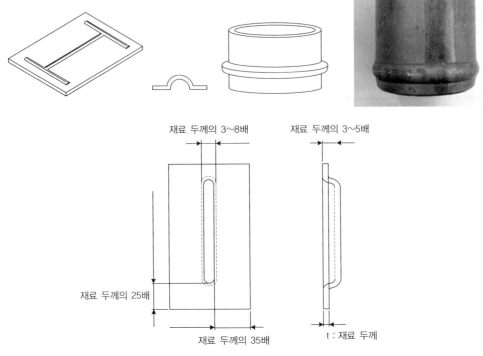

그림 7.21 판재 비딩의 조건

② 엠보싱

엠보싱(embossing)은 여러 가지 형상의 얕은 돌기를 반복적으로 평면에 배치하여 강도를 높이거나 나사의 머리가 튀어나오지 않게 하거나 장식용으로 쓰는 가공이다.

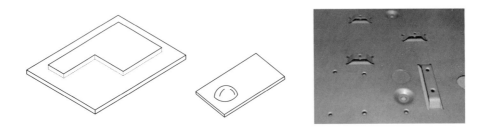

③ 리빙

리빙(ribbing)은 절곡된 선 중의 일부를 반대 방향으로 눌러 V자로 만드는 가공이다.

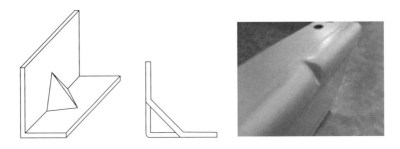

④ 벌징

벌징(bulging)은 관 또는 드로잉된 제품의 측면부에 내부로부터 압력을 가해 일부를 부풀게 하는 가공이다. 원통형 또는 원추형 부품을 2개로 나뉜 다이에 넣고 부품 속에 고무나 폴리우레탄으로 만든 충전물을 채워 넣은 다음 위에서 이 충전물에 압력을 가해 외부의 다이 내측 형상으로 부품을 확장시킨다. 벨로즈(bellows), 주전자, 튜브 제품의 비드 형상 제조에 많이 쓰이고 있다.

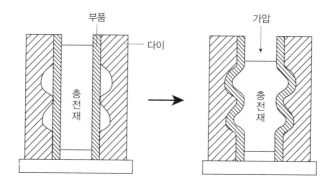

⑤ 루버링

루버링(louvering)은 판재의 성형 부위 중 일부는 붙어 있고 일부는 잘린 성형으로 빛 또는 공기의 통로로 쓰인다. 내측에 모터나 전등 등 열원이 조립되어 있는 경우 열 배출을 위해 가공한다.

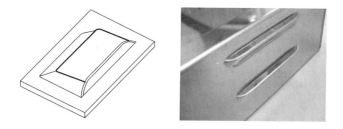

⑥ 스트레치 성형(늘림 성형, 신장 성형)

스트레치 성형(stretch forming)은 금속 판재의 양 끝을 고정한 후 금형을 위로 밀어올려 판재를 성형하는 가공으로 곡면이 완만하고 수량이 적은 부품 제조에 쓰인다. 주로 항공기 날개 및 자동차 패널 등의 제작에 쓰인다.

또한 아래 그림과 같이 소재를 양쪽에서 잡아당겨 어느 정도 늘린 다음 상하 금형으로 눌러 성형하는 방법도 쓰이고 있다.

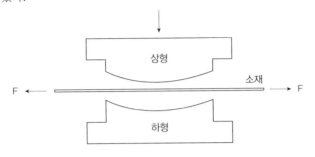

(3) 굽힘 성형(벤딩)

상형(펀치)과 하형(다이)을 프레스 기계에 장착하여 부품을 절곡하는 성형 가공으로 주로 대량 생산에 사용되며 아래 그림과 같은 여러 가지 형상이 가능하다.

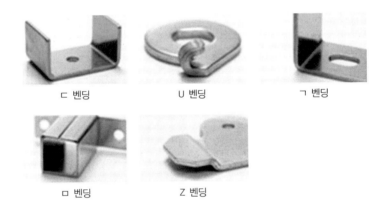

ㄷ 벤딩   U 벤딩   ㄱ 벤딩

ㅁ 벤딩   Z 벤딩

(4) 홀 플랜징 가공

① 버링

얇은 판재로 된 박스에 다른 부품을 고정하기 위한 나사산을 판재에 그대로 가공하면 나사산을 1~2개 정도밖에 낼 수 없어 단단하게 고정할 수 없거나 나사산이 쉽게 망가진다. 이 경우 기초 구멍 펀치로 작은 구멍을 먼저 뚫고, 포탄 형상의 펀치로 눌러 그림과 같은 형상을 만든 다음 나사산을 내면 필요한 만큼의 나사산을 낼 수 있어 다른 부품을 확실히 고정할 수 있다. 이것을 버링(burring)이라 한다.

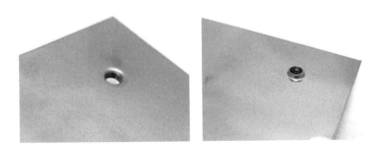

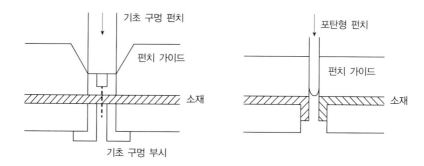

표 7.2 버링 가공 기준표

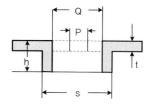

버링 가공 데이터
  다이의 구멍 크기
    S = 2 × t × drawing 계수(0.7) + tap 기초 구멍(Q)
      t : 판 두께

나사 크기	Q	P	t 0.6		t 0.8		t 1.0		t 1.2		t 1.6		t 2.0	
			s	h	s	h	s	h	s	h	s	h	s	h
M2×0.4	1.6	1.2	2.44	1.3	2.72	1.6								
	1.65	"	2.49	1.3	2.77	1.6								
M2×0.45	2.15	1.4	2.99	1.4	3.27	1.7	3.55	1.8						
	2.21	"	3.05	1.4	3.30	1.7	3.61	1.8						
M3×0.5	2.5	1.8			3.62	1.8	3.9	2.0	4.18	2.1				
	2.57	"			3.69	1.8	3.97	2.0	4.26	2.2				
M4×0.7	3.3	2.4					4.7	2.2	4.99	2.4	5.54	3.0	6.1	3.3
	3.4	"					4.8	2.2	5.08	2.4	5.64	3.0	6.2	3.3
M5×0.8	4.2	3.0							5.88	2.7	6.44	3.2	7.0	3.5
	4.3	"							5.98	2.8	6.54	3.2	7.1	3.5
M6×1.0	5.0	3.4									7.24	3.4	7.8	3.7
	5.12	"									7.36	3.4	7.92	3.7

P : 평판의 기초 구멍, h : 버링 높이

② 딤플링

딤플링(dimpling)은 버링과 같은 모양의 가공이지만 약사발(보조개) 모양으로 성형한다. 다른 부품 고정 시 볼트를 끼우고 위에서 너트를 잠그는 경우 볼트 머리가 튀어나오지 않게 하고 싶은 경우와 고무 완충재를 고정하기 위한 형상 가공에 쓰이고 있다.

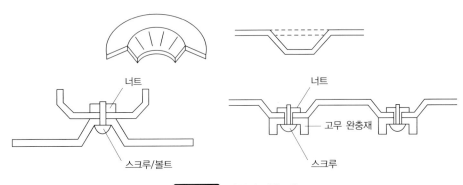

그림 7.22 딤플링 사용 예

(5) 플랜지 성형(flange forming)

① 플랜징

플랜징(flanging)은 실린더, 컨테이너, 탱크 등의 끝 테두리를 직선 이외의 형상으로 세워 올리는 가공이다. 아래 그림과 같은 여러 가지 형태의 플랜지 가공이 가능하다.

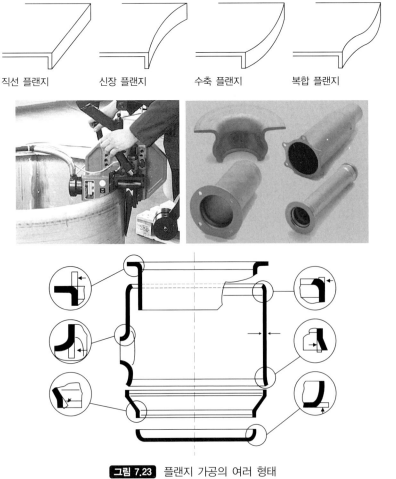

그림 7.23 플랜지 가공의 여러 형태

한편 원추형 접속 이음을 만들기 위해 굽힘이 90°보다 작은 플랜지 가공을 플레어링(flaring)이라 한다.

② 컬링

컬링(curling)은 롤러에 홈을 낸 컬링 롤러라 불리는 롤러로 끝 테두리를 둥글게 말아 금속의 절단면을 안쪽으로 숨기면서 부품의 강도를 높이는 가공이다.

(6) 압축 성형

① 압인

압인(coining)은 금형에 조각된 요철 모양을 제품에 복사하는 가공이다.

② 업세팅

업세팅(upsetting)은 봉 또는 파이프 형상의 재료를 축 방향으로 압축하여 단면을 크게 하는 가공이다.

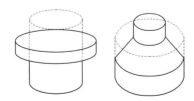

③ 압입

압입(indenting)은 재료의 일부에 펀치를 눌러 가운데를 움푹 패이게 하는 가공이다.

④ 훌치기

훌치기(ironing)는 드로잉된 제품의 벽 또는 파이프의 두께를 약간 얇게 하고 표면을 매끄럽게 하는 가공이다.

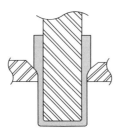

⑤ 스웨이징

스웨이징(swaging)은 회전하면서 짧은 스트로크의 왕복운동을 고속으로 하는 2~4개의 다이에 의해 소재를 직경 방향으로 가압하여 소재의 단면 형상을 줄이는 가공이다. 소재는 가압이 해제되는 잠깐 사이에 축 방향으로 이동한다. $\phi 0.2 \sim 30$mm 소재에 적용한다.

스웨이징의 장점은 (1) 가공 표면이 깨끗하고, (2) 절삭 가공보다 비용이 낮으며, (3) 티타늄합금 등 난삭재도 가능하고, (4) 기계적 강도가 향상된다는 것을 들 수 있다.

주요 응용 분야는 각종 기록계용 펜, 치과용 에어 배관, 분석계용 샘플 튜브, 잉크젯 프린터 노즐, 인공위성용 히트 파이프, 각종 디스펜서이다.

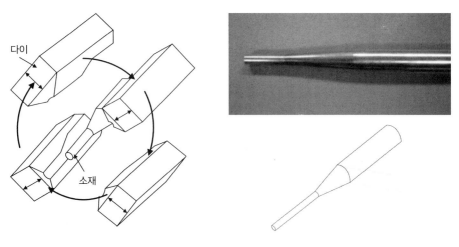

⑥ 사이징

사이징(sizing, flattening)은 재료를 약간 압축하여 응력을 제거하거나 두께의 편차를 감소시키는 것이다.

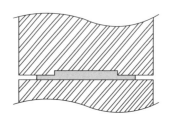

⑦ 각인

각인(marking)은 재료의 표면에 문자, 숫자, 그림 등을 가는 선으로 눌러 찍는 가공이다.

6) 액압 성형(하이드로포밍)

프레스로 누르고 있는 금형에 파이프형 소재를 세팅한 후 고압의 액체를 주입하면서 소재를 축 방향으로 압축하여 금형에 미리 가공된 형상으로 밀어붙여 성형하는 가공법이다. 최근 자동차 부품 제작에 이용이 늘어나고 있다.

이 가공법의 장점은 다음과 같다.

- 일체 구조화로 부품 수가 줄어들고 용접 등에 의한 접합 부위가 줄어 비용 및 공간 절약이 가능하다.
- 복잡한 형상도 제작 가능하다.
- 성형 후 스프링 백 현상이 적어 품질 안정화가 가능하다.
- 재료의 가공 경화에 의한 소재 두께 감소가 가능하다.
- 금형을 바꾸지 않고도 판 두께를 바꿀 수 있다.

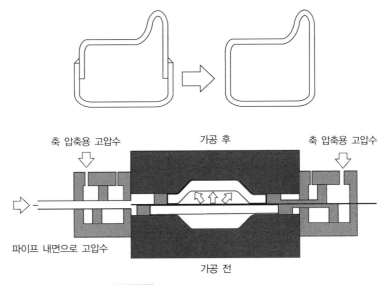

그림 7.24 하이드로포밍 가공 개념도

하이드로포밍 설비 구성

파이프 벤딩 → 프리포밍 → 하이드로포밍 → 엔드 커팅

1. 벤딩 공정

벤딩기

벤딩 공정 시제품

2. 프리포밍 공정

프리포밍 프레스

프리포밍 공정 시제품

3. 하이드로포밍 공정

하이드로포밍 프레스

하이드로포밍 공정 시제품

그림 7.25 하이드로포밍 설비 및 공정 순서 (출처 : 현대하이스코)

배기 파이프 부품
ϕ 54×1.5t STR 409L

배기 매니폴드(Exhaust manifold) 부품
ϕ 42.7×1.8t SUSXM15J1

STR 409L

유압 탱크 부품
ϕ 89.1×2.8t STKM11A

엔진 크래들(Engine craddle)

리어 서스펜션(Rear suspension) 부품

그림 7.26 하이드로포밍된 제품

7) 프레스 전단 가공

프레스 전단 가공은 펀치와 다이 사이에 소재인 판재를 놓고 펀치에 힘을 가해 소재를 때려 전단 응력으로 절단하는 작업이다. 펀치와 다이 사이의 틈새가 전단면의 품질을 결정하는 가장 중요한 요소이며, 이 틈새는 부품 형상, 소재 두께 및 재질, 부품 정밀도에 따라 다르고 틈새가 클수록 절단면은 거칠어지고 심하면 소재가 틈새로 끌려들어가 찢어지게 된다. 이 틈새는 일반적으로 소재 두께의 2~8% 정도로 하는데 무른 소재인 경우는 작은 쪽, 강한 소재는 큰 쪽을 선택하며 정밀 블랭킹에서는 1% 정도로 하고 있다.

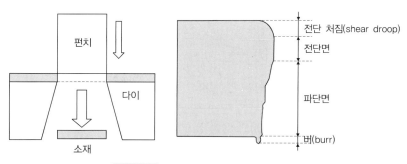

그림 7.27 프레스 전단 가공 개념도

프레스 전단 가공의 종류는 다음과 같다.

① 커팅(cutting) : 스크랩이 발생하지 않도록 한 쌍의 날로 절단하는 가공

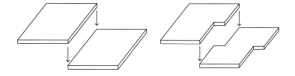

② 파팅(parting) : 재료 또는 반제품의 중간을 따내는 가공

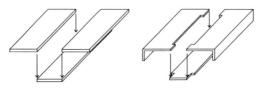

③ 블랭킹(blanking) : 프레스 전단 가공 중 가장 중요한 가공으로, 닫힌 모양의 테두리를 따내는 가공이며 따낸 부분이 부품임

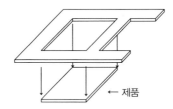

④ 피어싱(piercing) : 닫힌 모양의 테두리를 따냄. 따낸 부분이 스크랩임

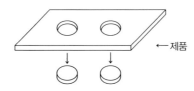

⑤ 트리밍(trimming) : 드로잉 성형 가공에 의해 성형된 제품의 필요없는 테두리 부분을 따내어 깨끗하게 정리하는 공정으로 사용되는 금형 중 가장 크기가 큼

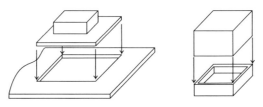

⑥ 노칭(notching) : 일부를 열린 형상으로 따냄

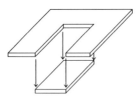

⑦ 슬리팅(slitting) : 일부를 열린 형상으로 따내지만 따낸 부분이 떨어지지 않음

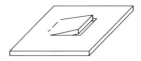

⑧ 하프 블랭킹(half blanking) : 블랭킹을 도중에 멈춘 형태로 오목한 형상을 만듦

⑨ 셰이빙(shaving) : 이전의 프레스 전단으로 만들어진 단면은 파단면이 생기므로 매끄럽지 않은 데 블랭크의 면 또는 구멍의 면을 약간 깎아내 전단면을 절삭 가공한 것과 같이 깨끗이 하는 가공

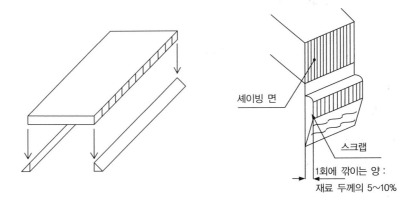

⑩ 파인 블랭킹(fine blanking) : 일반 블랭킹과 달리 판 누름대로 판을 누르면서 블랭킹하므로 정밀도가 높으며 전단면이 깨끗하게 나옴

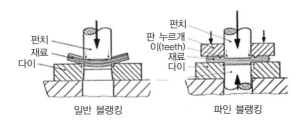

그림 7.28 일반 블랭킹과 파인 블랭킹의 차이

⑪ 피니시 블랭킹(finish blanking) : 펀치나 다이 날에 약간의 라운드를 주어 블랭킹하는 것으로 전단된 면을 깨끗하게 마무리하는 가공

8) 프레스 접합 가공

2개 이상의 부품을 분해할 필요가 없을 때 프레스를 이용하여 접합하는 방법이다.

(1) 굽힘 접합(seaming)

헤밍(159쪽 참조)을 서로 엇갈려 접합하는 방법

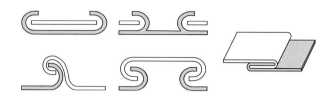

(2) 플랜지 접합

컬링(173쪽 참조)을 이용한 접합 방법

(3) 코킹(caulking, staking) 접합

리벳, 드로잉, 하프 블랭킹을 이용한 접합

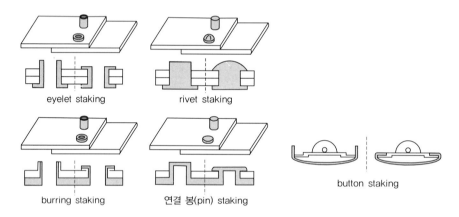

(4) 압입 접합

하프 블랭킹, 축 등을 써서 억지로 끼워 접합하는 방법

9) 폭발 성형

폭약을 물속에서 폭발시키면 물이 매개체가 되어 금속판에 충격 압력을 전달하고 이 충격 압력에 의해 금속판이 틀에 눌러붙어 틀의 형상대로 만들어진다.

 폭발 성형(explosive forming)은 액체인 물이 매개체이므로 미세한 부분까지 정밀하게 성형되며, 틀 재료로 종이, 고무, 플라스틱 등 연한 재료도 사용 가능하므로 틀 비용이 적게 들고 시간도 짧게 걸리며 복잡한 형상도 가능하다. 제작 수량이 적거나 일반 가공법으로는 가공이 곤란한 내열 내식 합금 재가공에 많이 쓰인다.

폭발 속도는 일반적으로 2,000~8,000m/s 범위이다.

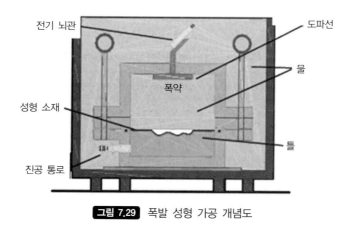

그림 7.29 폭발 성형 가공 개념도

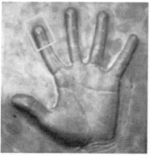

그림 7.30 폭발 성형된 샘플(출처 : 일본 소조대학 기계공학과)

10) 핀 성형

핀 성형(peen forming)은 실온에서 금형 없이 성형할 수 있는 방법으로, 큰 판재 부품의 아랫면을 강한 구조물에 고정한 다음 윗면을 작은 강구로 때리면 윗면에는 탄성 신장(elastic stretching)이 일어나고 위아래 면 모두에 잔류 압축 응력이 생긴다. 이 탄성 신장과 압축 응력이 강구로 두드린 판재면을 완만한 볼록면으로 만든다.

핀 성형은 항공기 날개 외판같이 큰 곡률 반경을 가진 부품, 또 제작 수량이 적은 부품을 만들 때 사용되며, 강구를 사용하면 쇼트 핀 성형(shot peen forming), 레이저 빔을 사용하면 레이저 핀 성형이라 부른다. 이렇게 성형된 부품은 표면에 생긴 잔류 압축 응력에 의해 굽힘 피로 강도가 증가하고 응력 부식 크랙(stress corrosion crack)이 억제된다.

(출처 : Metal Improvement Company)

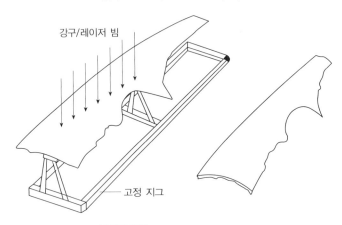

강구/레이저 빔

고정 지그

그림 7.31 핀 성형 가공 개념도

11) 핫스탬핑

현재 사용되고 있는 대부분의 프레스 성형 및 전단 등의 프레스 가공은 냉간 가공이므로 금형의 수명이 짧아지고 금형이 파손되기 쉬우며 프레스도 보다 큰 것이 필요하다는 등의 단점뿐 아니라 냉간 압연 강판의 사용으로 부품의 강도를 충분히 늘리거나 재료의 두께를 얇게 하여 경량화하는 데 어려움이 있다.

이를 해결하기 위해 최근 도입되고 있는 것이 핫스탬핑(hot stamping)이다. 핫스탬핑은 블랭킹된 소재를 900~950℃로 가열하여 열간 상태로 된 강판을 프레스를 사용하여 성형 가공하는 방법으로 금형의 파손 감소 및 수명 연장뿐 아니라 열간 가공 후 담금 처리에 의해 부품 강도를 혁신적으로 올릴 수 있어 사용 재료를 얇게 할 수 있으므로 자동차 연비 향상에도 기여하고 있다.

단, 프레스 가공 후 냉간 상태에서 금형으로 트리밍 작업이 곤란하므로 외곽 트리밍에 3차원 레이저 절단기를 이용해야 한다.

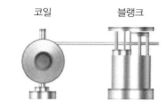
소재 : 특수강(소입경화형)

가입 조건 : 900~950℃
5~6분

고온 상태의 블랭크를 금형으로 성형
- 성형과 동시에 금형 냉각
- 시스템을 이용하여 성형 제품을 급랭

그림 7.32 핫스탬핑 공정 순서

그림 7.33 핫스탬핑 설비 (출처 : 현대하이스코)

B 필러

A 필러

루프레일
(Roof Side outer Ref.)

센터필러 보강대
(Center Pillar Ref.)

센터플로어 어퍼 엠버
(Center Floor Side Upper Mbr.)

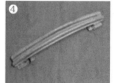
범퍼 백 빔
(Bumper Back Beam)

그림 7.34 핫스탬핑된 부품

8 주조

1 개요

주조(casting)는 오래전부터 사용되어 온 가공 방법으로, 모래로 틀을 만들어 그 속에 금속 녹인 것(용융 금속, 이하 용탕이라 한다)을 부어 식힌 후 틀을 깨서 부품을 얻는 방법이다.

주조의 목적 또는 용도는 다음과 같다.

- 중량부터 대량 생산
- 주철의 특성을 살려 만들어야 하는 부품 제작
- 절삭 가공으로는 만들기 어려운 복잡한 형상의 부품 제작
- 소량 생산이라도 절삭 가공이나 용접 등에 의한 제작보다 비용이 낮은 경우

아울러 주조 방식의 종류는 크게 분류하면 다음과 같으며 이 장에서는 각각의 주조 방법과 장단점에 대해 서술한다.

- 사형(모래 틀) 주조(sand mold casting)
- 금형(금속 틀) 주조(metal mold casting)
- 정밀 주조(precision casting)
- 박판 주조
- 원심 주조(centrifugal casting)
- 연속 주조(continuous casting)

1) 주물의 결함

주물에서는 설계상의 문제, 주조 틀의 문제, 용탕의 문제, 응고 온도의 문제 등 여러 가지 문제에 의한 결함이 나타날 수 있다.

(1) 수축 공동

수축 공동(shrinkage cavity)은 일반적으로 깔때기 모양의 바깥쪽으로 열린 동굴 형태로 나타나며 응고 도중의 체적 감소, 두꺼운 살 부분에의 탕 공급 부족, 주형의 용탕에 의한 과열 등이 원인이며 이를 방지하기 위해서는 설계 시 두께 차이가 크지 않게 해야 한다.

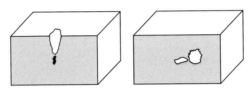

(2) 기공

기공(porosity)은 주로 두꺼운 살 부분의 내부 등 최종적으로 응고하는 곳에 미세한 핀 홀 및 치밀하지 않은 조직으로 나타난다. 일반적인 육안 검사로는 발견되지 않고 기밀시험 등으로 발견된다. 응고 금속 및 주형에서의 가스 발생, 국부적인 냉각 부족, 공기 유입(다이 캐스팅) 등이 원인으로 지적된다.

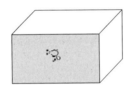

(3) 흑연 막

흑연 막(graphite film)은 표면 및 내부에 발생하며 그 내부에 주름이 있는 흑연 광택을 가진 얇은 막을 만든다. 주형과 중자 재료의 첨가제에 포함된 중탄화수소가 가스화되어 용탕과 반응하여 생긴다.

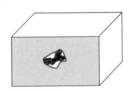

(4) 열간 크랙

열간 크랙은 주로 응고가 늦은 곳에서 수축 응력이 작용하는 곳에 가는 나뭇가지 모양 결정(수지상 결정)을 수반하여 발생한다. 표면은 산화하여 검게 된다.

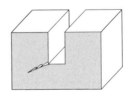

(5) 냉간 크랙

냉간 크랙은 살 두께가 얇은 곳 등 응력이 작용하는 곳의 테두리에 예리한 크랙으로 나타난다.

(6) 슬래그 내포

슬래그 내포(slag spot)는 주물 표면 및 주물 벽에 슬래그 성분을 가진 비금속 개재물이 수축되어 나타난다.

(7) 모래 내포

모래 내포(sand inclusion)는 주물의 위쪽 부분에 덩어리 또는 접시 모양으로 모래 덩어리가 있는 결함이다.

(8) 모래 눌어붙음

모래 눌어붙음(sticking/seizure)은 주물 표면에 얇은 모래층이 나타나는 것이다. 일반 쇼트 블라스트 가공으로는 떨어지지 않을 정도로 단단하게 붙어 있다.

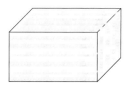

(9) 콜드 셧

콜드 셧(cold shut)은 주로 탕구가 2개인 주물에서 자주 발생하는 결함으로 큰 평면 및 탕이 만나는 곳 등에서 라운드를 가진 수직 홈으로 나타난다.

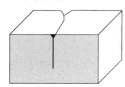

2) 주철의 용해

주철은 철광석을 녹여 만드는 선철과 달리 제철 회사에서 만드는 것이 아니라 주물, 즉 주철품을 만드는 주물 회사에서 고철, 절삭 칩, 회수 철(주물 제조 시 주탕 주입구와 형 연결 부위 등에 붙어 있는 필요없는 주철) 및 선철 등을 섞어 용해한 후 바로 주형에 넣게 된다. 따라서 주철의 용해에는 제철 회사의 용광로나 전로와는 다른 용해로를 사용한다. 주철 용해로의 종류에 대해 알아보자.

(1) 큐폴라

큐폴라(cupola)란 내화물로 내부를 만든 원통 모양의 노(furnace)를 말하며, 코크스를 정해진 높이까지 쌓은 후 그 위에 선철, 절삭 칩, 회수 철, 고철 등을 일정 비율로 집어넣고 아래로부터 공기(열풍)를 불어넣어 코크스를 연소시켜 그 연소열에 의해(노 내 온도 1,600℃ 이상) 쇠를 용해한다. 용탕은 가장 아래쪽의 출탕구에서 연속으로 출탕하여 전로에 어느 정도 남겨 놓고 필요에 따라 용기에 담아 주형에 집어넣는다.

(2) 전기로 용해

도가니 주위를 코일로 감고 전기를 통하여 발생하는 열로 금속을 녹이는 용해로이다. 전기로 용해는 배출 가스가 적고 공해 방지 시설비도 적게 들 뿐 아니라 성분 조정도 간단히 할 수 있으므로 값이 싼 원료 사용이 가능하여 급속히 보급되고 있으며, 현재는 반 이상이 전기로 용해이다.

전기로 용해의 종류에는 다음과 같은 방식이 있다.

- 도가니형 저주파 유도전기로
- 구형 저주파 유도전기로
- 고주파 유도전기로
- 아크로

그림 8.1 전기로

(3) 순 산소 버너식 회전로

큐폴라 용해는 항상 숙련된 기술자에 의한 감시가 필요하며 전기로 용해는 계약 전기의 기본료 등 생산에 관계없이 드는 비용이 있다.

그림 8.2 순 산소 버너식 회전로

순 산소 버너식 회전로는 이런 문제점을 개선하여 낮은 운영 비용, 고품위 주철, 우수한 조작성, 깨끗한 작업 환경을 실현한 차세대 주철 용해로이다.

3) 주요 금속의 주조 시 응고 수축률 또는 팽창률

용탕을 주형에 붓고 냉각시키면 대부분의 금속은 수축이 일어난다. 때문에 이 수축량만큼 용탕을 추가로 공급해주는 것이 주요한 주조 과정의 하나이다.

표 8.1 주요 금속의 수축 및 팽창률

금속	수축률	금속	팽창률
알루미늄	7.1%	회주철	2.5%
아연	6.5	실리콘	2.9
구리	4.9	창연	3.3
황동	4.5		
마그네슘	4.2		
탄소강	2.5~4		
납	3.2		

2 사형 주조

사형 주조는 기원전 4000년경부터 행해져 왔으며 이를 통해 일용품, 무기, 불상 등을 만들었다. 사형 주조는 모래로 만든 틀에 용탕을 흘려넣어 만드는 주조법으로 자유 곡선이 많은 제품 제작에 쓰이며, 형 제작비가 저렴하므로 비교적 소량 생산품 또는 대량 생산 전의 주물 시작품 제작에 많이 이용된다. 큰 주물의 제작도 가능하지만 냉각 속도가 느리므로 금형 주조 등에 비해 기계적 성질은 떨어진다.

그림 8.3은 사형 주형의 기본 구조, 그림 8.4는 사형 주조법의 전형적인 공정 순서를 보여준다.

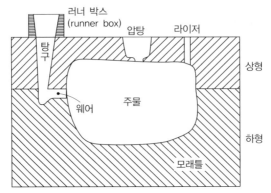

압탕 : 응고 시 수축하여 공동이 생기는 것을 막기 위해 용탕을 보급할 수 있도록 상부에 설치된 여분의 용탕
라이저(riser) : 주형 내의 공기 및 발생 가스를 방출하기 위함 및 슬래그(slag), 모래 등을 추출하기 위해 두는 것
웨어(weir) : 측면에 있는 오리피스

그림 8.3 사형 주형의 기본 구조

그림 8.4 사형 주조의 제작 공정

그림 8.5 사형 주물의 여러 형태

사용되는 재료는 회주철, 구상흑연주철, 스테인리스 주강, 알루미늄합금, 동 합금, 아연 등이다. 사형 주조의 종류는 주로 모래를 굳히는 방법에 따라 나뉘며 다음과 같은 종류가 있다.

1) 생사형, 건조형, 표면건조형 주조

원료로 규사, 점토(bentonite), 물, 이형제(흑연) 등을 혼합하며, 목형을 써서 모래를 충전한 후 굳혀 주형을 만들므로 주형의 강도는 약하다. 그러므로 형의 붕괴가 일어나기 쉽고 모래 떨어짐 등의 불량이 일어나기 쉽다. 따라서 치수 정밀도가 높은 것과 대형 주물에는 바람직하지 않다. 그러나 자유도가 높고 변경이 쉬우며 박육 주물에도 알맞고, 크기도 작은 것부터 큰 것까지 폭넓게 대응 가능하다. 이 외에도 주물을 쉽게 빼낼 수 있고, 모래를 반복 사용할 수 있으며, 재료비가 저렴하고 유독 가스 발생이 없는 등의 장점이 있다. 또한 다른 주조법에 비해 납기가 빠르며 목형비가 저렴하므로 시작품 및 소량 생산에도 이용 가능하다.

이 주조법은 모래의 건조 상태에 따라 다음 세 가지로 구분한다.

(1) 생사형

생사형(green sand)은 주형 제작 시의 수분을 그대로 머금은 상태에서 용탕을 주입하는 주형으로 수증기의 발생 및 통기 불량으로 기공이 생기기 쉽고 주형의 강도가 낮아 주형이 파손되기 쉽다. 주강용으로는 부적합하다.

(2) 건조형

건조형(dry sand)은 주형을 제작한 후 건조시킨 주형으로 수증기 발생이 적고 통기도 좋아 기공 발생이 적으며 주형의 강도가 좋아 압력이 큰 대형 주물과 복잡한 주물 주조에 적합하다.

(3) 표면건조형

표면건조형(surface dry sand)은 생사형은 부적합하고 건조형까지는 사용할 필요가 없는 경우에 주형 내부의 표면만 가스 토치 등으로 건조시킨 주형이다.

2) 자경성 주형 주조

자경성 주형 주조(self-hardening mold process)는 방법과 사용 범위는 생사형 주조와 같지만 수지와 경화제를 첨가하므로 주형 강도가 높아 형의 무너짐이 없는 주형을 만들 수 있다는 데 큰 차이가 있다. 이 때문에 생사형 주조보다 복잡하고 큰 주물이 가능하며 치수 정밀도도 좋다. 그러나 시간 관리가 까다롭다.

3) CO_2 주형 주조(가스경화 주형)

CO_2 주형 주조(CO_2 process)는 무기질 자경성 주형의 대표 공법이며 약간 대형 주물 제품에 사용되고 있다. 이 공법은 물을 사용하지 않으며, 모래에 3~4%의 규산소다를 섞어 조형한 후 탄산가스를 통과시켜 순간적으로 주형을 경화시키고 목형으로부터 형을 빼낸다. 치수 정밀도가 높으며 생산성이 좋다. 소량부터 대량까지 주조가 가능하지만 주로 중대형 부품을 소량 생산할 때 이용된다. 단점은 주형이 너무 딱딱해서 형 해체가 힘들고, 장시간 방치하면 습기를 빨아들여 강도가 저하된다는 것이고, 건조로 없이 경화할 수 있다는 장점이 있다.

4) 감압 주형 주조

감압 주형 주조(vacuum sealed mold process, V process)는 원형(목형)에 특수한 수지 필름을 덮은 후 모래를 채우고, 그 위에 다시 한 번 수지 필름을 덮어 밀폐하고 진공펌프로 내부를 감압하여 모래를 압착하여 주형을 만든다. 이 공법의 장점은 다음과 같다.

- 입도가 미세한 모래를 형에 쓰므로 원형을 정밀하게 재현할 수 있다.
- 주형의 표면은 필름에 의해 매끄러운 주물 표면을 얻을 수 있다.
- 접합재를 쓰지 않으므로 모래의 재이용이 가능하다.
- 주형 제작 시 소음, 진동, 가스 발생이 적어 공해 발생 우려가 적다.
- 모형의 마모가 적다.

감압 주형 주조는 주물 표면도 좋고 살이 얇아도 가능하므로 주로 대문 등의 큰 주물에 쓰인다.

5) 소실 모형 주조

소실 모형 주조(lost foam casting, expandable pattern casting, full mold process)는 폴리스티렌을 알루미늄 금형에 넣고 발포시켜 모형을 만들고 이 모형에 내화재를 발라 건조시킨 후 주형 상자에 넣은 다음 주물사를 다지면서 모래 속에 묻은 다음 용탕을 주입하면 용탕의 열에 의해 모형이 녹으면서 주조가 되며 모형은 기화되어 가스로 방출되는 방법이다.

이 방법의 장점은 (1) 주형의 분할, 주형 맞춤, 중자 제작 등이 필요없어 복잡한 형상, 다양한 크기의 모형 제작이 가능하고, (2) 치수 정밀도가 비교적 좋고 중량 감소 가능하며, (3) 주형 맞춤이 없어 맞춤 면에서의 어긋남에 의한 돌기가 없어 마무리 가공이 가능하고, (4) 모래의 재활용이 가능하다. 그러나 발포스티렌 기화 시 탄소가 분리되어 표면에 붙으므로 찌꺼기가 생길 수 있어 대량 생산에는 부적합하다는 단점이 있다.

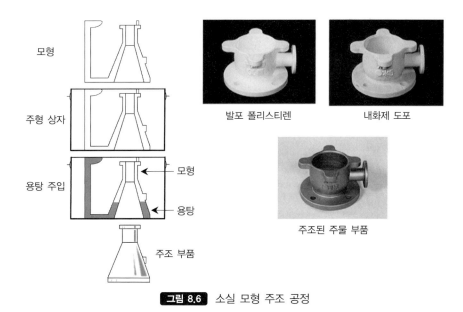

그림 8.6 소실 모형 주조 공정

6) 열경화형 주형 주조

열경화형 주형 주조(shell mold process)는 기본 주형에도 쓰이지만 주용도는 중자용이다. 원료로는 규사, 페놀 수지 등을 혼합하거나 규사 표면에 페놀 수지를 피복하여 쓰며, 주물의 금형 모형을 가열한 후 원료를 넣으면 페놀 수지가 연화하고 잠시 후 경화한다. 용탕을 주입하면 자연적으로 붕괴하여 형의 해체가 쉽다. 자동차 공업의 발전에 따라 이용이 비약적으로 늘고 있다.

이 방법의 장단점은 다음과 같다.

- 장점
  - 주형 제작이 쉽고 기계화가 가능하여 소형 부품의 대량 생산에 적합하다.
  - 통기성이 좋아 불량(핀 홀) 발생이 적다.
  - 주형의 장기 보존이 가능하다.
  - 치수 정밀도가 비교적 높다.
- 단점
  - 페놀 수지가 고가이다.
  - 주조 시 접합제가 가열되어 냄새가 난다.
  - 주물 크기에 제한이 있다.
  - 주물사 재활용이 어렵다.

이 공법은 소형 박육 제품 주조와 자동차 부품인 기어 하우징, 실린더 헤드, 커넥팅 로드 등의 제조에 사용된다.

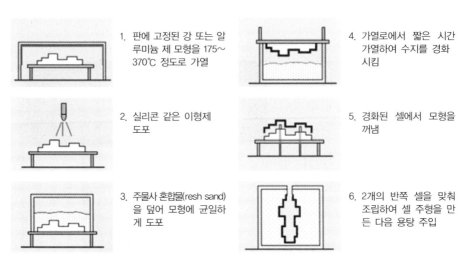

1. 판에 고정된 강 또는 알루미늄 제 모형을 175~ 370℃ 정도로 가열

2. 실리콘 같은 이형제 도포

3. 주물사 혼합물(resh sand)을 덮어 모형에 균일하게 도포

4. 가열로에서 짧은 시간 가열하여 수지를 경화 시킴

5. 경화된 셀에서 모형을 꺼냄

6. 2개의 반쪽 셀을 맞춰 조립하여 셀 주형을 만든 다음 용탕 주입

그림 8.7 열경화형 주형 주조 공정도(출처 : Yamanashi ac)

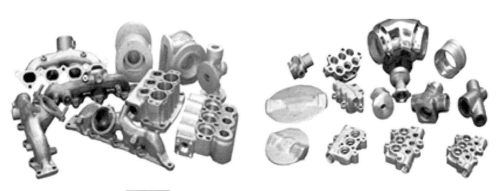

그림 8.8 열경화형 주형 주조 부품(출처 : (주)케이엠사)

7) 플랜 주형 주조

플랜(flan) 주형 주조는 무기질 자경성 주형의 단점인 형 해체의 어려움을 해소하기 위해 개발된 것으로 원료는 규사, 이형제(흑연, 목형으로부터 주형을 분리하기 쉽도록 하는 물질), 플랜 수지 등을 혼합한 것을 쓰며, 형을 만든 후 상온에서도 경화하며 가열하면 보다 빠르게 경화한다. 용탕 주입 후에는 잔류 경도가 현저히 낮아져 형의 해체가 쉬워진다.

8) 동결 주형 주조

동결 주형 주조(frozen mold process)는 최근 주목받고 있는 방법으로, 모래에 물을 섞어 동결시켜 사형을 만들므로 문제가 되는 악취가 없다. 또 사형에 알루미늄을 주입하여 성형 후 주조품을 빼낼 때가 되면 사형은 상온으로 돌아와 자연스럽게 붕괴되므로 해체 작업도 필요없어 분진, 진동, 소음 문제도 해소된다. 모래의 재사용도 가능하다. −40℃로 동결된 사형에 알루미늄을 주입하므로 급속 냉각이 되어 다이캐스팅과 같은 강도를 가진 내부조직을 얻을 수 있다.

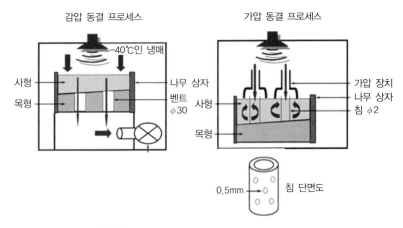

그림 8.9 동결 프로세스 주조 개념도 (출처 : JMC)

3 금형 주조, 영구 주형 주조

주형으로 모래를 전혀 사용하지 않으며 금속으로 만든 주형을 사용하고, 금형의 내면에 규소토 등으로 기초 도막을 바르며 주조된 주물이 잘 떨어지도록 주조할 때마다 아세틸렌 매연(acetylene smoke) 등을 바른 후 용탕을 주입한다. 금형은 열전도도가 커서 용탕이 급속 냉각되므로 결정립이 미세하게 되어 기계적 성질이 뛰어나며 치수 정밀도가 높다. 비록 형 제작비가 비싸고 칠(chill)화하기 쉬운 결점이 있지만 주조 조건을 잘 설정하면 극복 가능하다. 금형의 수명은 대략 2만 회 주조 정도이다. 사형 주조에서는 주물 재료의 제약이 거의 없지만 금형 주조에서는 재료의 제약이 있다. 금형 주조법의 종류에는 다음과 같은 것들이 있다.

1) 중력 주조

이 방법은 용탕의 주입은 중력에 의한 자연 유입으로 외부로부터의 압력은 없다. 중력 주조(gravity casting, gravity die casting)는 금속제 주형을 쓰므로 방법에 제약이 있어 제품에 따라서는 적용할 수 없는 것도 있다. 형의 수정에는 목형처럼 자유도가 없으며 비용도 많이 든다. 품질 면에서는 용탕이 금형에 닿으면 급속 냉각되므로 내부 조직이 치밀해져 기계적 성질은 좋지만 박육 주물에서는 탕의 흐름에 불량이 일어나기 쉽다. 치수 정밀도는 일정하고 변동 폭이 작다. 생산 수량은 사형 주조와 다이캐스팅의 중간 정도로, 중량부터 대량 생산용이다. 크기는 500×500mm 정도까지가 일반적이다.

2) 다이캐스팅

다이캐스팅(die casting)은 금속 주형에 고속 고압(40~100기압)으로 용탕을 강제로 밀어넣는 주조법이다. 짧은 시간에 주조가 가능하므로 대량 생산할 제품에 있어서는 저렴한 비용으로 제작 가능한 주조법이다. 알루미늄합금의 주조법으로 가장 많이 쓰이고 있으며 자동차 부품을 비롯하여 일용품, 가전제품 등의 부품 제조에 쓰이고 있다.

사용 가능한 주물 재료는 알루미늄합금, 마그네슘 합금, 아연 합금 등이며 금형의 재료로는 보통 내열강을 사용한다. 이 방법의 장단점은 다음과 같다.

- 장점
  - 치수 정밀도가 높으며 주물 표면이 매끄럽다.
  - 금속 조직이 치밀하여 기계적 성질이 좋은 주물 제작이 가능하다.
  - 복잡하고 박육인 제품도 가능하다.
  - 강제 주입이므로 주입 속도가 빠르며, 방열 효과 및 강제 냉각에 의해 응고 속도도 빨라 생산성이 높으므로 대량 생산에 적합하다.
- 단점
  - 금형비가 비싸며 고압 주입, 강제 냉각 등을 위한 고가의 장비가 필요하다.
  - 금형 크기에 제한이 있다(500×400×110mm).
  - 고융점 금속은 주조가 어렵다.
  - 순간적으로 압입하므로 공기 및 가스의 배출이 어려워 주물 내부에 기공이 발생하기 쉽다.
  - 내부 결함 때문에 고온에서의 열처리 및 용접이 어렵다.

그림 8.10 다이캐스팅기 (출처 : 고려다이캐스팅기계)

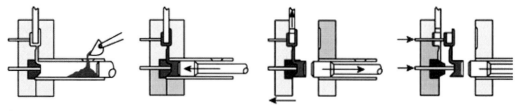

① 용탕을 가압실로 넣는다   ② 금형 내로 밀어넣는다   ② 냉각 후 가동 금형을 연다   ④ 제품을 빼낸다

그림 8.11 다이캐스팅 공정 순서

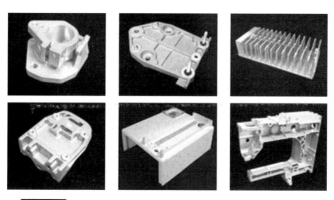

그림 8.12 다이캐스팅된 부품의 예(출처 : Janome Sewing Machine)

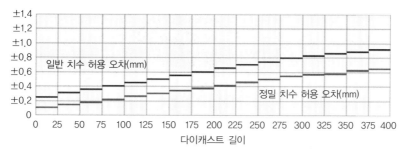

그림 8.13 알루미늄 다이캐스트의 정밀도

3) 고압 주조

고압 주조(high pressure casting, squeeze casting)는 용탕을 금형에 흘려넣은 다음 굳어갈 즈음 700~ 1,000kg/cm²의 고압을 응고가 완료될 때까지 가해 주물을 단련하여 균일화시키는 방법이다. 저속 주입이므로 기포나 기공이 없는 치밀한 금속 조직을 얻을 수 있으며 열처리도 가능하여 단조에 버금 가는 강도 및 인성을 실현할 수 있다. 자동차의 바퀴 부품 및 엔진 마운트 등의 주조에 사용되며 저압 주조에 비해 10~15% 경량화가 가능하다. 용접은 가능하지만 다이캐스트보다 비용은 높은 편이다.

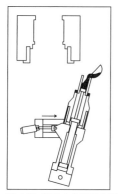
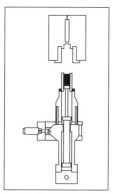
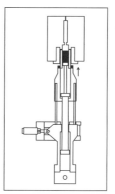
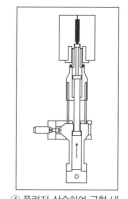

① 사출 실린더에 용탕 주입 ② 사출 실린더 정위치 복귀 ③ 슬리브 상승하여 금형과 도킹 ④ 플런저 상승하여 금형 내 로 용탕 주입

그림 8.14 고압 주조 공정 순서(출처 : Daiki Aluminum Ind.)

4) 저압 주조

저압 주조(low pressure casting)는 금형 아래쪽에 있는, 용탕을 유지하는 밀폐된 노(melting pot)로부터 저압 가스를 이용하여 금형에 저속 저압($1kg/cm^2$)으로 용탕을 주입하여 주조하는 방법이다. 용탕이 굳을 때까지 압력을 가하고 있으므로 내부 기밀성이 비교적 좋은 주물을 얻을 수 있다. 이 방법은 실린더 헤드나 알루미늄 휠 등 자동차 부품 주조에 활용되고 있으며 장단점은 다음과 같다.

- 장점
  - 결함 없는 고품질 주물이 가능하다.
  - 중량 수율(제품 중량/주입 용탕 중량)이 좋다.
  - 치수 정밀도가 좋다.
- 단점
  - 도관(stalk)을 통해 용탕을 주입하므로 탕구의 위치 및 개수에 자유도가 적다.
  - 주조 사이클이 길어 생산 수량에 제한이 있다.
  - 개재물 생성 및 가스 포함 가능성이 높다.

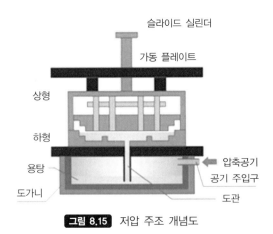

그림 8.15 저압 주조 개념도

4 정밀 주조

정밀 주조(precision casting)란 주형으로 금형을 사용하지 않으면서 사형 주조법에 비해 한 단계 높은 치수 정밀도를 가진 주물품을 만드는 주조법을 말한다. 네 가지 정밀 주조법은 아래에 설명하였다.

1) 로스트 왁스 주조

로스트 왁스 주조(lost wax casting process, investment casting process)는 밀랍형 주조법이라고도 불리며, 우선 금형을 만들고 사출 성형에 의해 왁스 모형을 대량으로 만든다. 이 왁스 모형 여러 개를 모형 걸이에 조립한 다음 내화도가 높고 열팽창이 적은 실리콘 가루 및 용융 석회 가루 등의 내화물과 강력한 접착제를 혼합한 진흙 상태의 주형재(slury) 안에 담가 표면을 코팅한다.

코팅이 마르기 전에 내화물 가루를 뿌린 다음 건조시킨다(샌딩 공정이라 함). 코팅과 샌딩을 여러 차례 반복하면서 일정한 두께로 만든 다음 충분히 건조한 후 가열하여 내부의 왁스를 제거하고, 주형을 굽고 용탕 주입을 실시한다. 용탕이 응고되면 주형을 해체하고 걸이로부터 주물품을 잘라낸다.

이 주조법의 특징은 다음과 같다.

- 절삭 가공이 곤란한 복잡한 형상의 부품도 표면이 깨끗하고 정밀도가 높은 주물의 양산이 가능하다.
- 여러 가지 부품을 일체화하여 성능을 향상시키고 가공 공수를 절감할 수 있다.
- 균일한 조직의 주물을 얻을 수 있으며 단조품과 같이 강도에 방향성이 없다.
- 금형 수명이 반영구적이므로 오랜 기간 금형비 발생이 없다.
- 고용점 금속의 주물품 양산에 적용 가능하다.

제작 가능한 주물 재료는 티타늄, 스테인리스강, 탄소강, 니켈크롬몰리브덴강, 공구강, 고속도 공구강, 코발트 합금, 니켈 합금, 주철, 알루미늄합금, 동 합금 등 다양하다.

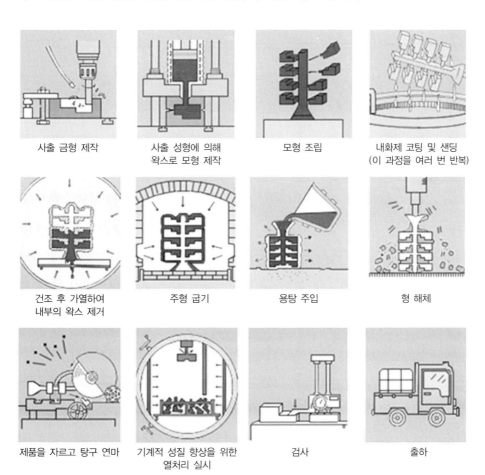

| 사출 금형 제작 | 사출 성형에 의해 왁스로 모형 제작 | 모형 조립 | 내화제 코팅 및 샌딩 (이 과정을 여러 번 반복) |

| 건조 후 가열하여 내부의 왁스 제거 | 주형 굽기 | 용탕 주입 | 형 해체 |

| 제품을 자르고 탕구 연마 | 기계적 성질 향상을 위한 열처리 실시 | 검사 | 출하 |

그림 8.16 로스트 왁스법 공정 순서(출처 : 한일정밀주조)

그림 8.17 로스트 왁스법으로 주조된 부품

2) 유동성 주형 주조

유동성 주형 주조(fluid sand mixture process, show process)는 사형 제작에 쓰이는 모래에 액체를 섞어 액상으로 만든 재료를 사용하여 사형을 만드는 주조법이다. 액상이므로 목형 구석구석까지 잘 들어가 평활한 주물면을 만들 수 있어 표면이 거의 다이캐스트된 부품에 버금간다. 목재의 나뭇결까 지 나타낼 수 있다.

이 방법은 석고 주조에 비해 사형의 냉각 속도도 빠르고 물성도 확실히 반영된다.

그림 8.18 유동성 주형 주조 공정 순서(출처 : Colcoat 주식회사)

3) H 프로세스

H 프로세스(H process)는 가로 쌓기 주조법이라고도 불린다. 주형 내에 연속된 탕도를 갖고 있으며 이 탕도가 하나의 보급 탕(riser)이 되어 서서히 용탕이 계속 공급되므로 응고 시 수축에 대한 대비가 가능하여 고정밀도의 주철 주물을 효율 좋게 제조 가능하며 여러 개의 주물을 동시에 만들 수 있어 생산성이 높다.

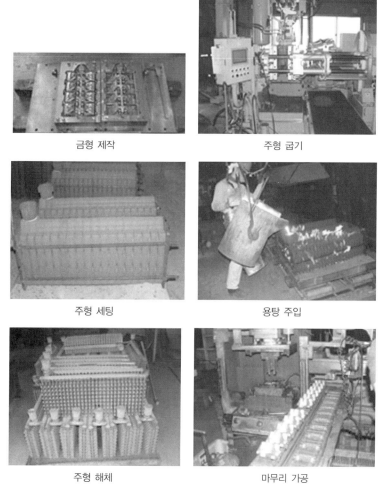

금형 제작   주형 굽기

주형 세팅   용탕 주입

주형 해체   마무리 가공

그림 8.19 H 프로세스 공정 순서 (출처 : AIZU KO JYO Co.)

그림 8.20 H 프로세스로 주조된 부품

4) 석고 주형 주조

석고로 주형을 만들어 주조하는 방법으로 다음과 같은 경우에 사용할 수 있다.

- 금형을 만들기 전에 금속으로 형상을 확인하고 싶을 경우
- 제품 샘플을 여러 개 만들어 전시회에 출품하고 싶을 경우
- 박육으로 정밀도가 높은 주조품이 필요할 경우 : 평균 살 두께는 3~5mm 정도가 바람직하나 최소 1mm까지 가능하다.
- 샘플 복제 시

가능한 재료는 석고 주형이 견디는 온도가 최고 1,200℃ 정도이므로 알루미늄합금, 마그네슘 합금, 동 합금, 아연 합금 등이다. 주조 가능한 최대 크기는 500×300×300mm 정도이며 적정 생산 수량은 6~100개 정도이다. 이 주조법의 장단점은 다음과 같다.

- 장점
  - 다이캐스트 급의 정밀도와 주물 표면을 얻을 수 있다.
  - 형상에 제약이 적다.
  - 주물의 후가공이 간단하여 비용 절감이 가능하다.
- 단점
  - 제작 공정이 많고 시간이 오래 걸려(5일 정도) 양산이 어렵다.
  - 마스터 모델이 필요하다.

절삭 가공 또는 3D 광 조형기로 마스터 모델을 만든다

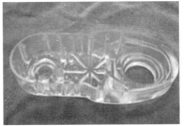

불필요한 부분을 제거한다

박스에 마스터 모델을 넣고 실리콘 고무를 붓는다

굳은 후 1차 실리콘 고무형을 분리한다

분리된 고무형과 마스터 모델

고무형을 박스에 넣고 실리콘 고무를
부어 반전 형(2차 실리콘형)을 만든다

위 : 반전형, 아래 : 1차 실리콘형

반전형에 석고를 붓는다
반전형은 반복 사용할 수 있다

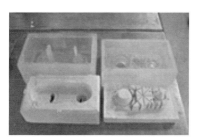

완성된 석고 주형

석고 주형에 알루미늄 등의 용탕을
붓고 응고 후 석고 주형을 해체한다

마무리 가공, 열처리, 절삭 가공을 한다

도장 등 표면 처리 후 완성품

그림 8.21 석고 주조 공정 순서 (출처 : Janome)

참고

세라믹 주형 주조(ceramic mold casting) : 석고 주형 주조와 공정은 같으며 주형 재료로 고온에서 견딜 수 있는 내열 재료($ZrSiO_4$, 알루미나, 융해 실리카 등)를 사용하는 주조법으로 철강, 고융점 금속, 스테인리스강, 공구강 등의 주조에 이용된다.

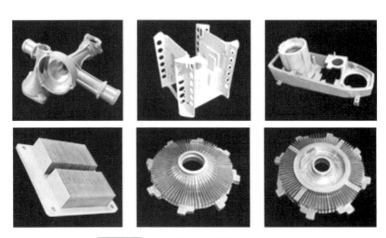

그림 8.22 석고 주조된 부품(출처 : Janome)

5 원심 주조

원심 주조는 고속 회전하는 원통형 금형에 주입된 용탕을 원심력을 이용하여 금형 내면에 밀어붙이면서 응고시켜 주조하는 방법이다.

주로 파이프 제조에 이용되며 제조 가능한 직경은 50~1,600mm 정도, 길이는 2~12m 정도이며 이음매 없고 두께가 균일하고 다른 제조법으로는 얻을 수 없는 얇은 두께의 고품질 파이프를 만들 수 있다.

원심력이 작용하지 않는 불순물은 안쪽으로 분리되므로 치밀하고 강인하며 기계적 성질이 고르다. 하지만 두께가 두꺼운 제품 주조에는 기술적인 어려움이 있다.

원심 주조를 이용해 만든 주요 제품으로는 파일 해머용 실린더, 석탄 화력 발전소용 내마모관, 지하철 역사의 기둥, 제철 플랜트의 핀치 롤, 제지 인쇄용 롤 등이 있다.

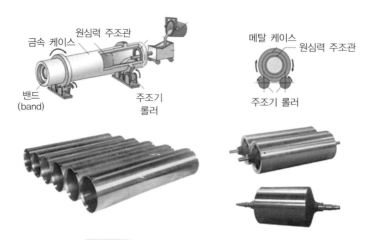

그림 8.23 원심 주조 개념도와 주조된 부품

6 연속 주조

연속 주조(continuous slab casting)는 제철 공정 중의 하나로, 용강으로부터 압연기가 요구하는 단면과 길이의 강편(slab)을 만드는 주조법이다. 철강용 연속 주조는 대부분 녹은 철을 아래 방향으로 **빼내는** 방식이지만 주철용은 수평으로 **빼내는** 방식도 있다.

연속 주조는 매우 높은 용강 관리 기술이 필요하며 연속 주조가 불가능한 특수강에 대해서는 잉곳 케이스를 쓰는 주조를 하고 있다.

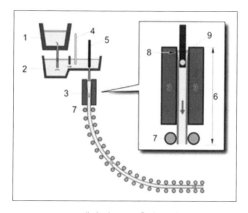 

1 : 레이들(ladle, 용탕 국자), 2 : 턴 디쉬(turn dish), 3 : 주형
4 : 플라스마 토치(plasma torch), 5 : 스토퍼(stopper), 6 : 수직 부분(2m 이상)
7 : 롤(roll), 8 : 메니스커스(meniscus), 9 : 주조 파우더

그림 8.24 철강용 수직 연속 주조 공정 개념도

한편 주철용인 수평 연속 주조법은 1,300℃ 정도의 용탕을 보온로에 부은 후 냉각 시스템을 통과시켜 800~1,000℃로 응고시킨 다음 연속적으로 빼내어 주철 봉 및 주철 형재를 만드는 방법으로, 자동화된 단일 제조 공정이므로 품질 관리가 쉽고 보온로 내의 용탕이 압탕 역할을 하므로 기포가 없는 치밀한 조직과 강도가 높은 제품을 얻을 수 있다.

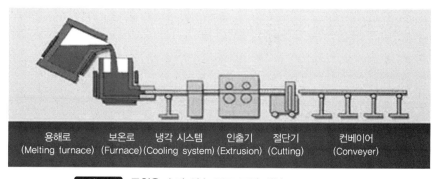

| 용해로 (Melting furnace) | 보온로 (Furnace) | 냉각 시스템 (Cooling system) | 인출기 (Extrusion) | 절단기 (Cutting) | 컨베이어 (Conveyer) |

그림 8.25 주철용 수평 연속 주조 공정 개념도 (출처 : 케이디메탈)

그림 8.26 연속 주조 가능한 단면 형상

7 박판 주조

박판 주조(strip casting)는 열간 압연 및 압출 공정을 생략하고 용탕으로부터 직접 박판을 제조하는 방법으로 공정 생략에 따른 비용 절감이 기대된다.

위아래 한 쌍의 롤 사이로 용탕을 주입하면서 응고시켜 박판을 제조하므로 TRC(twin roll caster)라고도 불린다.

두께 3~8mm, 폭 300~700mm 정도의 마그네슘 코일이 생산되고 있다.

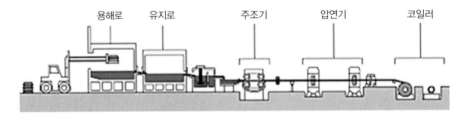

그림 8.27 박판 주조 공정 개념도

표 8.2와 8.3은 각 주조법에 의해 만들어진 주물의 특성 비교와 치수 정밀도에 대한 비교를 보여 준다.

∷∷ **표 8.2** 여러 가지 주조법에 의한 주물의 특성 비교　　　　　　　　　　(A : 좋음 → E : 나쁨)

	특성	사형 주조	석고 주조	로스트 왁스	다이캐스트
치수 형상	치수 정밀도	D	A	A	A
	외관, 면 조도	D	A	A	A
	주형 재현성	D	A	A	A
	설계 자유도	A	A	A	E
	최소 살 두께	D	A	A	A
	빼내기 각도 제한	B	B	A	C
품질	재료 선택성	A	A	C	D
	주물 강도	B	B	C	B
	열처리 효과	B	B	C	E
경제성	형비, 설비비	B	B	C	D
	제조 사이클	D	D	E	A
	후가공 공수	D	A	C	A
	다량 생산 적합성	D	D	D	A
	주조 작업의 숙련도	B	A	A	E

∷∷ **표 8.3** 여러 가지 주조법에 의한 주물의 정밀도 비교

치수	사형 주조	석고 주조	로스트 왁스	다이캐스트	중력 주조
A ≤ 25	±0.5	±0.15	±0.2	±0.1	±0.3
25 < A ≤ 50			±0.3		
50 < A ≤ 75	±1.0	±0.25	±0.4	±0.2	±0.4
75 < A ≤ 100			±0.5		
100 < A ≤ 150	±1.2	±0.35	±0.7	±0.3	±0.5
150 < A ≤ 200	±1.4				±0.7
200 < A ≤ 300	±1.6	±0.6	±1.0	±0.5	±0.9
300 < A ≤ 400	±1.8				±1.0
400 < A ≤ 500	±2.1				±1.3
500 < A	±2.5	±1.2			

9 금속 부피성형 가공

1 개요

금속의 부피성형 가공(metal bulk forming/deformation)이란 판재 이외의 부피를 가진 소재를 절단이나 제거 가공에 의하지 않고 금형을 사용하여 재료의 낭비 없이 목적으로 하는 형태를 가진 부품이나 최종 제품에 가까운 가공용 소재를 만드는 가공을 말한다.

여기에는 단조, 압출, 인발, 신선, 전조, 압연 등이 있으며 이 장에서 이를 자세하게 알아보자.

2 단조

단조(forging)는 금속을 두드리거나 형으로 눌러 금속 내부의 빈 곳을 없애고 결정을 미세화하며 결정의 방향을 정돈하여 기계적 성질을 개선하고, 최종 제품에 가까운(near net shape) 가공용 소재를 만드는 성형 방법으로 기계 가공 공수 및 재료를 대폭 절감할 수 있다.

단조의 특징을 정리하면 다음과 같다.

- 제품의 최종 모양에 가까운 형상, 치수로 성형되므로 재료 절감이 가능하다.
- 절삭 가공 공정의 생략 또는 절감이 가능하다.
- 절삭 가공이 곤란한 제품의 양산이 가능하다.
- 조직이 치밀하며 내부 결함이 없다.
- 인장강도, 경도 등 기계적 성질의 변동 폭이 작다.
- 치수 차이가 작다.
- 제품 모양에 따른 메탈 플로(metal flow, metal fiber)가 얻어진다.

메탈 플로는 그림 9.1과 같이 제품 형상에 따라 제품 내부에 형성되는 흐름으로 높은 강도, 내구성, 충격성 등이 좋아지게 한다.

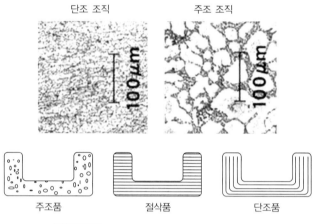

그림 9.1 단조와 주조의 조직 및 메탈 플로

단조의 종류는 단조 작업을 할 때 소재의 온도에 따라 열간 단조(hot forging), 냉간 단조(cold forging), 온간 단조(worm forging), 용탕 단조(liquid metal forging 또는 rheocasting), 항온 단조(isothermal forging)의 다섯 가지로 구분한다.

또한 금형의 형태에 따라 자유 단조(open-die forging)와 형 단조(closed-die forging, impression-die forging)로 나누기도 하는데, 자유 단조는 해머 등으로 두들겨 성형하는 것으로 소재 내부의 결함 제거, 소재의 강도 확보, 소량 생산품, 대형 단조품이거나 소품종 다량이지만 금형 사용이 곤란한 경우에 이용된다. 자유 단조는 단순 형상을 가진 상하의 공구를 사용하여 두드리면서 점차 형상을 만들어 가는 방법으로, 국소 성형이므로 크기에 비해 작은 힘으로도 형상을 만들 수 있다.

형 단조는 단조품의 표면 형상 및 치수에 맞춰 상하 한 쌍의 금형을 만든 다음 이것들을 단조 프레스에 장착하고 소재를 사이에 넣은 후 상형을 내리눌러 소재를 금형의 형상과 반대 모양으로 변형시켜 제품을 만든다. 소재 면적 대부분을 구속하여 성형하므로 큰 힘이 필요하다.

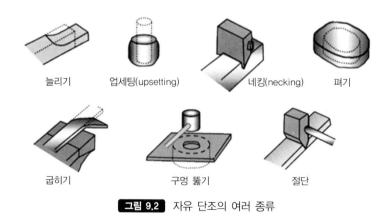

그림 9.2 자유 단조의 여러 종류

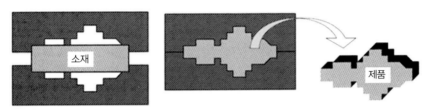

그림 9.3 형 단조 개념도

형 단조는 작동 방식에 따라 왕복동 단조와 회전 단조로 나뉘는데 보통의 단조는 왕복동 단조 방식이며 회전 단조에는 주로 마무리 단조로 이용되는 요동 단조, 회전 단조 및 링 롤링(ring rolling), 그리고 단조 전 공정으로 이용되는 롤 단조와 크로스 롤링 등이 있다.

일반적인 단조는 대부분 형 단조로 금형을 사용하여 대량 생산하며 치수 정밀도가 높은 편이나 금형비가 비싸다.

단조에서 쓰는 재료의 종류에는 다음과 같은 것들이 있다.

- 기계 구조용 탄소강/기계 구조용 합금강
- 고탄소 크롬베어링강
- 내열강
- 스테인리스강
- 비철 금속 : 알루미늄합금, 티타늄합금

이제 앞 페이지에서 언급한 다섯 가지 단조 종류에 대해 자세히 알아보자.

1) 열간 단조

재결정 온도(순철 630℃, 강 900℃) 이상의 고온(1,100~1,250℃)으로 가열하여 성형하는 것으로, 가열에 의해 변형 저항이 작게 되고 재결정에 의해 원래의 변형 능력을 회복하면서(연화) 가공이 되므로 실온에서는 가공할 수 없는 재료도 가공할 수 있고 한 번에 큰 변형을 주는 것이 가능하며 복잡한 형상의 제품도 제작 가능하다. 그러나 가열에 의한 산화막 생성과 냉각 수축에 의한 치수 및 형상의 변화로 정밀도가 떨어지므로 후가공이 필요하다. 또 작업 환경이 나쁘다. 금형의 수명은 일반적으로 2,000~5,000개 정도 단조 가능하다.

3,000톤 프레스

그림 9.4 열간 단조 프레스 (출처 : 현대단조)

원자재(R/BAR) (소재 검사) ➡ 절단 (기계톱, 전단기) ➡ 소재 가열 (전기로) ➡ 단조 (해머, 프레스) ➡ (단조 중간 검사)

트리밍(프레스) ➡ (중간 검사) 쇼트 ➡ 1차 검사 ➡ 열처리 (담금질, 뜨임)

최종 검사 ➡ 포장 ➡ 출하

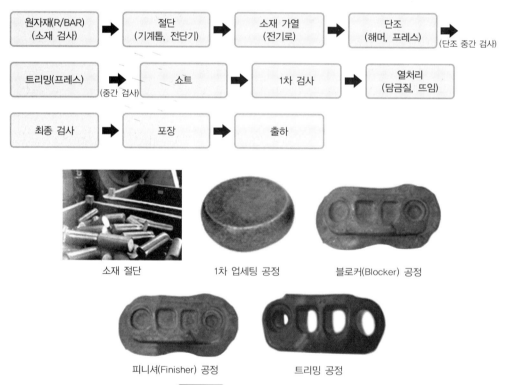

소재 절단　　　　1차 업세팅 공정　　　　블로커(Blocker) 공정

피니셔(Finisher) 공정　　　　트리밍 공정

그림 9.5 열간 단조 공정 순서

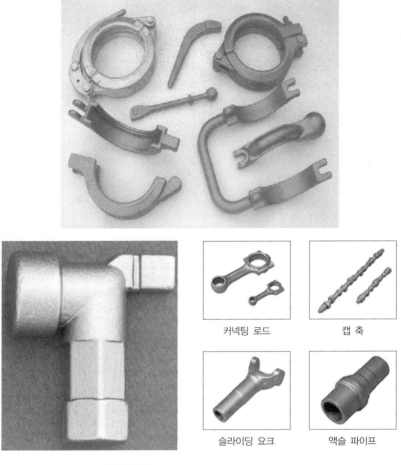

커넥팅 로드　　　　　캡 축

슬라이딩 요크　　　　액슬 파이프

그림 9.6 열간 단조 부품(출처 : 해성단조)

2) 냉간 단조

재결정 온도 이하(일반적으로는 실온에 가까운 온도)에서 성형하는 것으로 면 조도, 조직이 양호하며 치수 정밀도가 높으므로 후가공을 생략할 수 있다. 하지만 재료의 변형 저항이 크므로 성형 모양 및 크기에 한계가 있으며, 금형의 파손 및 제품의 크랙 위험성이 있으므로 한 번에 얻을 수 있는 변형량이 적다. 냉간 단조는 재료의 손실이 적으며 금형의 수명은 수천에서 수십만 개에 이른다.

블랭크 소재　　　　구멍 뚫기　　　　치 형상 성형　　　　크라우닝 성형

그림 9.7 냉간 단조 공정

그림 9.8 냉간 단조 프레스와 금형

T/P 하우징   스파이더(SPIDER), 이너 레이스(INNER RACE)

그림 9.9 냉간 단조 부품(출처 : 일진금속)

3) 온간 단조

200~850℃의 열간과 냉간의 중간 온도에서 성형하는 것으로, 변형 능력은 늘리고 변형 저항은 줄여 인성을 어느 정도 희생시키되 재료의 강도를 확보하며 주로 고탄소강, 스테인리스강(STS304) 등 성형이 어려운 재료의 단조에 사용된다.

목적에 맞는 적정 조건의 범위가 좁아 선정을 잘못하면 양쪽의 단점만 나타나므로 주의가 필요하며, 변형 저항을 줄이고자 할 때는 높은 온도 쪽으로, 정도 향상을 목표로 할 때는 낮은 온도 쪽을 이용한다. 금형 수명도 중간 정도이다.

4) 용탕 단조

주조의 단점을 개선하기 위한 공법으로 응고 수축에 의한 공동의 발생을 없애기 위해 반응고 상태에서 가압한다. 금형 내에 알루미늄합금 용탕을 넣고 프레스로 기계적인 고압을 가하면서 응고시킨다. 용탕 단조를 이용하면 기계적 강도가 높고 치수 정밀도 및 내누수성이 우수하며 고품질 주물을 얻을 수 있다.

압입 방법에 따라 직접 압입법과 간접 압입법이 있다.

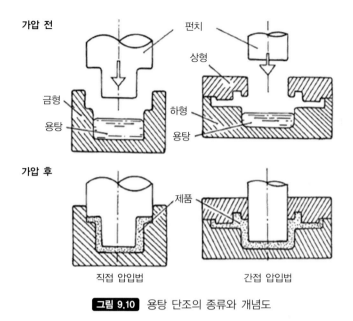

가압 전

펀치

금형
용탕

상형
하형
용탕

가압 후

제품

직접 압입법

간접 압입법

그림 9.10 용탕 단조의 종류와 개념도

5) 항온 단조

마그네슘 합금은 노트북 케이스 등에 대폭 채용되고 있지만 일반적으로 강도 및 열 특성 등에서 신뢰성이 떨어져 자동차 및 항공 부품 등에는 활발하게 채용되지 않고 있다. 하지만 자동차의 연비 향상, 항공산업의 연비 향상 및 소음과 배기가스의 저감 등 경금속 재료의 사용에 대한 요구는 점점 강해지고 있어 경금속 재료의 소성 가공 기술이 주목받고 있다.

열간 단조나 냉간 단조는 금형 온도가 재료의 성형 온도에 비해 낮기 때문에 짧은 시간 내에 성형하지 않으면 복잡한 형상의 부품은 최종 제품의 형상에 가까운(near net shape) 가공이 곤란하다.

항온(등온) 단조는 금형을 소재 성형에 알맞은, 소재와 같은 정도의 온도로 제어하여 단조 성형하는 새로운 기술이다. 그러므로 성형 중의 온도 저하에 의한 변형 저항의 증가를 방지하여 어려운 가공 재료의 최종재 형상에 가까운 가공을 가능하게 하고 더 나아가 미세 조직을 얻을 수 있어 고강도, 고인성이 달성된다. 따라서 변형 가공성이 극단적으로 부족한 마그네슘 합금의 성형에 유효한 방법이다. AZ91 마그네슘 합금을 항온 단조하면 다이캐스팅으로 만든 것보다 강도가 50% 이상 증가하며 연신율도 3%에서 20% 정도로 향상된다.

그러나 항온 단조는 금형의 온도 관리가 어렵고, 온도 상승에 따라 점점 산화되는 문제로 인하여 진공 중 또는 불활성 가스 환경에서 이루어져야 한다.

대표적인 항온 단조품으로는 자동차 변속기 케이스, 항공기의 엔진용 디스크, 스페이서, 밸브 등과 의료 관련 부품 및 수술용 부품 등이 있다.

6) 복합 단조

열간 또는 온간 단조한 부품을 중간에 절삭 가공한 다음 다시 냉간 단조를 하는 단조법이다.

표 9.1에 주요 단조 방법의 특성을 비교하여 나타냈다.

:::: **표 9.1 각 단조 방법의 비교**

		열간 단조	온간 단조		냉간 단조
단조 온도		1,000~1,250℃	750~850℃	300~500℃	실온
성형 방법		버 있는 방식	압출 방식 버 있는 방식 밀폐 방식		왼쪽과 같음
재료 변형 저항		작음	중간		큼
재료 가공 한도		없음	없음	있음	있음
단조 압력		낮음	낮음	높음	높음
단조 하중		낮음	열간과 냉간의 중간		높음
재료에 요구되는 치수 정밀도		낮음	낮음	높음	높음
재료의 전처리		불필요	불필요		풀림, 구상화 풀림
윤활	재료	–	그래파이트 등		인산염 피막 + 금속 비누
	금형	그래파이트 등	그래파이트 등		불필요 또는 냉각 오일 등
단조 공정 수		적다	중간		많다
조직		거칠다	급랭 조직		미세화
내·외경 정밀도		0.2~1.0mm	0.1~0.2mm		0.01~0.1mm
두께 정밀도		0.4~2.0mm	0.2~0.4mm		0.03~0.25mm
편심		0.4~1.0mm	0.1~0.4mm		0.03~0.2mm

3 압출

압출(extrusion)이란 일정 온도(재료별 압출 온도)로 가열된 원통 모양 소재(빌레트)를 내압 후육 용기(컨테이너)에 넣고 램에 의해 고압력으로 밀어내어 다양한 단면 형상을 가진 금형(다이스)을 통과시켜 나오게 하는 열간 가공법이다. 같은 단면 형상을 가진 제품을 연속적으로 생산하는 데 매우 유용하다. 각종 재료의 열간 압출 온도는 표 9.2에 정리되어 있다.

압출 시 소재의 변형 저항이 매우 크므로 매우 큰 압력(1,500~6,000톤 프레스, 최대 14,000톤 프레스)이 필요하며 높은 강도의 컨테이너가 필요하다. 압출품의 주요 결함에는 다음과 같은 것들이 있다.

- 다이 마크(die mark) : 압출품 표면에 압출 방향으로 나타나는 선 모양의 가는 요철이다.
- 줄무늬(streak) : 에칭, 양극 산화 등의 표면 처리 후 다른 부위와는 달리 띠 모양이 나타나는 현상으로 압출된 상태에서는 눈에 띄지 않지만 표면 처리하면 명확해진다. 베어링(bearing) 스트릭, 옥사이드(oxide) 스트릭, 스트럭처(structure) 스트릭의 세 종류가 있다.

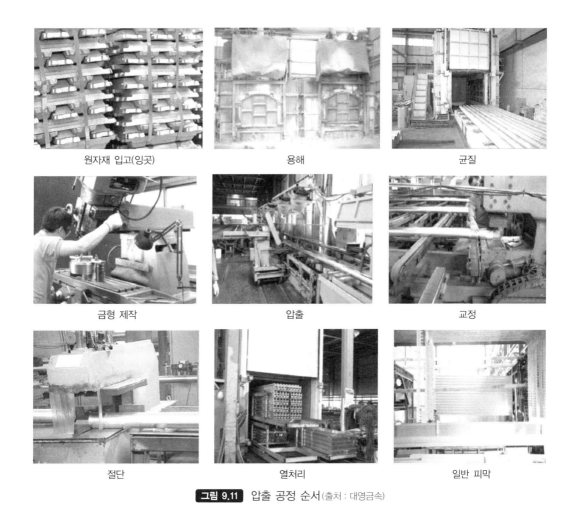

그림 9.11 압출 공정 순서 (출처 : 대영금속)

※ **표 9.2 재료별 열간 압출 온도**

재료명	열간 압출 온도
강	1,200~1,300℃
알루미늄	350~500℃
동	600~1,100℃
마그네슘	350~450℃
티타늄	700~1,200℃
니켈	1,000~1,200℃
내열 합금	최고 2,000℃

- 피막 크랙 : 가열하거나 변형 시에 발생하는 양극 산화 피막의 크랙으로 피막 두께가 두꺼울수록 잘 나타난다.
- 핀 홀(pin hole) : 도막 및 도금층에 생기는, 침으로 찌른 것 같은 작은 구멍으로 외관도 나빠지지

만 그곳에 오염물이 들어가 부식의 원인이 된다.
- 굴 표면(orange peel) : 도막 표면이 평활하지 않고 굴 표면처럼 작은 요철이 있는 표면으로 되는 현상이다.

압출 가공의 장점은 다음과 같다.

- 매우 복잡한 단면 형상도 제조 가능하다.
- 압축과 전단 응력만 걸리므로 취성 재료도 가능하다.
- 압출된 제품의 단면은 매우 매끄러워 후가공이 필요없다.

압출에는 다음과 같이 네 가지 방식이 있다.

1) 직접 압출법(전방 압출)

두꺼운 벽으로 둘러싸인 컨테이너에 가열된 빌렛을 넣고 램으로 다이스 방향으로 직접 압출하여 다이스 구멍을 통하여 압출하는 방법으로 가장 일반적인 압출법이다. 이 방법은 컨테이너와 빌렛 사이에 마찰이 생겨 압출 압력의 약 1/3이 낭비된다.

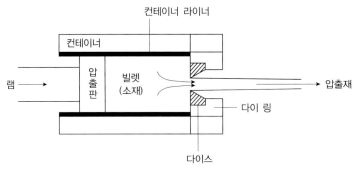

그림 9.12 직접 압출법 개념도

2) 간접 압출법(후방 압출)

램에 다이스와 압출을 위한 구멍이 뚫려 있으며 이 램으로 컨테이너에 넣은 빌렛을 밀어 다이스로 압출하는 방법으로, 컨테이너와 빌렛 사이에 마찰이 생기지 않으므로 압출 압력이 직접 압출법에 비해 30% 정도 작으며 압력이 일정하여 제품이 보다 균일하고 크랙이 생기기 어렵다.
간접 압출법을 사용하면 직접 압출법으로는 어려운 고압력 알루미늄합금도 압출 가능하다. 빌렛 표면의 불순물과 결함에 민감하다.

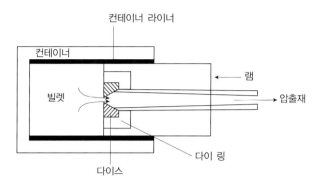

그림 9.13 간접 압출법 개념도

3) 정수압식 압출법(액체 압출)

실온 또는 열간 온도에서 액체인 압력 매체로 완전히 둘러싸인 컨테이너와 빌렛이 직접 접촉하지 않게 압출하는 방식이다. 빌렛 전체 면에서 압력을 받으므로 압출 상태가 이상적으로 균일하다. 고속 압출, 균일한 압출, 큰 단면적의 압출이 가능하다.

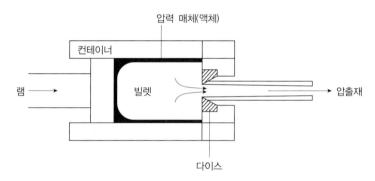

그림 9.14 정수압식 압출법 개념도

4) 컨폼 압출법

컨폼 압출법(conform extrusion)은 위의 세 가지 압출법과는 전혀 다른 새로운 압출 방법으로, 원통형 모양에 홈을 판 큰 회전 휠과 고정 다이스를 조립한 정지 슈의 공구부로 구성된 압출기를 이용하여 재료는 홈 면과의 마찰로 다이스부로 인도되고 압출 가능한 압력과 온도에 도달하면 다이스를 통하여 압출된다. 소형이며 치수 정밀도와 단면이 뛰어난 제품을 얻을 수 있다. 또한 제품 길이에 제한이 없다.

　최근에는 저탄소강 및 저합금강의 냉간 압출 및 온간 압출도 가능해졌는데, 치수 정밀도가 좋아 자동차 부품이나 기계 부품에 이용된다. 용기용 튜브, 소화기 몸체, 충격 흡수기의 실린더, 자동차 엔진 피스톤, 기어 블랭크 등을 제조하는 데 쓰이고 있다.

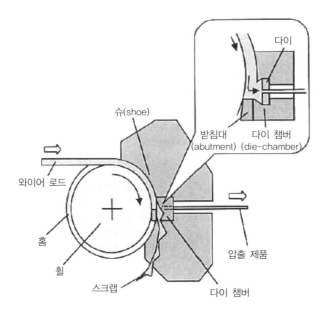

슈(shoe)

다이

와이어 로드

받침대
(abutment)

다이 챔버
(die-chamber)

홈

휠

압출 제품

스크랩

다이 챔버

그림 9.15 컨폼 압출법 개념도

그림 9.16 압출 부품

4 인발, 신선

인발(drawing)은 금속 재료인 봉재, 관재, 선재의 단면을 줄이고 길이를 늘리는 소성 가공으로 주로 실온에서 작업하며 단면 형상은 일반적으로 원형이지만 원형 이외의 형상도 가능하다.

인발 다이스는 매우 강한 금속 원판 중심에 원추형 또는 나팔 모양의 구멍이 뚫려 있으며 재료를 다이스 구멍으로 통과시키고 출구 쪽에서 재료를 잡아당겨 제품을 빼내는데, 이때 인장력이 작용하므로 단면 감소율에는 한계가 있다.

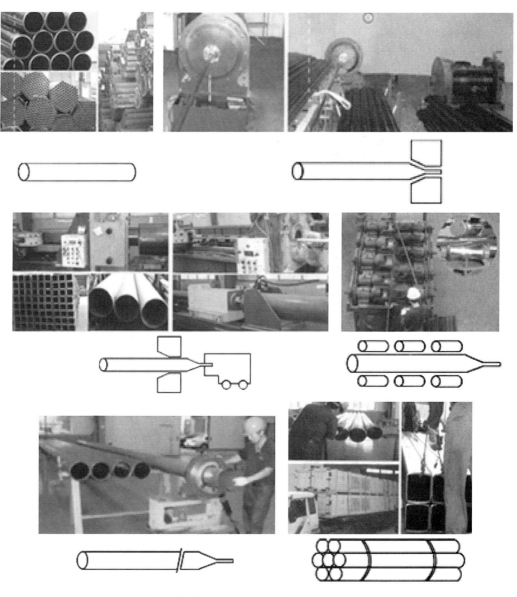

그림 9.17 인발 공정 순서(출처 : 성진스틸)

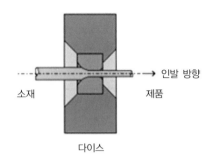

그림 9.18 인발 라인과 인발 금형

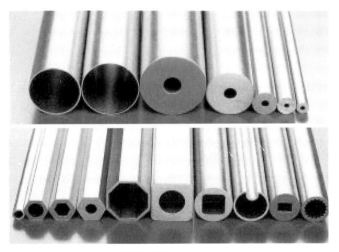

그림 9.19 인발 부품

그림 9.20 여러 가지 인발 단면 형상 (출처 : 일진제강)

신선된 선재의 최소 직경은 0.025mm이다.

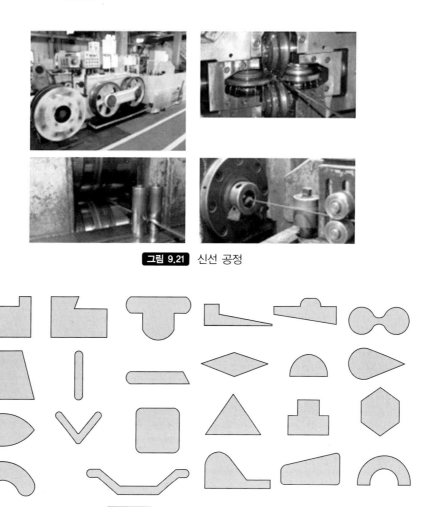

그림 9.21 신선 공정

그림 9.22 신선된 선재의 단면 형상

5 압연

압연(rolling)은 제철 제강 공정의 연속 주조에 의해 만들어진 슬래브를 눌러 펴서 핫 코일을 만드는 공정으로, 슬래브를 1,250℃까지 재가열하여 뜨거운 상태에서 압연한다. 이를 열간 압연이라 하며 대부분의 강판 제조에 쓰이고 있다. 두께 250mm인 슬래브를 다단계로 압연하여 1~3mm까지 얇게 만들 수 있다. 압연된 띠 모양의 강판 길이는 2,000m에도 이르며 화장지 같이 롤 모양으로 감을 수 있다.

열간 압연의 종류에는 평판 압연, 형강 압연(H 빔, C 채널, 앵글, 레일 등), 링 압연 및 관재(tube) 압연 등이 있다. 그림 9.23은 압연기의 기본 구조를 보여준다.

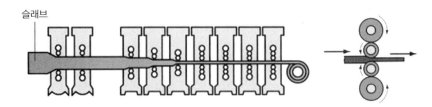

슬래브

그림 9.23 압연기의 기본 구조

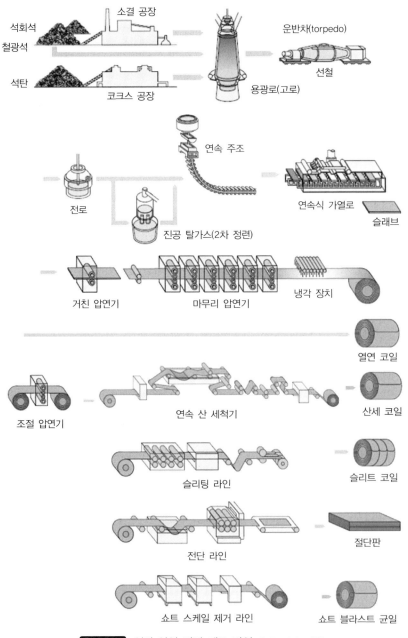

석회석
철광석
소결 공장
석탄
코크스 공장
용광로(고로)
운반차(torpedo)
선철

연속 주조
전로
진공 탈가스(2차 정련)
연속식 가열로
슬래브

거친 압연기
마무리 압연기
냉각 장치

열연 코일

조절 압연기
연속 산 세척기
산세 코일

슬리팅 라인
슬리트 코일

전단 라인
절단판

쇼트 스케일 제거 라인
쇼트 블라스트 균일

그림 9.24 열간 압연 강판 제조 라인(출처 : 신일본제철)

열간 압연된 강판을 실온에서 다시 압연하면 표면이 매끄러운 강판을 얻을 수 있는데 이 공정을 냉간 압연이라 한다. 냉간 압연 판재는 두께 3.2mm 이하만 생산되고 있다.

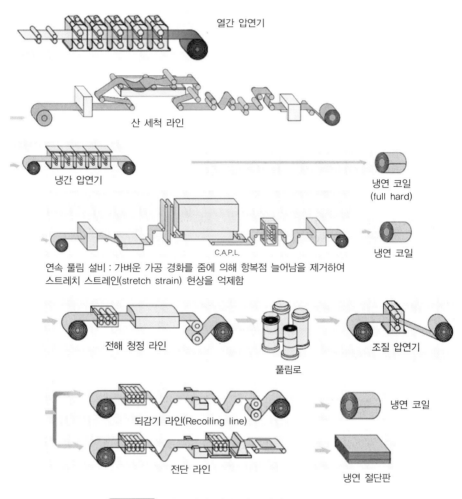

열간 압연기

산 세척 라인

냉간 압연기

냉연 코일
(full hard)

C.A.P.L.

냉연 코일

연속 풀림 설비 : 가벼운 가공 경화를 줌에 의해 항복점 늘어남을 제거하여
스트레치 스트레인(stretch strain) 현상을 억제함

전해 청정 라인

풀림로

조질 압연기

되감기 라인(Recoiling line)

냉연 코일

전단 라인

냉연 절단판

그림 9.25 냉간 압연 강판 제조 라인(출처 : 신일본제철)

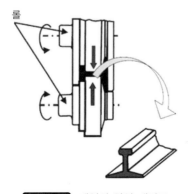

롤

그림 9.26 레일의 압연 개념도

6 전조

전조(form rolling)는 원통 형태인 소재를 회전시키면서 전조 다이스라 불리는 공구로 강하게 눌러 소재를 변형시키는 소성 가공 방법이다. 보통 2개 또는 3개를 1세트로 하고 있으며, 주로 회전 대칭체인 볼스크루, 스플라인, 세레이션 및 기어 등의 가공에 쓰이고 있다.

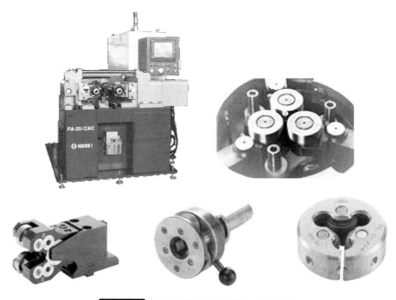

그림 9.27 전조 장비 및 다양한 전조 공구

전조 가공의 장점은 다음과 같다.

- 높은 생산성 : 가공 시간이 짧아 단위 시간당 생산량이 많다.
- 생산 비용 절감 : 공구 수명이 길고 재료 낭비가 없다.
- 안정된 가공 정밀도 : 정밀도 차이가 크지 않아 안정적이다.
- 면 조도가 좋다.
- 메탈 플로가 잘리지 않아 강도가 높다.
- 가공유 사용이 적어 친환경적이다.

아울러 단점으로는 정밀도가 매우 높은 제품은 얻기 어렵다는 것이 있다.

절삭 가공품 　　　　　 전조 가공품

메탈 플로

그림 9.28 전조 가공 개념도

전조는 절삭 가공 없이 소성 가공만으로 치수 정밀도를 얻어야 하므로 소재의 굵기를 얼마로 할 것인지 정확하게 산정해야 하며, 여기에는 해박한 소성 가공 이론과 해석 및 많은 경험이 필요하다.

전조는 다이스의 형태에 따라 원통 다이스, 평판 다이스 및 유성(planetary) 전조 등이 있으며, 한편 소재의 이송 방식에 따르면 아래 세 가지 종류로 구분된다.

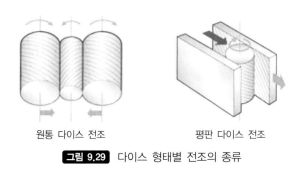

원통 다이스 전조   평판 다이스 전조

그림 9.29 다이스 형태별 전조의 종류

1) 인피드 전조

인피드(in feed) 전조는 소재를 움직이지 않게 하고 회전하는 다이스의 거리를 좁혀가면서 가공 완료 위치까지 소재를 서서히 눌러가며 성형하는 가장 일반적인 방법이다.

2) 스루피드 전조

스루피드(through feed) 전조는 가공 중에 일어나는 '전진' 현상을 이용하여 소재를 축 방향으로 이동시키면서 전조한다. 소재가 전진하도록 다이스를 붙인 주축을 기울이며, 주축에 경사 기능이 없는 기계에서는 리드각을 보정한 다이스를 사용한다.

3) 강제 스루피드 전조

강제 스루피드(force through feed) 전조는 회전하는 다이스의 거리를 일정하게 유지하면서 앞쪽에서 부터 소재를 축 방향으로 밀어넣어 가며 가공하는 방법이다. 소재를 밀어넣는 장치가 필요하며 모듈이 큰 스플라인이나 세레이션의 가공에 쓰인다.

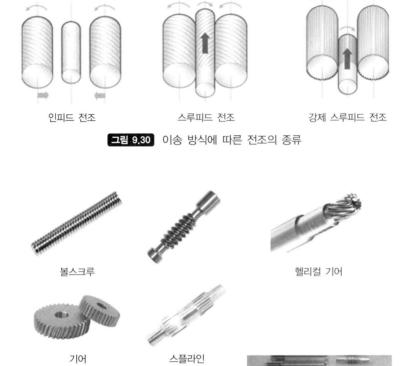

인피드 전조   스루피드 전조   강제 스루피드 전조

그림 9.30 이송 방식에 따른 전조의 종류

볼스크루   헬리컬 기어

기어   스플라인

그림 9.31 여러 가지 전조 가공 부품

10 비금속 재료 부피성형

1 개요

최근 기계 재료 및 일상 용품의 재료로서 사용이 점점 증가하고 있는 플라스틱 및 고무를 사용하여 기계 부품이나 일반 부품을 만드는 방법에는 절단 가공 및 재료 제거 가공 외에 대량 생산을 목적으로 금형을 만들고 이를 활용하여 제품을 만드는 부피성형 가공이 있다. 부피성형 가공에는 재료의 종류 및 용도에 따라 다음과 같은 아홉 가지 방법이 쓰이고 있다.

① 사출 성형(injection molding)
② 압출 성형(extrusion molding)
③ 블로 성형(blow molding)
④ 진공 성형(vacuum molding, thermoforming)
⑤ 진공 압축공기 성형(compressive air molding)
⑥ 프레스 성형(press forming)
⑦ 회전 성형(rotational molding)
⑧ 압축 성형(compressive molding)
⑨ 발포 성형(foam molding, expansion molding, foaming)

이 장에서는 위에 언급한 각 방법에 대해 자세히 설명한다.

2 사출 성형

플라스틱 재료를 가열하여 부드럽게 만든 다음 금형 내로 밀어넣고 응고시켜 성형하는 방법으로, 펠릿(pellet)이라 불리는 입자 모양의 플라스틱(주로 열가소성) 원료를 호퍼로부터 공급받고 이것을 미리 가열되어 있는 실린더 내로 밀어넣어 연화시킨다. 펠릿은 회전하는 스크루에 의해 실린더 앞쪽으로 보내져 순서대로 용융되면서 노즐을 통해 금형 내로 사출된다.

금형은 물 등으로 냉각되며 사출된 재료가 응고되면 금형을 열어 제품을 빼낸다. 사출 성형에서는 재료의 냉각이 균일하게 이루어져야 하므로 금형의 온도 관리가 매우 중요하며, 냉각수의 경로 설계에 많은 노력을 기울여야 한다.

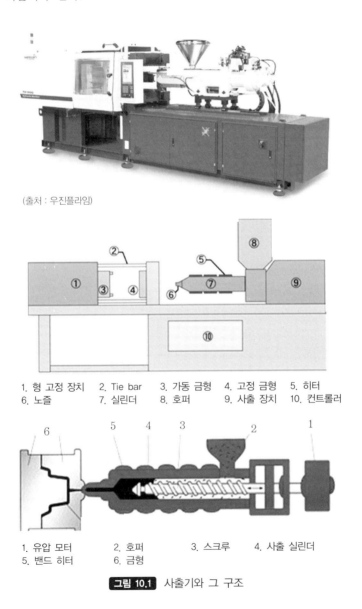

(출처 : 우진플라임)

1. 형 고정 장치 2. Tie bar 3. 가동 금형 4. 고정 금형 5. 히터
6. 노즐 7. 실린더 8. 호퍼 9. 사출 장치 10. 컨트롤러

1. 유압 모터 2. 호퍼 3. 스크루 4. 사출 실린더
5. 밴드 히터 6. 금형

그림 10.1 사출기와 그 구조

열가소성 플라스틱은 재료를 고온에서 용융한 후 저온인 금형으로 사출하여 응고시킨다. 비교적 빠른 사이클(수 초~수십 초)로 생산이 가능하지만 플라스틱의 점도가 높아 고속, 고압 충전이 필요하다.

반면, 열경화성 플라스틱은 50℃ 정도로 가열한 후 고온인 금형으로 사출하여 경화시킨다. 점도가 낮아 저압으로 충전할 수 있으나 사이클 시간(수 분 정도)이 길어 생산량이 많지 않다.

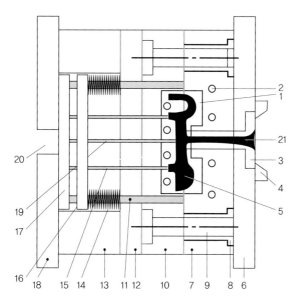

1 : 인서트　　　　　　 2 : 냉각수 구멍
3 : 스풀 부시(spool bush)
4 : 로케이트 링
5 : 사출 제품　　　　　 6 : 고정 측 취부 판
7 : 고정 측 금형 판　　　 8 : 가이드 핀 부시
9 : 가이드 핀　　　　　 10 : 가동 측 금형 판
11 : 리턴 핀　　　　　　 12 : 취부 판
13 : 스페이서 블록　　　 14 : 리턴 스프링
15 : 이젝터 핀(ejector pin)
16 : 이젝터 판 상　　　　 17 : 이젝터 판 하
18 : 가동 측 취부 판　　　 19 : 스풀 록 핀
20 : 이젝터 홀　　　　　 21 : 스풀 러너(runner)

그림 10.2 사출 금형의 기본 구조

그림 10.3 사출 금형의 외형

사출 성형에 쓰이는 재료는 ABS, PS(폴리스티렌), PE(폴리에틸렌), POM(폴리아세탈), PMMA(아크릴), PP(폴리프로필렌), PC(폴리카보네이트), PPE(폴리페닐렌에테르) 등이 있다.

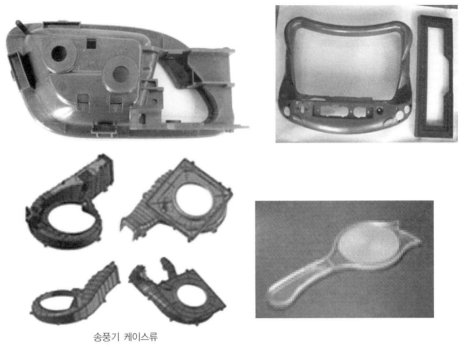

송풍기 케이스류

그림 10.4 일반 사출 제품

사출 성형은 아래와 같은 특수 성형도 가능하다.

① 2색 성형 : 컴퓨터 키보드나 칫솔 등과 같이 여러 가지 색깔로 이루어진 제품도 성형 가능하다.

② 인서트 성형 : 금속판 또는 유리 등을 미리 넣고 사출하여 일체화할 수 있다.

③ 메탈 인젝션 몰드(MIM) : 금속 분말과 플라스틱의 혼합물을 사용하여 사출 성형할 수 있다.

3 압출 성형

호퍼로부터 원료를 공급받아 회전하는 스크루를 통해 실린더 내로 밀어넣고 가열하여 용융시키는 것까지는 사출 성형과 같다.

이후 용융된 재료를 실린더 앞부분의 다이스 구멍을 통하여 압출한 후 물 또는 공기로 냉각 건조하면 파이프나 튜브처럼 동일한 단면적을 가진 길이가 긴 제품을 연속적으로 성형할 수 있다. 어느 정도 부드러워진 압출 제품은 형상 및 치수를 유지하기 위해 사이징 다이스를 통과한 후 적당한 길이로 절단하여 사용한다.

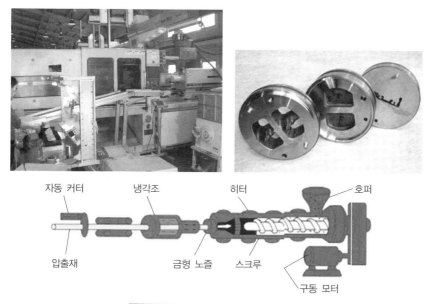

그림 10.5 압출기 구조 및 압출 금형

압출 성형의 종류에는 네 가지가 있다.

1) 단색 압출 성형

일반적인 압출 성형이며 대형 제품, 소형 제품, 중공 구조 외에 복잡한 단면 형상의 성형이 가능하다.

(출처 : 아진테크)

2) 복수 압출 성형

여러 가지 플라스틱을 동시에 성형하는 기술로, 경질재와 연질재를 동시에 압출하는 것이 특징이다. 투명재와 착색재를 동시 압출하고, 발포재와 경질재를 동시 압출하는 등 2층 성형이 있으며 더 나아가 3층 성형도 가능하다.

① 표면피복형 : 경질 PVC 이면을 연질 PVC 및 아크릴 수지 등으로 덮는 것

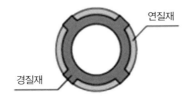

② 샌드위치형 : 부분적으로 연질 PVC 등을 끼워넣는 것

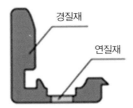

③ 돌기형 : 본 부품에 돌기 모양의 연질재를 붙인 것

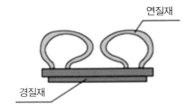

3) 복합 압출 성형(금속 인서트)

다층 성형은 여러 가지 플라스틱의 동시 성형이지만 복합 성형은 플라스틱과 다른 소재를 인서트하여 일체 성형하는 방법이다. 고강도이며 선팽창이 적은 것이 특징이다.

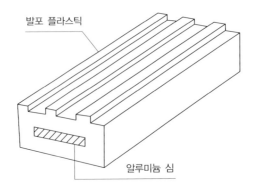

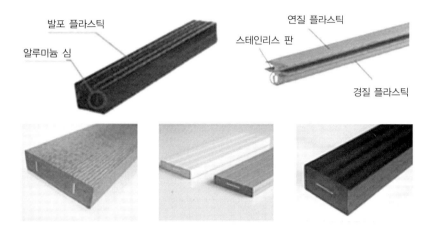

4) 발포 압출 성형

플라스틱 원료에 화학 발포재를 섞어 발포 제품을 성형하는 방법이다. 경량화가 가능하고 나무와 같은 가공 성능이 있어 나무를 대체할 수 있으며 용도에 따라 발포 배율을 조절할 수 있는 것이 특징이다.

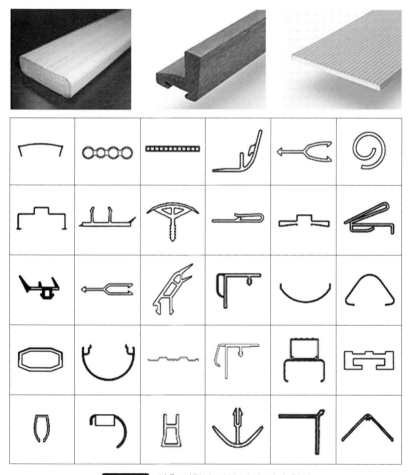

그림 10.6 압출 성형의 여러 가지 단면 형상

4   블로 성형

원료를 용융하여 파이프 형태로 만든(이것을 패리슨이라고 함) 후 이것을 분할된 금형 사이에 끼우고, 분할 금형을 합쳐 닫은 후 패리슨 내에 주삿바늘을 이용하여 공기를 불어넣는다. 패리슨은 공기압에 의해 부풀어올라 금형 내면에 밀착되며 이 상태에서 냉각하면 중공 형태로 응고된다.

그림 10.7   블로 성형기 (출처 : (주)Frontier)

블로 성형 재료로 쓰이는 플라스틱의 종류는 폴리에틸렌, 폴리프로필렌, 염화 비닐, PET, 폴리카보네이트 등이 있으며, 성형의 종류에는 다음과 같이 세 가지 방법이 있다.

1) 직접 블로 성형

직접 블로 성형(direct blow molding)은 원통형 튜브로 압출하여 2개로 나뉜 금형 사이에 끼우고 튜브 속으로 압축공기를 불어넣어 부풀려 금형에 밀착시킨 후 냉각 응고하여 중공체 성형품을 만드는 방법으로, 가볍고 값이 싼 중공 용기를 고속으로 생산 가능하므로 포장 용기에 많이 사용된다. 주로 샴푸 용기, 세제 용기 등에 사용된다.

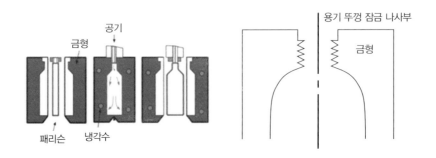

2) 사출 블로 성형

사출 블로 성형(injection blow/stretch blow molding)은 사출 성형기로 접합 자국이 없는 용기 형태를 만들고 이것을 중공 금형 내에 넣은 다음 여기에 압축공기를 불어넣어 늘리는 방법이다. 무엇보다도 미적인 점을 추구하는 화장품 용기, 청결감을 높여야 하는 페트병으로 대표되는 음료 용기 등을 만드는 데 쓰이고 있다.

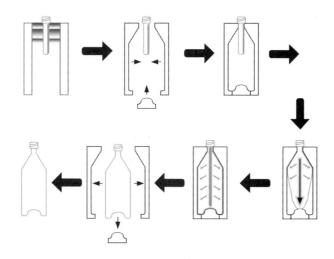

3) 다층 블로 성형

복수 압출 성형을 하여 복수의 기능을 가진 플라스틱을 그림 10.7과 같은 층상으로 다층 구조로 성형하여 만드는 방법이다. 성형 가공성은 단층보다 복잡하지만 내용물의 산화를 방지하거나 냄새가 밖으로 새어나가지 않도록 하기 위하거나 가스 보호성 등의 기능을 부가하기 위해 이러한 기능을 가진 플라스틱을 한 층 두는 방법으로 2~6겹까지 가능하다. 주로 화학약품 용기, 농약 용기, 화장품 및 식품(마요네즈, 케첩, 식용유) 용기 등에 많이 사용된다.

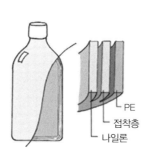

그림 10.8 블로 성형 제품

5 진공 성형

열가소성 플라스틱의 얇은 판을 금형 위에 올려놓고 클램프로 고정한 후 히터로 가열하여 부드럽게 만든 다음 금형 바닥면에 뚫려 있는 작은 구멍을 통하여 진공 펌프로 공기를 빼내 플라스틱을 형면에 밀착시켜 성형하는 방법이다. 냉각하여 응고 후 진공 펌프를 정지시키고 빼낸다.

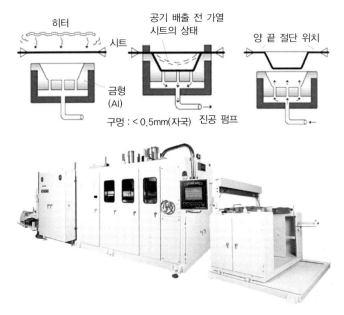

그림 10.9 진공 성형 원리와 진공 성형기 (출처 : 서진이엔지)

주요 특징은 다음과 같다.

- 공정이 단순하여 고속 생산이 가능하다.
- 다품종 소량 생산에 알맞다 : 금형의 상각 비용이 부담이 되는 제품
- 납기가 짧다 : 사출 성형에 비해 리드 타임(구상에서 판매까지 걸리는 시간)이 짧다.
- 형 비용이 비교적 낮다 : 성형 압력이 대기압 이하이므로 형 재료로 석고, 목재, 열경화성 플라스틱 등 가공하기 쉬운 재료를 쓸 수 있다.
- 설계 수정이 쉽다.
- 재료의 종류가 다양하다.
- 얇은 두께의 성형도 가능하다.

사용되는 재료는 단발 진공 성형에는 PVC, PET, ABS, PP, PS, 아크릴 등이며 연속 진공 성형에는 PVC, PET, PP, PS 등이 있다.

주요 부품으로는 일회용 용기 및 케이스, 트레이, 간판, 자동차 내장 부품, 가전제품의 내장 부품(냉장고 내상 등) 등을 들 수 있다.

그림 10.10 진공 성형 제품

6 진공 압축공기 성형

진공 성형과 동시에 압축공기(압력 : 3~5kg/cm²)를 불어주어 금형에 더욱 밀착시켜 성형하는 방법이며, 단발 진공 성형과 같이 다품종 소량 성형 방법으로 평가받고 있다. 진공 성형보다 정밀도가 높은 형상을 얻을 수 있다. 컵이나 밀폐용기 같은 제품 생산에 주로 이용된다.

그림 10.11 진공 압축공기 성형기 (출처 : 서진이엔지)

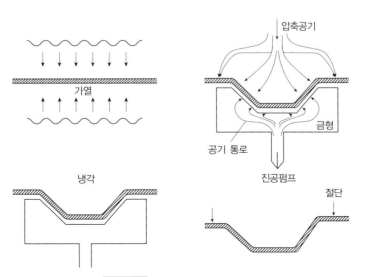

그림 10.12 진공 압축 성형 개념도

이 방법의 특징은 다음과 같다.

- 다품종 소량 생산이 가능하다.
- 진공 성형보다 살 두께가 균일하다.
- 금형비는 사출 금형보다 저렴하고 진공 금형보다는 비싸다.
- 금형 수정이 사출 성형보다 쉽다.

사용되는 재료는 ABS, PET, PP, PS, PC, 아크릴 등이며 기계 커버, 자동차 내장 및 외장 부품을 만드는 데 쓰인다.

그림 10.13 진공 압축공기 성형 제품

7 프레스 성형

가열하여 부드럽게 한 플라스틱 시트를 한 쌍의 요철 금형으로 눌러 원하는 형상을 얻는 방법이다. 요철형으로 부품의 모든 면을 틀에 밀착시키지 않고 성형하는 것이 가능하여 간판 등을 만드는 데 적당하다. 또한 진공 성형, 압축공기 성형에서는 성형할 수 없는 연신율이 나쁜 복합 재료의 성형도 가능하다.

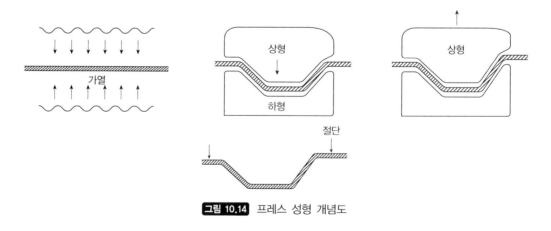

그림 10.14 프레스 성형 개념도

8 회전 성형

중공 제품을 만드는 방법인 블로 성형으로 만들 수 있는 제품의 크기에는 제한이 있으며 금형 비용도 고가이므로 확실한 수량이 확보되지 않는 경우에는 선택하기 어려운 단점이 있다. 이러한 점을 해결하기 위한 방법이 바로 회전 성형이다.

회전 성형은 주로 대형 제품이나 소량 제품에 사용되며, 비용을 크게 들이지 않고 정밀하게 제작되지 않은 틀에 재료를 넣고 가열하면서 여러 방향으로 회전시키면 재료가 틀의 내측 표면에 원심력에 의해 밀착하며 이를 냉각시켜 빼낸다.

이 방법의 장점은 다음과 같다.

- 자유도가 높은 디자인이 가능하다.
- 대형 중공 제품 성형이 가능하다.
- 다품종 소량 생산에 대응 가능하다.
- 금형 비용이 저렴하며 납기가 짧다.
- 다층 성형이 가능하다 : 성형하고 있는 도중에 다른 종류의 플라스틱 원료를 투입하여 다층 성형할 수 있다. 제품 외측과 내측의 색이 다른 2색 성형 및 중간에 발포층을 가진 발포 3층 성형도 가능하다.
- 나사류 또는 보강재를 넣는 인서트 성형이 가능하다.
- 각부 및 모서리부의 살을 두껍게 할 수 있어 내충격성을 높일 수 있다.

사용되는 재료는 PP, PC, PE, PA(폴리아미드), PVC 등이 있다. 이 방법으로 만들어진 제품에는 다음과 같은 것들이 있다.

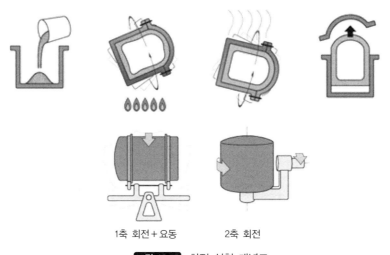

1축 회전＋요동   2축 회전

그림 10.15 회전 성형 개념도

- 옥내 · 옥외용 대형 테이블, 벤치
- 애완동물 집, 우편함
- 악기 보호 케이스
- 공업용 · 농업용 탱크, 대형 용기, 저장 탱크
- 교통 안내용 각종 기자재, 사인보드, 완충용 쿠션 탱크
- 미끄럼틀, 실내 완구 등
- 운송 박스, 보온 · 보냉 박스, 소형차량 차체, 소형 부스

그림 10.16 회전 성형기 (출처 : (주)에이치피티)

그림 10.17 회전 성형 제품

9 압축 성형

열경화성 플라스틱 성형법 중 가장 오래된 성형법으로, 다음 순서에 따라 제품을 성형한다.

1. 분말 또는 과립 상태인 재료를 필요한 양만큼 계량한다.
2. 계량된 원료를 정해진 온도까지 미리 데운 한쪽 금형에 넣는다.
3. 반대쪽 금형을 덮어 규정된 압력에 가까이 압축한다.
4. 압력을 낮추고 금형을 약간 열어 가스를 빼낸다.
5. 금형을 다시 닫고 규정된 압력까지 누르며 가열한다.
6. 냉각된 후 금형을 열어 꺼낸다.
7. 끝 부분을 정리한다.

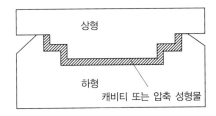

사출 성형의 경우 금형 속을 용융된 수지가 흐를 때 금형 표면에서는 수지 온도가 급격히 낮아져 굳기 시작하고 반대로 중심부는 유동 속도가 매우 빠르므로, 이 유동 속도의 차이가 성형품의 변형을 일으킨다.

반면에 압축 성형의 경우 미리 성형 재료를 넣고 성형품의 전면을 가열 압축하여 만들므로 사출 성형과 같은 재료의 이동이 없어 변형을 작게 할 수 있다. 따라서 변형이 작은 치밀한 부품을 만들 수 있다. 이 성형법은 사출 금형에 비해 구조가 간단하며 설비 가격도 저렴하다. 그러나 금형을 완전히 닫지 않고 가열하거나 지나치게 압력을 걸면 재료가 삐져나오게 된다. 또 재료를 너무 많이 넣으면 넘쳐흐르게 되고, 흘러나온 부분이 굳으면 버(burr)가 되어 후처리에 손이 많이 가게 된다.

이 방법의 특징은 다음과 같다.

- 필요한 양만큼만 투입하므로 재료 손실이 적다.
- 고강도 제품 제조가 가능하다.
- 성형 압력이 제품에 직접 걸리므로 대형 제품 및 살이 두꺼운 제품 성형에 알맞으며 내부 응력이 작다.
- 금형을 닫으면서 성형하므로 치수 정밀도는 떨어지며, 경화에도 시간이 걸린다.
- 끝 부분 마무리에 시간이 걸린다.
- 복잡한 형상의 제품 성형에는 부적절하다.

사용되는 재료의 종류에는 에폭시 수지, 페놀 수지, 불포화 폴리에스터 수지, 우레아 수지, 멜라닌 수지, 폴리이미드 등이 있다. 주요 제품에는 접시 등 식기, 재떨이, 전기 절연 부품, 단추, LCD 모니터

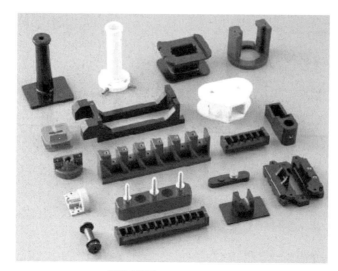

그림 10.18 압축 성형 제품

용 도광판 등이 있다. 여기서 열경화성 플라스틱의 성형과 관련된 특징을 정리해보면 다음과 같다.

- 재료비는 저렴하지만 성형 자동화가 어렵다.
- 성형 시 가스가 발생하여 성형 제품 분리에 방해가 되거나 금형 부식의 원인이 된다.
- 수시로 금형 내면에 부품 분리를 도와주는 이형제를 발라야 한다.
- 성형 후 반드시 성형된 면을 연마제로 닦아주어야 한다.
- 압축 성형 후 끝 마무리에 손이 많이 간다.
- 분말 상태인 재료를 사용하므로 분진 등 작업 환경이 좋지 않다.

이 때문에 점차 PP 등 열가소성 수지로 대체되어 가고 있으며 압축 성형 자체도 점점 쇠퇴되어 가고 있다.

10 발포 성형

플라스틱에 발포제(blowing agent)를 섞어 기포를 가진 부드러운 플라스틱으로 성형하는 방법으로 재료 내부에 기포를 만들어 체적을 2~50배 정도로 부풀릴 수 있다. 발포 성형 제품은 주로 흡음재, 단열재 및 충격 흡수재 등으로 쓰이고 있다. 종류에는 오픈 발포, 다단 프레스 발포, 박스 발포 등이 있으며 사용되는 재료로는 PP, PS, PE, 우레탄 등이 있다. 자동차 범퍼, 냉장고 도어 내부재, 스티로폼 컵, 식품 용기, 보온 박스, 값비싼 전자제품 포장재 등의 제조에 쓰인다.

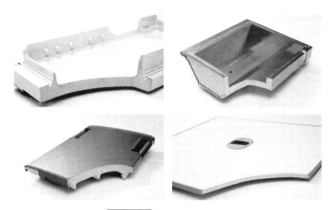

그림 10.19 발포 성형 제품

11 고무 재료 가공 방법

고무 가공 방법은 플라스틱 가공과 비슷하며 다음과 같은 방법이 있다.

① 사출 성형
② 압출 성형
③ 압축 성형
④ 압입 성형
⑤ 주형 성형
⑥ 톰슨 다이에 의한 블랭킹
⑦ 절삭 가공

이 중 사출, 압출, 압축 성형은 플라스틱 성형 방법과 동일하며, 나머지 다른 가공 방법에 대해서만 알아보겠다.

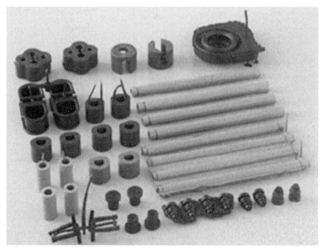

그림 10.20 사출 성형 제품 : 패킹, O/A 기기 부품, 대량 생산품

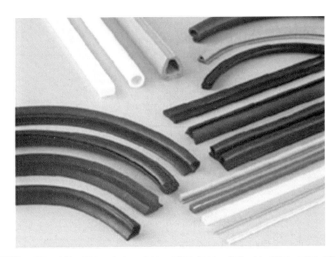

그림 10.21 압출 성형 제품 : 파이프, 허스, 단열 튜브, 패킹, 실, 벨트, 고무 피복 전선

그림 10.22 압축 성형 제품

1) 압입 성형

고무 재료를 금형 위쪽에 있는 포트에 넣고 가열하면서 가압하여 포트 바닥에 있는 구멍을 통하여 금형 내로 밀어넣어 성형한다. 이 방법은 구조가 복잡하고 금형 비용이 비싸며 스크랩도 많이 나오지만 치수 정밀도를 얻기 쉽고 복잡한 형상도 가공 가능하며 금속 인서트 성형도 가능하다는 장점이 있다.

금속 인서트 부품, 정밀기기 부품, OA 기기 부품 등의 제조에 쓰인다.

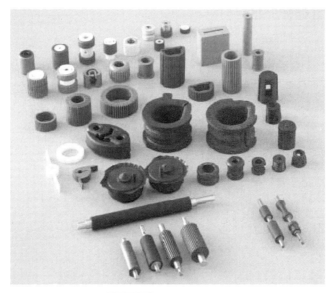

그림 10.23 압입 성형 제품

그림 10.24 주형 성형 제품

2) 주형 성형

액체 상태의 폴리우레탄과 경화제를 진공 중에서 적당량 혼합하여 뒤섞은 다음 노즐을 통하여 금형 내로 주입한 후 가열하여 경화시키는 방법으로 이액성 폴리우레탄 성형에 많이 쓰이며, 내마모성과 내유성이 뛰어난 제품을 생산한다.

각종 롤러, 커플링, 베어링, 솔리드 타이어, 컨베이어 가이드 롤러, 개스킷 등의 제조에 쓰인다.

3) 톰슨 다이에 의한 블랭킹 가공

얇고 부드러운 고무판으로 제품을 만드는 방법으로, 실톱이나 레이저 빔으로 나무 판에 제품 형상과
같은 홈을 따낸 다음 홈에 칼날을 심은 목재 틀을 톰슨 다이(thompson die)라고 하며 이 톰슨 다이를
프레스 위에 놓고 이 위에 고무판을 올려놓은 다음 상형으로 누르면 제품이 잘려나온다.

　상세한 내용은 제15장 2절을 참조하기 바란다.

4) 절삭 가공

톰슨 다이로는 블랭킹되지 않는 딱딱한 고무 및 두께가 두꺼운 재료로 제품을 만들 때 각종 공작기계
를 사용한다.

　롤러, 파이프, 패킹, 개스킷 및 각종 시작품 제작에 활용한다.

그림 10.25 절삭 가공 제품

12 필름 성형 방법

필름을 만드는 방법에는 다음과 같은 두 가지 방식이 있다.

1) 인플레이션 성형

녹인 플라스틱을 원통형으로 압출한 후 그 사이에 공기를 불어넣어 풍선처럼 부풀린 다음 이것을
눌러 접은 후 롤에 감는다. 이렇게 만든 튜브를 적당한 길이로 잘라 한쪽을 밀봉(heat seal)하면 봉지가
만들어지는 것이다.

　가정용 랩이나 비닐봉지 등이 대표적인 제품이다.

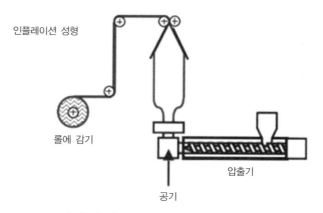

인플레이션 성형

롤에 감기

공기

압출기

그림 10.26 인플레이션 성형 개념도

2) T-다이 성형

녹인 플라스틱을 선 모양의 출구(slit)로부터 압출하여 만든다. 다이의 외형이 알파벳 T와 같아 T-다이 성형이라 부른다.

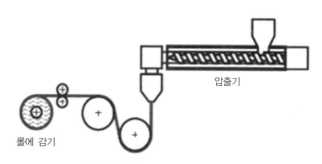

압출기

롤에 감기

그림 10.27 T-다이 성형 개념도

그림 10.28 랩 필름 압출 성형기

그림 10.29 랩 필름 제품

13 라미네이트 가공

종이나 알루미늄 박 등에 내수성을 부여하거나 강도를 올리거나 구멍이 잘 뚫리지 않게 하거나 열에 의한 접착이 가능하도록 하기 위한 목적으로 폴리에틸렌을 붙여 합치는데 이것을 라미네이팅이라 한다.

식품 포장용기 및 우유팩과 같은 종이용기 등은 이 방법에 의해 만들어진다.

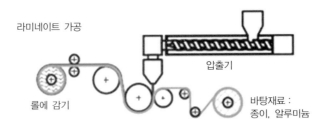

14 섬유강화 플라스틱(FRP) 성형법

섬유강화 플라스틱(fiber reinforced plastics, FRP)은 자유롭게 성형할 수 있다는 특징을 갖고 있기 때문에 다음과 다양한 많은 성형법을 활용하여 부품이나 제품을 만들 수 있는데, 1)~11)의 성형법은 모재가 열경화성 수지인 경우 사용된다.

1) 핸드 레이업 성형

핸드 레이업(hand layup)은 가장 일반적인 FRP 성형법으로 성형 틀에 섬유 강화재를 미리 깔고 거기에 붓이나 롤러로 수지를 발라 깊이 스며들게 한 뒤 탈기포시키면서 일정한 두께까지 적층하는 성형법이다. 이 방법은 갖가지 형상에 유연하게 대응 가능하다.

이 성형법은 설비 투자 비용이 낮아 다품종 소량 생산에 적합하며 복잡한 제품의 성형도 가능하지만, 압력을 가하지 않는 성형이므로 섬유 함유율이 낮고 품질이 작업자의 숙련도에 크게 영향을 받으며 작업 환경이 나쁜 단점이 있다.

FRP 성형법은 주로 소형선(craft), 내식기기 등의 제조에 쓰이며 4×5m 패널 생산도 가능하다.

(출처 : 사카이산업(주))

2) 스프레이업 성형

'스프레이업(spray up) 기기'라 불리는 전용기기를 사용하여 강화재(roving)를 적당한 길이로 절단하면서 수지를 동시에 성형 틀에 뿌려 적층하고, 롤러 등으로 깊이 스며들게 한 뒤 탈기포시키면서 성형하는 방법이다.

이 성형법은 핸드 레이업에 비해 강화섬유 재단 공정을 감소시킬 수 있어 생산성이 높지만 설비 투자가 많고 품질 관리가 어려우며 작업 환경이 나쁘다.

탱크, 욕조, 내식기기 등의 제조에 쓰인다.

3) RTM 성형

RTM 성형[수지 전이 성형(resin transfer molding, resin injection) 성형이라고도 함은 암수 한 쌍의 성형틀 내에 강화섬유와 필요에 따라 인서트(우레탄 폼, 볼트 등)를 설치하고 틀을 닫아 잠근 후 수지 주입구를 통해 수지를 주입하여 강화재에 깊이 스며들게 하여 성형하는 방법이다.

밀폐형 성형법이므로 작업 환경은 좋은 편이며 표면이 매끄럽고 품질이 안정적이며 대형 제품 및 복잡한 형상 제품의 중량 생산에 적합하다. SMC에 비해 설비 투자비가 낮다. 그러나 핸드 레이업 및 스프레이업에 비해서는 투자비가 높으며 사용할 수 있는 강화재에 제한이 있다.

주로 욕조 유니트, 하우징 류, 헬멧, 요트 등의 제조에 이용된다.

(출처 : 사카이산업(주))

4) SW 성형

SW(sheet winding) 성형은 수지를 깊이 스며들게 한 시트 모양의 강화재를 회전형(mandrel)에 일정량 감아 성형한 후 수지를 경화시킨다. 파이프 형상의 제조에 알맞으며 FW 성형법에 비해 제품의 두께 정밀도가 높고, 비용이 낮고 생산성은 높다.

(출처 : 사카이산업(주))

5) FW 성형

FW(filament winding) 성형은 로빙(roving)을 한 장에서 수십 장까지 뽑아 정돈하고 모재(matrix)를 깊이 스며들게 하면서, 회전하는 틀(mandrel)에 일정 두께까지 인장을 걸어 정해진 각도로 감아 붙이고 경화 후 형을 빼내는 성형법이다.

가장 기계적 강도가 높으며 품질이 안정적이고 자동화가 가능해 대량 생산에 알맞지만 설비 투자비가 많이 들고 원통 모양, 공 모양 등 회전체에 한정되어 있다. 주로 파이프, 압력 용기, 낚싯대, 골프 클럽 섀프트 등에 쓰인다.

(출처 : 사카이산업(주))

6) 진공(감압) 백 성형법

진공 백 성형법(vacuum bag molding)은 암수형 중 하나를 사용하여 시트를 형에 맞춰 성형하는 방법
으로, 강화재에 수지 등의 모재를 깊이 스며들게 하면서 층을 쌓아 성형하고 성형된 부품에 백이라
불리는 것을 덮어 기밀 마감 후 진공(감압)시키고 상온에서 경화시킨다.

대형 성형품에 알맞으며 약 10m² 크기의 제품도 생산 가능하다.

(출처 : 사카이산업(주))

7) 오토클레이브 성형법

오토클레이브(autoclave) 성형법은 가압·가열이 가능한 성형틀에 프리프레그(prepreg)를 적층하여
플라스틱 필름 등으로 적층면 전체를 덮고 기밀 마감 후 배깅(bagging)을 하고 감압한 다음 압력솥에
넣고 가압·가열하여 경화시킨다.

고기능 FRP 가공이 가능하므로 항공기 부품 및 우주 관련 부품 생산에 쓰인다.

(출처 : 사카이산업(주))

(출처 : 화이버텍)

8) 프레스 성형법

암수 한 쌍의 고정밀도 기밀형 금속틀을 써서 성형 압력에 의해 경화시키는 방법으로 생산 효율 및
치수 정밀도가 높으며 SMC(sheet molding compound)와 BMC(bulk molding compound) 재료를 사용
한다.

오토바이 방풍막
프레스 성형

(출처 : 사카이산업(주))

9) 인발 성형

인발(pultrusion) 성형은 유리 로빙(glass roving), 유리 매트(glass mat) 등에 불포화 폴리에스테르 수지를 스며들게 하고 금형에 밀어넣어 틀 내에서 경화시키고 정해진 단면 형상으로 인발 장치에서 연속 또는 간헐적으로 인발한 다음 원하는 길이로 절단하여 만드는 방법이다. 같은 단면의 길이가 긴 제품 성형에 주로 사용되며 강화재를 자르지 않고 만들므로 강도 특성이 좋다. 다품종 소량 생산에는 맞지 않으며 설비 투자비가 많이 든다.

봉재, 파이프 등에 주로 사용된다.

(출처 : 사카이산업(주))

10) 연속 적층 성형

수지를 하부 피복 필름 위에 정량을 균일하게 바르고 그 위에 로빙을 연속적으로 절단하여 내려 깔면서 수지를 깊이 스며들게 하고 필름으로 위를 피복하여 넓게 펴는 치구를 지나가게 하면서 가열로로 연속 경화시키는 방법이다. 연속 성형이므로 생산성이 좋고 품질이 안정적이다.

주로 파형 평판 생산에 쓰인다.

11) 인퓨전 성형

인퓨전(infusion)은 상형에 필름을 사용하여 하형과 필름의 기밀성을 유지하고 진공으로 수지를 충전, 깊이 스며들게 하는 클로즈드 몰드(closed mold) 성형법이다. 이 방법은 오염과 냄새가 없는 성형법이며 대형 제품, 두꺼운 제품 등에 적당하다. 고강도 성형품이 얻어지며 대량 생산용에는 적합하지 않다. 풍력 발전용 블레이드(blade), 크래프트(craft) 등의 제조에 쓰인다.

한편 열가소성 수지 복합 재료인 FRTP(fiber reinforced thermoplastics) 성형법에는 다음 두 가지 방법이 있다.

12) FRTP 성형법

(1) 사출 성형

가열 용융시킨 재료를 금형 내로 사출 주입하고 냉각 응고시켜 성형품을 만드는 방법으로, 복잡한 형상의 제품을 대량 생산할 수 있으며 성형 사이클이 짧고 외관이 좋지만 강화섬유의 길이가 짧아 강성이 낮다.

전기·전자부품, 자동차 엔진룸 내 각종 부품 등의 제조에 쓰인다.

(2) GMT 성형

GMT(glass-mat reinforced thermoplastics)란 열가소성 수지(주로 PP임)를 긴 유리섬유 매트로 강화시킨 복합 재료이며 스탬핑 가능한 시트(stampable sheet)라고도 불린다. 짧은 유리섬유를 넣은 열가소성 수지에 비해 긴 섬유가 50% 정도이므로 강도가 높아 자동차 부품 등에 많이 쓰이고 있다.

강도 및 비강도가 커서 경량화 재료로 적합하고 제진 효과도 크다. 하지만 외관이 나쁘며 버 제거가 필요하고 복잡한 형상에는 적합하지 않다는 단점이 있다. 자동차 부품(범퍼 빔, 엔진 펜더 커버 등), 파이프 조인트 등의 제조에 쓰인다.

11 용접

1 개요

용접(welding)이란 접합하고 싶은 곳에 국부적으로 열 및 압력을 가해 융합하거나 원자의 확산에 의해 금속학적으로 접합하는 것을 말하며 두 가지 이상의 부품이나 소재를 일체화시키는 공정이다.

용접은 (1) 제품이 크거나 복잡해서 전체를 일체로 만드는 것이 불가능한 경우, (2) 제품 전체를 일체로 만들면 오히려 비용이 많이 드는 경우, (3) 제품이 두 가지 이상의 금속으로 이루어진 경우 등에 쓰이고 있다.

용접은 크게 융접, 압접 및 납접으로 분류된다. 융접(fusion welding)이란 모재의 용접하려고 하는 부분을 가열하여 모재끼리, 또는 모재와 용가재(용접봉 또는 용접 와이어를 말함)를 녹여 용융 금속을 만든 후 이를 응고시켜 접합하는 방법이다. 압접이란 가열된 모재를 맞대어 놓고 기계적으로 압력을 가하면서 접합하는 방법이다. 납접은 모재를 용융하지 않고 모재보다 낮은 융점을 가진 용가재(땜납)를 녹이고 모세관 현상을 이용하여 접합부의 틈새로 흘러 들어가게 하여 접합하는 방법이다. 표 11.1에 자세한 용접법의 종류와 분류가 표시되어 있다.

한편, 용접 부위에는 용접 시의 여러 가지 잘못에 의해 용접 결함(welding defect)이 나타나며, 결함의 종류에는 다음과 같은 것들이 있다.

① 언더컷

언더컷(undercut)은 용접 비드와 용접 표면의 경계선에 나타나는 움푹 들어간 현상을 말하며 이 부분에 응력이 집중되기 쉽고 피로강도 저하의 원인이 된다. 원인은 너무 빠른 용접 속도, 지나친 유량의 실드 가스 등이다.

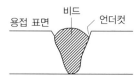

② 언더필

언더필(underfill)은 용접 부위의 공간이 큰 경우 용융 금속이 공간보다 적으면 용접 비드 표면이 용접 표면보다 낮게 되는 현상을 말한다.

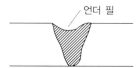

③ 기공

용접 중에 수소, 질소, 이산화탄소 등의 가스가 용융 금속 중에 기포로 잔류하여 생기는 빈 공간(blowhole, porosity)이나 구멍(pit)을 말한다.

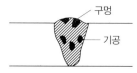

④ 용접 균열

용접 금속이 용융 후 응고될 때 용접 비드의 중간 부분에서 균열이 발생하는 현상으로 고탄소강 용접 시 주의해야 한다.

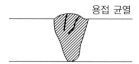

⑤ 낙타 등

낙타 등(hump)은 용융 금속의 유동성이 나쁜 경우 용접 속도를 빠르게 하면 비드의 표면이 울퉁불퉁하게 되는 현상을 말한다.

⑥ 용접선 어긋남

용접선 어긋남(misalignment)은 목표 용접선과 실제 용접선이 일치하지 않는 현상으로 용접 강도가 크게 떨어진다.

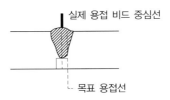

⑦ 용접 비산물

용접 비산물(spatter)은 용접 시 용융 금속으로부터 튀어 날아올라 소재 표면에 떨어져 붙는 금속 입자로, 떼어내기 위해서는 소재 표면에 손상을 줄 수밖에 없으므로 주의해야 한다.

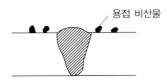

⑧ 크레이터

크레이터(crater)는 용접부 끝 부분의 용접 비드가 오목하게 들어가는 현상으로 용융못(molten pool)에서 응고가 늦기 때문이며 이를 방지하기 위해서는 용접원의 출력을 제어(power ramping)할 필요가 있다.

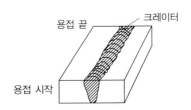

⑨ 열 변형

용접 시에는 용접원의 종류에 따라 다르지만 상당히 많은 양의 열이 용접 부품에 들어가 가열되고 다시 냉각하면서 변형을 일으키며 또 위아래 면의 비드 폭 차이에 따른 변형도 일어난다. 이를 줄이기 위해서는 에너지 집중도가 높은 열원을 사용하거나 위아래 면의 수축 응력이 비슷한 비드 형상으로 할 필요가 있다.

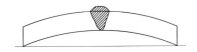

▷▷ **표 11.1 용접법의 분류**

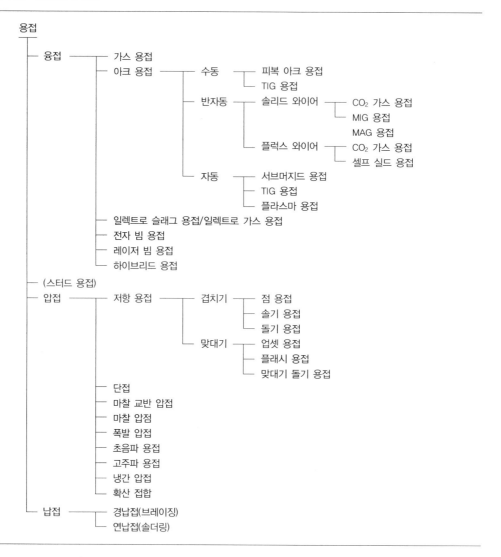

2 융접

1) 가스 용접

가스 용접(gas welding)은 연료 가스(가연성 가스)와 산소의 혼합물이 연소할 때 발생하는 열을 이용하여 금속을 접합하는 용접법으로 가열 온도가 낮고 조정이 비교적 쉬우며 가열 영역이 광범위하므로 열전도가 나쁜 재질이나 박판 용접에 적합하다. 또한 강한 섬광이 없어 용접 부위를 보면서 용접 가능하므로 용접불량 발생이 적어 고압이 걸리는 유압 및 공압 배관 용접에 많이 사용된다. 그러나 가열 시간이 길어 용접 속도가 느리고 재질에 따라서는 열 손상이 일어날 수 있으며 용접 면허가

그림 11.1 가스 용접 개념도

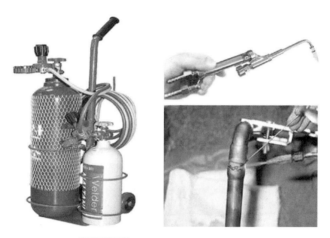

그림 11.2 가스 용접기와 용접 장면

표 11.2 가스 종류별 연소 온도와 용도

가스 종류	연소 온도	용도
산소＋아세틸렌	3,200℃	철강(최대 두께 6mm), 비철 금속
산소＋수소	2,500℃	박판인 철강, 저융점 금속 후판
산소＋석탄 가스	1,500℃	저융점 금속
공기＋석탄 가스	900℃	아연, 납
산소＋프로판 가스	600℃	온도가 낮아 경납땜용으로 사용

주 : 석탄 가스는 주성분이 메탄과 수소인 연소 가스임

필요하고, 연료 가스의 종류에 따라 온도가 다르므로 재료에 맞는 연료 가스를 선택할 필요가 있다.
　한편 용접봉은 용접부의 두께, 이음 형상 및 용접 재질 등에 따라 용접봉을 안 쓸 수도 있다.

2) 아크 용접

아크 용접(arc welding)은 전기 방전 현상(아크방전이라 함)을 이용하여 같은 금속끼리 붙이는 용접법이다. 아크 용접은 모재와 전극 사이에서 발생한 아크에 의해 생기는 고열로 모재와 용가재를 녹여 분자 또는 원자 수준으로 융합하여 일체화한다. 아크 용접은 전기용접이라고도 한다.

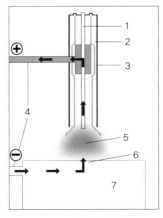

1. 용접 와이어
2. 차단 가스
3. 노즐
4. 전극
5. 아크
6. 용융못
7. 모재

그림 11.3 아크 용접 개념도

용접 속도가 빠르며 용접 강도도 높지만 용접 시 발생하는 섬광이 강해 용접 상태를 직접 보기 어려우므로 많은 경험이 필요하다. 아크는 플라스마의 일종이며 기체가 전리(고온에 의해 원자로부터 전자가 일부 또는 전부가 튀어나온 상태로 되는 것을 말하며, 전자가 전리된 것을 이온화 또는 플라스마화되었다고 말한다)된 것이다. 전리된 전자가 전하를 운반하므로 아크 및 플라스마는 기체이면서도 전기가 통하는 전도체이다.

아크 용접에서의 아크는 기화된 금속이 아니라 실드 가스가 플라스마 상태로 된 것이다. 플라스마는 불안정 상태이며 대기 중에서는 급속히 식어 보통의 기체로 돌아오지만 아크는 전기가 통하므로 스스로 발열하여 플라스마 상태를 유지할 수 있다. 아크의 온도는 15,000℃ 정도의 고온이므로 쉽게 금속을 용융시킨다.

최초의 아크는 용가재가 모재와 접촉해 스파크가 일어나는 순간에 그 열로 실드 가스가 이온화하는 것에 의해 생기며 아크는 전기가 통하므로 일단 아크가 발생하면 아크를 통해 전기가 흐르고 아크 자체가 발열하여 주위의 실드 가스를 이온화한다. 아크는 어느 단계를 넘으면 일정 조건하에서 안정 상태로 들어가며 이때부터 모재와 용가재를 용융시킨다.

아크 용접은 전극이 소모되는지 아닌지에 따라 표 11.3과 같이 분류하기도 한다.

표 11.3 아크 용접의 종류

전극	용접법	실드 방법
비소모 방식	TIG 용접	Ar, He, 혼합 가스
	플라스마 용접	Ar, He, 혼합 가스
소모 방식	피복 아크 용접	플럭스($CaCO_3$)
	MIG	혼합 가스(Ar + He)
	MAG	혼합 가스(Ar + CO_2)
	CO_2	CO_2
	서브머지드 아크 용접	플럭스($CaCO_3$)

(1) 피복 아크 용접

피복 아크 용접법(shielded metal arc welding)은 금속봉에 플럭스 및 보호재 등을 피복한 용접봉을 전극으로 하고, 모재 사이에 아크를 발생시켜 모재와 용접봉을 용융시키는 용접법이다. 용접봉의 플럭스는 고온의 아크에 의해 가스화되어 아크와 용융못을 대기로부터 보호한다. 용접 장치가 간단하고 저렴하지만 작업이 가장 어려운 용접 방법이다.

이 용접의 특징은 다음과 같다.

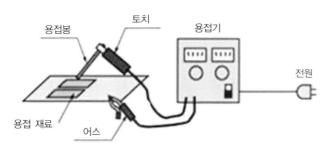

그림 11.4 피복 아크 용접 개념도

그림 11.5 피복 아크 용접기 (출처 : 웰텍)

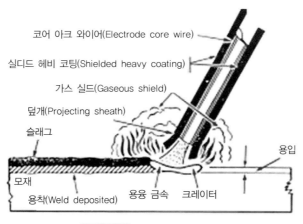

그림 11.6 피복 아크 용접의 원리

- 바람에 강해 옥외에서 사용 가능하다.
- 사용하는 용접봉이 굵어($\phi 2 \sim 5mm$) 비교적 대전류의 아크 방전이 일어나므로 박판 용접은 불가능하다.
- 용접 중에 스패터가 발생하므로 후처리가 필요하다.
- 용접 후 용접 비드 위에 슬래그가 남지만 망치 등으로 가볍게 때리면 떨어진다.
- 피복 용접봉은 습기와 수분에 약하다.

(2) TIG 용접

TIG 용접(tungsten inert gas welding, GTAW)은 불활성 가스 환경에서 융점이 매우 높은 텅스텐 전극과 모재 사이에 아크를 발생시키고 그 아크 열에 의해 용접봉 및 모재를 용융시켜 용접하는 방법이다. 일반적으로 TIG 용접은 용접 토치와 용접봉을 따로따로 손으로 잡고 하지만 스풀에 감은 용접 와이어를 자동으로 공급하고 용접 토치도 자동 이동시키는 자동 TIG 용접도 실용화되어 있다. 고융점 텅스텐 전극을 사용하므로 전극 소모가 없으며 실드 가스로는 아르곤이나 헬륨을 쓰는데 동북아 지역에서는 헬륨 가스 가격이 비싸 주로 아르곤을 사용하기 때문에 아르곤 용접이라 불리기도 한다.

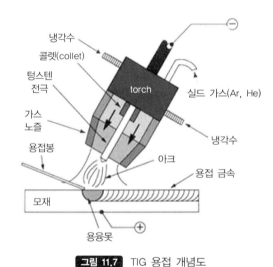

그림 11.7 TIG 용접 개념도

그림 11.8 TIG 용접기와 용접 헤드 (출처 : 웰딩코리아텍)

그림 11.9 TIG 용접 사례

이 용접의 특징은 다음과 같다.

- 모든 자세에서의 용접이 가능하다.
- 용접 시 스패터 발생이 없으며 연기 발생이 적다.
- 모든 금속의 용접이 가능하나 용접 비드가 깨끗하고 고가이므로 주로 스테인리스강 및 알루미늄 등 비철 금속 용접에 쓰인다.
- 내식성 및 인성이 좋고 용접 결함 발생이 적어 일반 용접법 중 가장 고품질의 용접 결과를 얻을 수 있다.
- 양손을 사용하므로 숙련이 필요하며 난이도가 비교적 높다.

용접 가능 금속은 스테인리스강, 알루미늄합금, 동 합금, 티타늄합금, 마그네슘 합금 외에 탄소강, 저합금강, 니켈 합금 등 다양하며 두께는 0.6~8mm 정도이다.

참고

불활성 가스(inert gas) : 고온에서도 다른 원소와 화학 반응을 전혀 일으키지 않으므로 산화 및 질화가 적은 비교적 깨끗한 용접 상태가 얻어진다. 또 용접 전류가 비교적 높은 경우에는 스프레이 아크로 되므로 스패터도 적고 용입도 깊게 된다.

---

(3) MIG 용접

MIG 용접(metal inert gas welding)은 반자동 아크 용접 중 하나로 용접 와이어와 실드 가스가 자동으로 공급되며 용접 와이어가 가늘고 인버터 제어로 펄스 및 극성을 적절히 조정할 수 있다.

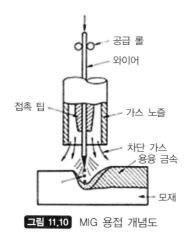

그림 11.10 MIG 용접 개념도

실드 가스로는 100% 불활성 가스(아르곤, 헬륨)를 쓰는 경우와 활성 가스(산소 2% 이하, 이산화탄소 5% 이하)를 첨가해서 쓰는 경우 두 가지가 있다. 후자는 강으로 된 와이어를 사용하는 경우 아크의 안정성과 용접성을 개선하기 위함이다. 이 용접은 실드 가스에 의해 대기와 차단된 상태에서 용접하므로 공기 중 산소의 영향을 받지 않으며 열 발생이 국부적이므로 뒤틀림 발생이 적어 박판 용접에 적당하고, 순간적으로 접합이 가능해 작업 시간이 짧은 가접 및 코너부 용접에 알맞다.

반면, 용접 부분이 그다지 깨끗하지 않으며 스패터가 많고 용입 깊이의 부족도 발생하기 쉽다. 또한 바람에 약하므로 옥외 용접에는 적합하지 않다.

용접 대상 재료는 알루미늄, 스테인리스강, 티타늄, 지르코늄, 니켈 합금, 동 합금 등 대기의 영향을 받기 쉬운 금속이다. 용접 가능 두께는 일반적으로 0.4~25mm 정도이다.

(4) MAG 용접

MAG 용접(metal active gas welding)은 반자동 아크 용접의 일종으로, 용접 와이어와 실드 가스가 자동으로 공급되며 실드 가스로 불활성 가스와 활성 가스를 혼합(산소 2% 이상, 이산화탄소 5% 이상)하여 사용한다. 용접 자세에 제한이 없고 아크 제어가 쉬워 용접 자동화 및 로봇을 활용한 반자동 용접이 가장 쉬운 용접법이다. CO_2 가스가 화학 반응을 일으키므로 비철 금속에는 사용할 수 없어 주로 연강, 고장력강, 저합금강, 스테인리스강 등 철강재에 사용된다. 용접 가능 두께는 일반적으로 0.6~40mm 정도이다. MIG와 MAG 용접을 합쳐서 GMA(gas metal arc) 용접이라 부르기도 한다.

(5) CO_2 가스 용접

CO_2 가스 용접(CO_2 gas shielded arc welding)은 반자동 아크 용접의 일종으로, 용접 와이어와 실드 가스가 자동으로 공급되며 실드 가스로 CO_2를 사용하여 가스 값이 싸므로 반자동 용접 중 가장 널리 사용되고 있다. CO_2 가스는 아크와 화학 반응을 일으켜 그 사이에 반발력이 생겨 아크가 가늘게 되고 열에너지가 집중되어 용입 깊이가 깊게 된다. MAG 용접과 마찬가지로 철강 재료에만 적용 가능하며 스패터가 많아 용접 외관은 좋지 않다. MAG 용접과 원리적으로 큰 차이가 없어 용접기 중에는 MAG/CO_2 겸용 용접기가 많다.

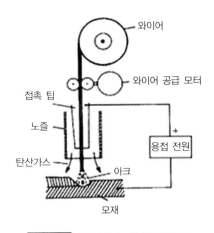

그림 11.11 MAG/CO_2 용접 개념도

그림 11.12 CO_2 용접기

표 **11.4** MAG와 CO_2 용접의 차이점

항목	CO_2	MAG	설명
용접성	△	O	MAG가 아크 안정성이 좋고 용접 조건 조정이 쉽다. CO_2는 전압이 낮으면 불안정하게 되며 조정 폭이 좁다.
용입 깊이	O	△	
용접 외관	△	O	CO_2는 스패터가 크고 양도 많다.
용접 환경	O	△	CO_2는 MAG에 비해 바람과 모재 표면의 불순물에 대해 강하다. MAG는 기공 결함이 발생하기 쉽다.
비용	O	△	

MAG 용접과 CO_2 용접의 차이점을 표 11.4에 정리하였다.

(6) 셀프 실드 아크 용접

앞에서 설명한 가스 실드 용접법은 초속 1.2m의 바람에도 기공이 발생할 우려가 있다. 이러한 문제를 해결하여 바람이 부는 옥외에서도 용접이 가능한 셀프 실드 아크 용접법(self-shield arc welding)이 개발되었다. 이 가공법은 초속 8~10m 바람에도 용접 가능하지만 용입 깊이는 얕은 편이다.

이 용접은 외부로부터 실드 가스를 공급받지 않고 플럭스(flux)가 들어 있는 용접 와이어를 쓴다. 이것은 관 형태로 되어 있는 금속 내부에 아크 안정제, 탈산제, 슬래그 형성제, 금속 분말 등이 채워져 있다.

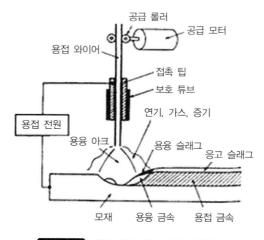

그림 11.13 셀프 실드 아크 용접 개념도

(7) 서브머지드 아크 용접

서브머지드 아크 용접(submerged arc welding)은 연속된 코일 모양의 용접 와이어와 모재 사이에 아크를 발생시키고 와이어의 공급 속도를 자동적으로 조정하면서 일정한 아크 길이를 확보하고 분말 플럭스를 연속으로 공급하여 용접부를 완전히 덮어 대기로부터 차단하며 용접하는 방법이다.

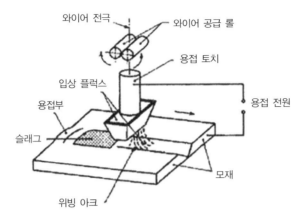

와이어 전극

와이어 공급 롤

용접 토치

입상 플럭스

용접부

용접 전원

슬래그

모재

위빙 아크

그림 11.14 서브머지드 아크 용접 개념도

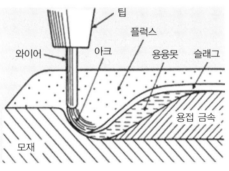

팁

와이어 아크 플럭스 용융못 슬래그

용접 금속

모재

그림 11.15 서브머지드 아크 용접 원리

그림 11.16 서브머지드 용접기(출처 : 합동용접기)

이 용접법의 특징은 다음과 같다.

- 용접 깊이가 깊다.
- 스패터, 섬광, 연기 발생이 거의 없으며 바람의 영향도 받지 않는다.
- 전류, 전압, 속도 등 용접 조건을 일정하게 할 수 있어 용접부 품질이 안정적이며 관리가 쉽다.
- 비드 외관이 균일하고 깨끗하다.
- 용접 중에 용접 상태를 볼 수 없으며 용접 자세는 아래쪽으로 제한된다.
- 설비비가 비싸다.
- 용접 길이가 짧은 경우 및 곡선인 경우는 장치의 조작이 번거로워 비효율적이다.
- 용접 개선 가공 시 높은 정밀도가 요구된다.

용접 가능한 재료는 연강, 저합금강, 고장력강, 스테인리스강 등이며 주로 선박, 강관, 철골, 교량, 보일러, 압력 용기, 원통저장고 용접에 쓰인다.

(8) 플라스마 용접

플라스마 용접(plasma arc welding)은 고주파 발생기로 텅스텐 전극과 물로 냉각되는 노즐(인서트 팁) 사이에 낮은 전류의 아크(파일롯 아크, pilot arc)를 발생시킨다. 노즐 내로 공급되는 불활성 가스 (동작 가스, pilot gas)는 이 아크열에 의해 이온화하여 아크 전류의 좋은 도체가 되어 텅스텐 전극과 모재 사이에 용접용 아크를 발생시킬 수 있다. 이 이온화된 가스를 플라스마라 부르며 노즐 끝에 있는 구멍(오리피스, orifice)을 통하여 플라스마 제트로 분출된다. 이 플라스마 제트에 이끌려 나온 아크는 응집하여 고밀도로 되므로 아크보다 고온(10,000~20,000℃)이며 기둥 길이도 길다. 이 방법에 서는 동작 가스 외에 용접부를 대기로부터 보호하기 위해 실드 가스도 별도로 공급된다. 가스는 둘 다 아르곤을 사용한다.

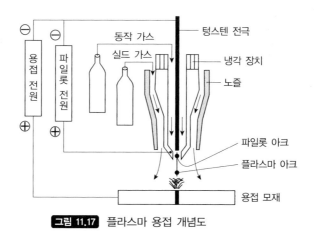

그림 11.17 플라스마 용접 개념도

고온 플라스마 발생 방법에는 세 가지가 있다.

① 플라스마 제트 방식 : 전극과 노즐 사이에서 발생시킨 플라스마를 오리피스를 통해 분출시킨다.

비금속 재료의 용접 및 절단에 적용한다.

② 플라스마 아크 방식 : 전극과 모재 사이에 플라스마 아크를 형성시키고 이 열로 용접한다. 열 효율이 높다.

③ 중간식 : 위의 두 가지 방식을 병행하는 것이며, 안정된 소전류 플라스마 아크가 얻어지므로 초 박판 용접에 적합하다.

이 용접법의 특징은 다음과 같다.

- 전극 소모가 적으므로 오랜 시간 고품질 용접이 가능하여 자동 용접에 최적이다.
- 열 집중성이 좋으므로 비드 폭이 좁아 고속 용접이 가능하며 변형이 적다.
- 스패터가 발생하지 않는다.
- 운영 비용이 저렴하다.
- I형 개선 이음의 키홀(key hole) 용접이 가능하다.

용접봉은 필요 시 사용할 수도 있으며 용접 두께는 0.1~9mm 정도이다.

그림 11.18 플라스마 용접 장치(출처 : 세진기연)

스테인리스강 0.1t

커플링

벨로즈

배관용 피팅

중공 볼

그림 11.19 플라스마 용접 부품

3) 일렉트로 슬래그 용접

일렉트로 슬래그 용접(electro slag welding)은 용융 슬래그와 용융 금속이 용접 부위로부터 흘러나오지 않도록 용접부를 구리로 감싸면서 용융된 슬래그 욕 중에 용접 와이어를 연속적으로 공급하여 주로 용융 슬래그의 저항열에 의해 용접 와이어와 모재를 용융하면서 차차 위쪽으로 용접 금속을 쌓아 올리는 방법이다.

용접해야 할 설비가 너무 커서 어떻게 해도 수평으로 할 수 없는 대형 화학플랜트, 탱크, 대형 선박 등의 용접에 쓰인다. 연강, 고장력강, 스테인리스강, 주철 등의 두꺼운 재료 용접이 가능하며 핵 발전용 원자로 용기의 돔 구조 강판과 같은 1m 두께의 강판도 연속 용접할 수 있다.

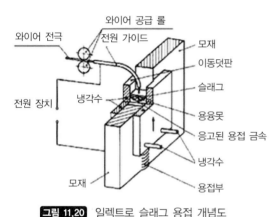

그림 11.20 일렉트로 슬래그 용접 개념도

그림 11.21 일렉트로 슬래그 용접 장면

참고

일렉트로 가스 용접(electro gas welding) : 일렉트로 슬래그 용접법을 발전시킨 것으로 피복재 대신에 실드 가스 중에서 전극인 와이어(솔리드 와이어 또는 플럭스가 들어 있는 와이어)를 용융시켜 용접하는 방법으로, 두께 12~100mm 정도의 강, 티타늄, 알루미늄합금의 용접이 가능하며 교량 건설, 압력 용기, 두꺼운 살 두께의 대구경 관, 선박 용접에 쓰인다.

4) 전자 빔 용접

진공 중에서 필라멘트를 가열하여 음극으로부터 열전자를 방출시키고, 고전압으로 만든 전자기장에 의해 가속되어 빔이 된다. 가속된 고속 전자 빔을 전자(electro-magnetic) 렌즈로 집속하여 광속의 약 2/3 속도로 모재에 충돌시키면 충격에 의해 전자의 운동에너지가 열에너지로 바뀌면서 열이 발생하는데 이 열을 이용하여 용접할 면을 가열, 용융시켜 용접하는 방법이 전자 빔 용접(electron beam welding)이다.

전자 총(electron beam gun)의 필라멘트에 전류를 흘려 필라멘트를 가열하면 약 2,700℃의 고온이 되며, 이때 많은 수의 자유전자가 방출되는데 필라멘트 온도가 높을수록 자유전자의 양이 늘어난다. 그러나 온도가 높아질수록 필라멘트의 수명은 짧아진다.

이렇게 만들어진 자유전자는 격자(grid)에 의해 양이 조절되며, 자유전자의 속도는 양극에 걸린

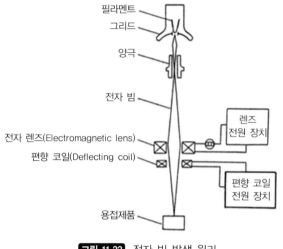

그림 11.22 전자 빔 발생 원리

전위차에 의해 정해지는데 전위차가 크면 빨라지고 작으면 느려진다. 양극에 의해 고속으로 가속된 자유전자들은 전자 렌즈와 편향 코일에 의해 밀도와 방향이 조정되면서 용접 대상물에 충돌하게 된다.

이 전자는 무게가 가벼워서 공기 중에서 이동하면 무거운 공기분자와 충돌하여 산란되므로 진공 중에서 이동해야 한다.

용접 대상물에 충돌한 전자는 용접 부위를 용융시키는데, 일반용접과는 달리 매우 좁고 깊은 모양을 형성한다. 전자가 충돌한 부분의 금속 표면 바로 아래에서 국지적인 고열이 발생하며 이 고열이 순간적으로 용접 부위 금속을 용융하기 시작하여 금속의 증발 온도 이상으로 가열하게 된다. 증발 온도 이상으로 가열된 금속은 용융 부위 중앙에 증기압을 발생시키며, 이 증기압에 의해 윗부분이 열리고 증기부 주위는 금속 용융층에 둘러싸이게 된다. 이렇게 되면 다음에 도달한 전자는 저항 없이 증기부를 통과하여 용융 부위 바닥까지 도달할 수 있게 된다. 이런 과정이 반복되어 키홀을 형성하여 좁고 깊은 용접을 가능하게 하는 것이다.

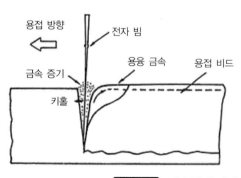

그림 11.23 전자 빔 용접의 원리

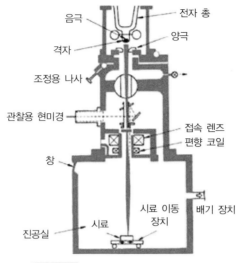

그림 11.24 전자 빔 용접기의 기본 구조도

이 용접의 장점은 다음과 같다.

- 에너지 밀도가 높고 초점의 직경이 작아 매우 좁고 깊은(aspect ratio가 큰) 용입이 얻어지므로 정밀 용접이 가능하다.
- 입열량이 적어 뒤틀림이 작고 열 영향부가 좁은 고품질 용접이 가능하다.
- 빔의 에너지 분포가 균등하다.
- 용가재가 필요없다.
- 이종 금속끼리의 용접도 가능하다.
- 고진공 중에서의 용접이므로 산화, 질화가 없어 티타늄, 지르코늄, 니오븀 등 활성 금속 용접이 가능하다.

5 : 매우 좋음
4 : 가능함
3 : 약간 가능함
2 : 곤란함
– : 불가능함

	Ag	Al	Au	Co	Cr	Cu	Fe	Mg	Mn	Mo	Ni	Pb	Pt	Re	Sn	Ta	Ti	V	W
Al	4																		
Au	5	–																	
Co	3	–	4																
Cr	4	–	3	4															
Cu	4	4	5	4	4														
Fe	–	–	4	4	4	4													
Mg	–	4	–	–	–	–	3												
Mn	4	–	–	4	4	5	4	–											
Mo	3	–	4	–	5	3	4	3	3										
Ni	4	–	5	5	4	5	4	–	4	–									
Pb	4	4	–	4	4	4	4	–	4	3	4								
Pt	5	–	5	5	4	5	5	–	–	4	5	–							
Re	3	2	2	5	5	3	–	2	2	–	3	2	4						
Sn	4	4	–	–	4	4	–	–	–	3	–	4	–	3					
Ta	–	–	2	–	–	3	–	2	–	5	–	2	–	–					
Ti	4	–	–	–	5	–	–	3	–	5	–	–	–	–		5			
V	3	–	3	–	3	3	5	2	–	5	–	2	–	3	–	–	5		
W	3	–	2	–	5	3	–	3	3	5	–	3	5	–	3	5	4	5	

그림 11.25 이종 금속 사이의 전자 빔 용접성

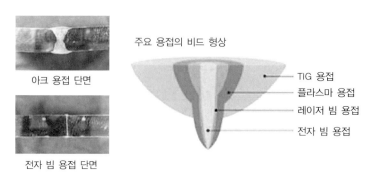

아크 용접 단면

전자 빔 용접 단면

주요 용접의 비드 형상

TIG 용접
플라스마 용접
레이저 빔 용접
전자 빔 용접

그림 11.26 여러 가지 용접의 단면 비교

이 용접의 단점은 다음과 같다.

- 진공 중에서만 가능하므로 비용이 매우 높으며 진공 배기 시간이 필요하므로 생산성이 떨어진다.
- 크기에 제한이 있어 일반적으로 $\phi 400mm$ 정도까지만 가능하다.
- 강자성체 금속인 경우에는 자성을 없애지 않으면 전자 빔 용접이 불가능하다.
- 용접을 위한 치구 및 용접 부품의 높은 정밀도가 요구된다.
- 용접 장치가 고가이다.
- 용접 시 발생되는 X선을 차폐해야 한다.

용접 가능 재료는 기계 구조용 강, 니켈크롬강, 주철, 연강, 알루미늄, 고융점 재료(텅스텐, 탄탈륨, 몰리브데늄), 이종 금속(동–스테인리스강, 강–스테인리스강) 등이며, 피해야 할 재료는 쾌삭강, 황동, 마그네슘 합금 등 아연, 주석, 마그네슘 등을 다량 포함한 금속류이다.

이 용접법은 인공위성, 심해탐사정, 가속기, 원자력 부품 등에 많이 사용되며, 그림 11.28에 전자 빔 및 레이저 빔 용접만 가능한 용접 이음 형상 등에 대해 정리되어 있다.

그림 11.27 전자 빔 용접 장치

전자 빔 및 레이저 빔 용접만 가능한 용접 형상

다른 용접으로도 가능한 용접 형상이나 장점이 있는 형상

다른 용접으로도 가능한 용접 형상이나 장점이 없는 형상

그림 11.28 여러 가지 용접 형상

TIG 용접　　　　　　　　　　전자 빔 용접

그림 11.29 스테인리스강을 사용한 용접 품질 비교

그림 11.30 전자 빔 용접 부품의 예 (출처 : 화인테크)

5) 레이저 빔 용접

레이저 빔 용접(laser beam welding)은 레이저 발진기라는 레이저 빔 발생 장치로부터 나온 레이저 빔을 렌즈로 집속한 다음 접합 부위에 쏘아 광에너지를 열에너지로 변환하여 그 열로 금속을 가열 용융하여 용접하는 방법이다.

그림 11.31에서 레이저 용접 장치의 기본 구조를 보여주고 있다. 레이저 발진기로부터 용접 부위까지 레이저 빔을 유도하는 방법에는 반사 미러를 여러 개 사용하거나 레이저 빔 전송용 광 파이버를 사용하는 방법이 있는데, 전자는 주로 탄산가스(CO_2) 레이저 용접 장치에, 후자는 Nd : YAG 레이저 및 파이버 레이저 용접 장치에 주로 사용된다.

레이저 용접 방식에는 열전도형과 키홀형 두 가지가 있다. 열전도형은 재료 표면에서 레이저 빔이 흡수되어 광이 열로 변환되어 재료 내부로 전도되어 용융하는 것으로 깊이보다는 폭이 넓은 형태의 용접 방식이며 레이저파워가 비교적 낮은 경우에 해당된다.

키홀형은 파워 밀도가 높은 경우 용융못에서 금속의 증발이 시작되고 금속 증기의 반발력에 의해 용융못에 깊은 웅덩이가 생긴다. 이 비어 있는 웅덩이를 키홀이라 하며 이 키홀을 통하여 레이저 빔이 재료 내부의 깊은 곳까지 다다를 수 있게 되어 두꺼운 금속의 용접이 가능하게 된다.

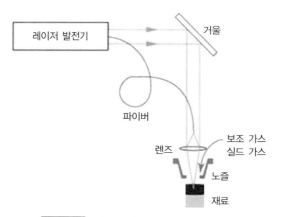

그림 11.31 레이저 용접 장치의 기본 구조

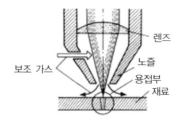

그림 11.32 용접 헤드의 기본 구조

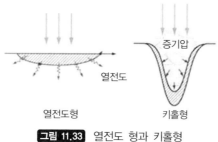

그림 11.33 열전도 형과 키홀형

레이저 용접 시에는 용접부의 산화를 방지하기 위해 용접 부위를 대기와 분리하는 실드 가스로 불활성 가스인 헬륨이나 아르곤을 쓰는데 동아시아 지역에서는 가스 가격(헬륨이 비쌈) 때문에 아르곤 가스를 많이 사용하고 있다.

레이저 용접의 장단점은 다음과 같다.

- 높은 파워 밀도를 이용하여 융점이 다른 경우에도 시간차이 없이 용융 가능하므로 이종 금속 간 용접이 가능하다.
- 고속 용접이 가능하므로 열 영향층과 열 변형이 작다.
- 용입 깊이/용입 폭의 비율이 높다.
- 대기 중 용접이므로 레이저 빔을 자유롭게 전송할 수 있어서 융통성이 높고 제어하기 쉬워 전자 빔 용접보다 다양한 용접이음이 가능하다.

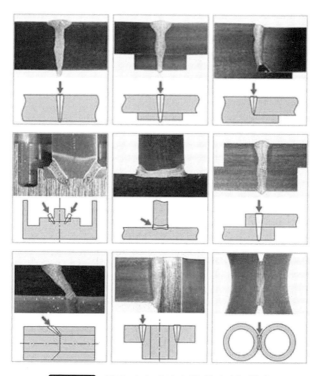

그림 11.34 여러 가지 레이저 빔 용접이음 형상

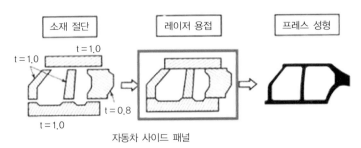

그림 11.35 TWB로 제작한 자동차 사이드 패널

- 모재끼리 녹여 용접하므로 용접 후 성형 가공이 가능하다. 대표적인 예가 자동차 측면의 사이드 패널을 성형하기 위해 쓰이는 테일러 웰디드 블랭크(tailor welded blank, TWB)이다.

  TWB는 서로 다른 두께 또는 재질의 판재를 필요한 여러 조각으로 재단한 다음 레이저 빔으로 용접하여 프레스 드로잉 성형용으로 쓰이는 블랭크를 말한다. 레이저 빔에 의해 모재끼리 녹여 붙였으므로 프레스 성형을 해도 용접 부위가 깨지거나 크랙 등이 일어나지 않는다.

  이 블랭크의 장점은 강도가 필요한 부분만 판의 두께를 두껍게 하거나 강도가 강한 재료를 사용하고 다른 부분은 얇은 재료 또는 값이 싼 강도가 적당한 재료를 사용하여 재료비를 절감하고 무게를 줄여 연비를 향상시킬 수 있다는 것이다.

  자동차의 도어 이너 패널, 리어 휠 하우징, 사이드 멤버 패널, 필러 보강 패널 등에 쓰이고 있다(그림 11.35 참조).
- 에너지 집중성 및 집광성이 좋아 초점의 직경이 작다.
- 초점의 직경이 일반적으로 $\phi 0.4$mm 정도로 작으므로 맞대기 용접에 있어서 용접할 면의 진직도와 마주붙였을 때의 틈새 정밀도에 제약이 크다. 또한 용접지그의 설계와 제작에 많은 노력과 비용이 든다.
- 용접 시스템 가격이 비싸다.
- 용접할 면과 용접 노즐 사이의 간격 관리가 까다롭다.

레이저 용접에 사용되는 레이저의 종류에는 다음 네 가지가 있다.

① 탄산가스(CO_2) 레이저 : 파장이 10.6μm인 기체 레이저로 가장 일반적인 레이저이며 주로 강판 용접 및 기계 부품 용접에 쓰이고 있다.

② 야그(Nd : YAG) 레이저 : 파장이 1.06μm인 고체 레이저로 전기·전자부품의 정밀 용접에 주로 사용되며 CO_2 레이저보다 고가이다.

③ 파이버 레이저 : 파장이 1.08μm인 고체 레이저로 대부분의 용도는 야그 레이저와 같다. 보다 큰 파워의 레이저 발진기를 만들 수 있으며, 유지보수가 간편하다.

④ 다이오드(diode) 레이저 : 최근에 상용화된 레이저로 주로 플라스틱 접합 및 레이저 솔더링에 쓰인다.

그림 11.36은 여러 가지 레이저 용접 장치를 보여준다. 이 방법으로 용접 가능한 재료는 탄소강,

저합금강, 스테인리스강, 알루미늄 등이다.

파이버 레이저 용접

야그 레이저 용접

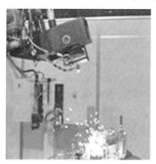 

리모트 용접 　　　　　　　　고정밀 로봇 용접

고장력강 용접 　　　　이종 금속 용접 : 구리＋스테인리스강

그림 11.36 여러 가지 레이저 용접 장치

STS 5t 맞대기

그림 11.37 레이저 용접 부품의 예

표 11.5 전자 빔 용접과 레이저 빔 용접 비교

항목	전자 빔 용접	레이저 빔 용접		
		CO_2 레이저	야그 레이저	파이버 레이저
열원	고전압 발생 장치＋전자 총	전기＋레이저 가스	플래시 램프	LD
출력 범위	3~100kW	500W~45kW	100W~2kW	100W~50kW
최대 용입	150mm	30mm	30mm 이상	30mm 이상
효율	거의 100%	15%	3~5%	25~30%
분위기	진공 중	대기 중	대기 중	대기 중
가능 재료	금속(아연, 마그네슘 등은 불가)	금속, 비금속	금속	금속

전자 빔 용접과 레이저 빔 용접은 용접 품질 등에 있어서 많이 비교되며 용도, 목적 및 환경에 따라 두 가지 중 하나를 선택하는 경우가 종종 있다. 표 11.5에 두 용접법을 비교하여 정리하였다.

6) 하이브리드 용접

하이브리드 용접(hybrid welding)은 두 가지 용접 방법을 동시에 사용하여 실시하는 용접으로 각각의 장점을 살려 접합한다. 주로 TIG, 플라스마 및 MIG, MAG 용접과 CO_2 레이저나 야그 레이저 용접을 병행 사용하고 있다. 용접 헤드는 용접용 토치와 레이저 빔 노즐 및 보조 가스 공급용 노즐로 구성되어 있다.

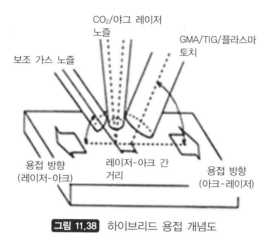

그림 11.38 하이브리드 용접 개념도

레이저 용접은 일반 아크 용접에 비해 용접 부위 맞춤(joint fit-up)의 요구 정밀도가 매우 높으며 기공 및 핀홀 발생 가능성이 높고 비용도 높은 반면 아크 용접 등은 용입 깊이가 얕고 용접 속도가 느린 단점을 가지고 있다.

하이브리드 용접을 하면 맞대기 틈새 및 진직도 등에 보다 많은 여유를 둘 수 있으며 용접 속도가 빨라지고 기공과 기포가 감소함은 물론 용입 깊이도 아크 용접보다 더 깊게 할 수 있다(그림 11.39~그림 11.41 참조).

틈새	0.1mm	0.2mm	0.3mm	0.4mm	0.5mm
YAG 2.5kW 4m/min			판 두께 : 1.4 + 0.65mm		
		0.23mm			
TIG-YAG 2.5kW-100A 6m/min					
			0.38mm		
TIG-YAG 2.5kW-200A 6m/min					
				0.45mm	

그림 11.39 용접 방법별 필요한 맞대기 틈새(출처 : 미쓰비시중공업)

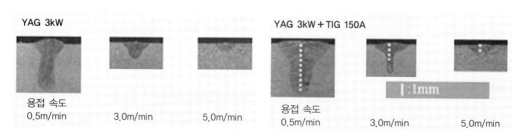

YAG 3kW

용접 속도
0.5m/min 3.0m/min 5.0m/min

YAG 3kW + TIG 150A

| : 1mm

용접 속도
0.5m/min 3.0m/min 5.0m/min

그림 11.40 용접 방법별 용접 속도 및 깊이 비교

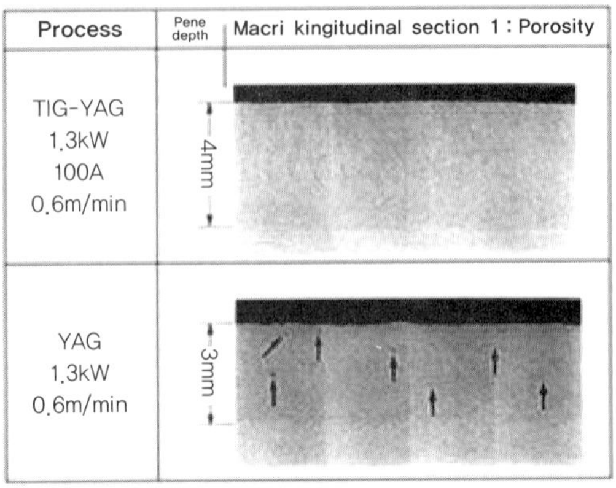

Process	Pene depth	Macri kingitudinal section 1 : Porosity
TIG-YAG 1.3kW 100A 0.6m/min	4mm	
YAG 1.3kW 0.6m/min	3mm	

그림 11.41 용접 방법별 기공 및 기포의 양

7) 융접의 용접이음 형태 및 용접 보조 장치

융접에는 용접할 부품의 상대 위치 및 자세에 따라 그림 11.42와 같은 다양한 형태의 용접이 있다. 또한 융접은 아래쪽을 향해 용접하는 것이 가장 좋으므로 여러 가지 형상의 부품 용접 시 하향 자세를 잡기 쉽도록 도와주는 용접 보조 장치가 필요하게 된다.

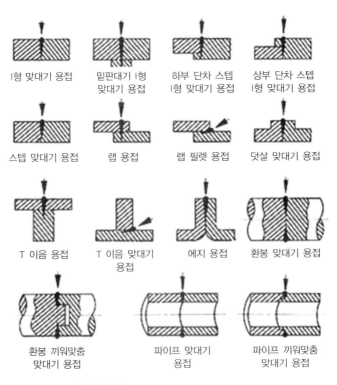

I형 맞대기 용접　　밑판대기 I형 맞대기 용접　　하부 단차 스텝 I형 맞대기 용접　　상부 단차 스텝 I형 맞대기 용접

스텝 맞대기 용접　　랩 용접　　랩 필렛 용접　　덧살 맞대기 용접

T 이음 용접　　T 이음 맞대기 용접　　에지 용접　　환봉 맞대기 용접

환봉 끼워맞춤 맞대기 용접　　파이프 맞대기 용접　　파이프 끼워맞춤 맞대기 용접

그림 11.42 융접의 여러 가지 용접 형태

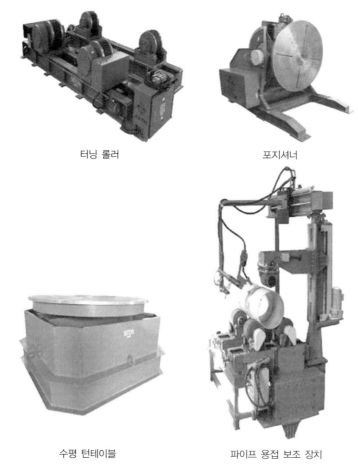

터닝 롤러　　　　　　　　　포지셔너

수평 턴테이블　　　　　　　파이프 용접 보조 장치

그림 11.43　다양한 용접 보조 장치(출처 : 스핀들코리아)

8) 각종 재료의 용접 방법에 따른 적합성

>>> **표 11.6**　용접 방법과 재료의 적합성

	저탄소강	고장력강	STS	주철	동 합금	Al 합금	Ni 합금	Ti 합금	Mg 합금
가스 용접	◉	○	○	○	○	△	○	−	○
TIG 용접	△	△	◉	△	◉	◉	◉	◉	◉
플라스마 용접	○	○	○	−	○	○	○	○	○
피복 아크 용접	◉	◉	◉	◉	○	△	○	−	−
MIG 용접	△	△	◉	△	○	◉	◉	◉	◉
MAG 용접	◉	◉	○	−	−	−	−	−	−
서브머지드 용접	◉	◉	◉	△	○	−	△	−	−
전자 빔 용접	○	○	◉	△	○	◉	◉	◉	○
레이저 빔 용접	○	○	◉	−	○	○	○	○	○
전기저항 용접	◉	○	○	−	○	○	○	○	○
납접	○	○	○	○	○	◉	◉	◉	○

3 스터드 용접

스터드 용접은 스터드(stud)라 불리는 직경 25mm까지의 금속 볼트 또는 봉재(동 합금)를 전용 공구(스터드 건)로 잡은 다음 모재로부터 약간 떨어뜨려 놓고 전기 아크를 발생시키고 이때 발생하는 열로 스터드 끝과 모재가 적당히 녹으면 스터드를 눌러 용접하는 방법이다.

스터드의 종류는 수(male)스터드와 암(female)스터드로 나뉘며 플랜지 유무에 따라 스트레이트(straight/non flanged) 스터드와 플랜지(flanged) 스터드로 구분한다.

한편 스터드 용접의 방식에는 CD 방식, 쇼트(Short) 사이클 방식, 아크 방식의 세 가지 종류가 있다.

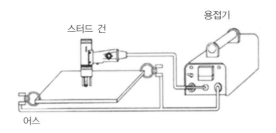

그림 11.44 스터드 용접기 구성도

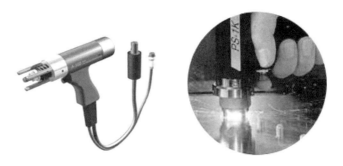

그림 11.45 스터드 건과 용접 장면

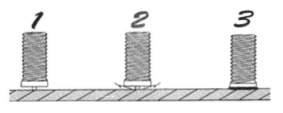

그림 11.46 스터드 용접 순서

스트레이트 스터드

플랜지 스터드

암스터드

그림 11.47 스터드의 종류

1) CD 방식

① 0.001~0.003초의 매우 짧은 시간에 용접되므로 얇은 모재의 밑면에 자국을 남기지 않는다.

② 표면을 깨끗이 해야 하며, 아연도금 강판, 흑피, 녹 등이 있는 경우에는 용접하면 안 된다.

③ 압연강, 스테인리스강, 알루미늄, 황동 등의 박판에 적용한다.

④ M3~M10까지 적용한다(알루미늄, 황동은 M8까지).

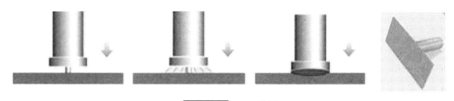

그림 11.48 CD 방식

2) 쇼트 사이클 방식

① 0.01초 대에서 용접되는 아크 용접이다.

② CD 방식보다 용융 깊이가 깊고 강력하므로 아연도금 강판, 흑피나 녹 있는 강재, 형강, 스테인리스강 등에 적용 가능하다.

③ M3부터 M16까지 적용한다.

④ 스터드 직경이 판 두께의 6~8배까지 가능하다.

⑤ 판 밑면에 자국이 남는다.

⑥ 직경이 큰 스터드 용접에는 불활성 가스를 사용한다.

그림 11.49 쇼트 사이클 방식

3) 아크 방식

① M6부터 M25까지의 스터드를 0.01~1초에 용접한다.
② 주로 건설 현장에서 사용되고 있다.

그림 11.50 아크 방식

일반적으로 스터드의 길이는 5~150mm 정도이며 재질은 연강, 스테인리스강, 황동, 동, 알루미늄, 티타늄 등이 있으며 모재와 스터드 재료 사이의 용접 적합성은 표 11.7에 나타나 있다.

표 11.7 모재와 스터드 재료와의 용접 적합성 ◉ : 좋음, ○ : 보통, △ : 조정 필요, × : 불가

모재		스터드 재료					
		연강	STS	황동	동	알루미늄	티타늄
일반 구조용 강	SS	◉	◉	○	◉	×	×
냉간 압연강	SCP	◉	◉	○	◉	×	×
기계 구조용 탄소강	SM 20C	◉	◉	○	◉	×	×
아연 강판		◉	◉	△	○	×	×
STS	302	◉	◉	○	△	×	×
	304	◉	◉	○	△	×	×
	430	◉	◉	○	△	×	×
활동		○	○	△	△	×	×
알루미늄	1000	×	×	×	×	◉	×
	5000	×	×	×	×	◉	×
	3000	×	×	×	×	○	×
	6000	×	×	×	×	○	×
티타늄 2종		×	×	×	×	×	◉

그림 11.51 스터드 용접 샘플

4 압접

1) 저항 용접

저항 용접(resistant welding)은 용접 부위에 큰 전류를 흘리고 이것에 의해 생기는 저항열로 접합부를 가열하고 동시에 큰 압력을 가해 금속을 접합하는 방법이다.

저항 용접 재료는 기본적으로 전기가 통해야 하며 동시에 어느 정도 전기저항이 있어야 한다. 금, 은, 동, 알루미늄 등과 같이 전기가 잘 흐르는 금속은 전기저항이 적어 발열이 적고 열전도도도 높기 때문에 외부로의 열 손실이 많아 저항 용접이 어렵다.

표 11.8에 주요 금속의 전기 및 열전도율을 정리하였다.

표 11.8 주요 금속의 전기 및 열전도율

금속명	전기 전도율(S/m)	열전도율(W/m · k)
금	45.5	320
은	61.4	420
동	59	390
알루미늄	37.4	236
철	9.9	84
스테인리스강	6~9	15~25
인청동	13~15	133
니켈	14.5	113

얇고 폭이 좁은 부품은 전류를 많이 흘리면 용융하여 절단되므로 전류량, 통전 시간 및 누르는 압력의 조절이 매우 중요하다. 위의 표에서도 알 수 있듯이 니켈 합금 및 스테인리스강은 저항 용접이 비교적 쉽다.

(1) 겹치기 저항 용접

2개의 판을 겹친(lap) 다음 양쪽에서 판을 누르면서 전기를 흘려 용접하는 저항 용접을 말하며 다음과 같은 세 가지 종류가 있다.

① 점 용접

점(spot) 용접은 2개의 판을 겹친 다음 원통형 봉재 전극을 사용하여 정해진 간격으로 띄엄띄엄 접합하는 용접 방법이다. 비교적 얇은 판 용접에 사용되며 3장을 겹쳐 용접하는 것도 가능하다. 직접식과 간접식 두 가지 방식이 있으며 기본 개념은 그림 11.52와 같다.

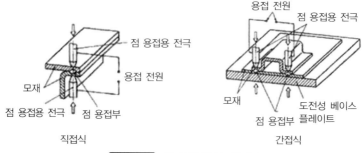

그림 11.52 점 용접 방식 개념도

그림 11.53 점 용접기 및 용접 전극(출처 : 유진웰딩)

자동차 생산 라인과 같은 대량 생산 라인에서는 다관절 로봇에 용접 건을 장착하여 용접 자동화를 꾀하고 있다.

그림 11.54 점 용접 로봇과 용접 건(출처 : Nachi-Fujikoshi)

연강판, 아연도금 강판, 스테인리스 강판, 동 합금, 알루미늄합금 등의 재료에 적용 가능하다.

그림 11.55 점 용접 샘플

② 솔기 용접

솔기(seam) 용접은 롤러 형태의 회전하는 2개의 전극 사이에 2장의 판을 끼워놓고 판 또는 전극을 이동하여 용접하는 방법이다. 선 용접으로 연속 용접이며 재봉하듯이 용접한다고 하여 붙여진 이름이다. 솔기 용접은 자동차 연료탱크, 페인트 통, 통조림 통, 주스 캔 등 주로 밀봉이 필요한 제품의 용접에 쓰이고 있다.

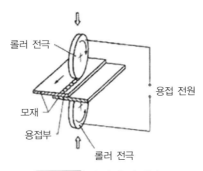

그림 11.56 솔기 용접 개념도

고속 솔기 용접 로봇(출처 : Nachi-Fujikoshi)

그림 11.57 솔기 용접기

그림 11.58 연료탱크 솔기 용접 장면

③ 돌기 용접

부품의 일부에 돌기(projection)를 내고 이 돌기에 전류를 집중시켜 발열이 쉽도록 하는 용접이다. 용접 부위에 강제로 발열의 중심을 만들 목적이며, 서로 다른 금속인 판재를 용접하는 경우, 두께가 현저히 다른 2장의 판재를 용접하는 경우 및 대형 평판 전극을 써서 복수의 용접점을 한 번에 용접할 경우 등에 쓰이고 있다.

용접 전   용접 후

점 용접   베릴륨 동   강   돌기 용접

그림 11.59 돌기 용접 개념도 및 점 용접과의 차이

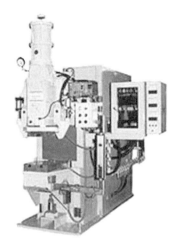

그림 11.60 돌기 용접기

STS304 0.3t + 황동 0.3t

그림 11.61 돌기 용접 부품

(2) 맞대기 저항 용접

맞대기(butt) 저항 용접은 용접 이음부의 단면을 마주 대고 전류를 흘리면서 가압하여 발생하는 저항 열로 용접하는 방법으로 다음과 같은 세 가지 종류가 있다.

그림 11.62 맞대기 저항 용접기(출처 : 유진웰딩)

① 업셋 용접

맞댄 단면에 먼저 압력을 가한 다음 전류를 흘리는 방법이며 비교적 면적이 작은 단면의 봉재 또는 선재의 용접에 이용된다. 용접 부위에 돌출부가 생기므로 마무리 가공이 필요하다.

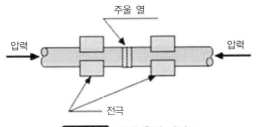

그림 11.63 업셋 용접 개념도

② 플래시 용접

처음에는 강한 압력을 가하지 않으며, 접촉부가 먼저 용융한 후 최종적으로 압력을 가해 접합한다. 강한 용접이음이 얻어지므로 단면적이 큰 전동축 및 철도 레일 등의 제작에 이용된다.

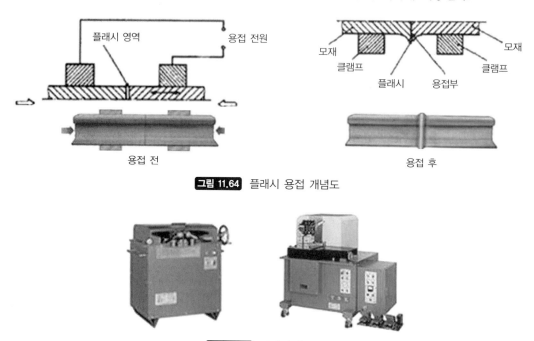

그림 11.64 플래시 용접 개념도

그림 11.65 플래시 용접기

③ 맞대기 돌기 용접

맞대기 돌기(butt projection) 용접은 2개의 접합할 부품에 만든 돌기끼리 맞대고 가압하면서 전류를 통한 후 접합하는 용접 방법이다.

봉재, 파이프, 너트, 볼트 등 서로 다른 형상을 접합하는 경우에 주로 쓰이고 있으며 판재에 볼트, 너트를 돌기 용접하는 것은 스터드 용접으로 별도로 분류한다.

도어 힌지   행거

그림 11.66 맞대기 돌기 용접 부품

2) 단접

단접(forge welding, blacksmith welding)은 가열한 금속을 겹친 후 두드리거나 가압하여 접합하는 고온 접합이다. 이 방법은 매우 오래되었으며 현재는 주로 칼이나 강관 제조 등에 쓰이고 있다. 칼 제조 시에는 인성과 강도를 동시에 얻기 위해 단단한 강을 연한 강 사이에 끼운 후 두드려 접합한다.

그림 11.67 단접 부품

단접 강관의 제작 순서는 다음과 같다.

① 코일 형태로 된 강판을 연속으로 풀면서 가열로를 통과시켜 단접 온도까지 가열한다.
② 가열된 강판을 여러 개의 성형 롤에 통과시키면서 점차 원형으로 변형시켜 파이프로 만든다.
③ 원형으로 변형시킨 양 끝을 에지 히터(edge heater) 등에 의해 순간적으로 고온으로 가열하고 동시에 강한 압력으로 눌러 양 끝을 접합한다.

3) 마찰 교반 압접

마찰 교반 압접(friction stir welding, FSW)은 접합 공구라 불리는, 끝에 돌기(돌기의 길이는 판의 두께보다 약간 짧게 한다)가 있는 원통형 공구를 회전시키면서 강한 압력으로 누르며 접합할 면끼리 맞댄 접합선 위를 지나가게 하여 마찰열과 교반력에 의한 소성유동(metal flow)으로 접합하는 방법이다.

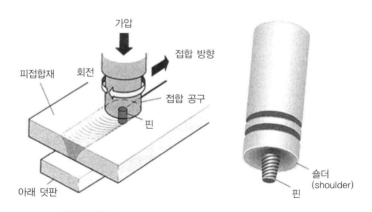

그림 11.68 마찰 교반 압접 개념도 및 접합 공구

이 방법은 모재를 용융시키지 않고 연화시켜(알루미늄의 경우 500℃까지 온도 상승) 접합하는 고상

접합으로, 특징은 다음과 같다.

- 이종 금속끼리 접합이 가능하다.
- 박판에서 후판까지(1mm~수십 mm) 접합 가능하다.
- 다이캐스트를 포함한 모든 알루미늄 및 마그네슘, 동 등과 같은 금속 접합이 가능하다.
- 용접 크랙이 발생할 우려가 적다.
- 용접 변형이 매우 작다.
- 열 영향에 의한 강도 저하가 작다.
- 용접 부위의 외관이 매우 좋다.

마찰 교반 압접은 알루미늄제 철도 차량 차체에 많이 이용된다.

그림 11.69 마찰 교반 압접기와 압접 장면

Al5052 1t + 2t   C1020 10t

그림 11.70 마찰 교반 압접 샘플

>>> **표 11.9** 마찰 교반 압접과 아크 용접의 비교

항목	마찰 교반 압접	아크 용접
용접 재료	1000계열부터 8000계열까지 모든 알루미늄합금 가능	2000계열 및 7000계열 일부는 용접 곤란
용가재	용접 와이어, 실드 가스 필요없음	TIG 용접을 제외하고 용가재 필요. 불활성 실드 가스 필요
산화 피막	개선된 표면의 산화 피막의 영향을 거의 받지 않음	충분히 제거하지 않으면 기공이 발생함
용접 변형	입열량이 적고 모재의 용융이 없으므로 변형이 적음	변형이 커서 교정 작업에 많은 공수가 들어감
용접 비드	용접부에 넘쳐나는 비드가 형성되지 않으며 특히 밑면의 비드는 완전한 평면임	위아래 면에 비드가 올라와 필요에 따라서는 돌출부 연삭 제거가 필요함
작업 환경	섬광, 연기, 소음 등이 적음	강한 섬광, 스패터, 연기, 소음으로부터 작업자 보호 필요
용접 패턴	직선, 완만한 곡선 및 원만 가능	복잡한 패턴도 가능
용접 끝부분 처리	끝부분에 핀 구멍이 남으며 원주 용접 등에서는 다른 방법으로 보완 필요	크레이터 처리에 의해 끝부분에 결함이 없는 용접이 가능

마찰 교반 압접과 아크 용접은 각각 압접과 융접으로 비교 대상이 아닌 것 같지만 용접 대상물의 형상 면에서는 비슷한 점이 많다. 따라서 재료의 종류 및 조건에 따라 둘 중 하나를 선택해야 하는 경우가 종종 있어 표 11.9에 둘을 비교하였다.

4) 마찰 압접

마찰 압접(friction welding)은 접합하려고 하는 2개의 부품 중 적어도 한쪽을 회전시키면서 눌러 상대 운동에 의한 마찰열과 가압으로 압접하는 방법이다.

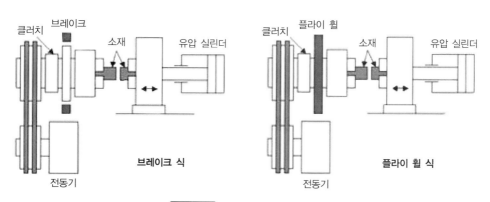

그림 11.71 마찰 압접 개념도

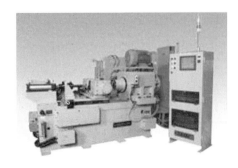

그림 11.72 마찰 압접기 및 마찰 압접 장면

이 접합법의 장단점은 다음과 같다.

- 장점
  - 비교적 간단한 작업으로 치수 정밀도가 높은 제품을 얻을 수 있다.
  - 모재에의 열 영향이 적고 사용 에너지가 적다.
  - 접합 품질이 균일하고 재현성이 높다.
  - 용도에 따라 이종 재료(스테인리스강과 연강, 스테인리스강과 동)의 접합이 가능하다.
  - 아크 용접으로는 어려운 재료도 접합이 가능하다.
  - 스패터, 연기 등이 생기지 않아 환경이 깨끗하며, 다른 공작 기계와 일관생산 라인을 꾸밀 수 있다.
- 단점
  - 적어도 한쪽은 단면이 원형 또는 정다각형이어야 한다.
  - 접합할 부품은 고속회전에 견뎌야 한다.
  - 강력한 회전토크를 견딜 수 있는 척킹(chucking)이 불가능한 박육 제품은 적용이 불가능하다.
  - 충격 강도가 저하될 수 있다.

그림 11.73 마찰 압접 부품

5) 폭발 압접

폭발 압접(explosion welding)은 화약이 폭발할 때 발생하는 충격 압력에 의해 용접하는 방법이다.

먼저 모재와 붙임재를 일정한 간격을 두고 설치하며 붙임재 위에 적당량의 폭약을 올려놓고 한쪽 끝에서부터 폭발시키면 폭발 압력에 의해 붙임재가 정해진 각도(10~30°)로 충돌하면서 접합된다.

폭발 접합은 매우 고속으로 이루어지므로 충돌점 부근의 금속은 유체와 같은 움직임을 보이며 충돌점 전방에 금속 제트류를 발생시킨다. 이 제트류가 모재와 붙임재의 표면 산화 피복을 파괴하여 제거하므로 청정한 표면이 나타나고 또 접합 경계면 부근만 강하게 소성변형하며 접합한다.

폭발 접합은 순간적으로 완료된다(2,500m/s). 따라서 폭발열이 금속 재료에 전도될 여유가 없어 냉간 압착된다. 또 압착 경계면은 파도 모양으로 된다.

융점의 차이가 큰 알루미늄과 탄탈륨, 열팽창의 차이가 큰 티타늄과 스테인리스강, 경도차가 큰 스테라이트(stelite) 6B와 강의 접합 및 도금이 곤란한 티타늄과 지르코늄에 금 또는 동을 도금하는 데 사용된다. 또한 클래드(clad)강의 제조에도 사용되고 있다.

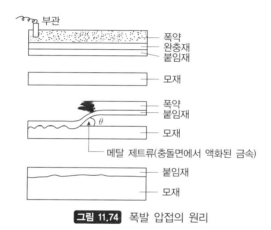

그림 11.74 폭발 압접의 원리

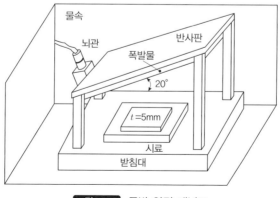

그림 11.75 폭발 압접 개념도

| Al + Zirconium | 공구강 + 각종 금속 박판 |

그림 11.76 폭발 압접 샘플

6) 초음파 용접

맞닿아 있는 2개의 부품 중 한쪽에 초음파 진동자를 써서 주파수 20kHz 이상의 초음파 진동을 주면 2개의 부품 경계면에서 강력한 마찰이 생기며, 이러한 마찰이 먼저 금속 표면의 산화 피막 및 흡착 가스 등 표면의 불순물을 제거시켜 접합면에 깨끗하고 활성화된 금속 분자가 나타난다. 그 후 더욱더 초음파 진동을 주면 가열에 의해 원자 운동이 활성화되고 확산에 의한 금속 원자의 이동을 유도하여 금속 원자 서로 간에 인력이 발생하여 질서 있는 배열로 되는 고상 용접 상태가 된다. 이것이 초음파 용접(ultrasonic joining/welding)이다.

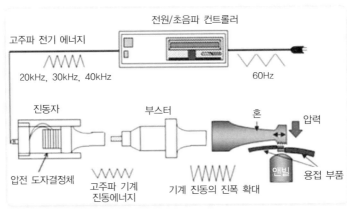

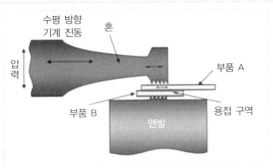

컨트롤러(powersupply) : 60Hz의 전류를 20~40kHz의 전기에너지로 변환시키는 장치
진동자(converter) : 전기에너지를 기계적 고주파 진동에너지로 변환시킴
부스터(booster) : 진동자의 진폭을 증폭시킴
혼(horn)/앤빌(anvil) : 용접 대상물에 진동 에너지를 전달하여 금속 표면의 강제 확산에 의해 용착시킴

그림 11.77 초음파 용접기 개념도

　가열 온도는 일반적으로 용융 온도의 35~50% 정도이며, 접합 강도는 그다지 강하지 않고 연납접(soldering)과 비슷하다.

　초음파 용접의 특징은 다음과 같다.

- 단면 형상의 제약은 없으나 주로 박(알루미늄 박, 동 박)과 같이 얇은 금속의 접합에 사용한다.
- 이종 금속 간 접합도 가능하다.
- 금속 산화막을 제거하고 용착하므로 전기저항을 일으키지 않아(전기 전도성이 좋다) 약전 전기 부품 접합에 최적이다.
- 전도성 매개체를 이용하지 않으므로 노이즈 특성이 거의 발생하지 않는다.
- 자동화가 쉽다.
- 금속(금, 은, 동, 알루미늄, 니켈)뿐만 아니라 플라스틱 및 세라믹도 접합 가능하다.
- 땜납을 이용하지 않는 저온 접합으로 친환경적이다.

그림 11.78 초음파 용접기(출처 : 코맥스시스템)

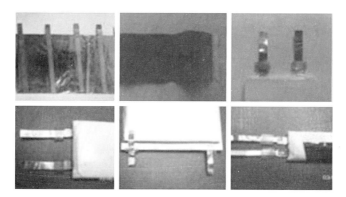

그림 11.79 초음파 용접 부품

> **참고**
>
> **초음파 진동 커터 절단기** : 초음파 커터는 칼날을 초음파로 매초 수만 회 고속 진동시켜 재료와 칼날 사이의 마찰 계수를 감소시켜 절단하는 커터로, 두께 3mm 이하인 아크릴, PP, PET, ABS 등의 플라스틱을 자르는 데 이용된다.

(출처 : (주)혼다 전자)

7) 고주파 용접

고주파 용접(radio frequency welding)은 이음 부위에 압력을 가하면서 고주파 전류에 의한 저항열(유도 가열 : 유도권선에 의해 유도된 전류 저항 열)로 접합하는 저항 용접이다.

일반 용접기에 사용되는 저주파의 경우 용접하기 위해서는 높은 전류가 필요하지만 고주파 용접은 에너지 효율이 좋아서 낮은 전류에서도 용접 가능하므로 전력 소모도 적고 용접 속도가 빠르며 국부 가열로 용접부의 산화 및 변형의 위험성이 없어 강의 종류에 제한이 없다. 매우 가늘고 두꺼운 파이프 (직경 8∼300mm) 용접도 가능하다. 하지만 유도 코일이 필요하므로 대량 생산용이다.

고주파 용접에는 고주파 저항 용접과 고주파 유도 용접의 두 가지가 있는데 저항 용접은 접합할 재료에 직접 고주파 전류를 흘려 가열하며, 유도 용접은 유도 코일에 고주파 전류를 흘려 접합부를 가열한다.

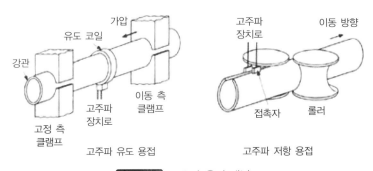

그림 11.80 고주파 용접 개념도

그림 11.81 고주파 용접 장면 (출처 : 세기고주파)

8) 냉간 압접

알루미늄 판을 2장 겹친 후 예리한 칼로 절단하면 절단된 면을 따라 두 판의 끝이 강하게 밀착하는 현상이 생긴다. 이것이 냉간 압접(cold pressure welding)의 기본 원리이다. 냉간 압접은 금속 재료를 가압 변형시켜 금속 사이에 원자 결합을 일으킨 상태이며 이것은 전자끼리 결합하는 금속 재료의 특성을 활용한 접합 방법이다. 융접, 납접 등에서 보이는 가열 용융에 의한 결합이 나타나지 않으며 접합부에 가공 경화나 변형만 일어난다.

냉간 압접으로 접합 가능한 금속은 알루미늄, 동, 황동, 주석, 아연, 은, 금, 니켈, 마그네슘, 납 등이며 이종 금속 간 접합도 실온에서 가능하다.

현재 실용화되어 있는 공구로는 동을 압접하는 경우 200kgf/cm²의 압력이 최댓값이며 스테인리스 강, 강, 티타늄의 접합은 불가능하다.

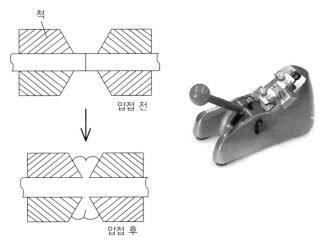

그림 11.82 냉간 압접 원리 및 압접기 (출처 : Sumiden Asahi 정공)

9) 확산 접합

녹이면 잘 접합이 안 되는 신소재의 개발에 따라 저온도 저변형 접합 기술이 필요해 개발된 접합 방법이 확산 접합(diffusion bonding, diffused junction)이다. 확산 접합은 소성변형을 일으키지 않을 정도의 힘을 접합면에 가해 밀착시키면서 재결정 온도 부근까지 가열하여, 접합면에 금속 원자를 확산시켜 접합한다.

접합 전   완성품

확산 접합의 특징은 다음과 같다.

- 진공 중에서 접합하므로 텅스텐, 몰리브데넘, 지르코늄 등과 같은 활성 금속(산화가 잘되는 금속을 말한다)이면서 고융점인 금속의 접합이 가능하다.
- 형상 변화 없이 접합 가능하므로 정밀 접합이 가능하다.
- 접합 온도가 낮아(융점의 50% 정도) 복합 재료, 소결 합금 및 이종 금속 간 접합이 가능하다.
- 접합부의 비파괴 검사가 불가능하다.
- 진공 용기를 사용하므로 접합 비용이 높다.

확산 접합 방식의 종류에는 아래와 같은 세 가지가 있다.

(1) 일반 확산 접합

인서트 금속을 쓰지 않는 방법이며 티타늄합금 등의 금속 접합에 사용된다.

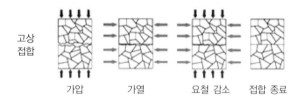

고상
접합

가압　　가열　　요철 감소　　접합 종료

(2) 인서트 금속고상 확산 접합

접합부에 삽입된 인서트 금속이 용융되지 않고 고상(固相)인 상태에서 접합된다.

(3) 인서트 금속액상 확산 접합

접합부에 삽입된 인서트 금속이 용융되어 액상인 상태에서 접합된다. 니켈기 내열 합금, 이종 금속 접합, 금속과 세라믹스의 접합 등에 적용되고 있다.

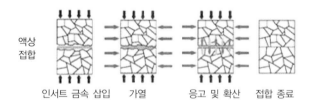

액상
접합

인서트 금속 삽입　　가열　　응고 및 확산　　접합 종료

그림 11.83 확산 접합로

수냉 플랜지　　　　　　　　　　　　　　　열펌프용 열교환기

금속 마스크(0.1×4장 적층) 0.08mm p = 1

그림 11.84 확산 접합된 부품

10) 철도 레일 용접 방법

철도 레일은 레일 하나의 길이가 길어 용접 후 운반이 어렵기 때문에 일반적으로 설치 장소에서 현장 용접하는 방법이 주로 사용되며 여기에는 다음과 같은 방법이 있다.

(1) 인클로즈 용접법

인클로즈(enclose) 용접법은 용접할 2개의 레일 끝 단면을 간격이 일정하게(약 17mm) 놓고, 그 주위를 레일 형상과 같은 구리(동) 블록으로 감싼 다음 저수소계 고장력 피복 아크 용접봉 또는 용접 와이어를 써서 모재와 전극 사이에 아크 방전을 발생시켜 용접봉 또는 용접 와이어를 녹여 레일 사이 간격을 층층이 메워 가는 용접 방법이다.

이 용접은 (1) 레일을 부설된 상태 그대로 용접할 수 있고, (2) 비좁은 장소에서의 용접이 가능하며, (3) 사용 설비가 간단하므로 이동성이 좋다는 장점이 있다.

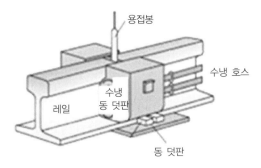

그림 11.85 인클로즈 용접 개념도

(2) 가스 압접법

2개의 레일 양 끝면을 마주대고 이것을 레일의 길이 방향으로 압축력을 가하면서 접합부를 산소 아세틸렌 불꽃으로 가열하여 연화시켜 접합하는 용접 방법이다.

이 용접법의 특징은 다음과 같다.

- 레일 접합부의 강도가 모재와 매우 가까워 고강도를 유지할 수 있다.
- 용접 시공 시간이 비교적 짧다.
- 용접 부위의 품질이 안정하다.

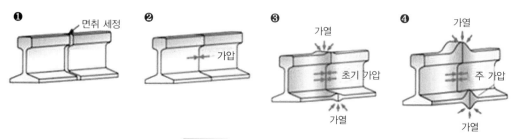

그림 11.86 가스 압접법의 개념도

(3) 테르밋 용접

산화철의 박편(scale)과 알루미늄 분말을 이동식 도가니에 넣고 가스 불꽃 등으로 가열하면 산화철과 알루미늄의 화학 반응(테르밋 반응이라 한다)에 의해 녹은 액상의 철(용탕)을 얻을 수 있으며 이 용탕을 미리 레일 이음부에 조립된 몰드 내부로 주입하여 접합하는 방법이 테르밋 용접(Thermite welding)이다.

레일 이음 부위에 조립된 몰드

이동식 도가니

테르밋 반응 중

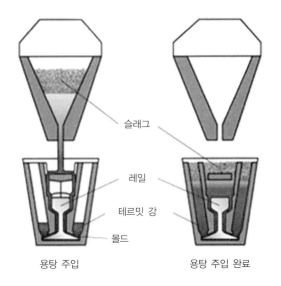

슬래그

레일

테르밋 강

몰드

용탕 주입　　　　　　　　　용탕 주입 완료

테르밋 용접 완료된 레일

그림 11.87 테르밋 용접 순서

테르밋 반응은 $Fe_2O_3 + 2Al = 2Fe + Al_2O_3 + 850kJ$라는 반응에 의해 열이 발생하는 화학 반응이며 이 열에 의해 금속을 녹인다.

이 용접 방법의 특징은 다음과 같다.

- 레일이 부설된 상태 그대로 용접이 가능하다.
- 용접 기술자의 숙련도에 관계없이 균일한 품질을 얻을 수 있다.
- 사용 설비가 간단하여 이동성이 좋다.

(4) 플래시 용접

접합할 2개의 레일을 먼저 가볍게 접촉시켜 놓고 여기에 큰 전류를 흘리면 접촉면이 전기저항에 의해 온도가 급격히 올라가 용융하며 동시에 불꽃이 발생한다. 이 과정을 반복하여 레일 단면이 완전한 용융 상태로 되었을 때 축 방향으로 가압하여 접합하는 방법이다.

플래시 용접의 특징은 다음과 같다.

- 용접기 본체가 매우 높은 기능을 가지고 있어 대개 전자동으로 용접 가능하다.
- 용접 시간이 매우 짧아 시공 기간이 짧다.
- 용접 기술자의 숙련도에 영향을 받지 않는다.

5 납접(납땜)

접합할 부품보다 융점이 낮은 합금인 땜납을 써서 부품을 용융시키지 않고 접합하는 방법으로 경납접과 연납접의 두 가지 방식이 있다.

1) 경납접

경납접(brazing)은 융점이 450℃ 이상인 경질 땜납을 사용하여 접합하는 납접법이다. 이 접합의 특징은 다음과 같다.

- 열 영향이 적어 접합 부품의 변형이나 잔류 응력이 거의 없으므로 접합면이 많은 곳에 유리하며 접합 후 치수 정밀도가 높다.
- 기밀 접합이 가능하다.
- 접합부의 열전도성 및 전기 전도성이 뛰어나다.
- 이종 금속 및 비철 금속의 접합이 비교적 쉽다.
- 박판의 접합이 가능하다.
- 접합 부위의 외관이 미려하다.

또한 경납접에는 아래와 같은 방법이 있다.

① 토치 경납땜(torch brazing) : 산소와 프로판의 혼합 가스를 사용하는 가스 용접기를 이용한다.

② 노 경납땜(furnace brazing) : 접합할 부품을 세팅한 후로 내에서 접합한다. 온도를 정밀하게 제어하기 쉽고 부품이 산화되지 않아 깨끗하고 균일한 품질의 부품을 대량 생산할 수 있다. 복잡한 부품의 브레이징에 유리하며 강도가 좋다.

③ 저항 경납땜(resistance brazing) : 접합부에 전류를 흘려 발생하는 주울(joule) 열을 이용한다.

④ 고주파 경납땜(induction heat brazing) : 고주파 코일을 써서 유도 가열을 이용한다.

⑤ 침적 경납땜(dip brazing) : 용융된 땜납 속에 접합할 부품을 담가 접합한다.

또한 경땜납의 종류에는 다음과 같은 것들이 있다.

① 은 땜납 : 은, 동, 아연이 주성분이며 알루미늄과 마그네슘 이외의 금속에 사용되고 융점은 650~900℃이다.

② 동, 황동 땜납 : 동, 아연이 주성분이며 강과 동 접합에 쓰이고 융점은 1,100~1,150℃이다.

③ 인동 땜납 : 인과 동이 주성분이며 동관의 접합에 사용되고 융점은 660~840℃이다.

그림 11.88 경납접 장비

이 외에도 니켈 땜납, 알루미늄 땜납, 금 땜납 등이 있다. 주요 적용 부품을 열거하면 에어컨 및 냉동기의 냉매 회로 및 냉열 배관, 귀금속, 가정 및 산업용 열교환기 배관, 자동차 라디에이터 및 공조기기 배관, 안경테, 로켓 엔진의 냉각 유닛 및 외통부, 치과 보철물 등이 있다.

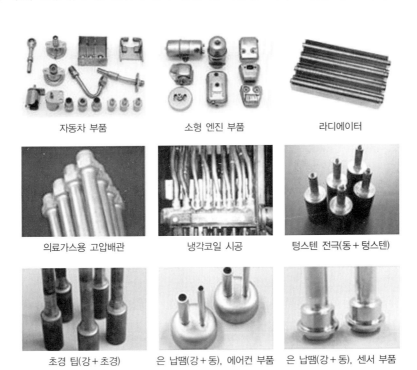

자동차 부품	소형 엔진 부품	라디에이터
의료가스용 고압배관	냉각코일 시공	텅스텐 전극(동 + 텅스텐)
초경 팁(강 + 초경)	은 납땜(강 + 동), 에어컨 부품	은 납땜(강 + 동), 센서 부품

그림 11.89 경납접된 부품

2) 연납접

연납접(soldering)은 융점이 450℃ 미만인 연땜납(solder)을 사용하여 접합하는 납접법이다. 기계적 강도가 그다지 필요하지 않은 곳에 주로 사용되며 접합 대상 재료는 동, 황동 등이고 프린트 기판(주석 60%), 단자, 커넥터(주석 50%) 등 전자부품 및 배선부품의 회로 연결에 주로 쓰인다.

납과 주석을 주성분으로 하는 땜납을 주로 사용하며 최근에는 환경 문제 때문에 납이 없는 무연(lead-free) 땜납 사용이 권장 또는 강제되고 있으며 이로 인한 융점 상승에 대응하기 위해 레이저 빔 솔더링의 사용이 증가하고 있다. 무연 땜납에는 주석 96.5% + 은 3.5%인 것과 주석 42% + 창연(비스무트) 58%인 것이 있다.

레이저 솔더링은 고출력 반도체 다이오드 레이저를 이용하여 실장부품을 비접촉으로 국부 가열하여 솔더링하는 방법이다. 무연 솔더의 사용 증가에 따라 주목받기 시작하였으며, $\phi 0.4$mm 또는 $\phi 0.6$mm(최소 0.2mm)로 집속된 빔을 사용하므로 미세 피치의 실장 부품 및 실장부 주변에의 열 영향을 최소화할 수 있다. 솔더 공급은 솔더 와이어, 솔더 페이스트(paste), 솔더 볼(ball) 등으로 이루어지며, 우선 레이저 빔으로 패드 면을 가열하고 솔더를 공급하여 부품을 짧은 시간에 접합한다. 이를 통해 생산 수량 증가 및 품질 향상을 꾀할 수 있다.

레이저 솔더링 장치의 구성은 레이저 발생 장치와 로봇으로 구성되어 있는데 로봇은 탁상형, 스카라형, 수직 다관절형, 직교형 등이 있다.

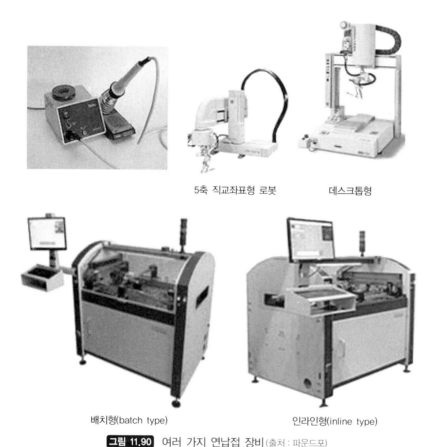

5축 직교좌표형 로봇   데스크톱형

배치형(batch type)   인라인형(inline type)

그림 11.90 여러 가지 연납접 장비 (출처 : 파운드포)

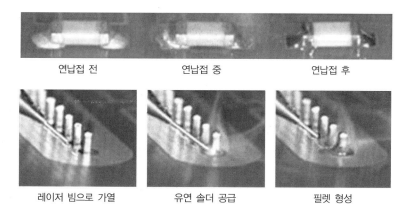

| 연납접 전 | 연납접 중 | 연납접 후 |

| 레이저 빔으로 가열 | 유연 솔더 공급 | 필렛 형성 |

그림 11.91 레이저 솔더링 과정

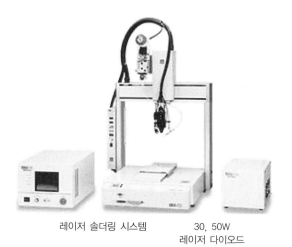

레이저 솔더링 시스템   30, 50W
레이저 다이오드

그림 11.92 레이저 솔더링 시스템 (출처 : JAPAN UNIX)

12 열처리

1 개요

열처리란 재료를 적절히 가열한 후 적절히 냉각하여 재료의 성질을 여러 가지 상태로 개선하여 필요한 기계적 성질을 얻는 공정이며, 이 공정의 목적은 아래와 같다.

- 기계적 성질 향상
- 조직 미세화
- 강재의 연화
- 강재의 편석을 제거하여 재료 균일화 및 균질화
- 표면에 경화층 형성

열처리의 종류는 부품을 가공하기 위한 소재에 대한 열처리[일반 열처리(heat treatment)라 함]와 가공된 부품에 대한 열처리[표면 경화처리(surface hardening)라 함]로 나뉘며 각각에 속하는 열처리 종류는 다음과 같다.

일반 열처리

- 담금(quenching, 소입)
- 뜨임(tempering, 소려)
- 풀림(annealing, 소둔) : 단, 응력 제거 풀림 처리는 일차 가공된 부품에 적용
- 불림(normalizing, 소준)
- 고용화 처리(solution treatment, 용체화 처리)
- 석출 경화(precipitation hardening, 시효 경화)

표면 경화처리

- 침탄 경화(carburizing, case hardening)
- 침탄 질화 경화(carbonitriding, 청화 : cyaniding)
- 질화 경화(nitriding)
- 연질화 경화(soft nitriding)
- 화염 경화(flame hardening)
- 고주파 경화(induction hardening)
- 레이저 빔 경화(laser beam hardening)
- 전자 빔 경화(electron beam hardening)
- 피닝(shot peening, laser peening)

2 담금

강을 가열하여 오스테나이트(austenite) 조직으로 만든 다음 물 또는 기름 중에서 급랭하여 마르텐사이트(martensite) 또는 마르텐사이트+트루스타이트(troostite) 조직으로 변화시키는 열처리로, 강의 강도 및 경도는 증가하지만 인성은 감소한다.

탄소 함유량이 0.3% 미만인 강에는 담금 효과를 크게 기대하기 어렵다. 또한 담금 효과는 탄소 함유량에 비례하지만 0.6% 이상인 강에 대해서는 탄소량 증가분에 대한 담금 효과를 더 이상 기대하기 어렵다.

강의 담금 경도는 공구강의 경우에는 첨가 합금 원소의 종류(W, Cr, V 등)에 따라 다르며, 기계 구조용 탄소강 및 합금강의 경우 최고 경도 및 임계 경도는 다음 식으로 추정할 수 있다.

- 최고 경도 : 30+C H_RC
- 임계 경도 : 24+C H_RC

임계 경도란 오스테나이트 조직이 마르텐사이트 조직으로 50% 이상 변화한 부분의 경도를 말한다.

한편 강의 담금성(hardenability)에 영향을 주는 원소는 C, B, Mn, Mo, Cr의 순서로 영향이 크며 Si와 Ni은 별 영향이 없다.

강의 담금성이 좋다는 것은 강을 담금할 때 경도가 더 높이 올라가는 것이 아니라 담금 깊이가 더 깊은 것, 즉 담금 직경이 큰 것을 말한다. 담금 직경은 정해진 조건(Jominey test)으로 담금을 하였을 때 원통형 소재의 중심 조직이 마르텐사이트로 50% 이상 변하는 소재의 직경을 말한다. 주요 구조용 탄소강 및 합금강의 담금 직경은 표 12.1과 같다.

表 12.1 주요 구조용 강의 담금 직경

재질	담금 직경(mm)
SM45C	21.6
SMn438	37
SCr440	66
SMnC443	85
SCM435	107
SNC836	120
SNCM625	224

강의 담금 질량 효과는 부품의 크기와 무게가 경도와 담금 깊이에 미치는 영향의 크고 작음을 나타내는 것으로, 탄소강은 질량 효과가 크며 합금강은 작은 편이다. 즉 탄소강으로 만들어진 부품이 크기가 큰 경우 담금 효과가 크지 않다는 것을 의미한다.

담금에는 위와 같은 일반 담금 외에 아래와 같은 특수 담금이 있다.

(1) 서브제로 처리

서브제로 처리(subzero treatment)는 담금 직후 잔류 오스테나이트를 마르텐사이트로 변태시키기 위해 0℃ 이하의 저온으로 냉각하는 처리 방법이다. 드라이아이스를 사용하면 -78℃까지, 액체 질소를 사용하면 -196℃까지 냉각(극저온 처리, cryogenic treatment)할 수 있다. 저온 처리 후에는 마르텐사이트를 안정화하기 위해 뜨임 처리한다. 이 처리의 효과로는 경년 변화(secular change, 시효 변형) 방지, 경도 및 내마모성의 현저한 향상 등을 들 수 있다.

정밀금형, 공구, 치과기기, 항공 우주용 부품, 골프클럽 헤드, 포신 등에 이 공법을 실시하고 있으며, 서브제로 처리를 실시하는 강재로는 고강도강으로 베어링강(STB), 합금공구강(STD11, STD12, STD31) 및 고속도 공구강(SKH9) 등을 들 수 있다.

(2) 오스템퍼

오스템퍼(austemper)는 안정한 오스테나이트 조직으로 가열한 후 400~500℃까지 급속 냉각하고, 이 온도에서 장시간 유지하여 베이나이트(bainite) 조직으로 변태(항온 변태) 완료한 후 로에서 꺼내 공랭하는 열처리를 말한다. 이 처리의 효과는 변형 발생과 열경화 크랙 발생을 방지하고 재료에 강인성을 주어 충격에 강하게(2~3배 강해짐) 만든다.

탄소 함유량이 0.6% 이상인 탄소강에 적합한 처리이다.

(3) 마르템퍼링/마르퀜칭

마르템퍼링/마르퀜칭(martempering/marquenching)은 강을 오스테나이트 온도로부터 고온의 용액에 담가 급속 냉각한 후 일정 시간이 지난 뒤에 꺼내어 공랭하는 열처리이다.

이 처리가 된 강은 균열이나 뒤틀림 및 잔류 응력이 발생할 가능성이 낮다.

3 뜨임

담금에 의해 만들어진 강의 마르텐사이트 조직은 불안정한 상태이며 매우 딱딱하지만 부서지기 쉬워 그대로 사용하기는 어렵다. 이것을 재가열하여 일정 시간 유지한 다음 서서히 냉각하면 강도와 경도는 떨어지지만 인성이 향상된 강을 얻을 수 있다. 이러한 처리를 뜨임이라 하며 재가열 온도에 따라 세 가지 종류가 있다.

- 저온 뜨임 : 강도, 경도 및 내마모성을 중시하는 뜨임으로 150~200℃로 재가열하며, 템퍼드 마르텐사이트 조직으로 변태된다. 이 방법은 고탄소강, 냉간공구강 및 침탄 처리된 강에 적용한다.
- 고온 뜨임 : 강도나 경도보다는 인성을 중시하는 뜨임으로 550~650℃로 재가열하며 담금과 합쳐 조질 처리(thermal refining)라 부른다. 템퍼드 소바이트(tempered sorbite) 조직으로 변태하며 조직의 균일화 및 경도를 조절하여 기계 가공을 쉽게 하고 변형이 작은 부품을 만들며, 고주파 경화 및 질화 등의 표면 경화와 표면 개질 처리를 쉽게 하기 위해 실시한다. 이 방법은 열간공구강, 기계 구조용 탄소강 및 합금강에 적용한다.
- 400℃ 뜨임 : 템퍼드 트루스타이트(tempered troostite) 조직으로 변태된다.

한편 뜨임 처리를 하면 일정 온도 부근에서 재료의 충격 값이 저하하는 취성, 즉 부서지기 쉬운 성질이 나타나는데 저온 뜨임 취성(청열 취성이라고도 함)은 300℃ 부근에서 나타나며 고온 뜨임 취성은 500℃ 부근에서 나타난다.

4 풀림

일정 온도 이상으로 가열 후 열처리로(furnace) 내에서 서서히 냉각하는 열처리 방법으로, 가열 온도 및 냉각 속도에 따라 풀림 처리의 목적이 다르다. 풀림에는 다음과 같이 여러 종류가 있으며 이들의 처리 온도 등을 그림 12.1에 나타냈다.

1) 일반적인 풀림 처리

(1) 완전 풀림

재결정 온도 이상으로 가열한 다음 로 내에서 5~30℃/시간의 속도로 냉각하며, 결정 입자를 미세화하여 강을 연하게 만들어 기계 가공 또는 소성 가공을 쉽게 하기 위해 실시한다.

(2) 공정 풀림(중간 풀림)

냉간 압연하면 소재가 가공 경화하여 소성 가공이 어려워지므로 다음 가공을 하기 전에 응력을 제거하고 재료의 경도를 떨어뜨릴 필요가 있는데 이를 위한 방법이 바로 공정 풀림(process annealing)이다. 특히 저탄소강의 경우에는 완전 풀림 처리를 하면 지나치게 연화하여 기계 가공이 어려워지므로 중간 풀림을 실시한다.

(3) 구상화 풀림

구상화 풀림(spheroidizing annealing)은 강을 공정 온도 바로 아래까지 가열한 후 급속 냉각하여 조직 내부의 탄화물(시멘타이트, cementite)을 구상화하는 것이다. 이 공법은 가공성(절삭성, 소성 가공성)을 좋게 하며 인성이 증가하여 균일한 담금질이 가능하고 열경화에 의한 크랙이 생기기 어렵게 된다. 주로 공구강 및 베어링강 등 고탄소강을 담금하기 위한 전처리로 실시한다.

(4) 응력 제거 풀림

응력 제거 풀림(stress relief annealing)은 공정 풀림과 처리 과정은 같으며 주조, 단조, 기계 가공, 냉간 가공 및 용접된 부품의 내부 응력(잔류 응력)을 제거하기 위해 실시한다.

(5) 항온 풀림

항온 풀림(isothermal annealing)은 완전 풀림과 목적은 같으며 풀림 처리를 짧은 시간에 끝내 열처리로의 가동률을 높이기 위해 실시한다.

2) 특수 풀림 처리

(1) 자기 풀림 처리

전자기(electromagnetic) 연철, 규소 강판, 전자기 스테인리스강 등이 가지고 있는 자기 특성을 최대한 발휘할 수 있도록, 압연 등으로 생긴 내부 응력을 제거하는 풀림 처리를 말한다.

(2) 광휘 풀림 처리

스테인리스강의 열처리에 의한 산화, 탈탄소를 막고 열처리 전과 동일한 표면 광택을 유지하기 위해 비산화성 환경에서 하는 풀림 처리를 말한다.

(3) 안정화 처리

높은 내부식성이 요구되는 스테인리스강 STS316 및 STS347 등의 재료에 크롬 탄화물의 생성을 막기 위해 850~930℃까지 가열한 후 서서히 냉각하는 풀림 처리를 말한다. 크롬 탄화물은 내식성을 약화시키고 응력 부식 크랙을 유발하는 물질이다.

5 불림

불림은 열간 압연, 주조 및 열간 단조 등의 가공에 의해 크고 거칠어진 조직을 미세화하거나 잔류 응력 제거 및 고르지 않은 경도를 고르게 하여 조직을 표준 상태(조직 균일화 및 결정립이 미세화된 상태)로 돌려놓아 강을 강하고 끈끈하게 만드는(QT처리와 비슷한 효과, Quenching & Tempering) 열처리이다. A3 또는 Acm보다 40~60℃ 정도 높은 온도까지 서서히 가열한 후 대기 중에서 냉각하여 중간 펄라이트(pearlite) 조직으로 만든다.

일반적으로 고탄소강에 적용되며 저탄소강의 경우는 절삭성 향상을 위해 실시한다. 대형 단조 또는 주조 부품인 경우에는 질량 효과 및 변형 때문에 담금과 뜨임에 의한 기계적 성질 개선은 어렵지만 불림 처리에 의해서는 가능하다.

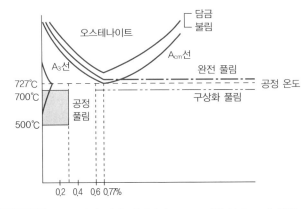

그림 12.1 여러 가지 일반 열처리의 Fe-C 평형 상태도 내 위치

지금까지 설명한 열처리 종류와 이에 따른 강의 조직 변태를 알기 쉽게 정리하여 그림 12.2에 나타 냈다.

철강의 제조 과정 또는 열처리 과정 중에 만들어지는 여러 조직의 종류와 이에 대한 특징은 다음과 같다.

① 페라이트(ferrite) : 알파철 고용체(고체 상태에서 다른 물질을 녹인 물질)로, 부드럽고 마모에는 약하나 끈끈하고 전성과 연성이 풍부하다.
② 시멘타이트(cementite) : 탄화철(Fe3C)로, 딱딱하고 부서지기 쉬운 금속 화합물이다.
③ 펄라이트(pearlite) : 페라이트와 시멘타이트의 층상 조직으로, 그 성질도 중간이며, 층 사이의 간격 크기에 따라 보통(Pc), 중간(Pm), 미세(Pf)로 구분된다. 조직이 진주조개같이 생겨서 붙은 이름이다.
④ 오스테나이트(austenite) : 강을 A3-Acm 변태선 이상으로 가열하면 얻어지는 조직으로, 감마철 고용체이며 1,148℃에서 2.14%의 탄소를 용해하고 있다. 페라이트보다 치밀하며 고온에서 연성 을 갖고, 부드럽고 끈끈한 조직으로 성형성이 좋다. 영국의 오스틴(Austen)이 발견했다.

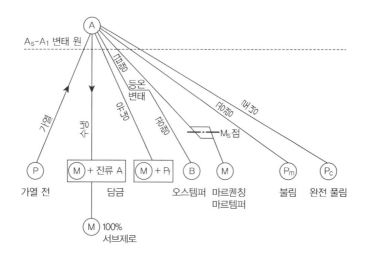

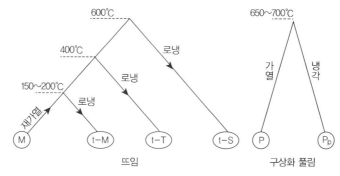

P : 펄라이트   A : 오스테나이트   M : 마르텐사이트   B : 베이나이트
Pf : 미세 펄라이트   Pm : 중간 펄라이트   Po : 보통 펄라이트
t-M : 뜨임 마르텐사이트   t-T : 뜨임 트루스타이트   t-S : 뜨임 소바이트   Sp : 스페로다이트

그림 12.2 각종 열처리와 조직 변태

⑤ 마르텐사이트(martensite) : 오스테나이트가 급속 냉각하면 이 조직으로 변태되며 탄소를 과포화하고 있는 알파철이다. 매우 딱딱하고 취성이 높으며 독일의 마르텐스(Martens)가 발견했다.

⑥ 잔류 오스테나이트 : 오스테나이트가 급속 냉각할 때 마르텐사이트 조직으로 변태되지만 10∼50% 정도는 오스테나이트 조직 그대로인 채로 남아 있게 되는데 이를 잔류 오스테나이트라 한다. 잔류 오스테나이트가 많으면 경도가 낮아지고 내마모성 및 피로 강도도 낮아지며 시효 변형의 원인이 되므로 측정기기나 금형 등에 남아 있으면 좋지 않다.

⑦ 베이나이트(bainite) : 침상 마르텐사이트 또는 날개 모양 펄라이트로 구성된 매우 미세한 조직으로 펄라이트보다 연성과 강도가 우수하다. 미국의 베인(Bain)이 발견했다.

⑧ 트루스타이트(troostite) : 페라이트와 시멘타이트의 극미립이 섞인 상태, 즉 마르텐사이트 바탕 위에 시멘타이트 극미립이 토출되어 있는 것 같은 조직으로 딱딱하고 강하므로 칼의 조직으로 이용되며 프랑스의 트루스트(Troost)가 발견했다.

⑨ 소바이트(sorbite) : 트루스타이트의 시멘타이트 미립이 약간 거칠어진 조직으로 연하고 충격에

강하며 기계 부품에 쓰이는 강의 조직은 대부분이 이 조직이다. 영국의 소비(Sorby)가 발견했다.

⑩ 스페로다이트(spheroidite) : 구상화 풀림 처리에 의해 얻어지는 조직으로 펄라이트보다 높은 인성과 낮은 경도를 보인다.

⑪ 레데브라이트(ledebrite) : 오스테나이트와 시멘타이트의 공정 조직이다.

6 가공 열처리

가공 열처리(thermal mechanical treatment)는 강인성을 개선하기 위해 소성 가공에 의한 강화와 열처리에 의한 강화를 함께 실시하는 처리법으로 아래와 같은 것들이 있으며 전문적인 열처리 방법이므로 자세한 내용은 열처리 전문 서적을 통하여 습득하기 바란다.

- 제어 압연(controlled rolling)
- 열가공 제어(TCMP)
- 오스포징(ausforging)
- 오스포밍(ausforming)
- 고온 가공 열처리
- 아이소포밍(isoforming)
- 마르포밍(marforming)
- 페이턴팅/파텐팅(patenting)

7 고용화 처리(용체화 처리)

오스테나이트계 스테인리스강과 비철 금속은 철강과 같은 상 변태를 일으키지 않으므로 앞에서 설명한 철강과 같은 열처리를 할 수는 없다. 고용화 처리는 이와 같은 재료에 실시하는 처리를 말한다. 물질의 용해도는 일반적으로 온도가 높아지면 증가한다. 이 원리를 이용하여 재료를 융점 바로 아래 온도로 가열하여 용매 금속에 용질 원소를 비교적 많이 용해한 다음 급속히 냉각하여 용질 원소의 석출을 저지해서 과포화 고용체를 얻는 열처리이다. 용해도(solution)란 어떤 온도에서 특정 용매(물)에 용질(설탕)이 녹을 때 상한이 있어 그 이상은 녹지 않는 상한을 말한다. 석출은 과포화 고용체(용해도 이상으로 용질을 고용하고 있는 용매)로부터 1종 이상의 화합물(용질)이 빠져나와 분리 성장하는 현상을 말한다.

고용화 처리는 오스테나이트계 스테인리스강의 연성, 인성, 내식성 및 내열성을 향상하는 데 목적이 있으며 1,100℃로 가열한 후 급속 냉각(수랭)한다. 용체화 처리는 알루미늄합금을 500℃로 가열 후 수랭하는 처리를 말한다.

8 석출 경화

용체화 처리된 재료를 적당한 온도(100~150℃)로 재가열하거나 상온에 오래 두면(이것을 시효 처리라 한다) 과포화된 용질 원자가 미세하게 석출되어 나오고 이것이 전위 이동을 방해하여 재료를 경화시킨다. 이것을 석출 경화(시효 경화라 부르기도 한다)라 하며 비철 금속에 대한 뜨임이라 볼 수 있다.

이 방법은 경도, 강도 및 내식성 향상을 목적으로 실시하며 스테인리스강(석출 경화계), 고장력 알루미늄합금, 고장력 동 합금 및 내열 합금 등에 적용한다.

참고

KS의 알루미늄에 대한 열처리 기호를 보면 상당히 복잡함을 알 수 있다. 여기서 간략하게 다시 정리하여 보면 아래와 같다.

알루미늄합금의 KS 기호 : A6061 T6

열처리 기호	처리 내용	상세
F	압출, 압연, 단조된 상태 그대로인 것	가공 경화 또는 열처리에 대해 특별히 조정하지 않은 것
O	풀림 처리한 것	압연재에 있어서 가장 부드러운 상태를 얻기 위해 풀림 처리한 것과, 주물 재에 있어서 연신율 증가 또는 치수 안정화를 위해 풀림 처리한 것
H	가공 경화한 것	적당한 부드러움을 얻기 위한 추가 열처리 유무에 상관없이 가공 경화에 의해 강도를 증가시킨 것
T	열처리에 의해 위의 F, O, H 이외의 안정한 재질로 만든 것	안정한 재질로 만들기 위해 추가 가공 경화 유무에 상관없이 열처리한 것

H1 : 냉간 가공 경화만 한 것
H2 : 냉간 가공 경화 후 연화 열처리(불림)한 것. 강도는 약간 줄고 연신율은 약간 증가한다.
H3 : 냉간 가공 경화 후 안정화 처리(저온 가열)한 것
T1 : 고온 가공한 다음 냉각 후 자연 시효시킨 것. 주조 또는 압출과 같은 고온 제조 공정에서 냉각 후 바로 냉간 가공하지 않고 충분히 안정한 상태까지 자연 시효시킨 것
T2 : 고온 가공한 다음 냉각 후 냉간 가공한 뒤 자연 시효시킨 것. 압출과 같은 고온 제조 공정에서 냉각 후 강도를 증가시키기 위해 냉간 가공한 것
T3 : 용체화 처리 후 냉간 가공하고 자연 시효시킨 것. 강도를 증가시킬 수 있다.
T4 : 용체화 처리 후 자연 시효시킨 것
T5 : 고온 가공한 다음 냉각 후 자연 시효시킨 것. 주조 또는 압출과 같은 고온 제조 공정에서 냉각 후 바로 냉간 가공하지 않고 인공 시효 경화 처리한 것
T6 : 용체화 처리 후 인공 시효 경화 처리한 것. 최고 강도를 얻을 수 있다.
T7 : 용체화 처리 후 인공 시효한 다음 안정화 처리한 것. 내식성을 부여한다.
T8 : 용체화 처리 후 냉간 가공하고 인공 시효 경화 처리한 것
T9 : 용체화 처리 후 인공 시효 경화 처리한 뒤 냉간 가공한 것

9 주철의 열처리

1) 회주철

(1) 풀림 처리

- 응력 제거 풀림 : 주조 변형 제거 및 절삭성 향상을 위해 300~500℃ 구간으로 가열한 후 열처리로에서 냉각하여 실시한다.
- 중간 풀림 : 주조 변형 제거 및 절삭성 향상을 위해 790~900℃ 구간으로 가열한 후 300℃까지 열처리로에서 냉각한 다음 공기 중에서 냉각한다.
- 고온 풀림 : 900~950℃ 구간으로 가열하여 시멘타이트를 분해한 다음 최대 강도 및 경도를 유지하기 위해서는 550℃까지 공기 중에서 냉각 후 300℃까지 로에서 냉각하며, 절삭성 향상을 위해서는 300℃까지 로에서 냉각한다.

(2) 담금과 뜨임

800~850℃ 구간으로 가열한 후 기름 중에서 냉각한 다음 200~250℃로 재가열하여 뜨임 처리한다. 경도는 HB300~350 정도이다.

2) 구상흑연주철

(1) 칠부 연화 풀림 처리

박육 부위에 칠(chill)이 생기기 쉬우므로 850~900℃에서 1~2시간 풀림 처리한다.

(2) 연성을 얻기 위한 열처리

(3) 특수 목적 열처리

- 불림 : 870~900℃로 가열한 후 공기 중에서 냉각
- 870~900℃로 가열한 후 790~800℃까지 로에서 냉각한 다음 공기 중에서 냉각
- 870~900℃로 가열한 후 기름 중에서 냉각한 다음 400~450℃로 뜨임 처리

10 침탄 경화

침탄 경화(carburizing)는 저탄소강(C<0.3%)을 침탄제 속에 넣고 가열하여 강의 표면 속으로 탄소를 침투 확산시켜, 표면층의 탄소 함유량을 증가시킨 다음 담금과 저온 뜨임을 실시하여 경도를 증가시켜 내마모성을 높이는 방법이다.

절삭성이 좋은 저탄소강 및 저탄소 합금강을 기계 가공 → 탈지 세정 → 침탄 → 담금 → 탈지 → 뜨임 → 연삭 등의 순서로 처리하여 표면층은 내마모성을, 내부는 인성을 가진 부품을 얻을 수 있다.

경화 깊이는 2mm 정도이며 경도는 Hv750(HRC62) 이하이다.

　침탄하는 방식에는 아래와 같이 여러 가지가 있으나 최근에는 가스 침탄이 주로 사용되고 있다.

① 고체 침탄 : 목탄을 사용하며 품질의 편차가 커서 현재는 거의 사용하지 않는다.

② 액체 침탄 : 시안화나트륨을 주성분으로 하는 무기염을 고온(850~870℃)에서 용융시킨 염욕 (salt bath) 중에서 침탄시키는 것이다. 시안화나트륨은 맹독성이므로 주의가 필요하다.

③ 가스 침탄 : 이산화탄소, 수소, 메탄 등을 주성분으로 하는 가스 속에 부품을 넣고 가열(950℃)하 여 침탄한다. 최근에는 가스 침탄을 주로 사용하고 있으며 침탄 시간을 단축하기 위해 1,100℃ 부근의 고온 침탄을 사용하는 경우도 많다.

④ 플라스마 침탄(진공 침탄) : 진공 중에서 침탄용 가스를 주입한 후 고전압을 걸어 글로(glow) 방전에 의해 가스를 플라스마화하여 침탄한다. 침탄은 부품 전체를 로에 넣고 처리해 표면 전부 가 경화되므로 표면 경화 후에 드릴이나 탭을 가공해야 하는 경우 그 부분을 처리 전에 침탄 방지 처리(마스킹 처리)해야 한다.

11　침탄 질화 경화

침탄 질화 경화(carbonitriding)는 청화(cyanizing)라고도 하며, 탄소를 주체로 하고 질소를 동시에 침투 확산시키는 처리로 침탄 경화에 비해 (1) 처리 온도(700~900℃)가 낮아 변형이 작고, (2) 처리 시간이 짧으며(15분~4시간), (3) 경화층이 얕다(0.1~0.8mm)는 특징이 있으며 값이 싼 저탄소강에 적용한다.

12　질화 경화

질화 경화(nitriding)는 알루미늄, 크롬, 몰리브데넘 등 질화물 생성 원소를 포함한 강을 암모니아 또는 질소 환경에 넣고 가열(500~550℃에서 50~72시간, 최근에는 이온 질화를 채택하여 처리 시간을 수 시간 정도로 단축함)하여 표면에 질소를 침투 확산시켜 표면을 경화시키는 방법이다. 이 방법은 침탄 경화와 비교해 다음과 같은 특징이 있다.

- 치수 변화가 적어 정밀 부품의 표면 경화에 이용한다.
- 침탄 경화와 달리 500~600℃까지 온도가 다시 올라가도 연화하지 않는다.
- 경도가 높아 내마모성이 좋다.
- 질화 후 다른 열처리(담금, 뜨임 등)가 불필요하다.
- 질화층이 얕으므로(0.2~0.3mm 정도) 큰 충격이 있거나 면에 가해지는 압력이 큰 곳에는 쓰기 어렵다. 단, 담금 후 질화하거나 마르텐사이트계 스테인리스강에 질화하면 고경도, 고내충격인 표면을 얻을 수 있다.

경도는 Hv1,000~1,300(HRC70 이상)으로 매우 높은 편이며 그림 12.3에 주요 재료의 질화 깊이와 경도 변화가 나타나 있다. 질화 경화 공법은 SACM645, SCM, STD, SKH 및 SPS(스프링강) 등의 재료에 주로 처리하며 금형, 드라이브 축, 캠, 이젝터 핀 등에 쓰인다.

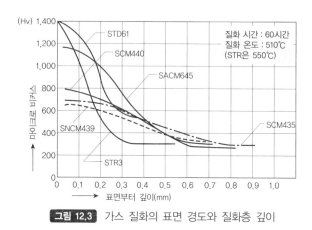

그림 12.3 가스 질화의 표면 경도와 질화층 깊이

13 연질화 경화

연질화 경화(soft nitriding)는 질소, 이산화탄소, 암모니아의 혼합 환경에 부품을 넣고 550~600℃로 가열한 후 그 상태를 유지하면서 질소와 탄소를 침투 확산시켜 표면에 탄화물과 질화물을 형성하는 처리이다. 이 처리의 특징은 다음과 같다.

- 변형이 매우 작다.
- 표면의 마찰계수가 작아(0.05~0.12) 슬라이딩부에 적용한다.
- 내마모성, 내피로성, 내식성이 좋다.
- 유효 질화 깊이가 0.01~0.02mm 정도로 매우 얕아 표면 압력이 큰 곳에는 사용할 수 없다.
- 질화층의 색은 회색에서 회백색을 띠어 구분이 쉽다.
- 적용 재료가 다양해 주철을 포함하여 거의 모든 강재에 처리 가능하다.

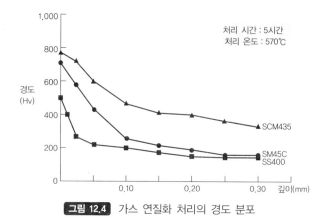

그림 12.4 가스 연질화 처리의 경도 분포

14 각종 열처리로

대차식 열처리로

fork charge식 batch type

shoulder type

batch type

mesh belt type

roller hearth type

pusher type

그림 12.5 여러 가지 열처리로

bell type

PIT형 침탄로 　　　　　　　　　　　　PIT형 소둔로

pit type

salt bath 　　　　　　　　　　　　　　Al 용체화 처리로

에이징로 　　　　　　　　　　　　　　이온 질화로

그림 12.5 여러 가지 열처리로(계속)

15 화염 경화

산소 아세틸렌 불꽃으로 부품 표면을 가열한 다음 물을 분사하여 급속히 냉각하여 표면을 경화하고 150~200℃에서 뜨임 처리한다. 설비가 간단하여 쉽게 어느 곳으로든 신속히 이동할 수 있어 옥외 설치물에도 처리 가능하며 부품의 크기 및 형상에 제한이 없다. 필요한 곳만 부분적인 경화가 가능하지만 경화 깊이와 경도 분포가 균일하지 않으며 경도 값도 정확하지 않다.

경화 깊이는 1~5mm 정도이며 적합한 재료는 기계 구조용 탄소강, 회주철, 구상흑연주철 등이다.

  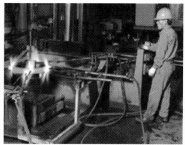

그림 12.6 화염 경화 처리 장면

16 고주파 경화

경화하고자 하는 부품 표면의 형상과 같은 코일을 만들어 부품 주위를 감싸고 고주파 유도 가열, 즉 고주파 전류를 흘리면 부품 표면에 유도 전류에 의해 열이 발생한다. 이 열로 표면층을 급속 가열한 후 냉각제를 분무하여 급속 냉각시켜 경화한 다음 150~200℃에서 뜨임 처리하는 것이 고주파 경화이다.

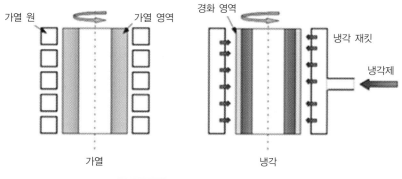

그림 12.7 고주파 열처리의 개념도

앞서 언급한 유도 가열의 원리는 다음과 같다. 전자기 유도 작용(즉 코일 모양 도체의 중심부에 영구 자석을 넣고 빼면 자계가 변화하여 도체에 전류가 흐르는 현상)에 의해 고주파 자장 내에 있는 가열물에 유도 전류가 흐르도록 한다. 이때 물체 내에서 소용돌이치며 흐르는 와전류에 의해 생기는 손실과 히스테리시스(hysteresis) 손실에 의해 주울 열이 발생하며 매우 짧은 시간에 발열이 이루어진다. 이렇게 발생한 열로 가열하는 것을 유도 가열이라 하며 고주파 전류를 이용한 것을 고주파 유도 가열이라 한다.

주파수가 높은 고주파 전류를 사용하므로 전류의 표피 작용(물체의 표면에만 전류가 흐르는 현상) 및 근접 효과(코일의 1차 전류가 부품으로 유도되어 코일에 가까운 표면층에 흐르는 현상)에 의해서 부품의 표면층에 자속 및 와전류가 집중되며 이때 발생하는 열 손실이 부품의 표면층을 가열하게 된다. 이러한 원리로 부품의 필요한 부분에 에너지를 집중시켜 급속 가열이 가능하므로 생산성이 높다. 가열 효율은 코일 전류×코일 권수에 비례하고 주파수, 고유 저항의 제곱근에 비례한다.

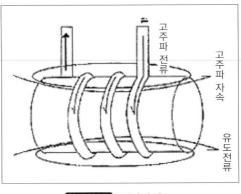

그림 12.8 전자기 유도

고주파 경화 처리는 주로 0.3~0.5% 탄소량의 기계 구조용 탄소강과 합금강, 주강품, 단강품 및 주조품 등에 적용한다. 고합금강의 경우 급속 가열하면 안 되므로 고주파 경화 처리는 어렵다.

이 방법의 특징은 다음과 같다.

- 표면 경도가 높고(HrC55~60) 내마모성이 좋으며 피로강도가 높다.
- 부분적인 경화 처리가 가능하며 처리 시간이 짧다.
- 경화 깊이 조절(0.5~10mm)이 쉬우며 경도는 Hv500 정도이다.
- 시간, 출력 및 온도 제어가 쉬워 자동화에 적합하다.
- 대형 부품은 코일이 커지고 고출력 전원이 필요하게 되므로 적용이 곤란하다.
- 복잡한 형상의 부품은 코일을 만들 수 없어 적용이 어렵다.
- 경화 조건 변동에 민감하다.

기어 이 하나씩

기어 전체

기어의 고주파 경화

내치차(internal gear)의 고주파 경화

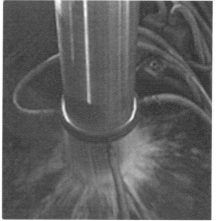

볼 스크루와 축의 고주파 경화

그림 12.9 고주파 경화된 부품(출처 : 세기고주파)

17 레이저 빔 경화

경화할 필요가 있는 부분만 레이저 빔을 조사하고 가열하여 경화하는 방법으로, 높은 에너지를 가진 빔을 필요한 부분에 집중하므로 부품에 대한 입열량이 적다. 따라서 냉각제를 뿌리지 않고 자연 공기 중에서 부품 내부의 열전도와 공기와의 열전달만으로 충분히 빠른 속도로 냉각되므로 필요한 경도를 얻을 수 있으며 더불어 주변이 깨끗한 경화 처리가 가능하다. 또한 경화 처리 후 뜨임 처리도 필요없다. 다른 경화 처리 방법보다 높은 경도(HRC 60~65 정도)를 얻을 수 있으며 처리 후 변형이 매우 적어 연삭 작업을 생략할 수도 있다. 다른 방법으로는 어려운 아래 그림과 같은 홈 안쪽 면의 경화, 좁은 면적 및 좁고 긴 부분의 경화 등에도 쉽게 적용 가능하다.

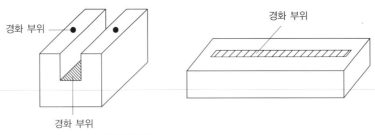

그림 12.10 레이저 빔 경화가 적합한 형상

레이저 빔 경화에 쓰이는 레이저의 종류에는 CO_2 레이저와 다이오드 레이저가 있으며 레이저 빔의 초점 부위 단면 형태는 원형, 선형 및 사각형이다. 경화 깊이는 보통 0.1~1.5mm 사이이다.

레이저 빔 경화의 단점은 레이저 빔 초점의 면적에 한계가 있어 넓은 면적의 경화 시 레이저 빔을 여러 번 지나가게 해야 하는데, 이때 중복된 부분에 연화가 일어난다는 것과 장비 가격이 비싸다는 것을 들 수 있다.

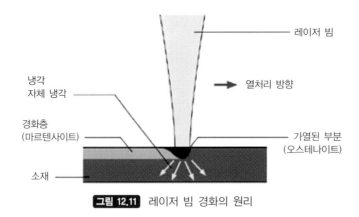

그림 12.11 레이저 빔 경화의 원리

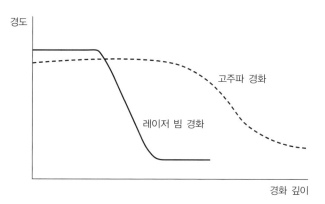

그림 12.12 레이저 빔 경화와 고주파 경화의 경도 분포

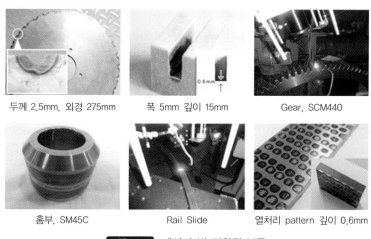

두께 2.5mm, 외경 275mm 　폭 5mm 깊이 15mm 　Gear, SCM440

홈부, SM45C 　Rail Slide 　열처리 pattern 깊이 0.6mm

그림 12.13 레이저 빔 경화된 부품

18 쇼트 피닝

쇼트 피닝(shot peening)은 작은 공 모양의 투사재를 금속 표면에 압축공기와 함께 쏘거나 임펠러(impeller)라는 회전체에 의해 기계적으로 쏘아, 표면에 압축 잔류 응력이 남도록 표면 개질 경화하여 피로강도 향상 및 응력 균일화를 꾀하는 처리이다. 최근에는 고출력 고펄스 레이저를 사용하여 동일한 경화를 하는 레이저 피닝도 응용되고 있다.

　주요 응용 분야를 살펴보면 다음과 같다.

- 기어, 스프링, 다이스 등의 피로강도 향상
- 스테인리스강 부품의 응력 부식 크랙 방지
- 각종 슬라이딩 베어링의 내마모성 향상
- 주조용 금형의 탕 흐름 개선

또한 투사재의 종류에는 아래와 같은 것들이 있다.

- 스틸 쇼트(steel shot) : 직경 0.2~1.2mm, HrC45~62
- 마이크로 쇼트(micro shot) : 0.05~0.2mm, HrC40~65
- 글래스 피스(glass piece) : 0.04~0.6mm, Hv500~550
- 실리콘 피스(silicon piece) : 0.04~0.3mm, Hv500~550
- 지르코니아 피스(zirconia piece) : 0.04~0.3mm, Hv510~1,100
- 아모 피스(armo piece) : 0.05~0.2mm, Hv900~950

그림 12.14 쇼트 피닝 장면

그림 12.15 여러 가지 쇼트

에어 노즐식   임펠러식

범용   테이블 식   행거식   드럼식

그림 12.16 여러 가지 쇼트 피닝 장비

1 개요

표면 처리(surface treatment, surface finishing)란 소재 표면에 다양한 방법에 의해 어떤 막을 형성하여 소재를 보호하거나 소재 표면의 성질을 바꿔 여러 가지 새로운 기능 및 성능을 부가하는 처리를 말한다. 이 분야는 최근 디자인의 다양성 추구 및 판매에 미치는 제품 표면 처리의 중요성 때문에 많은 주목을 받기 시작했으며, 다음과 같은 목적을 위하여 실시한다.

- 기능 향상
  - 내마모성, 내식성, 내열성, 슬라이딩성 향상
  - 전기 전도성, 열전도성, 절연성 부여
  - 전자파 차폐, 반사 방지, 광의 선택적 흡수성 부여
  - 해수에 의한 부식 방지
  - 도장의 밀착성 향상
- 제품 고급화
- 강도 향상

아울러 표면 처리 종류의 분류에는 여러 가지가 있으며 그중 하나가 표면 처리할 소재와 처리막과의 결합 형태에 따른 분류로 다음과 같다.

- 소재 표면에 덧씌운다
  - 전기 도금
  - 증착 도금
  - 무전해 도금

- 용사
- 화학 변환처리
- 도장
- 수지 코팅
- 수지 라이닝
- 소재 표면에 스며든다
  - 용융 도금
  - 확산 도금
- 표면에서의 화학 반응에 의해
  - 양극 산화
- 표면 형상을 바꾼다
  - 에칭
  - 연마
  - 블라스팅

한편 표면 처리는 표면 처리막의 재료에 따라 분류하기도 하며 이 장에서는 표 13.1의 분류에 따라 서술한다.

2 금속 피막 처리

금속 피막 처리란 부품 표면에 금속 재료로 된 피막을 생성시키는 표면 처리로 다음에서 상세하게 설명한다.

1) 도금

도금이란 재료의 표면을 이종 금속 또는 합금의 박막으로 피복하는 것을 말하며 부식 방지, 장식, 표면 경화 등을 목적으로 하거나 자성 박막, 도전체 박막, 저항체 박막, 초전도 박막 등 특수한 기능을 갖고 있는 박막을 만들기 위해 실시한다.

도금에는 건식과 습식이 있으며, 도금하기 전에 하는 전처리를 태만하게 하면 밀착 불량, 핀 홀, 색채 불량 등이 발생할 우려가 높아지므로 도금을 방해하는 모든 것(먼지, 기름, 녹 등)을 제거해야 한다. 또한 도금 조(bath) 중에 불순물을 넣지 말고, 도금할 제품의 표면을 활성화(밀착성을 좋게 한다는 의미임)해야 한다.

∴ **표 13.1** 표면 처리의 종류

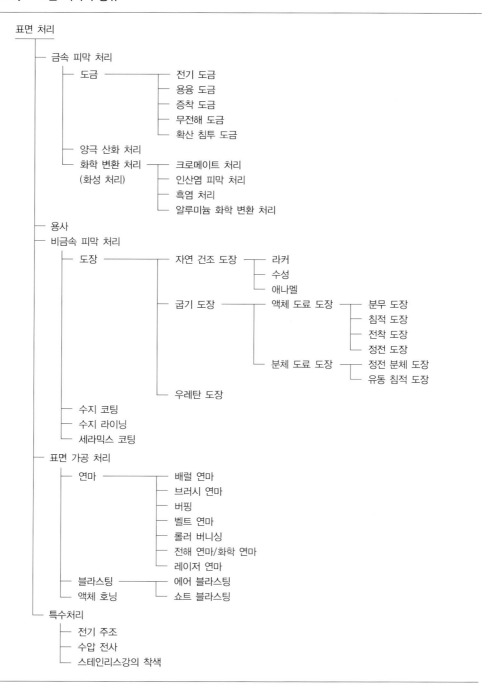

```
표면 처리
  ├─ 금속 피막 처리
  │    ├─ 도금 ──────────── 전기 도금
  │    │                    용융 도금
  │    │                    증착 도금
  │    │                    무전해 도금
  │    │                    확산 침투 도금
  │    ├─ 양극 산화 처리
  │    └─ 화학 변환 처리 ──── 크로메이트 처리
  │       (화성 처리)        인산염 피막 처리
  │                          흑염 처리
  │                          알루미늄 화학 변환 처리
  ├─ 용사
  ├─ 비금속 피막 처리
  │    ├─ 도장 ──────────── 자연 건조 도장 ──── 라커
  │    │                                        수성
  │    │                                        애나멜
  │    │                 굽기 도장 ──── 액체 도료 도장 ──── 분무 도장
  │    │                                                    침적 도장
  │    │                                                    전착 도장
  │    │                                                    정전 도장
  │    │                              분체 도료 도장 ──── 정전 분체 도장
  │    │                                                  유동 침적 도장
  │    │                 우레탄 도장
  │    ├─ 수지 코팅
  │    ├─ 수지 라이닝
  │    └─ 세라믹스 코팅
  ├─ 표면 가공 처리
  │    ├─ 연마 ──────────── 배럴 연마
  │    │                    브러시 연마
  │    │                    버핑
  │    │                    벨트 연마
  │    │                    롤러 버니싱
  │    │                    전해 연마/화학 연마
  │    │                    레이저 연마
  │    ├─ 블라스팅 ──────── 에어 블라스팅
  │    └─ 액체 호닝          쇼트 블라스팅
  └─ 특수처리
       ├─ 전기 주조
       ├─ 수압 전사
       └─ 스테인리스강의 착색
```

(1) 전기 도금

전기 도금은 가장 널리 사용되고 있는 금속 피막 처리 방법으로, 도금하려고 하는 금속이 이온화되어 녹아 있는 용액(도금 조, bath) 속에 부품을 음극으로 하고 도금하려고 하는 금속과 같은 재료의 전극 또는 불용성 금속 전극을 양극으로 하여 전류를 흘리면, 용액 속에 녹아 있는 금속의 이온이 부품(음

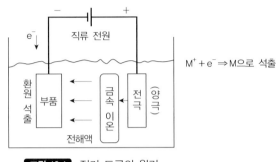

그림 13.1 전기 도금의 원리

극) 쪽으로 이동하여 부품 표면에서 전자를 교환한 다음 원래 금속으로 환원 석출되어 부품 표면에 피막을 형성한다. 피도금 부품은 전기가 통하는 도체여야 하며 피도금 부품의 전류 밀도는 각 부위의 위치 및 형상에 따라 다르므로 도금 피막의 두께도 다르게 된다.

주요한 전기 도금의 종류는 다음과 같다.

① 금 도금

금 도금은 많은 장식품에 이용되고 있으며 금속 중에서 가장 전성, 연성이 풍부하고 산화에 대해서도 가장 안정하여 장식성 및 내식성 향상에 부족함이 없다. 그러나 값이 매우 비싸므로 플래시 도금이라 불리는 표면만 얇은 막 두께로 도금하여 사용하는 일이 많다. 산업용으로는 높은 반사율이 필요한 레이저 빔 반사용 미러와 전자부품의 미세 회로 등에 많이 쓰이고 있다.

금 도금의 색깔은 합금하는 금속의 종류에 따라 달라지며 아래와 같다.

- 핑크색 : 동
- 황색 : 코발트, 인듐, 팔라듐
- 백색 : 니켈
- 녹색 : 은, 아연

② 팔라듐 도금

백금족 원소로 은백색이며 금 도금 대용으로 사용한다.

③ 루테늄 도금

백금족 원소로 광택이 있는 은백색이며 산에는 대체로 안정하지만 왕수(aqua regia, 염산 3 + 질산 1인 산) 또는 염산에는 서서히 녹는다. 백색부터 흑색까지 가능하며 용도에 따라 구분해서 사용한다.

④ 백금 도금

은백색으로 내산화성, 내열성이 뛰어나며 은 도금보다 딱딱하고 전연성이 풍부하며 왕수 이외에는 녹지 않는 내약품성 때문에 전극 등에 사용되고 있다.

⑤ 은 도금

광택이 있는 은백색이며 전기 및 열전도성은 금속 중 최대이고 전성, 연성은 금 다음으로 크다. 물과 산소에 대해서는 안정하지만 오존에 의해 흑색인 과산화은을 생성한다. 유황과 반응하여 황화물을 생성하여 흑색으로 변색된다.

⑥ 동 도금

적색으로 광택이 있으며 전성, 연성도 풍부하고 전기 전도율은 은 다음으로 좋다. 동 도금은 거의 모든 금속과 친화력이 좋고 레벨링 작용(소재의 표면 거칠기를 평활화하는 작용)으로 인하여 각종 도금의 밑(하지) 도금으로 많이 이용되어 내식성과 광택을 향상시킨다. 침탄 방지 처리에도 이용된다.

적용 재료는 철강과 동이며 경도는 Hv160~200 정도이다.

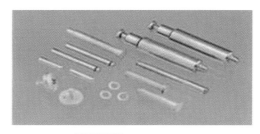

그림 13.2 동 도금 부품

⑦ 전해 니켈 도금

니켈 도금은 은백색이며 전성, 연성이 뛰어나고 산화되기 어렵다. 예전에는 산업용 부품뿐만 아니라 장식품에도 많이 사용되었는데 최근에는 니켈 알레르기 때문에 사용이 줄어들고 있다. 요철이 심한 표면에도 니켈의 레벨링 작용에 의해 광택을 내는 것이 가능하여 크롬 도금의 밑 도금으로 많이 사용된다.

적용 재료는 철강, 동 합금, 스테인리스강 등이며 경도는 Hv150~250 정도이다.

그림 13.3 니켈 도금 부품

⑧ 니켈-철 합금 도금

두꺼운 도금이 가능하여 충간 전위 부식도 발생하지 않으며 마모량이 대폭 감소한다. 경도는 Hv250~550까지 가능하다.

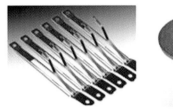

그림 13.4 니켈-철 도금 부품

⑨ 니켈-코발트 합금 도금

열을 받으면 쉽게 세라믹화되는 특수 금속을 채용하며, 극 표층부는 온도 상승에 따라 세라믹층이 두꺼워져 500℃ 이상에서도 안정한 고경도가 얻어진다. 운동마찰계수가 다른 금속보다 낮으며 결정립 조대화도 일어나기 어렵다.

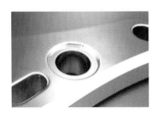

그림 13.5 니켈-코발트 도금 부품

⑩ 니켈 프리 도금

니켈 알레르기(여성 20%, 남성 5% 정도)에 대한 대안으로 개발된 도금으로 구리＋주석의 2원 합금과 구리＋주석＋아연의 3원 합금이 개발되었다. 외관상 니켈 도금과 비슷하지만 니켈 도금에 비해 내식성 및 내마모성이 떨어지며 생산성이 니켈 도금의 50% 이하로 작업 비용이 많이 든다. 이러한 단점을 보완하기 위해 3가 크롬을 추가하기도 한다.

주로 휴대전화 액세서리, 가전 부품, 자동차 부품 등 피부와 장시간 접촉되는 제품에 활용되고 있다.

⑪ 크롬 도금

크롬 도금에는 레벨링 작용이 없으므로 도금 후 얻을 수 있는 표면 거칠기는 도금 전 소재 상태의 표면 거칠기에 직접적인 영향을 받는다.

크롬 도금의 종류에는 세 가지가 있다.

a) 장식 크롬 도금

주로 니켈 도금의 보호막으로 대기 중에서 변색이 잘 안 된다. 또한 고도의 광택과 특유의 고급스러운 색조가 얻어지므로 외관 부품에 사용되며 도금 전 부품 자체에 버프(buff) 연마를 하면 외관이 더욱 향상된다. 장식 크롬 도금은 광 반사성과 열 반사성이 뛰어나며 내부식성도 우수하다.

적용 재료는 철강, 동 합금, 스테인리스강 등이며 도금 두께는 0.1~1㎛ 정도로 매우 얇고 경도는 측정이 불가능하다. 도금층을 필요 이상 두껍게 하면 도금면에 핀홀, 균열 등이 생긴다.

그림 13.6 장식 크롬 도금 부품

b) 저온 흑색 크롬 도금

일반적인 화학 반응과는 달리 0℃ 이하에서의 전기화학 반응으로 크기가 약 1㎛ 이하인 크롬 미립자를 다수 석출시키는데 그 일부가 모재인 금속 재료의 내부에 합금적인 확산층을 형성하여 도금막이 된다.

이 피막과 금속 재료는 완전히 일체화되어 반영구적으로 박리되지 않으며 합금화된 금속 표면은 안정기를 거쳐 스테인리스화하며 더 나아가 외부의 산화 세라믹층(약 1㎛)과 연계하여 강력한 보호 방청막을 형성한다.

장기간 방청력 및 내식성이 뛰어나고 초박막(1~2㎛)이며 저온 처리이므로 도금 시 제품에 열 영향을 주지 않아 LM 가이드, 볼 스크루 등의 정밀 부품을 반도체 제조 공장 등의 방진 공장이나 클린룸에서 사용할 때 많이 이용된다.

슬라이딩부의 궤도면에 사용되어 면 압력을 받는 저온 흑색 크롬 도금 피막은 일반 도금과 같이 비늘 조각 모양의 박리가 아니라 일정량의 미세 분말 상태로 박리되며 그리스 내에 혼입되어 그리스와 일체가 되어 윤활성을 유지한다. 그러므로 건조 비산하여 청정도를 떨어뜨리지 않는다.

이 도금 피막의 종류에는 일반 피막 외에 불소 그래파이트계, 순불소계 및 세라믹계 등이 있다. 적용 재료는 SM45C, SCM, SKS 등이다. 일본 레이덴트(Raydent) 공업의 상표명인 레이덴트 처리로 잘 알려져 있다.

그림 13.7 저온 흑색 크롬 도금 부품

c) 경질 크롬 도금

경질 크롬 도금(hard chromium electroplating)은 공업용 크롬 도금(industrial chromium plating)이라고도 불리며 경도가 가장 높은(Hv900~1,050, 두께 > 25㎛) 도금이다.

황산기가 첨가된 무수크롬산(CrO_3) 용액에서 6가 크롬(최근에는 3가 크롬)을 전기적으로 환원시키는 방법을 사용하며, 윤활성이 우수하고 내마모성이 뛰어나지만 내마모 목적으로 슬라이딩면에 도금하는 경우에는 갉아먹는 현상을 주의해야 한다. 크롬 도금면과 크롬 도금면이 슬라이딩하는 경우

그림 13.8 경질 크롬 도금 부품

마모가 매우 작을 것이라고 생각되지만 실제로는 갉아먹는 현상이 나타난다. 염산 이외의 산에는 부식이 안 되며 다른 물질이 쉽게 떨어지는 이형성이 좋아 금형의 도금에 사용된다.

온도에 따른 경도는 200~400℃까지는 서서히 감소하며 500~550℃ 부근에서 급격히 감소한다. 600~700℃로 더욱 가열하면 경도는 Hv400까지 떨어진다. 이후의 경도는 서서히 내려간다.

경질 크롬 도금은 예리한 각 부위에는 도금이 두껍게 붙어 버(burr)가 나타나기 쉬우며 모서리부 및 복잡한 형상부에는 붙기 어렵다. 따라서 설계 시 각진 부위나 모서리부는 가능한 한 피하고 라운드를 크게 주는 것이 좋다.

적용 재료는 철강, 동 합금, 스테인리스강 등이며 도금 두께는 1㎛에서 최대 1mm까지도 가능하지만 도금 두께 정밀도가 떨어져 도금 후 연마해야 하는 경우도 있다.

최근에는 유해물질 사용에 관한 규제로 인하여 6가 크롬 도금 대신에 3가 크롬 도금을 많이 사용하고 있다. 3가 크롬 도금의 피막 조성은 크롬+최대 10% 철로 되어 있으며 6가 크롬보다 색깔은 어두운 편이고, 경도는 Hv600~800 정도이다. NSS(Neutral Salt Spray) 테스트에 대해서는 6가 크롬 도금과 달리 변색 등의 문제가 있으나 CASS(Copper chloride Acetic acid Salt Spray) 테스트에 대해서는 같은 결과를 보인다.

⑫ 전기 아연도금

전기 아연도금(electro zinc plating)은 대표적인 방청용 도금법으로서 광범위한 분야에서 활용되고 있으며 특징은 다음과 같다.

- 비교적 복잡한 형상에도 거의 균일한 두께로 도금 가능하며 대량 생산에도 문제없다.
- 중성 환경에서는 부동태 영역이 존재하여 내식성이 좋으며 pH8~12 영역에서는 부식이 특히 작아 대기 중에서의 부식 속도는 철의 1/100 정도로 매우 느리다.
- 철강에 대한 자기 희생적 방식(anticorrosion) 작용이 강하므로 도금면에 상처가 생겨 소재면이 일부 노출되어도 방식이 가능하다.
- 후처리로 크로메이트 처리를 하면 아연의 백청 발생을 장기간 억제하므로 위 항과의 상승효과에 의해 훨씬 뛰어난 방식 효과를 얻을 수 있다.
- 다른 도금에 비해 저렴하다.
- 도금 후 2차 가공성(소성 가공)이 뛰어나다.

두께는 얇지만(8㎛ 정도) 균일하며 도료 밀착성이 좋아 도장 하지로도 많이 사용되고 있다. 적용 재료는 SPCC, SS400, SM45C, SKS93 등이다.

그림 13.9 전기 아연도금 부품 (출처 : 동방금속)

⑬ 아연 니켈 도금

아연도금보다 내식성이 뛰어나며 적용 재료는 철강이고 경도는 Hv350~450 정도이다.

천연색   흑색

그림 13.10 아연 니켈 도금 부품 (출처 : 부창테크)

⑭ 주석 도금

땜납의 흐름성이 좋아 약전 부품의 도금 피막으로 많이 사용되며 칩 저항, 칩 콘덴서 등 전기·전자 부품에 채용되고 있다.

핀홀이 적고 치밀하며 균일한 피막이 얻어져 구동부나 피스톤 등에 주석 치환 도금이나 전기 주석 도금을 실시하여 윤활성 및 구동성을 좋게 하고 있다. 내부식성, 전기 전도성이 뛰어난 피막을 얻을 수 있으며 유기산에 강해 통조림통의 내측 도금에도 사용되고 있고 인체에 대한 독성이 낮아 주석 캔, 주석 컵 등 식기 도금에 쓰이고 있다. 경도는 Hv15 정도로 매우 낮다.

그림 13.11 주석 도금 부품

(2) 용융 도금

① 용융 아연도금

용융 아연도금(hot dip galvanizing)은 용융 아연 금속 중에 부품을 담가 표면에 피막을 형성하는 것으로, 아연 특유의 전기화학적 방식 작용에 의해 대기, 담수, 해수, 토양 속 등 다양한 환경에서 방식성이 뛰어나다.

철강의 방청 처리로는 가장 효과적이고 경제적인 방법으로, 침적 처리하므로 복잡한 형상은 물론 눈에 보이지 않는 곳까지 구석구석 완전한 피막이 형성된다.

용융 아연도금은 은색이며 피막 두께가 두꺼워 수십 년간 방식 효과가 유지되므로 옥외에 설치되는 송전탑, 강 구조물, 전기 통신 관련 제품이나 토목, 교통, 철도 및 선박 관련 부품에 사용되고 있다.

그림 13.12 용융 아연도금 장면

| 배관용 이음 | 건축용 강재 | 파이프 가공품 |
| 철근 | 앵글 | 가설재 |

그림 13.13 용융 아연도금 부품

용융 아연도금은 철강 표면과 아연의 합금 반응에 의해 밀착되고 있으므로 충격 및 마찰에 의해 잘 벗겨지지 않는다. 그림 13.14는 용융 아연도금 단면의 현미경 조직을 보여주고 있다.

처리 가능한 제품의 크기는 $12,000 \times 1,600 \times 2,000$mm 정도이다.

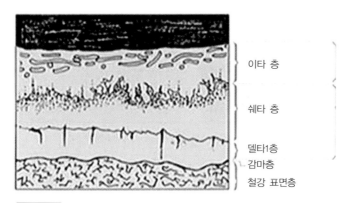

그림 13.14 용융 아연도금된 단면의 현미경 조직(출처 : Tokai Aluma Ind.)

② 용융 알루미늄 도금

청정한 철강을 플럭스 처리한 후 700℃ 정도로 유지되는 용융 알루미늄 탱크 속에 수 분 정도 담가 표면에 알루미늄 피막을 입히는 표면 처리법이다. 알루미늄은 아연보다 부식성이 높지만 표면에 치밀한 산화막, 수산화막이 생겨 부동태화하는 특성이 있다. 그러므로 용융 알루미늄 도금된 강은 알루미늄층, 합금층 각각이 가진 내식성에 의해 용융 아연도금보다 뛰어난 내식성을 보이며 용융 아연도금이 견디지 못하는 환경에 채택되고 있다. 또 알루미늄은 유황과 화합하지 않으므로 아황산가스 등에 대한 내가스성이 뛰어나다.

그림 13.15는 알루미늄 도금 단면의 현미경 조직을 보여준다.

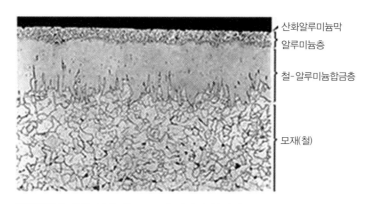

그림 13.15 용융 알루미늄 도금된 단면의 현미경 조직(출처 : Tokai Aluma Ind.)

도금층의 두께는 알루미늄층은 20~100μm, 철-알루미늄합금층은 50~200μm이며 융점은 알루미늄층은 659℃, 철-알루미늄합금층은 1,160℃ 정도지만 강의 종류 및 탄소량에 따라 달라진다. 합금층의 경도는 Hv900 정도이다.

용융 알루미늄 도금된 강은 내열성(산화알루미늄막+합금층), 내식성(산화알루미늄막+알루미늄층+합금층) 및 내마모성(합금층)을 종합적으로 갖고 있어 이용 범위가 넓으며, 내구성이 높은 뛰어난 재료이다.

소각로 부품   해수용 파이프

그림 13.16 용융 알루미늄 도금된 부품

(3) 증착 도금

증착 도금(vapor deposition plating)은 물질을 고온으로 가열하여 증발시켜 증기 상태로 만들어 부품에 증착되도록 하여 표면에 증발 물질의 고체 피막을 만드는 방법이다.

여기에는 물리 증착(physical vapor deposition, PVD)과 화학 증착(chemical vapor deposition)이 있다.

① 물리 증착

비용이 낮은 편이며 작업 공정이 쉬워 가장 일반적으로 사용하는 피막 형성법이다. 여기에는 세 가지 방식이 있다.

a) 진공 증착

재료의 산화 등에 의한 오염을 방지하기 위해 진공으로 된 용기를 사용하며 피막 재료를 가열 증발시키고 그 증기를 기판 표면에 응결시켜 피막을 만드는 방법이다. 진공 중이므로 기화하기 쉬우며 진공도는 10^{-4}에서 10^{-5}Torr이다.

방청, 방식, 내열성, 도전성, 절연성 등의 확보가 목적이며 윤활성과는 그다지 관계가 없다. 주로 장식, 렌즈 미러 등의 코팅, 전자 부품 및 반도체 집적 회로, 광학 부품의 반사막 등에 이용되며 CD(폴리 카보네이트에 알루미늄 증착한 것), 자동차용 라이트 반사판, LED 라이트의 반사판 등이 대표적인 응용 예이다.

진공 증착 가능한 크기는 ϕ1,200×2,100h mm 정도이다.

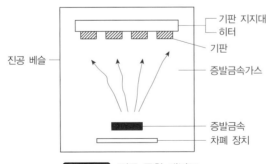

그림 13.17 진공 증착 개념도

그림 13.18 진공 증착된 부품

b) 스퍼터링

원자, 분자 또는 이온이 고체 표면에 충돌하여 생기는 고체 형성 물질의 방출 현상을 말하지만, 이것에 의해 방출된 입자가 기판 표면에 부착하여 피막이 되는 과정까지 포함해 스퍼터링(sputtering)이라 불린다. 진공도는 10^{-2}에서 10^{-3}Torr이다.

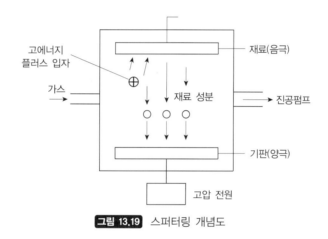

그림 13.19 스퍼터링 개념도

  주 응용 분야는 일렉트로닉스 분야이며 기계화학 분야에서는 금속 재료의 내마모성, 윤활성을 향상시키기 위해 사용되고 있다. 윤활성에는 MoS_2, 내마모용으로는 Cr, Pt, Ta 등이 쓰이고 있다. 재현성과 연속성이 좋으나 속도를 올리기 어렵다.

c) 이온 플레이팅

이온 플레이팅(ion plating)은 진공 증착에 비해 매우 높은 밀착도를 얻을 수 있지만 이온화율(이온/증발 원자)이 낮고 가스 이온의 충돌 빈도가 잦으므로 기판의 온도 상승이 심하며 가스 이온에 의한 에칭량이 많아 피막 생성 속도가 느리다. 진공도는 10^{-3}에서 10^{-4}Torr이다. 증착할 금속과 부품 사이에 전압을 걸어 기화시킨 금속을 이온화하여 증착하는 방법으로 내마모용으로 쓰이며 TiC, TiN 등이 대표적인 응용 예이다.

  뛰어난 윤활막과 고융점막(열화 온도 1,000℃ 정도)을 형성하고 내마모성, 내열성 및 내식성을 가지며 장식성도 있다.

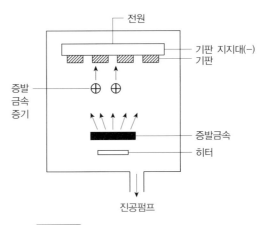

그림 13.20 이온 플레이팅 개념도

그림 13.21 이온 플레이팅된 부품

② 화학 증착

도금할 물질을 기화시키고 이것을 반응 가스와 혼합하여 반응 실내에 채워넣어 미리 히터로 가열한 부품에 접촉하면 열 평형 반응에 의해 부품 표면에 피막을 형성한다.

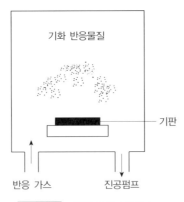

그림 13.22 화학 증착 개념도

이 방법은 반도체 제조에 많이 이용되지만 피막 밀착성이 좋아 금형 등에도 이용된다.

(4) 무전해 도금

무전해 도금(electroless plating)은 외부로부터 전류를 흘리지 않고 도금액에 포함되어 있는 화학 환원제의 산화 반응에 의해 전자가 공급되고 이 전자에 의해 도금 조(bath) 속의 금속 이온이 부품 표면에 환원 석출하여 도금층을 얻는 방법이라 화학 도금이라고도 불린다.

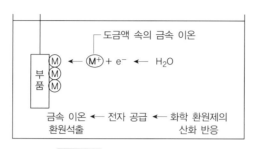

그림 13.23 무전해 도금 개념도

전기를 사용하지 않으므로 플라스틱이나 세라믹 같은 비금속에도 도금 가능하며 에지 효과가 없어 부품 형상에 관계없이 두께가 균일하고 치밀한 피막을 얻을 수 있는 장점이 있다. 또한 내식성과 내마모성이 좋다.

니켈, 니켈 합금, 금, 은, 동, 코발트, 주석 등이 도금 재료로 쓰이고 있다.

① 무전해 니켈 도금

모든 재료에 밀착성이 좋아 굽혀도 벗겨지지 않으며 고온으로 가열해도 박리되지 않으므로 철의 표면 산화에 의한 스케일 발생을 방지할 수 있다. 무전해 도금의 피막 두께 균일성에 의해 전기 니켈 도금보다 내식성이 뛰어나며 수 %의 인을 포함하고 있으므로 염류, 유기용제, 가성 알칼리에 대해 내식성이 뛰어나다. 내마모성은 전기 니켈 도금보다 좋으며 굽는(baking) 온도를 올리면 내마모성도 좋아진다. 650℃ 굽기 처리를 하면 피막 자체의 취성이 완화되며 소재와의 확산층 형성에 의해 밀착성이 좋아져 경질 크롬에 버금가는 내마모성을 얻을 수 있다. 도금 두께는 100μm까지 가능하며 경도는 도금 상태에서는 Hv500±50 정도이나 베이킹 후에는 Hv950 정도이다.

적용 최대 크기는 450×450×400mm 정도이다.

그림 13.24 무전해 니켈 도금된 부품

② 불소수지 복합 무전해 니켈 도금

윤활성이 뛰어나 슬라이딩 성질, 제수·제유성, 소음성 등이 좋다. 도금 두께가 균일하며 내식성,

내약품성이 좋고 열충격에도 강하다. 가정용 프라이팬 등 주방용품에 많이 이용되며 경도는 Hv200~500, 베이킹 후에는 Hv750까지 가능하다.

그림 13.25 불소수지 복합 무전해 니켈 도금된 부품

③ 무전해 동 도금

밀착성이 좋으므로 플라스틱 및 세라믹 등의 하지 도금으로 사용되며 전자파 차폐 효과가 크다. 장식용, 전자 부품 등에 적용된다.

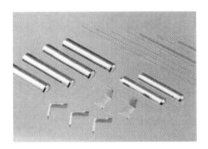

그림 13.26 무전해 동 도금된 부품

④ 무전해 주석 도금

전기 전도성이 뛰어나며 파인 피치 표면 실장 기판에 최적이다.

⑤ 무전해 니켈 보론 도금

무전해 니켈 도금보다 도금 경도가 높으며 슬라이딩 성질, 내열성, 통전성이 우수하다. 내마모성이 뛰어나며 반광택의 매끄러운 외관을 얻을 수 있다. 또한 중성 타입이므로 내약품성이 약한 소재에도 도금 가능하다. 경도는 Hv800, 베이킹 후에는 Hv800~1,000 정도이다. 최대 크기는 $300 \times 250 \times 400mm$ 정도이다.

그림 13.27 무전해 니켈 보론 도금된 부품

:::: 표 13.2　여러 가지 도금의 목적과 특성　　(◉ : 우수, ○ : 보통)

	장식	방청	내마모	경도	윤활	치수정도	접착성	내약품	저마찰지수	2차가공성	전기전도성	내후	내열	열전도성
주석-납		○			◉		○	◉		○	○			
주석	○	○					○	○		○	○			
백금		○	○					◉						
금	◉	○									◉			○
은	○				◉						◉		◉	◉
흑색 크롬	◉	◉												
경질 크롬	◉	○	◉	◉	○			○	○				○	
무전해 니켈	○	◉	◉	○		◉		◉	○		○		◉	
니켈	○	○	○					○				○		
무전해 동							○				◉			
동							○			○	◉			◉
아연(3가 크로메이트)		◉					○							
아연-철		◉												
주석-아연		◉								◉				
아연-니켈		◉												
아연	○	◉					○		○	○				

　지금까지 설명한 여러 가지 도금의 목적과 특성을 표 13.2에 간략하게 정리하였다.

(5) 확산 침투 도금, 시멘테이션

확산 침투 도금(diffusion coating)은 금속 재료를 도금하고자 하는 금속 분말이나 혼합물에 묻은 다음 가열하여 도금할 금속이 확산 현상에 의해 부품에 깊이 스며들게 하여 부품 표면에 합금 피막을 만들어 경도, 내식 및 내열성을 향상시키는 방법이다.

　알루미나이징(aluminizing, Al＝calorizing), 설퍼라이징(sulfurizing, S), 크로마이징(chromizing, Cr), 실리코나이징(siliconizing, Si), 쉐러다이징(sheradizing, Zn) 등이 있다.

2) 양극 산화 처리, 부동태 처리

양극 산화 처리(anodic oxidation, anodizing)란 부품을 양극으로 하고 전해질 황산, 질산 등의 수용액에 담근 다음 전류를 흘리면 전기 분해에 의해 양극인 부품 측에서 산소가 발생하며 이 산소가 부품을 산화시켜 표면에 산화 피막을 형성하는 것으로, 이 피막은 용액 및 산에 노출되어도 녹아 없어지지 않아 내부의 금속을 보호하게 된다.

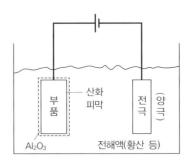

그림 13.28 양극 산화 처리 개념도

금속이 공기 중에서 산소와 결합하면 표면에 얇은 산화 피막(부동태막)을 형성하는데, 자연 상태에서 생긴 부동태막은 매우 얇고 불균일하여 기계 가공 및 용접을 하면 파괴된다. 부동태 처리(passive treatment)는 가공물을 산화력이 강한 질산 등의 수용액에 일정 조건하에 담가 표면에 견고하고 안정한 부동태막을 형성하는 것을 말한다. 부동태로 되기 쉬운 금속은 스테인리스강, 알루미늄, 크롬, 티타늄, 니오븀, 지르코늄, 이리듐 등이다. 또한 생성된 피막의 표면에 무기 또는 유기 염료를 흡착시키면 여러 가지 색을 표현할 수 있다.

알루미늄의 양극 산화 처리가 가장 많이 이용되고 있는 처리로 연질과 경질 두 종류가 있다. 경질이란 단어가 붙지 않은 처리는 연질 아노다이징이고 알루마이트(alumite, 알마이트)라는 특정 기업의 상표명으로도 유명하며 아래와 같은 여러 가지 종류가 있다.

(1) 보통 알루미늄 아노다이징(백색 알루미늄 아노다이징)

일반적인 처리이며 내부식성 향상 및 도장 하지 처리를 목적으로 한다. 피막 두께는 6~15㎛ 정도이고 경도는 Hv150~250 정도, 처리 가능한 크기는 2,500×1,400×200mm 정도이다.

그림 13.29 보통 알루미늄 아노다이징된 부품

(2) 장식용 알루미늄 아노다이징

알루미늄에 광택, 무광택, 블라스팅, 헤어 라인 등의 기계적 또는 화학적 전처리를 실시하여 의장성을 향상시킨 처리이다. 피막 두께는 10~18㎛, 경도는 Hv150~250 정도이다.

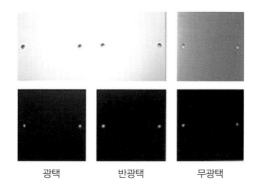

광택   반광택   무광택

그림 13.30 장식용 아노다이징된 부품

(3) 염색(착색) 알루미늄 아노다이징

무기 또는 유기 염료를 사용하여 피막을 흑색, 적색, 청색, 녹색, 보라색, 금색, 브론즈색, 황색, 회색 등 여러 가지 색으로 염색하는 처리이다. 피막 두께는 15~30㎛, 경도는 Hv150~250 정도이다.

그림 13.31 염색 아노다이징된 부품

(4) 경질 알루미늄 아노다이징

피막 두께가 15~200㎛ 정도이고 경도는 Hv250~500 정도이다. 고경도, 내마모성, 내식성 및 전기 절연성이 우수한 피막을 얻는 처리이다. 경질 산화 피막에 적합한 부품 소재는 A2017, A2024, A5052, A5083, A6061T4와 T6, A6063, A7072, A7075, AC4C 등이며 각각의 두께 및 경도는 표 13.3과 같다.

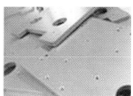

그림 13.32 경질 아노다이징된 부품

▶ **표 13.3 경질 아노다이징의 피막 두께 및 경도**

부품 재료	피막 두께(μm)		표면 경도(Hv)		
	최저	최대	피막 두께	최저	최대
A2024	15	50			
A5052	15	150	50	250	350
A6061	15	120	50	400	450
A6063	15	150	50	450	500
A7072	15	200	50	300	350
A7075	15	200	50	300	350

(5) 윤활 알루미늄 아노다이징

경질 알루미늄 아노다이징 피막에 불소수지를 침투시킴에 의해 마찰계수를 줄여 내마모성이 뛰어난 피막을 만드는 처리이다.

(6) 착색 경질 알루미늄 아노다이징

경질 알루미늄 아노다이징 피막에 여러 가지 색깔을 넣은 피막 처리이다.

그림 13.33 착색 경질 아노다이징된 부품

(7) 마그네슘 양극 산화 처리

마그네슘의 결점인 내식 성능을 대폭 향상시키고, 피막은 투명하므로 마그네슘의 질감을 전혀 손상시키지 않는다.

착색은 염료를 사용하며 색의 종류 및 짙고 옅음도 폭넓게 설정 가능하다.

그림 13.34 마그네슘 아노다이징된 부품

여기에서 알루미늄에 처리 가능한 표면 처리 방법과 그 목적을 정리해보면 표 13.4와 같다.

∴ **표 13.4** 알루미늄에 가능한 표면 처리와 특성 (◉ : 양호, ○ : 보통, △ : 열세, × : 곤란, − : 해당 없음)

종류	내식성	내마모성	장식성	광반사 방지성	전기 전도성	막 두께 균일성	작업성
장식 크롬 도금	◉	○	◉	×	△	○	△
경질 크롬 도금	◉	◉	○	×	△	△	×
무전해 니켈 도금	◉	◉	◉	×	○	◉	△
금 도금	◉	△	◉	×	◉	◉	△
백색 아노다이징	○	○	○	×	−	◉	○
흑색 아노다이징	◉	○	◉	○	−	◉	○
착색 아노다이징	◉	○	◉	×	−	◉	△
경질 아노다이징	◉	◉	△	×	−	◉	△
화학 변환 처리	△	×	△	×	△	◉	◉

3) 화학 변환 처리(화성 처리)

화학 변환 처리(chemical conversion coating)는 소재, 특히 금속을 어떤 종류의 용액 중에 침적 또는 스프레이하여, 표면에 처리제를 작용시켜 화학 반응을 일으킴에 의해 금속염 피막을 생성하여 내식성 및 방청 효과를 꾀하고 도장 하지로서 도료와의 친밀성 등을 높이는 처리이다.

전기화학에 의한 산화, 화학약품 등에 의한 산화 반응 및 황화 반응과 크롬, 아연, 알루미늄 등의 산화물 및 인산염에 의한 피막 형성 등이 이용된다.

(1) 크로메이트 처리

크로메이트 처리(chromate treatment, chromate conversion coating)는 부품을 6가 크롬(최근에는 환경 문제로 3가 크롬으로 대체 중)을 함유한 용액에 담가 부동태화하는 것으로 피막을 얻음과 동시에 화학 연마도 된다. 매우 얇은 피막으로도 뛰어난 내식성을 얻을 수 있으며, 처리 방식이 간단하고 비용이 저렴하다. 방청용 피막 중 가장 얇으며 특히 소금물 환경에서 내식성이 뛰어나다. 크롬산염 처리라고도 한다.

크로메이트 처리 방법에는 다음과 같은 세 가지 방식이 있다.

- 에칭 크로메이트 처리 : 부품을 침적 또는 스프레이한 다음 물로 세척하고 건조한다. 3가/6가 크롬 비율이 높은 중간 두께의 수산화물 피막으로 구성된다.
- 전해 크로메이트 : 부품을 크롬산염 수용액 안에서 음극으로 놓고 전기 분해한 다음 물로 세척한다. 주로 3가 크롬의 수산화물 피막으로 구성된다.
- 도포 크로메이트 : 부품 표면에 크로메이트 처리액을 바른 다음 가열 건조한다. 6가 크롬을 가장 많이 포함하며 두꺼운 피막으로 구성된다.

이 방법은 철, 아연, 알루미늄 및 마그네슘에 실시되고 주로 전기 아연도금의 백청을 방지하기 위한 후처리로 이용되며 다음과 같은 종류가 있다.

① 6가 크로메이트

6가 크로메이트는 비용이 저렴하면서도 고내식성 피막으로 인정받고 있지만 빗물 등에 노출되면 피막 중에서 수용성인 6가 크롬이 녹아나와 토양오염 및 수질오염의 원인이 된다. 또한 6가 크롬은 인체와의 접촉에 의한 크롬 알레르기의 원인 및 발암 의심 물질이다. 6가 크로메이트는 피막의 색깔에 따라 다음과 같이 네 가지가 있다.

- 유니크롬(unichrome, bright chromate treatment) : 청은백색이고 내식성이 그다지 중요하지 않으며 미관을 좋게 하는 것이 필요한 부품에 적용한다. 작업 비용이 저렴하다. 피막 두께는 5~20㎛ 정도이다.
- 유색 크로메이트 : 단일 색이 아니라 적색, 황색, 녹색이 섞인 무지개색(현장에서는 천연색이라고도 불림)이며 내식성은 뒤에 설명하는 녹색 크로메이트 처리 다음으로 좋다. 피막 두께는 5~20㎛ 정도이다.
- 흑색 크로메이트 : 흑색 크롬 도금보다 비용이 저렴하다. 내식성과 내후성이 필요한 경우 실시하며 피막 두께는 가장 두껍다.
- 녹색 크로메이트 : 카키색이며 주로 가혹한 부식 환경에서 사용되는 고내식성이 요구되는 부품에 사용되며 내식성이 유색 크로메이트의 2배 정도이다. 피막은 두껍지만 처리 비용은 높은 편이다.

② 3가 크로메이트

6가 크롬을 일절 포함하고 있지 않으므로 환경 및 인체에 친화적이며 6가 크로메이트에는 없는 색채도 표현 가능하다. 노란색, 자주색, 녹색, 청색, 흑색 등 다양한 색의 표현이 가능하고 6가 크로메이트 이상의 내식성을 가지며 RoHS(Restriction of the use of certain Hazardous Substances : 유해물질 사용에 대한 규제) 및 ELV(End-of-Life-Vehicles : EU 폐기 자동차처리 지침) 등에 대응 가능하다.

3가 크로메이트는 착색 아연도금이라고도 하며 점차 6가 크로메이트를 대체해 가고 있다. 도금 두께는 1~2㎛이며 열에 매우 강하다.

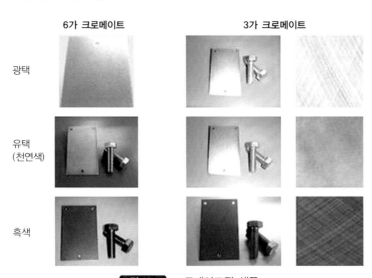

그림 13.35 크로메이트된 샘플

③ 무크롬 처리

무크롬 처리(non-chromium treatment, chromium free)는 크롬산을 전혀 갖지 않으며 내부 부품 등 그다지 내식성을 요구하지 않는 것에 사용된다. 피막이 무색투명하므로 부품 재료 자체의 색으로 표현되며 얇은 도장의 하지로 사용 가능하다. 몰리브데넘산계 피막, 텅스텐산계, 피막 탄닌산계, 지르코늄산계, 바나듐산계, 세륨산계 등이 있다.

이상에서 언급한 여러 가지 크로메이트 처리의 특성을 표 13.5에 정리하였다.

그림 13.36 크로메이트된 부품

⁛ **표 13.5** 각종 크로메이트의 특징

종류		표면 색	특징	내식성(염수 분무)
6가 크로메이트				
광택(무색) 크로메이트 (Unichro)	외관형	청은백색 6가 Cr 없음	미관을 좋게 하기 위함 내식성이 중요하지 않은 부품에 사용 5~20μm	백청 : 48시간 적청 : 204시간
	내식형	청색~옅은 황색	약간 내식성을 가져야 하는 부품에 사용	
유색 크로메이트	내식형	황색(천연색)	가장 일반적인 것으로 내식성도 양호 5~20μm	백청 : 120시간 적청 : 1,000시간
흑색 크로메이트	외관형	흑색	내식성 양호해 장식품에도 처리	백청 : 144시간
	내식형	흑색	내식성, 내후성 우수	적청 : 1,000시간
녹색 크로메이트	내식형	녹색	가장 내식성이 좋음 가혹한 부식 환경에서 사용되는 부품에 처리	백청 : 144시간 적청 : 1,500시간
3가 크로메이트			1~2μm	백청 : 24시간
광택(무색)	내식형		6가 크롬 대신에 3가 크롬을 함유한 크로메이트 처리	백청 : 72시간
유색				
흑색				

(2) 인산염 피막 처리

인산염 용액에 부품을 담가 금속 표면에 화학적으로 인산염 피막을 생성시키는 화학 변환 처리이다. 처리된 피막 자체가 강의 표면을 일정하게 부식시켜 부식이 더 이상 진행되지 않도록 하고, 도장 하지로서 도막이 박리하지 않도록 하고, 냉간 단조, 소성 가공 등에 있어서의 윤활제 역할을 하는 데 실시 목적이 있다.

인산염 피막 처리 후에는 (1) 방청 목적인 경우는 표면에 방청유를 발라 놓고, (2) 도장 목적인 경우는 전착 도장, 용제 도장이 동일 라인에 바로 이어져 필요한 상도 도장이 이루어지도록 하며, (3) 소성 가공을 목적으로 하는 경우는 스테아린산나트륨을 주성분으로 하는 처리를 하고 바로 가공 하도록 해야 한다.

적용 재료는 기계 구조용 탄소강, 일반 구조용 압연강, 냉간 압연 강판 등이다. 인산염 피막 처리에 는 인산 망간(manganese phosphate treatment), 인산 아연(zinc phosphate treatment), 인산 칼슘 (calcium phosphate treatment) 및 인산 철(iron phosphate treatment)의 네 가지가 있다.

① 인산 망간 피막 처리

처리액의 주성분은 인산 이온과 망간 이온이다. 내식성과 내마모성이 우수하고 압력에 의한 응력을 감소시켜 윤활 작용을 크게 하며 윤활유 흡수성 및 유지성이 우수하여 주로 슬라이딩부에 사용된다. 슬라이딩부의 잡음 감소 및 내식성 향상에 효과가 있으며 피막 두께는 5~15㎛로 두꺼운 편이고 흑회 색을 띤다.

처리 온도가 80~90℃로 높으며 처리 시간도 5~30분으로 긴 편이다. 파커라이징(parkerizing, 미국 Parker사의 상표명)으로 잘 알려져 있으며 자동차 부품, 기계 부품, 스프링, 볼트 등에 사용된다.

그림 13.37 인산 망간 피막 처리된 부품

② 인산 아연 피막 처리

처리액의 주성분은 인산 이온과 아연 이온이다. 밀착력을 향상시켜 도장(내열용) 하지 및 고무 접착용 하지로 널리 사용되고 있으며 냉간 단조 시 윤활 피막으로도 쓰이고 있다. 피막 두께는 $1\sim5\mu m$ 정도이고 회색이며 처리 온도는 60℃ 이하, 처리 시간은 10~20분 정도이다.

병기 부품, 공구, 파이프류의 방청용 및 도장 하지용으로 주로 쓰인다.

그림 13.38 인산 아연 피막 처리된 부품

③ 인산 칼슘 처리

처리액의 주성분은 인산 이온, 아연 이온과 칼슘 이온이며 인산 아연보다 내열 온도가 높으므로 고온에서 굽는 도장의 하지로 적합하며 냉간 단조의 윤활 피막으로도 알맞다. 처리 온도는 80~90℃로 높은 편이다.

④ 인산 철 처리

처리액의 주성분은 인산 이온과 철 이온이다. 인산 아연에 비해 내식성은 떨어지지만 도장 밀착성이 좋고 다른 인산염 처리보다 값이 저렴하며 용액 관리도 쉬워 도장 하지로 널리 쓰이고 있다.

그림 13.39 인산 철 처리된 부품

그림 13.40 인산염 피막 처리 설비

피막 두께는 1㎛ 이하로 얇으며 간섭색에 의해 청색부터 황색까지 가능하다. 처리 온도는 50~60℃이며 처리 시간은 5~10분 정도이다.

(3) 흑염 처리

흑염 처리(black oxide, alkaline blackening)는 철강 부품을 수산화나트륨(가성 소다, 강알칼리 수용액)을 주성분으로 하는 수용액 속에 담가 140~150℃로 데워 표면에 43산화철(Fe_3O_4)의 흑색 피막을 만드는 방법이며 흑염 처리만으로는 방청력이 약해 피막 위에 방청유를 바른다.

두께 3㎛(보통 0.5~1㎛) 이하의 다공질 피막으로 주로 오물 및 물방울 등의 부착 방지용이며 내식성 및 내구성이 있는 외관 마무리용으로 치수 정밀도가 요구되는 것에 알맞다. 알칼리 흑착색 또는 흑염 산화철 처리라고도 불리며 흑색이다.

공구류, 볼트, 스프링, 기계 및 자동차 부품 등에 실시한다.

그림 13.41 흑염 처리된 부품

(4) 알루미늄 화학 변환 처리

전해를 하지 않고 알루미늄과 화학 용액의 화학 반응에 의해 알루미늄 표면에 산화 피막을 만드는 처리이다. 피막 두께가 0.1~0.3㎛로 얇아 양극 산화 처리에 비하면 내식성과 내마모성이 떨어지지만 짧은 시간에 완료되므로 작업성이 좋고 복잡한 형상도 처리가 쉬워 비용이 낮다. 양극 산화 피막은 전기를 통하지 않지만 이 피막은 전기 전도성이 좋다.

황금색, 연두색, 무지개색, 암갈색 및 유백색 등이 있으며 피막 처리 후 알루미늄 표면에 에칭면이 형성되므로 도장 하지 처리로도 널리 이용되고 있다.

가전제품, 건축 자재, 통신기기 등에 많이 쓰이며 처리 방식으로는 베마이트(Boehmite)법(내식성 내마모성 우수, 백색, 피막 두께 0.05~0.3㎛), MBV법, 인산염법 및 크로메이트법(도장 밀착성 우수, 노란색, 백색, 피막 두께 0.2~0.5㎛) 등이 있다.

그림 13.42 알루미늄 화학 변환 처리된 부품

3 용사

용사(thermal spraying)는 값이 비교적 저렴한 재질로 부품을 가공한 다음 부품 중 일부분만 고기능의 품질 특성을 가진 값이 비싼 재료로 덮기 위해 사용한다. 연소 가스나 플라스마, 아크 방전 등을 열원으로 하여 재료를 가열, 용해한 후 이것을 가스 또는 압축공기로 부품에 고속으로 쏘아 피막을 형성한다. 저온(100~150℃)에서 실시하는 냉간 공법으로 내마모성, 내부식성, 내열성, 전기전도와 절연, 마모된 부위의 덧씌움 등에 사용한다. 용사할 재료의 형태에는 와이어, 봉재, 분말이 있으며 각각 적합한 용사 총을 사용한다.

용사는 철강, 항공기, 자동차, 반도체, 제비, 화학, 에너지 등 산업 전반에 걸쳐 이용되고 있으며, 주요 특징은 다음과 같다.

- 부품 재료가 다양하다 : 금속, 플라스틱, 세라믹스, 나무 등
- 대형 부품에도 가능하며 현장 시공이 가능하다 : 교량, 철탑 등
- 피막 두께가 비교적 두껍다(최대 10mm).
- 표면의 상태는 경면부터 거친 상태까지 자유롭게 조절 가능하다.
- 열에 의한 변형이 없다.
- 피막 형성 속도가 빠르다.
- 작은 소재 및 작은 곡률 반경을 가진 부위에는 부착률이 낮다.
- 공정 분석이 불충분하여 결과와 원인의 관계가 불분명하다.
- 밀착 상태에 대한 평가법이 확립되어 있지 않다.
- 소음, 분진, 흄(fume) 등에 대한 대책이 필요하다.

용사에는 다음과 같은 네 가지 방식이 있다.

1) 아크 용사(아크 제트 용사)

아크 용사(arc spray)는 연속으로 공급되며 각각 +, −로 통전된 2개의 와이어로 된 용사 재료(피막 재료)가 만나는 지점에서 직류 아크 방전을 발생시켜 용융시킨 다음 이 용융된 금속을 압축공기로 부품에 고속 분사시켜 피막을 형성하는 방법이다. 용융 온도는 4,100℃이고 분사 속도는 150m/s 정도 이다. 와이어의 굵기는 $\phi 0.8 \sim 5.0$mm(보통은 1.6mm)를 쓴다.

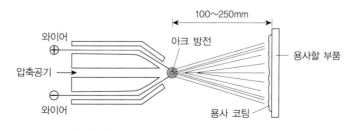

그림 13.43 아크 와이어 용사의 피막 형성원리

2) 화염 용사

화염 용사(flame spray)는 산소와 연료 가스(아세틸렌, 프로판, 수소, 프로필렌)의 혼합 가스가 연소 시 생기는 불꽃을 열원으로 용사 재료를 용융하고 고속 분사, 용착시켜 피막을 형성하는 용사법이며, 주로 마모된 부품의 육성, 복원에 이용되고 내마모성, 내열성, 내식성을 높인다. 용접 육성에 비해 단시간에 균일하고 매끄러운 표면 마무리가 가능하며 경제적이다.

사용 가능한 용사 재료의 형태에는 와이어, 봉재 및 분말(powder) 등이 있으며 각각의 특징은 다음과 같다.

(1) 와이어

분사 속도는 150m/s 정도이며 두꺼운 피막 형성이 가능하고 부품에의 열 영향이 가장 적으며 피막에 기공이 많아 윤활유가 기공 내로 침투하여 자체 윤활 특성이 있으며 현장 작업이 쉽다. 금속 와이어의 재료로는 STS304, STS316, STS420J2, 동 합금, 니켈 합금, 알루미늄합금, 알루미늄 청동 등이 쓰인다.

그림 13.44 화염 와이어 용사 장면(출처 : 선원산업)

그림 13.45 와이어 용사된 부품

(2) 봉재

분사 속도는 170m/s 정도이며 플라스마 용사에 비해 두꺼운 피막(최대 2mm)이 가능하다. 장비가 간단하여 이동이 쉬워 현장 작업에 용이하지만 봉재의 길이에 제한이 있어 연속 작업은 불가능하다. 봉재의 재료는 알루미나, 지르코니아 등 세라믹스이다.

그림 13.46 화염 봉재 용사 장면

(3) 분말

분사 속도는 50~60m/s 정도이며 입자의 속도가 낮으므로 플라스마 용사나 고속 용사에 비해 피막 성능은 떨어지지만 두꺼운 피막 형성이 가능하다.

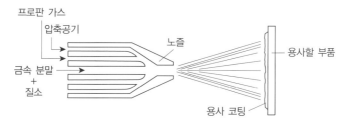

그림 13.47 화염 분말 용사의 개념도

그림 13.48 화염 분말 용사 장면

| 로커 암, 밸브 | 슬리브 | 병 유리 금형 |

그림 13.49 화염 분말 용사된 부품

3) 플라스마 용사

플라스마 용사(plasma spray)는 플라스마 발생 원리를 활용하여 만든 16,500℃ 이상의 플라스마 화염에 세라믹 등 고융점 분말형 용사 재료를 공급하여 용융시키면서 분사 속도 650m/s 정도로 고속 분사하여 피막을 형성한다. 아크 안정성이 좋고 에너지 집중도가 높아 용사 재료는 고온에서 완전히 용융 상태가 되어 입자끼리 또는 입자와 부품 사이에 강한 결합력을 얻을 수 있으며 기공이 적은 고밀도 피막 형성이 가능하다. 용사 재료로는 순금속, 합금, 세라믹스, 플라스틱, 유리 등이 쓰이고 있다.

한편 플라스마 용사보다 출력을 3배 이상 증가시켜 극초음속(3,000m/s)으로 분사하여 최고 경도의 피막을 형성시킬 수 있는 플라스마 제트 용사법도 쓰이고 있다.

그림 13.50 플라스마 용사 장면

| 믹서 | 크랭크 축 | 메커니컬 실 |

그림 13.51 플라스마 용사된 부품

4) 고속 화염 용사(초음속 가스 용사)

플라스마 용사의 온도가 너무 높아 탄화물 세라믹 피막 시 카본이 해리되어 피막의 내마모성이 떨어지는 단점을 해소하기 위해 개발된 방법이다. 화염 용사보다 대량의 산소와 연소 가스를 사용하여 화염을 발생시키고 2,100m/s의 속도로 분사하여 피막을 형성하며 높은 밀착력(12,000psi 정도)과 낮은 기공률(0.8% 정도)의 텅스텐 카바이드(WC) 피막이 가능하다. 용사 재료에는 WC + 금속, 동 합금, 니켈 합금, 오스테나이트계 스테인리스강, 알루미늄 청동 등이 있다.

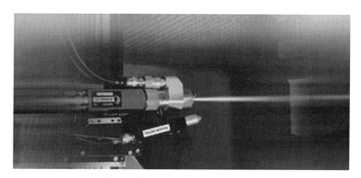

그림 13.52 고속 화염 용사 장면

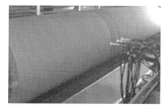 

인쇄기 롤(WC-Ni-Cr)   제철제강 롤(WC-Ni)

그림 13.53 고속 화염 용사된 부품

4 비금속 피막 처리

부품 표면에 비금속 재료로 만들어진 막을 덧씌우는 방법으로 도장, 수지 코팅, 세라믹스 코팅 및 수지 라이닝 등이 있다.

1) 도장

도장은 일반적으로 부품의 장식, 보호 및 방청을 목적으로 실시한다. 대부분의 금속은 대기 중의 산소와 접촉하면 산화되어 녹이 발생하는데 특히 철강은 녹이 내부로 침투해 들어가는 성질이 강해 많은 철강 제품에는 도장이 필수이다.

   도료는 목적에 따라 여러 가지 성질의 것이 있으며 방청용이나 내후성이 뛰어난 두꺼운 피막을 만드는 것부터 장식용이나 햇빛에 강한 색감이 좋고 광택 있는 표면으로 만드는 것, 무광택 등 특정 성질을 가진 것까지 다양한 종류가 있다.

도장에 있어서도 부품의 재료에 맞는 도료를 선택할 필요가 있으며 경우에 따라서는 도료의 성질에 맞도록 도장할 면에 프라이머(primer)를 칠하는 등의 밑처리가 필요하다.

도장의 종류는 크게 자연 건조(무경화제) 도장, 굽기 도장 및 우레탄 도장으로 구분한다.

(1) 자연 건조 도장

자연 건조 도장의 종류에는 래커(lacquer), 수성 도장 및 에나멜 등이 있다.

① 래커

건조가 빠르며 건조 후의 도막도 강하고 색감도 좋아 붓으로 칠해도 얼룩이 생기지 않는다. 플라스틱 모델(plastic model, 접착제 없이 조립 가능한 제품)의 일반적인 도장용으로 알맞다.

건조 후에는 도막이 딱딱하므로 손으로 만져도 지문이 묻어나거나 변색되지 않는다. 자동차 모델이나 오토바이 모델 등의 광택 도장은 이 래커 도장이 가장 좋다. 결점은 희석제인 시너(thinner) 냄새와 장시간 사용 시의 중독 가능성이다. 도막이 건조될 때 화학 반응이 일어나지 않으며 단순히 수지 중에 있는 용제가 증발할 뿐 분자 결합(중합)이 없다. 그러므로 건조 후 시너로 닦으면 용해되어 버린다. 보수용 스프레이 도장은 대부분 이 타입이다.

② 수성(아크릴) 도장

아크릴 도료는 시너의 함유량이 적으므로 냄새도 래커 도료에 비해 적고 붓도 물로 닦을 수 있어 쓰기 편하다. 붓은 물로 닦을 수 있지만 도료가 건조된 후에는 물로 닦이지 않으므로 용제로 닦아야 한다.

건조 시간이 길고 건조 후의 도막도 그다지 강하지 않으며 붓 도장을 하면 다소 얼룩이 나타나기 쉽다. 도막이 손상되기 쉬워 손이 닿기 쉬운 부분에는 사용하지 않는 것이 좋다.

③ 에나멜

붓으로 도장해도 얼룩이 나타나지 않고 건조 후의 색감도 좋으며 금속 질감의 도장은 다른 도료로는 얻을 수 없는 독특한 질감이다.

도장면이 매우 깨끗하게 마무리되며 자외선의 영향을 별로 받지 않아 색이 잘 바래지 않는 특징이 있다. 건조 시간이 가장 늦으며 건조 후의 도막은 약하고 연하다. 광택 도장인 경우는 손으로 만지면 지문이 남거나 손 기름에 의해 도장 표면의 색감이나 광택이 바뀐다.

에나멜 도료의 용제는 플라스틱에 침투하기 쉬워 플라스틱을 약하게 할 우려가 있다.

(2) 굽기 도장

굽기 도장(baking finish painting)은 도료를 도포한 다음 고온(120~200℃ 정도)으로 약 20~40분 정도 가열하므로 대개 완전한 도막이 형성되며 서로 간의 연결 밀도도 높고 열을 받지 않으면 경화하지 않는다. 열 중합이라는 화학 반응에 의해 서로 연결되어 3차원 그물 구조를 만든다. 건조 온도와 시간이 부족한 경우에는 도막 성능이 많이 떨어지며 반대로 지나치면 황변 및 색 바램 등의 현상이 나타난다.

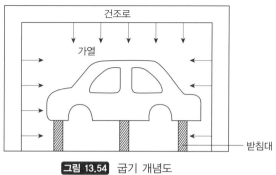

그림 13.54 굽기 개념도

소물 도장 부스   대물 도장 부스

그림 13.55 도장 부스

굽기 도장의 종류에는 분무 도장(스프레이 도장), 침적 도장, 전착 도장, 정전 분체 도장, 유동 침적 도장이 있다.

① 분무 도장

분무 도장(spray painting)은 도료를 고압 공기와 함께 안개 상태로 부품에 불어주어 도장하는 것이다. 오래전에는 대부분 이 도장을 사용하였으나 최근에는 자동차 보수 등 부분적인 도장에만 주로 사용된다.

그림 13.56 분무 도장 스프레이 건

② 침적 도장

침적 도장(dip painting)은 가장 간단한 도장 방법이지만 수용성 도료임에도 유기 용제를 쓰고 있으므로 용제와 물의 밸런스에 주의하지 않으면 도료가 떨어지는 시간과 용제 증발 시간의 불균형으로 표면이 나쁘게 되는 일이 있으며 도막이 상부는 얇게 되고 하부로 가면 두껍게 되므로 사용이 감소하였으나 좋은 도료가 나오면서 다시 사용이 증가하고 있다. 자동차 하부 부품, 농기구 부품, 건축 자재 등에 쓰인다.

이 도장의 특징은 다음과 같다.

- 한 번에 250~1,500μm의 두꺼운 막을 얻을 수 있다.
- 도료 낭비가 적다.
- 회수 장비 및 스프레이 부스가 필요없다.
- 장치가 간단하고 저렴하다.
- 예열을 필요로 한다.
- 피도장 부품의 크기 및 형상에 제약이 있다.
- 소량의 도장에도 일정량의 도료가 필요하다.

③ 전착 도장

전착 도장(electro painting)은 침적 도장의 일종으로, 도료와 피도장 부품에 각각 다른 극의 직류 전기를 걸어 수성 도료 속에 피도장 부품을 넣어 도장하는 방법이다. 전극 부근에서 도료가 화학 반응을 일으켜 불용성 수지(폴리머)로 되며 복잡한 형상도 핀홀 없이 균일하며 밀착성도 좋은 두꺼운 도막을 만든다. 도막은 두께가 최대 60μm까지 가능하며 방청 성능이 뛰어나 1,000시간 이상의 염수 분무 시험도 통과 가능하다.

전착 도장에는 아니온(anion, negative ion) 형과 카티온(cation, positive ion) 형이 있다. 아니온 형은 부품이 양극이므로 산화 용해 변색 등이 일어나 동, 황동, 은 도금 등의 도장에는 쓰지 않으며 카티온 형은 부품이 음극이므로 산화 용해 변색 등이 일어나지 않는다.

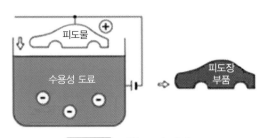

그림 13.57 전착 도장 개념도

마스킹(masking) 기술을 쓰면 전착 도장 + 도금, 전착 도장 + 전착 도장으로 2색 도장도 간단히 가능하며 도료는 아크릴 수지 도료를 사용한다.

이 도장의 특징은 다음과 같다.

- 피도장 부품의 구조에 관계없이 도막을 일정한 두께로 할 수 있다.
- 도장 누락을 방지할 수 있다.
- 도료 손실이 적다.

- VOC(휘발성 유기 화합물)를 거의 사용하지 않으므로 친환경적이다.
- 내식성이 뛰어나다.

적용 분야는 유황계 가스 환경 등이 있는 곳(화학 공장, 약품 공장, 온천, 유황계 약품 실험실, 자동차 배기가스가 특히 많은 곳)과 유황계 환경에 산성, 알칼리성 환경이 있는 곳(하수 처리장, 가축 농장, 동물 사육장, 도금에칭 공장, 부식성 가스 발생 장소) 등이다.

그림 13.58 용제 도장용 종형 건조로

④ 정전 도장

정전 도장(electrostatic painting)은 피도장 부품을 양극, 분무형 도료를 음극으로 하여 전기적으로 도료를 피도장 부품에 흡착시키는 방법으로, 일반 스프레이 도장과의 큰 차이는 스프레이건과 피도장 부품 사이에 30,000~150,000볼트의 고전압을 걸어 도장하는 것이다. 이렇게 하면 스프레이건에서 나온 도료 입자가 반대편으로 돌아 들어가 스프레이건 반대편도 도장하는 것이 가능하다. 연속 도장법이며 비교적 큰 부품의 도장에 알맞다. 도장 공정은 전처리 → 프라이머 → 정전 분무 도포 → 굽기 (120~200℃에서 수 분간) 등의 순서로 진행된다. 자동차 차체나 백색 가전제품의 본체 도장에 많이 쓰인다.

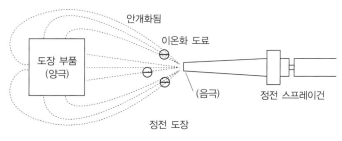

그림 13.59 정전 도장 개념도

⑤ 정전 분체 도장

정전 분체 도장(electrostatic powder painting)은 정전 도장과 원리는 같으며 액체 도료 대신에 분체 도료를 사용한다.

도장 공정은 전처리 → 프라이머 → 정전 분체 도포 → 가열 용해(220~400℃에서 수 분간) → 공랭의 순서로 진행된다. 도막 두께는 1회에 0.5~0.8mm 정도이다.

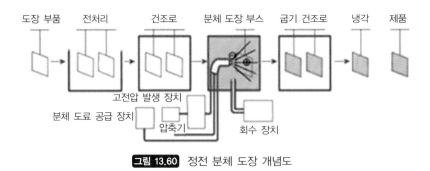

그림 13.60 정전 분체 도장 개념도

⑥ 유동 침적 도장

피도장 부품을 세정한 다음 가열로에서 250~400℃로 가열하고 안개화된 도장 부스에 넣어 도료 분말이 표면에 달라붙게 하여 도장하는 방법이다. 작은 부품에 알맞으며 도막 두께는 1회에 0.3~0.5mm 정도이다. 도장 공정은 전처리 → 프라이머 → 예열 → 유동 침적 도포(수 초간) → 수냉(광택 도장) 또는 공랭(무광택 도장)의 순서로 진행된다. 정전 분체 도장과 유동 침적 도장은 액체 도료가 아닌 분체 도료를 사용하는 도장법이다. 분체 도료란 도료 중에 유기 용제나 물 등 촉매를 쓰지 않고 합성 수지, 안료를 중심으로 필요에 따라 경화제, 첨가제, 필러(filler) 등을 배합하여 균일하게 가열 혼합한 분산체를 냉각한 후 정해진 크기의 알갱이로 분쇄한 것이다.

분체 도료를 사용한 도장의 특징은 다음과 같다.

- 내구성이 뛰어나다.
- 균일한 도막이 얻어지며 아름다운 광택을 보인다.
- 도장 속도가 빠르며 불량률 및 도료 손실을 줄일 수 있다.
- 유기 용제에 의한 대기오염 및 발화의 위험이 없다.
- 도막 두께를 자유롭게 변경할 수 있다.
- 예열 방식으로 실시할 경우 도막 두께를 최대 2mm까지 만들 수 있다.
- 자동화가 쉽다.
- 굽는 온도가 높다.
- 색을 바꾸는 데 시간이 걸린다.
- 현장 시공에는 부적합하다.

분체 도료용 수지로는 에폭시, 비닐, 나일론, 폴리에틸렌, 폴리프로필렌, 테프론 등이 쓰인다.

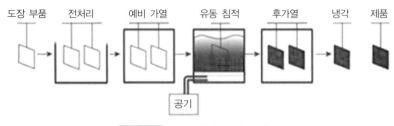

그림 13.61 유동 침적 도장 개념도

그림 13.62 분체 도장용 컨베이어식 건조로

한편 일반적인 액체 도료의 종류에는 다음과 같은 것들이 있다.

① 멜라닌 수지 도료

주로 내장품 및 약전 부품에 사용하며 130~140℃에서 굽는다. 사무용 기기, 라커, 금속제 책상, 철제 가구, 셔터 등에 쓰인다.

② 아크릴 수지 도료

주로 외장품에 사용하며 140~180℃에서 굽는다. 내후성, 내약품성이 우수하다. 알루미늄 새시, 금속제 패널, 공조기기, 자판기, 주방기기 등에 쓰인다.

③ 불소 수지 도료

초후성 도료로 화학적인 면에서도 뛰어나며 장기간 내성이 필요한 곳에 쓰인다. 교량, 플랜트, 탱크, 선박, 컨테이너, 자동차, 산업기계, 농업기계에 사용한다.

④ 에폭시 수지 도료

내수, 내약품성은 뛰어나지만 내후성은 없으므로 주로 전기절연부품, 저수조, 하수도 부속기기 및 하도용으로 쓰이고 있다.

⑤ 내열 도료

고온(200℃ 이상)에서 사용되는 부품에 쓰는 도료로 내열, 내후성이 뛰어난 실리콘 수지를 주성분으로 금속 산화물의 보강 재료를 안료로 써서 조건에 맞게 혼합한 것이다.

자동차 엔진 커버, 오토바이 머플러, 스토브나 팬 히터 등 난방기기, 화학 및 석유 플랜트 등에 쓰인다.

⑥ 차열 도료

근적외선을 효과적으로 반사하는 도료로 내부 온도 상승 억제를 목적으로 한다.

⑦ 정전기(대전) 방지 도료

정전기에 의한 전기 장해를 방지해야 할 시설 및 정전 스파크에 의한 인화, 폭발을 예방할 필요가

> **표 13.6   정전기 방지 도장의 종류**

도장 방법	코팅 재료	표준 두께	도전성	가격
스프레이 도장	은분 첨가 도전 도료	5~10μm	높 다 ↑	높 다 ↑
스프레이 도장	동분 첨가 도전 도료	15~20μm		
스프레이 도장	니켈분 첨가 도전 도료	15~20μm		
스프레이 도장	탄소분 첨가 도전 도료	15~20μm	낮 다	낮 다
진공 증착 스패터링	알루미늄 및 기타 금속	2μm	높다	높다

있는 시설 및 장비 등에 사용되는 도료이다.

구성 재료는 다음과 같다.

- 기본 수지 : 에폭시, 아크릴, 우레탄, 불소
- 금속 산화물
- 도전성 필러(첨가제) : 니켈, 은, 동, 알루미늄 등
- 용제 : 자일렌(xylene), 톨루엔(toluene), 물 등

정전기 방지 도료는 프린트 기판 조립 공장, 전자부품 공장, 컴퓨터실, 의약품 공장, 인쇄제지 공장, 정밀기기 취급 공장, 화학·화약 공장, 병원 검사실, 수술실, 석유 플랜트, 반도체 공장, 클린룸 등에 쓰인다.

⑧ 전자파 실드 도료(도전성 도료)

각종 전자기기에서 발생한 전자파는 정밀기기, 기계 및 인체에 영향을 준다. 이 전자파 대책에는 도전성 필러와 바인더로 구성된 도료가 쓰이고 있다. 도전성 필러로는 니켈, 은, 동 및 복합체가 쓰이지만 니켈이 일반적이며 바인더로는 아크릴, 우레탄 등이 있다.

(3) 우레탄 도장

경화제에 포함되어 있는 이소시아네이트(isocyanate)가 수지(우레탄)와 반응하여 우레탄 결합(이액 중합)이라는 화학 반응에 의해 서로 연결되어 3차원 그물 구조를 만든다. 우레탄은 상온에서도 반응하지만(자연 건조) 시간이 걸리므로 60~70℃에서 50분 정도 가열하여 반응을 촉진시킨다(강제 건조).

우레탄은 보수 유지가 쉽고 마무리색 및 광택이 다양하지만 오랜 기간(10년 이상)이 지나면 부분적으로 도막이 마모되기 시작한다. 아울러 소재와의 밀착성이 좋고 내후성, 내마모성, 내수성, 내유성, 내약품성이 뛰어나며 경도가 높아 쉽게 상처가 나지 않는다. 보수 도장 및 대형 중량물의 도장, 공장 바닥 도장에 많이 사용된다.

우레탄 수지와 경화제의 혼합 비율에 따라 다양한 특징을 보이는데, 10 : 1인 경우에는 급속 건조가

제13장 표면 처리   369

가능하여 좁은 범위의 보수 및 열 건조 설비가 없는 경우 자주 사용된다. 또한 4 : 1이나 2 : 1인 경우에는 가열 건조 우레탄으로 굽기 도장에 버금가는 도막 성능을 얻을 수 있다.

2) 수지 코팅

수지 코팅(resin plating)은 금속 등의 모재 표면에 수지를 코팅함으로써 내마모성, 방청, 절연성, 내약품성, 비점착성 등 금속이 갖고 있지 않은 성질을 줄 목적으로 하는 표면 처리이다.

(1) 수지 코팅 방식

① 에어건 분무 코팅

우레탄, 불소, 변성불소, PPS의 코팅에 사용된다.

② 에어리스건 코팅

전기식 펌프에 의해 스프레이하는 방법으로 비교적 두꺼운 막을 얻을 수 있으며 우레탄, 실리콘 코팅에 이용된다.

③ 침적법

예열한 부품을 졸(sol) 상태인 수지에 담가 부착시킨 후 가열하여 겔(gel) 상태로 경화시킨다. 염화비닐 코팅에 이용된다.

④ 정전 코팅법

고압의 직류 전기를 이용하며 부품을 양극, 수지 안개화 장치를 음극으로 하여 전기를 통하면 양극 간에 정전계를 만들어 안개화된 수지가 음극으로 대전되어(전기를 띠게 되어) 반대극인 부품에 고효율로 부착시키는 방법이다. 나일론, 정전용 불소 코팅에 이용된다.

⑤ 유동 침적법

수지 분체 탱크에 압축공기를 아래로부터 불어넣어 분체를 탱크 내에서 유동시킨 다음 가열 처리한 부품을 일정 시간 담가 부품의 열로 분체를 녹여 코팅하는 방법이다. 폴리에틸렌, 나일론, 에폭시, PET, 불소 분체의 코팅에 사용된다.

(2) 수지 코팅 종류*

① 우레탄 코팅

- 목적 : 내마모성(매우 뛰어남), 흡음성, 내충격성, 전기 절연성, 내후성, 내약품성, 내수성, 내유성
- 막 두께 및 색 : 0.5~2mm, 모든 색이 가능
- 적용 재료 : 금속, GFRP, 고무, 플라스틱, 콘크리트
- 적용 예 : 파츠 피더(parts feeder), 슈트(chute), 호퍼(hopper), 배럴(barrel), 스크린(screen)

---

* 출처 : 미노루 산업(www.f-minoru.co.jp)

② 불소 코팅

- 목적 : 비점착성, 저마찰성(불소TFE), 내약품성(불소FEP), 내열성(불소PFA)
- 막 두께 및 색 : 20~200㎛, 흑색, 회색, 녹색이 가능
- 적용 재료 : 금속(동 제외), 유리, 세라믹
- 적용 예 : 실린더 롤, 염색 롤, 가이드 롤, 캐리어 등

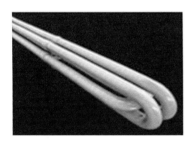

③ 변성 불소 코팅

- 목적 : 저마찰성, 내마모성
- 막 두께 및 색 : 20~30㎛, 회색(내열 160℃), 오렌지색(내열 220℃)이 가능
- 적용 재료 : 금속(동 제외), 유리, 세라믹
- 적용 예 : 셔터(shutter), 슈트, 호퍼, 슬라이드레일

④ PPS 코팅(폴리페닐렌 설파이드)

- 목적 : 내열성(열가소성 수지 중 최고), 비점착성, 슬라이딩성, 내약품성, 전기 절연성
- 막 두께 및 색 : 20~60㎛, 베이지색이 가능
- 적용 재료 : 금속(동 제외)
- 적용 예 : 화학 플랜트, 펌프, 밸브, 열교환기, 식품 가공기계 등

⑤ 폴리에틸렌 코팅

- 목적 : 내열성(80℃), 내수성, 내약품성, 금속 밀착성
- 막 두께 및 색 : 0.3~0.5mm, 회색, 흑색, 반투명이 가능
- 적용 재료 : 금속
- 적용 예 : 펜스, 도금용 치구, 배관, 약품 탱크 등

⑥ 나일론 코팅

- 목적 : 내마모성, 무독성, 저마찰, 내해수성, 내충격성
- 막 두께 및 색 : 0.3~0.5mm, 회색, 흑색, 백색이 가능
- 적용 재료 : 금속
- 적용 예 : 핸들, 커버, 쇼케이스, 밸브, 펌프 등

⑦ 에폭시 코팅

- 목적 : 내산성, 내알칼리성, 내수성, 금속 밀착성
- 막 두께 및 색 : 0.3~0.5mm, 베이지색, 백색이 가능
- 적용 재료 : 금속
- 적용 예 : 모터, 파이프, 밸브, 전기 절연 부품, 장식품 등

⑧ 염화 비닐 코팅

- 목적 : 내약품성, 전기 절연성, 내충격성, 내후성, 저온 소성, 미관
- 막 두께 및 색 : 1~5mm, 백색, 흑색, 녹색, 적색이 가능
- 적용 재료 : 금속
- 적용 예 : 핸들, 도금용 치구, 전기 부품 등

⑨ 폴리에스테르, 에폭시 폴리에테르 코팅

염해 지역이나 온천 지역 등 강한 부식성 환경에서 쓰인다. 내마모성과 절연성도 양호하다.

⑩ 터프라이트

터프라이트(tuflite)는 스폰지, 발포 스티롤 등의 표면을 녹이지 않고 하는 우레탄 코팅이며 주로 서핑 보드에 적용한다.

⑪ 기타

FEP+PFA(내침투성), PTFE+PFA(내마모성), FEP+PEEK(내침투성, 내마모성), PFA+PEEK(내침투성, 내마모성), 불소 수지+무기 세라믹스 등이 있다.

위에서 설명한 수지 코팅의 특징을 표 13.7에 정리하였다.

:::: **표 13.7 수지 코팅의 종류와 특징**

종류	표준 막 두께	막 두께 조절 범위	표준경도	연속 사용온도	내약품성	내마모성	미끄럼성	완충성	절연성
우레탄	0.5mm	0.5~2mm	90(고무 경도)	80℃	X	◉	△	O	◉
불소TFE	20μm	20~30μm	2B-F(연필 경도)	260℃	O	X	◉	X	O
불소FEP	40μm	40~100μm	2B-F	200℃	◉	X	◉	X	◉
불소PFA	20μm	20~300μm	2B-F	260℃	◉	X	◉	X	◉
불소주방용	20μm	20~30μm	2B-F	260℃	O	X	◉	X	O
변성 불소, 회색	20μm	20~30μm	2H	160℃	O	△	◉	X	X
변성 불소, 오렌지	20μm	20~30μm	2H	220℃	O	△	◉	X	X
PPS	40μm	20~60μm	3H	280℃	◉	O	◉	X	◉
폴리에틸렌	300μm	300~500μm	F	80℃	◉	O	X	O	◉
나일론	300μm	300~500μm	1H	130℃	O	O	O	△	◉
에폭시	300μm	300~500μm	3H	130℃	◉	O	O	X	O
염화비닐	2mm	1~3mm	40	70℃	◉	△	X	◉	◉
세라믹	20μm	20~30μm	3H	700℃	◉	◉	◉	X	◉
폴리에스테르, 에폭시 폴리에테르	100μm	40~200μm	F	120℃	◉	O	O	△	◉
고기능 불소	10μm	5~15μm	400~800Hv	300℃	O	△	◉	X	X
변성 우레탄	0.5mm	0.5~2mm	90	80℃	X	◉	△	O	◉
터프라이트	1mm	0.5~2mm	90	80℃	X	◉	△	O	◉

3) 수지 라이닝

마찰을 줄이거나 내식성, 내산성, 내마모성 및 내열성을 주기 위해 기존 구조물의 내면 또는 표면에 다른 재질의 피막을 입히는 표면 처리이다.

헬리컬 롤

탱크 라이닝

호닝 탱크

배관 라이닝

테프론 라이닝

그림 13.63 수지 라이닝된 부품

반도체 및 액정 디스플레이 제조 공정, 화학 공업용 탱크 등에 적용되고 피막의 재료는 고무, 반경질 염화비닐, FRP, 테프론 등이 쓰이고 있으며 각각의 용도는 아래와 같다.

- 고무 : 탱크, 호퍼 등의 내충격성 및 방음 대책용
- 반경질 염화비닐 : 탱크의 내식, 내약품성 향상
- FRP : 적층 공법으로 제관 및 입체물 제작
- 테프론 : 내약품성, 슬라이딩성 및 박리 개선

4) 세라믹스 코팅

- 목적 : 고경도, 무기공, 내열성, 내마모성, 전기 절연성, 고밀착성
- 막 두께 및 색 : 30~100μm, 흑색이 가능
- 적용 재료 : 금속
- 적용 예 : 가이드 풀리, 섬유 가이드, 반송 롤, 실린더, 임펠러 등

5 표면 가공 처리

부품 표면에 새로운 막을 만드는 것이 아니라 표면을 갈아내거나 때려 표면 상태를 바꾸어 목적(버 제거, 날카로운 모서리 제거, 스케일 제거, 광택 내기, 면 조도 향상, 탈지 등)하는 바를 이루는 방법을 말하며 연마와 블라스팅이 있다.

1) 연마

부품이나 제품의 표면 조도는 시각적인 느낌뿐만 아니라 박리 및 부식에 대한 내성, 마찰 특성, 광학 특성 등에도 큰 영향을 주고 있다. 따라서 금속 가공에서는 연삭 및 연마 기술을 사용하여 표면 조도 를 낮추고 있으며 대부분 자동 연마 기술을 사용하지만 아직도 수동 연마를 할 수밖에 없는 경우도 있다.

연마란 부품 표면을 여러 가지 도구를 사용하여 표면을 곱게 갈아내거나 전기화학 반응 등에 의해 표면을 평탄하게 하여 목적을 달성하는 표면 처리 방법이다.

(1) 배럴 연마

배럴 연마(barrel polishing, barrel finishing)는 돌아가는 통에 부품, 매개재, 물 및 컴파운드를 넣고 통을 돌려 부품의 버(burr) 및 날카로운 부분을 제거하고 표면 광택을 내는 처리이다. 회전형, 진동형, 와류형(롤프로) 및 원심형이 있으며 주로 프레스 부품이나 다이캐스트 부품 등 작은 부품에 사용된다. 단, 가늘고 긴 부품은 구부러질 우려가 있어 배럴 연마는 곤란하다.

원심형   진동형   와류형

그림 13.64 여러 가지 배럴 연마기(출처 : (주)DCM)

부품과 매개재   여러 가지 매개재

그림 13.65 여러 가지 매개재

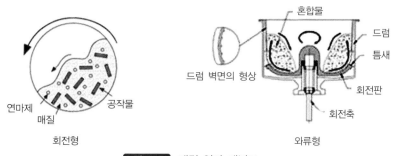

혼합물
드럼
틈새
드럼 벽면의 형상
회전판
연마제   공작물
매질
회전축
회전형   와류형

그림 13.66 배럴 연마 개념도

연마 전   연마 후

그림 13.67 배럴 연마 전후 비교

(2) 브러시 연마

브러시 연마(brush finishing)는 연마제를 넣은 나일론선, 강선, 황동선 등 선재를 묶어 만든 휠형 및 캡형인 브러시를 고속으로 회전시켜 연마하는 방법이다. 안정된 마무리 품질 유지가 가능하며 버의 침입 및 2차 버 발생이 없고 폭이 좁은 슬릿부 및 구멍의 속 마무리도 가능하다.

컵 브러시   휠 브러시

롤 브러시   코일 브러시   조각 브러시

그림 13.68 여러 가지 브러시

(3) 버핑

버핑(buffing)은 시속 120km로 고속 회전하는 원형의 포 또는 가죽을 여러 겹 꿰매어 만든 버프(buff)에 연마제를 바르면서 부품에 눌러 대어 마찰로 연마하는 방법이다. 주로 부품을 거울 같은 면으로 만들 때 사용한다.

버핑의 용도는 광택감의 향상, 평활성 향상, 용접 비드 제거, 스크래치, 피트(pit) 제거, 부착물 제거,

버 제거 등이다. 버핑은 장식품, 탱크, 배관, 철도 부품에 사용되며 전해 연마, 화학 연마의 전 공정 또는 도금 용사 등의 하지 처리로도 쓰인다.

그림 13.69 버프

버핑 전   버핑 후

그림 13.70 버핑 전후 비교

(4) 벨트 연마

벨트 연마(belt polishing)는 고속 회전하는 벨트에 연마제를 뿌리고 부품을 눌러 대어 마찰로 연마하는 방법이다. 수도꼭지 등 자유 곡선의 연마가 가능하다. 벨트 폭은 보통 10~100mm 정도이다.

그림 13.71 벨트 연마 개념도와 연마기

(5) 롤러 버니싱

롤러 버니싱(roller burnishing)은 도로포장 공사를 할 때 롤러가 노면의 요철을 눌러 다져 평탄한 면으로 만들듯이 절삭 가공된 금속 부품의 표면을 롤러로 눌러 매끄러운 마무리면을 얻는 방법으로 소성 가공의 일종이다. 짧은 시간 안에 최대 높이 표면 조도 Ry0.1~0.8 정도의 경면으로 바뀌며 가공 경화에 의해 내마모성과 30% 이상 피로강도가 향상된다. 저렴한 비용으로 손쉽게 부품의 초정밀 마무리가 가능하므로 최근에 자동차 업계를 비롯하여 정밀기기, 화학 및 가전업계 등 다양한 분야에서 폭넓게 이용되고 있다. 클러치, 토크 컨버터(torque converter), 커플링 플랜지, 반도체 밸브 등에 쓰이고 있다.

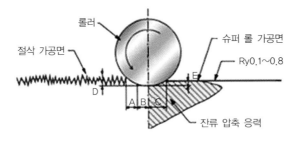

그림 13.72 롤러 버니싱 개념도

그림 13.73 원통 버니싱 롤러와 부품(출처 : 대연산업)

그림 13.74 평면 버니싱 롤러와 부품(출처 : Sugino Co.)

그림 13.75 롤러 버니싱 작업 장면(출처 : 한국특수금속)

(6) 전해 연마/화학 연마

전해 연마(electrolytic polishing)는 부품을 연마액(산성 용액 : 과염소산염계와 인산염계)에 담근 다음 전류를 흘려 전자가 양극에서 음극으로 이동하는 전기분해를 하여 금속 표면을 연마하는 방법이고, 화학 연마(chemical polishing)는 전기를 통하지 않고 연마액에 담궈 화학적으로 금속 표면을 연마하는 방법(화학 연마)으로, 금속 표면의 미세한 요철 중 볼록부를 오목부보다 먼저 용해시켜 평활한 광택면을 얻을 수 있다.

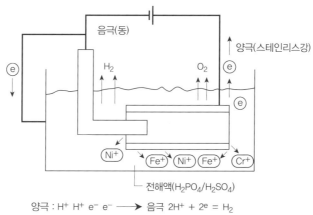

그림 13.76 전해 연마 개념도

그림 13.77 전해 연마 설비

전해 연마를 하면 철 성분이 떨어져나가 표면에는 크롬 성분이 많아져 부식에 강해진다. STS316L인 경우 Fe는 70%에서 25%로 낮아지고 Cr은 18%에서 63%로 높아진다.

또한 전해 연마 후 부동태 처리를 하여 초고순도 약품을 저장하는 탱크로 사용할 경우에 시약품 속으로 녹아드는 금속 성분의 양을 크게 줄일 수 있다.

적용 재료는 스테인리스강과 알루미늄합금이고 동과 철강은 효과가 별로 없다. 그러나 알루미늄의 경우에는 내식성 문제가 있어 양극 산화의 전처리로만 실시되고 있다. 전해 연마에 적합한 재료는 STS304, 304L, 316, 316L이다.

이 연마 방법의 특징은 다음과 같다.

- 복잡한 형상의 부품도 연마 가능하다.
- 표면에 잔류 응력이 거의 없다.
- 샌드 블라스팅 등으로 알루미늄 표면을 거칠게 한 다음 전해/화학 연마를 실시하면 광택이 있는 배 껍질면을 얻을 수 있다.
- 금속 표면을 평활하게 하고 광택나게 하며 불순물도 용해 제거하고 산화를 막는 부동태화 피막이 매우 치밀하여 내식성이 뛰어나다.
- 깊은 요철은 전해/화학 연마로 제거가 안 되므로 기계적 연마와 함께 사용하면 가장 좋다.
- 표면이 용해되어 광택면이 만들어지므로 피연마 부품의 치수 정밀도에 오차가 생기며 전해 연마에서는 전류 밀도의 차이에 의해 광택 무늬가 나타나는 경우가 있다.

한편 표면이 평활화되는 과정은 다음과 같다(그림 13.78 참조).

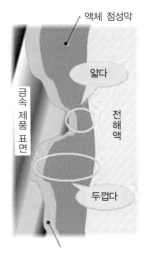

① 금속 이온은 액체 점성막을 지나 전해 연마액으로 용출하게 된다.
② 액체 점성막은 금속 제품 측에서는 요철을 따라서 존재하며 전해 연마액 측에서는 액의 점도 차에 의해 구분되므로 액체 점성막은 금속의 볼록부에서는 얇고 오목부에서는 두껍게 된다.
③ 액체 점성막은 전기저항이 매우 높으므로 인가된 전기는 조금이라도 흐르기 쉬운 얇은 부분으로 집중되게 된다.
④ 이 결과 볼록부가 우선적으로 용출되며 금속 표면이 평활화된다.

표 13.8은 전해 연마와 화학 연마의 차이를 나타낸다.

그림 13.78 표면 평활화 과정

::: **표 13.8** 전해 연마와 화학 연마의 차이점

	전해 연마	화학 연마
연마량	대략 1~5µm 처리 시간 및 전류값으로 제어 가능	대략 1~20µm 처리 시간으로 제어 가능
조도	서브 마이크론	마이크론
전극	필요(전극을 가까이 붙여 선택적으로 연마 가능)	불필요(전체적으로 균일하게 연마, 선택적 연마는 불가능)
부품 크기		작고 가는 부품
내식성	향상	그다지 기대할 것 없음

그림 13.79 전해 연마된 부품

그림 13.80 화학 연마된 부품

(7) 레이저 연마

레이저 연마(laser polishing, laser burnishing)는 금속 표면에 레이저를 조사하여 표면층을 얇게 용융하면 녹은 금속이 표면장력에 의해 높은 곳(산)으로부터 낮은 곳(골)으로 흐르게 하는 것이다. 레이저 연마 후의 표면 거칠기는 재료의 종류와 초기 거칠기에 따라 다르지만 산술 평균 조도 Ra0.05㎛까지 가능하다.

레이저 연마는 자동화 수준이 높으므로 가공 시간이 짧고 입체면 및 미세한 크기의 구조도 손상 없이 연마 가능하며 액체 상태에서 응고하므로 표면 조도는 미세하게 된다. 연마제나 연마액, 화학 물질도 쓰지 않으므로 환경오염의 우려도 없으며 부품의 변형 또한 없다.

레이저 연마에는 매크로 연마와 마이크로 연마 두 가지가 있는데, 매크로 연마에서는 연속발진

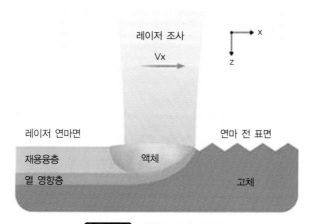

그림 13.81 레이저 연마 개념도

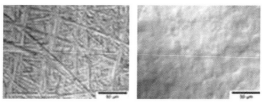

| 밀링 후 표면 | 연마 후 표면 |

그림 13.82 마이크로 연마 전후

레이저를 사용하며 마이크로 연마에는 펄스 레이저가 사용된다. 매크로 연마는 넓은 면적의 표면을 70~300W 급의 Nd : YAG 레이저로 20~200μm 깊이 정도 용융시켜 연마하며, 마이크로 연마는 20~ 1,000ns 펄스의 Nd : YAG 또는 엑시머 레이저로 0.5~5μm 정도 용융시켜 연마하며 좁은 면적에 주로 적용한다. 레이저 연마가 가능한 재료는 금속, 반도체, 석영 유리 등이며 주요 응용 분야는 공구, 금형 제조 및 의료기기 등 주로 수동 연마로 연마하던 분야이다. 최근 자동차용 실린더 라이너에의 적용이 늘어나고 있다. 한편 레이저 용융과 롤러 버니싱을 동시에 실시하는 하이브리드 처리는 표면 조도를 줄이고 압축 응력을 유도할 수 있다.

2) 블라스팅

블라스팅(blasting)은 알갱이 모양의 투사재로 부품을 고속으로 때려 버 제거 및 스케일 제거, 무광택 도금 처리를 위한 전처리, 지정된 면 조도를 얻기 위한 처리, 미끄럼성을 향상시키고 싶은 도금 전처리, 알루미늄의 양극 산화 전처리, 도장 하지를 위한 목적으로 사용된다. 투사재의 종류에는 유리 조각, 강구(steel ball), 동, 플라스틱 등이 있다.

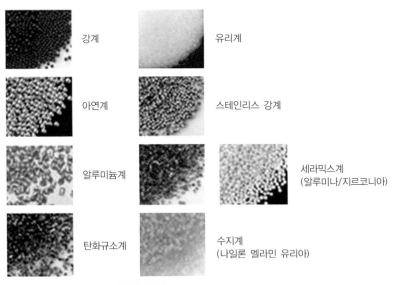

강계

유리계

아연계

스테인리스 강계

알루미늄계

세라믹스계
(알루미나/지르코니아)

탄화규소계

수지계
(나일론 멜라민 유리아)

그림 13.83 여러 가지 투사재

(1) 에어 블라스팅

에어 블라스팅(air blasting, sand blasting)은 컴프레서에서 만든 압축공기를 사용하여 유리 조각 등 투사재를 노즐로부터 분사하는 방법이며 중력 흡인식, 직압식, 블로식이 있다.

고압의 압축공기가 노즐을 통과하여 분출될 때 블라스팅건 내부에 발생되는 부압(negative pressure)에 의해 호퍼로부터 투사재를 흡입하여 분사하며, 분사된 투사재는 집진기의 흡인력에 의해 장치 내부로 순환되고 순환 과정 중에 이물질과 투사재로 분리된다. 건식 처리이므로 친환경적이다.

투사재의 분사거리는 200~400mm 정도이다.

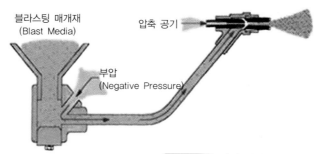

블라스팅 매개재
(Blast Media)

압축 공기

부압
(Negative Pressure)

그림 13.84 에어 블라스팅 개념도

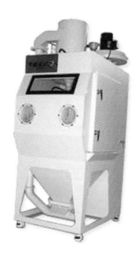

내부

그림 13.85 에어 블라스팅 설비 (출처 : 금강테크)

(2) 쇼트 블라스팅

쇼트 블라스팅(shot blasting)은 모터로 블레이드(blade)라 불리는 임펠러(impeller)를 고속으로 회전시키고 이것에 강구 등 투사재를 공급하여 블레이드의 원심력에 의해 투사재를 부품에 충돌시키는 방법이다. 투사재는 비중이 크므로 버킷 엘리베이터에 의해 운반되어 순환된다. 대량의 투사재를 한 번에 투사할 수 있으므로 크기가 큰 부품 및 대량 제품에 이용된다.

그림 13.86 쇼트 블라스팅 설비

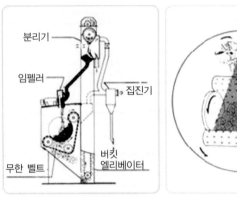

그림 13.87 쇼트 블라스팅 개념도

(3) 액체 호닝

액체 호닝(liquid honing, wet blasting)은 습식 분사 가공으로 미립 형태의 연마제를 첨가한 물에 적당한 부식 억제제를 섞어 금속 제품이나 금속 재료에 고속으로 뿜어 표면을 깨끗하게 하는 동시에 균일하게 다듬는 표면 연마 가공법이다. 경면에 가까운 면부터 배 껍질면까지 가능하다. IC 리드프레임, 웨이퍼 표면, 전기·전자부품 클리닝 및 버 제거 등에 쓰이고 있다.

그림 13.88 액체 호닝 개념도

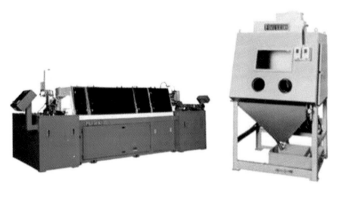

그림 13.89 리드프레임 액체 호닝 장비와 수동 호닝 장비

그림 13.90 액체 호닝 전과 후 비교

표 13.9에 지금까지 설명한 표면 처리 방법에 대한 각종 재료의 적합성을 정리하였다.

표 13.9 주요 재료와 표면 처리

	철	철주물	동	동합금	동주물	Al	Al다이캐스트	아연	아연다이캐스트	니켈	STS	플라스틱	세라믹	티타늄	Mg다이캐스트	은페이스트
금 도금	○	○	○	○	○	○	○		○	○	○	○	○	○		
은 도금	○	○	○	○		○	○		○		○					
동 도금	○	○				○	○		○		○	○	○			
니켈 도금	○	○	○	○	○	○	○	○	○	○	○	○	○	○		○
아연도금	○	○	○	○	○	○	○	○	○							
니켈 아연도금	○	○	○	○	○	○	○	○	○				○			
주석 도금	○	○	○	○	○				○	○	○		○	○		
경질 크롬 도금	○	○	○	○	○					○	○		○	○		
땜납 도금	○	○	○	○	○					○	○		○			○
무전해 니켈	○	○	○	○	○	○	○	○	○	○	○		○			○
무전해 복합	○		○	○		○				○	○					
무전해 동												동	○			
무전해 금	○		○	○												
Al 양극 산화						○	○									
부동태화											○					
크로메이트			○	○	○	○	○	○	○						○	
흑염 처리	○	○	○			○	○									
전해 연마											○					
배럴 연마	○	○	○	○	○		○	○	○	○	○	○	○	○	○	
쇼트 블라스팅	○	○	○	○	○	○					○		○	○		
주석-비스무트 도금	○		○	○							○					
은 연속 도금	○		○	○												
주석-은 도금	○		○	○												

6 특수 처리

1) 전기 주조

전기 주조(electro forming)는 전기 분해된 금속 이온을 모형의 표면에 필요한 두께로 석출시켜 모형의 표면 형상 및 표면의 요철을 그대로 재현할 수 있는 제조 기술로 손의 지문이나 나뭇결까지 복제가 가능하다.

모형 표면에 동 및 니켈 도금을 두껍게 올린 후 모형을 도금이 침식되지 않는 약품 및 열로 녹여 기계 가공으로는 도저히 얻을 수 없는 얇고 복잡한 형상을 도금 방법으로 성형하는 가공법이다.

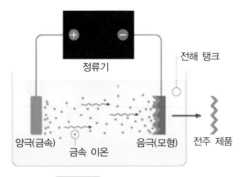

그림 13.91 전기 주조 개념도

전해 탱크 중에서 도금할 금속과 모형 사이에 일정한 전압을 가하면 음극에서 금속의 이온화가 일어나고 모형에는 금속의 환원에 의한 석출(전착)이 발생한다. 두껍게 석출된 금속을 모형으로부터 분리한 다음 마무리하여 완성한다.

전기 주조의 특징은 다음과 같다.

- 0.05~0.1 μm 정도로 면 복사가 가능하다.
- 전주 제품에서는 부품의 형 및 크기에 좌우되지 않으며 전주 탱크만 있으면 쉽게 제품화가 가능하다.
- 0.2mm 정도의 박육 중공 제품도 가능하다.
- 내면에 광택이 있는 파이프 제품 제작이 가능하다.
- 복잡한 모형도 1회의 전주 작업으로 정밀 복제가 가능하다.

적용 제품으로는 포토리소그래피(photolithography), 메탈 마스크, 콘택트 프로브 핀(contact probe pin), 잉크젯 노즐 등이 있다.

2) 수압 전사

수압 전사(curl-fit)는 수조에 물을 넣고 수면에 특수 필름을 띄운 후 그 위에 부품을 올려놓으면 물의 표면 장력 및 부력의 작용에 의해 부품에 특수 필름이 그대로 전사되는 방법이다.

전분질인 특수 필름은 물에 녹으므로 무늬가 인쇄된 부분만 표면에 남게 된다.

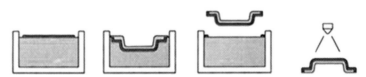

1. 수용성 인쇄 필름을 수조에 띄운다.
2. 부품을 필름 위로부터 수조에 담가 필름을 수압으로 부품에 전사한다.
3. 부품을 빼낸다.
4. 전사부의 보호 광택 마무리로 코팅한다.

그림 13.92 수압 전사 개념도

1. 필름인쇄 수용성 필름에 도안을 그라비아 인쇄함 	2. 활성화 필름에 특수처리를 하고 잉크를 활성화함
3. 전사 필름을 수면에 띄우고 제품을 인쇄하기 위해 필름을 따라 내리누르게 함 	4. 필름 제거 및 세정 전사 매체로서의 역할을 완수하고, 불필해진 필름을 세면 세정함
5. UV 건조 이전과정 동안 제품(물질)에 부착한 수분을 건조함 	6. 수압 전사한 제품의 예 

그림 13.93 수압 전사의 주요 공정

그림 13.94 수압 전사된 부품(출처 : (주)디알텍)

이 특수 필름은 그라비아 인쇄로 만들어지며 전사한 후에는 코팅 처리하여 사용된다. 자동차 내장 부품(콘솔 패널, 도어암 레스트 등), 휴대용 게임기, 가전제품, 휴대전화 케이스 등에 이용되고 있다.

3) 스테인리스강의 착색 처리[*]

(1) 산화 발색

스테인리스강의 표면은 크롬을 주성분으로 하는 산화 피막(부동태막)으로 덮여 있는데 이 투명 피막의 두께를 $0.1\mu m$ 단위로 변화시키면 광의 간섭

그림 13.95 CD의 간섭색

---

[*] 출처 : Nakano 과학

⁙ **표 13.10** 산화 피막의 두께와 색깔

막 두께 : 얇음 ←――――――――――――――――→ 두꺼움

색상 : light   bronze   blue   gold   red   green   light   black
       bronze   (yellow)   black

	Brown	Blue	Gold	Purple	Green	Black
STS301	○	○	○	○	○	○
STS304	○	◉	○	○	○	◉
STS316	◉	◉	◉	◉	◉	◉
STS430	△	△	△	△	△	△
STS410	×	×	×	×	×	△
STS420	×	×	×	×	×	△

그림 13.96 스테인리스강의 산화 발색 부품

현상에 의해 스테인리스강의 표면이 아름다운 색을 내게 된다. 여러 가지 색을 만들어낼 수 있으며 보는 각도에 따라 색이 미묘하게 변화한다. CD 표면에서 나오는 색이 대표적인 간섭색이다.

이 산화 발색의 특징은 다음과 같다.

- 금속의 질감을 잃지 않으며 금속 광택이 있다.
- 뛰어난 내후성과 내식성이 있어 옥외 사용 시 장소, 용도, 유지 관리에 따라 반영구적으로 사용 가능하다.
- 도료 및 염료를 일절 사용하지 않으므로 환경에 대한 부담이 적다.

(2) 염색 처리

염료를 써서 색을 내는 표면 처리로 표면의 광택 및 헤어 라인 등의 금속 질감을 손상하지 않는다.

그림 13.97 스테인리스강의 염색 부품

14 각인

1 개요

각인은 인간이 소유라는 개념을 도입하면서 시작되었으나 현재는 생산자의 제조물 책임을 묻는 사회적 의식(PL법)이 높아지고 환경보전 및 자원 재활용의 필요성으로부터 제품 및 부품의 추적성(제조 이력 관리)을 위한 산업용 각인으로 그 의미가 변화하고 있다.

제품 제조자의 입장에서 보면 제품의 기능이나 성능 면에서 각인은 불필요한 것이지만 생산 관리 및 품질 관리 측면에서는 이제 필수가 되었다.

각인의 목적은 다음과 같이 정리할 수 있다.

- 부품 및 제품 관리 : 부품의 상태, 등급 등(과일의 경우 당도, 고기의 등급)
- 제조 이력 관리 : 제조번호, 제조일자, 제조장소, 로트 번호, 시리얼 번호 등
- 위조 방지, 복제 방지, 도난 방지
- 부가 가치 상승
- 정도 등급 관리에 의한 조립 공정 관리

아울러 각인의 종류에는 다음과 같은 것들이 있으며 이 장에서는 이에 대해 자세히 설명한다.

- 세트 마커(set marker)
- 넘버링 헤드(numbering head)
- 도트식 각인기
- 롤식 각인기
- 명판 각인기(label marker)
- 핫스탬핑기(hot stamping machine)

- 충격식 에어 각인기(air impact marker)
- 조각기(scriber)
- 실크 인쇄(silk printing)
- 잉크젯 마킹기(ink jet marker)
- 레이저 마커(laser marker)
- 하프 에칭(half etching)

2   세트 마커

일정한 틀에 글자를 빼고 넣는 방식으로 각인 내용의 변경에 간단히 대응 가능하며 연속 문자 각인이 가능하다. 또한 문자의 흔들림이 없어 깨끗한 각인이 가능하다.

그림 14.1 각인 세트와 각인 샘플

3   넘버링 헤드

0부터 9까지, 또는 A부터 Z까지 새겨진 펀치들을 한 세트로 하고 이와 같은 세트를 여러 열 가진 헤드를 말하며, 각 열의 숫자나 문자를 조정하여 제조 번호 등 연속된 번호의 각인 및 로트 번호 각인을 하는 각인기이다.

그림 14.2 넘버링 헤드와 펀치 (출처 : 정성마킹)

그림 14.3 넘버링 샘플

4 도트식 각인기

압축공기를 펜 내부로 보내 타각 핀을 고속 진동시켜 부품에 점을 만들고 이 점의 집합에 의해 문자를 만드는 NC 제어형 각인기이다. 도트식 각인기는 에어 펜이라고도 한다.

영문, 숫자, 2차원 바코드 및 로고 마크 등의 각인이 가능하며 평면 이외의 곳에도 마킹 가능하다. 부하가 작고 설치가 간단하며 조작도 간단하다.

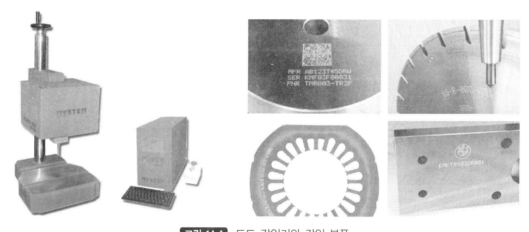

그림 14.4 도트 각인기와 각인 부품

5 롤식 각인기

원주면에 각인하는 데 최적인 전조식 각인기이며 부품 또는 각인 롤을 회전시키면서 타각하므로 부품에 닿는 면이 적어 작은 압력으로도 각인 가능하다.

각인하려고 하는 부품의 원형 운동과 활자의 직선 운동으로 모든 형태의 곡면에 원하는 각인을 할 수 있다.

그림 14.5 롤식 각인기 (출처 : 대진마킹)

그림 14.6 롤 각인 부품

6 명판 각인기

하나의 링에 영문, 숫자, 기호가 미리 준비되어 있으며 전기나 공압 등 동력원을 전혀 필요로 하지 않는 토글 기구식의 수동형과 X-Y 테이블, 타각, 회전의 4축을 수치제어하여 고속(120자/분)으로 타각하는 자동형이 있다. 수동형은 토글 기구를 사용하므로 가압력이 커서 가벼운 힘으로 깨끗한 각인이 가능하다. 문자 링의 교환에 의해 타각 문자 크기도 쉽게 바꿀 수 있다.

명판, 태그 등 판 형태의 부품에 주로 이용되며 각인 가능한 명판 재질은 스테인리스강, 동판, 알루미늄, 플라스틱 등이다.

그림 14.7 명판 각인기 (출처 : 정성마킹)

7 핫스탬핑기

각인하고자 하는 숫자, 문자, 로고 등을 활자에 열을 가한 다음 색상 포일을 이용하여 각인과 동시에 부품 표면에 포일의 색상을 넣을 수 있으므로 각인 부위가 미려하게 된다.

가능한 재료는 ABS, PP, PVC, PE, 알루미늄, 고무, 종이, 가죽, 천, 나무 등으로 다양하다.

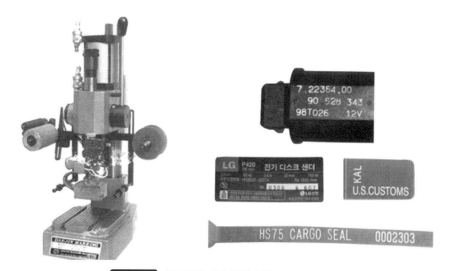

그림 14.8 핫스탬핑기와 각인 부품 (출처 : 대진마킹)

8 충격식 에어 각인기

공기의 힘만으로 타각할 수 있는 핸디형 각인기로 터렛식으로 되어 있어 한 문자씩 선택하여 타각을 한다. 임의의 번호 각인 작업에 알맞다. 이 각인기는 대형 중량물의 각인에 최적이다.

그림 14.9 에어 충격식 각인기 (출처 : 대진마킹)

9 조각기

조각용 공구가 부착된 회전 스핀들을 회전시키면서 X, Y축의 움직임을 조합하여 글자나 숫자 및 형상을 조각하는 기계로 마킹 시 소음이 적으며 마킹 깊이를 미세 조정할 수 있고 CNC 제어도 가능하다. 마킹 면적은 100×100mm 정도이다.

그림 14.10 조각기 (출처 : 마스템)

10 실크 인쇄

문자, 숫자 등 인쇄하고자 하는 내용이 관통된 모양으로 뚫린 판을 스크린으로 하여 인쇄할 부품에 덮고 뚫린 구멍으로 잉크를 밀어넣어 인쇄하는 방법이다.

그림 14.11 실크 인쇄 순서

판은 그물망(mesh) 형태의 스크린에 감광제를 바르고 현상하여 뚫린 구멍을 사용하는 것이다. 예전에는 나무틀에 실크를 붙여 사용했지만 지금은 나일론이나 스테인리스 판을 사용한다. 적용 가능한 소재는 금속, 플라스틱, 유리, 종이, 헝겊, 필름 등으로 다른 인쇄 방법에 비해 매우 다양하다.

또한 내후성이 뛰어나며 미묘한 색도 관리 가능하고 곡면에도 인쇄 가능하며 소량에도 대응 가능하지만 대량인 경우 시간이 많이 걸린다.

그림 14.12 실크 인쇄된 부품

참고로 인쇄 방식의 종류에는 인쇄판의 형태에 따라 크게 다음과 같이 네 가지가 있다.

- 볼록판인쇄
  - 윤전식 : 플렉소그래피(flexography) 인쇄, 신문 인쇄
  - 평압식
- 평판 인쇄(오프셋 인쇄)
  캘린더, 포스터, 팸플릿 등 인쇄
- 오목판 인쇄
  고급 인쇄, 제판 비용이 비싸다.
  - 위조 방지 인쇄 : 지폐 등 인쇄
  - 사진 인쇄
  - 조각 오목판 인쇄
  - 그라비아(gravure) 인쇄 : 이 방식은 사진에 가까운 깨끗한 인쇄가 가능하므로 주로 수표 및 사진 집의 인쇄 등에 많이 쓰이고 있다. 오프셋 인쇄의 망점보다 미세한 농염을 표현할 수 있어 사진 등의 풍부한 색조 재현에는 최적이지만 날카로움은 약간 떨어져 가는 문자 및 가는 선 등의 재현에는 적합하지 않다.
- 구멍판 인쇄 : 실크 스크린 인쇄

11 잉크젯 마킹기

잉크젯 마킹기는 잉크를 쏘아 원하는 문자나 숫자를 부품에 인쇄하는 장치로 잉크 노즐과 부품 사이의 거리는 10~35mm 정도이며 금속, 플라스틱, 유리, 종이 등 모든 재료에 적용 가능하고 잉크를 분사하는 방식에 따라 CIJ(continuous ink-jet) 방식과 DOD(drop on demand) 방식이 있다. 생산 라인에 쉽게 설치할 수 있으며 비접촉이므로 약간의 요철이 있어도 각인이 가능하며 작은 문자부터 큰 문자까지 가능하다. 하지만 잉크를 사용하므로 언젠가는 지워진다.

1) CIJ 방식

인쇄하고 있지 않을 때도 본체 및 프린터 헤드 내부를 항상 잉크가 순환하고 있으며 작은 문자 및 낱개 포장용으로 주로 쓰인다.

잉크를 분사하는 노즐은 1개이며 잉크는 변조되어 노즐로부터 분출되면 1초 사이에 약 8만 개의 잉크 방울로 분리된다. 이 방울(drop) 하나하나에 전압을 걸고 편향 전극판의 전압을 제어하여 방울이 날아가는 방향을 조절하면서 마킹 헤드를 이 방향과 수직인 방향으로 이동시키면 문자나 숫자를 그리게 된다.

사용되지 않은 잉크 방울은 거터(gutter)를 통하여 회수되어 탱크로 돌아간다. 약 1~13mm 정도의 작은 문자를 인쇄할 수 있다. 잉크의 종류도 다양하며 종이부터 금속까지 여러 가지 재료에 빠르게 인쇄할 수 있어 식품 포장의 유효기간 인쇄, 부품의 로트 번호 및 제조번호 인쇄 등에 사용되고 있다.

대략의 형태와 원리는 그림 14.13과 같다.

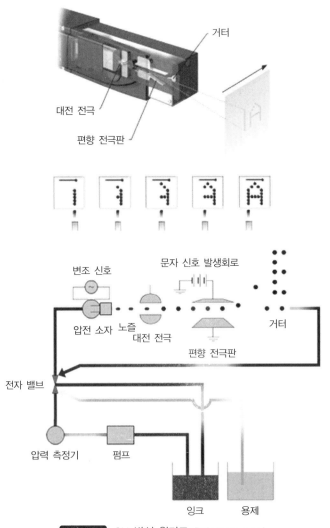

그림 14.13 CIJ 방식 원리도 (출처 : Union corp.)

2) DOD 방식

노즐이 병렬로 잇달아 놓여 있으며, 인쇄에 필요한 노즐만 순간적으로 열려 잉크를 분사하며 열리는 노즐의 순서를 제어하여 문자나 숫자를 그리게 된다. 큰 문자 및 외장용으로 많이 쓰인다.

노즐 제어 방식에는 피에조(piezo) 방식과 밸브(valve) 방식이 있다.

(1) 피에조 방식

피에조 방식에서는 피에조 소자(압전 소자)의 성질을 이용한다. 피에조 소자는 전기를 통하면 체적이 변화하는데 인쇄가 필요한 노즐에 펄스 신호가 보내질 때의 체적 변화를 이용하여 노즐을 열고 잉크를 분사한다.

피에조 방식에서는 보다 정밀한 인쇄를 실현할 수 있도록 잉크 방울을 작게 하는 기술이 개발되어 있다.

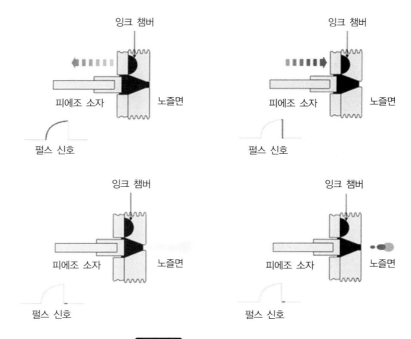

그림 14.14 피에조 방식 원리도

(2) 밸브 방식

솔레노이드를 사용하여 노즐을 막고 있는 밸브의 개폐 조정을 하는 방식이다. 잉크가 항상 가압되어 있으므로 노즐과 인쇄 대상물과의 거리(인쇄 작업 거리, working distance)를 크게 하는 것이 가능하다는 점이 피에조 방식과 다르다.

그러나 잉크 방울이 크게 되므로 인쇄가 다소 거친 감이 있다.

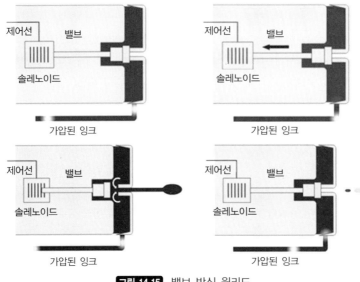

그림 14.15 밸브 방식 원리도

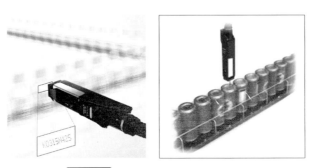

그림 14.16 잉크젯 마킹기 설치 개념도

12 레이저 마커

레이저 마킹은 레이저 빔을 쏘아 부품 표면의 일부를 용융 및 증발, 변질시켜 문자, 기호, 그림 등을 직접 부품에 각인하는 가공이다. 지워지지 않는 영구적인 인쇄가 가능하며 잉크젯 마킹기와 달리 용제를 쓰지 않으므로 환경 문제를 일으키지 않고, CAD를 써서 복잡하고 매우 미세한 패턴도 자유롭게 그릴 수 있는 등의 특징이 있다. 또한 생산 라인에 설치하기 쉬우며 부품에 마모나 충격, 열 영향 없이 각인할 수 있고 연속 투입되는 부품마다 다른 내용[시리얼 넘버, 제조일자(연, 월, 일, 시 등)]을 각인할 수 있다.

마킹 가능한 재료는 금, 은, 동, 알루미늄 등 반사율이 높은 금속을 포함한 모든 금속과 플라스틱, 고무, 목재, 종이, 세라믹스 등 대부분의 재료이며 도장된 부품, 도금된 부품 등 표면 처리된 부품에도 마킹 가능하다.

마킹 방식에는 스캐닝 방식과 마스크 방식이 있다.

1) 스캐닝 방식

갈바노 미러(galvano mirror)라 불리는 2개의 스캐닝 미러를 사용하여 일정 면적의 평면을 X-Y 좌표로 제어하고 특수한 집속 렌즈(f-θ 렌즈)로 집속하여 마킹하는 방식으로 레이저 파워, 빔의 직경, 스캐닝 미러의 응답성에 따라 마킹 속도와 해상도가 달라진다. 현재 마킹 최고 속도는 직선인 경우 1,000m/s 에 달하며 글자 수로는 1,000자/초에 달하는 것도 있다.

2) 마스크 방식

마킹하고자 하는 패턴이 뚫려 있는 마스크에 펄스 레이저 빔을 쏘아 통과시킨 다음 집속 렌즈로 집속하여 부품에 상을 맺히게 하여 한 번에 패턴을 마킹하는 방식으로 고속, 고해상도 마킹이 가능하다. 그러나 마킹할 정보가 수시로 바뀌고 PC로 다양한 정보를 제어할 수 있게 된 현재는 거의 사용되지 않고 있다.

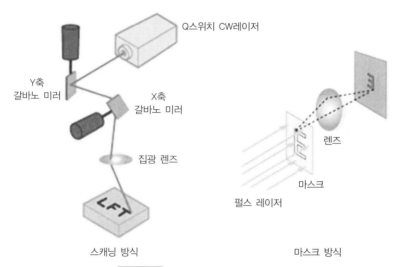

그림 14.17 레이저 마킹 방식 개념도

그림 14.18 레이저 마커 외형(출처 : (주)비슬로)

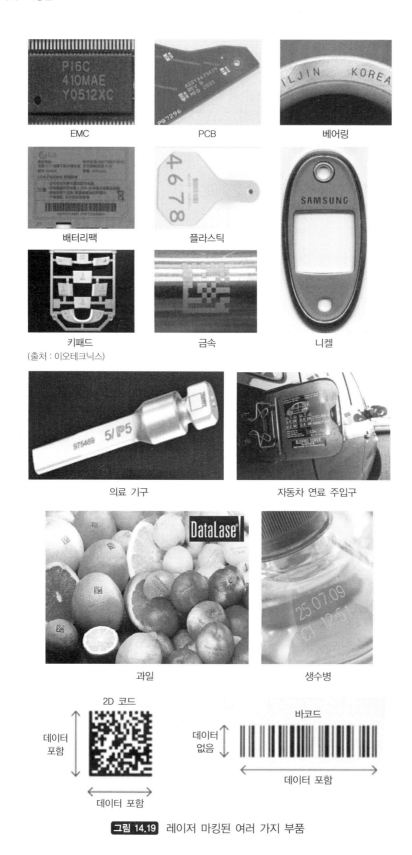

EMC | PCB | 베어링

배터리팩 | 플라스틱

키패드 | 금속 | 니켈

(출처 : 이오테크닉스)

의료 기구 | 자동차 연료 주입구

과일 | 생수병

2D 코드

데이터 포함

데이터 포함

바코드

데이터 없음

데이터 포함

그림 14.19 레이저 마킹된 여러 가지 부품

레이저 마킹에 사용되는 레이저의 종류와 응용 분야는 다음과 같다.

- CO_2 레이저 : 종이, 목재, 섬유, 아크릴 및 일부 플라스틱 재료의 마킹에 사용한다.
- Nd : YAG 레이저 : 대부분의 금속과 플라스틱 재료의 마킹에 쓰이고 있으며 다른 고체 레이저보다 넓은 면적이나 글자 깊이가 깊은 마킹에 유용하다.
- Nd : YVO4 레이저 : Nd : YAG 레이저와 마찬가지로 대부분의 금속과 플라스틱 재료의 마킹이 가능하지만 특히 미세 굵기 및 작은 글자 마킹에 주로 쓰인다.
- 파이버 레이저 : 다루기가 쉽고 보수가 쉬우며 수명이 길어 Nd : YAG 레이저의 용도를 대부분 대체하였다.
- 그린(green) 레이저 : 파장이 532nm로 Nd : YAG 레이저나 Nd : YVO4 레이저 파장(1,064nm)의 절반이므로 고반사율 금속이나 플라스틱에 보다 고품질의 마킹이 가능하다.
- UV 레이저 : 파장이 355nm 이하인 레이저로 위에서 설명한 레이저로는 마킹이 어려운 모든 재료에 대한 고품질 마킹이 가능하며 열에너지에 의한 마킹이 아니라 광화학 반응에 의한 마킹이므로 열 변형 및 열 손상이 없는 깨끗한 마킹이 가능하다. 하지만 장비 가격이 비싸다.

13 하프 에칭

소재의 양면으로부터 같은 패턴을 화학 부식시켜 에칭하는 것이 아니라 소재의 한쪽 면만 두께의 일부를 에칭하여 문자, 숫자 및 로고 등을 각인하는 방법이다. 매우 미세한 부분까지 각인 가능하지만 시간이 오래 걸리고 대량 생산용이다.

손목시계 베젤(bezel) 둘레의 시각 표시 및 뒤판 각인 등에 쓰이고 있다.

15 그 밖의 주요 재료 가공법

1 신속 모형 제작법

제품 설계에서는 초기의 디자인 단계 및 제품 설계가 진행된 단계에서 외관 및 성능 평가를 위해 시작품을 만드는 일이 많다. 이때 시작품은 양산품과 같은 재료를 써서 만드는 방법 외에 점토(clay model) 및 나무(mock up)로 만들어 왔다. 그렇지만 시작품을 만드는 일에는 많은 시간과 비용이 소요된다. 컴퓨터 기술의 발전에 따라 제품의 외관 디자인, 메커니즘 등의 설계는 3차원 CAD화되어 왔으며 그 데이터를 이용하여 CAE를 실시하여 굳이 시작품을 제조하지 않아도 성능의 사전 평가가 가능하게 되었다. 그렇지만 시각적 심미감, 만졌을 때의 촉감 등 정량화하기 어려운 항목은 컴퓨터상에서 평가하기 어려우므로 시작품의 제작이 필요하다.

또한 제품 개발 사이클의 단기화에 따라 시작품 제작 기간도 단축할 필요성이 높아지고 성능 평가의 필요성은 낮아졌으므로 형상을 빨리 만드는 수단으로 신속 모형 제작법(rapid prototyping)이 등장하였다(그림 15.1 참조).

신속 모형 제작법은 적층 조형법이라고도 불리며, 디지털화된 입체품의 정보를 슬라이스(slice) 데이터라 불리는 얇은 평면 데이터로 분할하고 이 정보에 기초한 형태로 실제 재료를 가공하고 이것을 차례로 쌓아올려 입체품을 만드는 기술이다.

슬라이스의 피치(일반적으로 0.05~0.18mm)가 작으면 작을수록 3차원 입체 정보에 보다 더 가까운 입체 조형품을 만들 수 있다.

이 평면 데이터를 바탕으로 조형하는 방법은 다음과 같다.

- 광조형법(stereo lithography apparatus) : 광경화성 액체 수지에 자외선을 쏘여 굳히면서 조형하는 방법
- 분말 소결법(selective laser sintering) : 분말을 넓게 뿌리고 레이저 등으로 굳히면서 조형하는

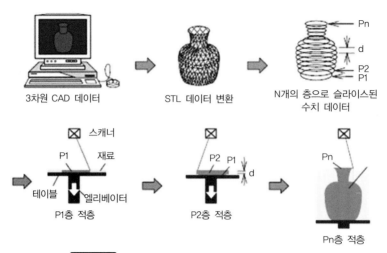

그림 15.1 신속 모형 제작 개념도(출처 : 일본 (주)Aspect)

방법

- 시트 적층법 : 시트(sheet)재를 평면 데이터 형태로 잘라내 접착하는 방법
- 잉크젯법 : 액상 재료를 잉크젯 노즐을 응용하여 분무하면서 쌓아올려 조형하는 방법
- 열용해 적층법 : 열로 녹여 유동성이 있는 상태에서 가는 실 모양으로 압출하여 연필로 쓰듯이 하여 조형하는 방법(압출법이라고도 함)

1) 광조형법

신속 모형 제작법 중 최초로 개발된 기술로 광경화성 액상 수지에 광을 쏘여 한 평면이 굳은 다음 일정량만큼 내려 굳은 평면 위의 수지에 광을 쏘여 다시 평면을 굳혀 층을 쌓아올리는 방식으로 입체물을 만드는 방법이다.

기본 구조는 그림 15.2와 같으며 액체를 사용하므로 재료 교환이 쉽지 않다. 일반적으로 재료의 내열 온도는 50℃ 정도이며 내후성이 없고 변형하기 쉽다.

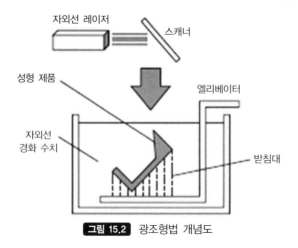

그림 15.2 광조형법 개념도

2) 분말 소결법

수지(PP, PS), 세라믹스 또는 금속 분말 등을 전면에 깐 다음 필요한 곳에 레이저 빔을 쏘아 열로 소결시켜 그 경화층을 쌓아올려 입체물을 만드는 방법으로 열로 소결할 수 있는 재료라면 어떤 재료도 사용 가능하다. 고무, 모래, 왁스 등도 가능하다.

구조는 그림 15.3과 같이 레이저 주사 기구로 레이저 마킹에 쓰이는 갈바노 메타 미러를 사용하며 성형실은 중앙에 파트 실린더가 있고 양쪽에 재료 공급용 피드 실린더(feed cylinder)로 이루어져 있으며 연소 및 산화를 방지하기 위해 질소 환경으로 이루어져 있다.

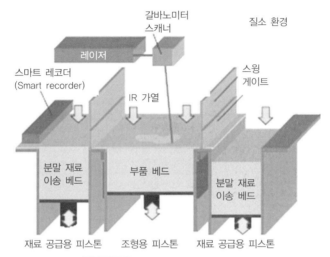

그림 15.3 분말 소결 조형법 개념도

그림 15.4 광조형법 또는 분말 소결법에 의해 제작된 샘플 (출처 : 일본 오리온(주))

용융 전의 분말 밀도는 50% 정도의 다공질이지만 성형 후에는 95% 이상의 밀도가 된다. 또 성형품의 정밀도는 200mm 기준 치수에 대해 약 ±0.15mm 정도이다.

같은 방법으로 전자 빔을 사용하여 티타늄이나 코발트 크롬 분말을 써서 시작품을 만들기도 한다.

3) 시트 적층법

금속판이나 종이 등을 필요한 모양으로 절단하고 이것을 접착제로 붙이면서 쌓아올려 입체물을 만드는 방법이다.

4) 잉크젯법

용융 금속 등을 액화시킨 잉크젯 마킹과 같은 방식으로 재료를 필요한 곳에만 분사 퇴적시켜 입체물을 만드는 방법이다.

5) 압출법

열가소성 수지나 금속을 열로 녹여 유동성을 갖게 한 다음 실 모양으로 압출하여 글씨 쓰는 요령으로 입체물을 만드는 방법이다. 압출 노즐의 유량 및 이동 속도에 따라 층의 두께가 변하므로 급히 꺾이는 부분 등에서는 어려움이 있다.

6) FDM

FDM(Fuse Deposition Modeling)은 열가소성 수지 필라멘트(선)를 가열된 다이에 통과시키면서 녹이고 동시에 X-Y-Z 3축을 움직여 원하는 모양을 적층시켜 만드는 방법으로 다이의 직경에 따라 층의 두께와 표면의 거칠기가 정해지며 매끈한 면을 위해서는 마무리 가공이 필요하다.

2 톰슨형에 의한 시트 가공

톰슨형(Thomson die)이란 베니어판이나 수지판(합해서 다이 보드라 한다)에 실톱이나 레이저로 홈을 가공한 다음 홈과 같은 형상으로 구부러진 강제 날을 홈에 끼워 넣은 틀로, 금형에 비해 비용이 낮고 제작 기간도 짧아 얇은 시트재를 사용하는 블랭킹 가공 분야에서는 시제품부터 양산까지 폭넓게 이용되고 있다.

화장지 박스, 선물 포장용 박스, 골판지 박스 등의 펼친 모양의 외곽 절단 및 접는선 누름을 한 번에 할 수 있으며 최근에는 필름, 고무 패킹, 개스킷 등 기계 부품과 플렉서블 PCB 등의 외곽 절단에도 많이 이용되고 있다.

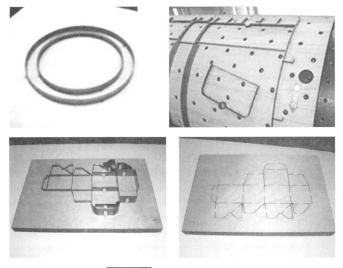

그림 15.5 여러 가지 톰슨형

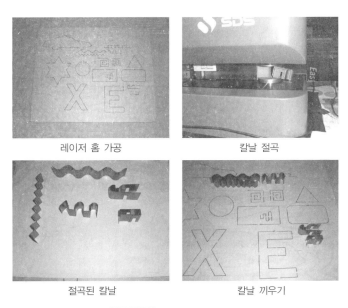

레이저 홈 가공 칼날 절곡

절곡된 칼날 칼날 끼우기

그림 15.6 톰슨형 제작 과정

3 알루미늄 벌집구조재 제작

벌집구조재(honeycomb structure)는 가벼우며 굽힘 저항력이 높아 항공기 및 선박의 내부 구조용 재료와 건축 자재 등으로 많이 사용되고 있다. 같은 강성 비율에 대해 무게가 알루미늄판의 약 1/5, 강판의 약 1/10밖에 안 된다.

　제작 방법은 우선 판재(두께 0.1~0.3mm 정도)에 등간격(구조재의 내부 두께임)으로 접착제를 바른 후 적층한 다음 오븐에서 가열하여 강하게 접착시킨 후 접착제를 바른 방향과 직각인 방향으로 정해진 치수로 절단한다. 그런 다음 양 끝판을 잡고 수평 방향으로 벌리면 벌집 모양이 된다. 구조용 접착제를 흡수시킨 천과 외판을 이 벌집 모양의 위아래 양쪽에 붙이면 벌집구조재가 완성된다.

  사용 재료는 알루미늄 3000 계열, 티타늄, 스테인리스강, 니켈 합금 등이며 최대 크기는 일반적으로 2,000×6,000mm 정도이다.

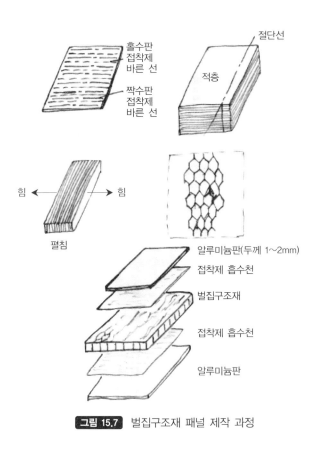

그림 15.7 벌집구조재 패널 제작 과정

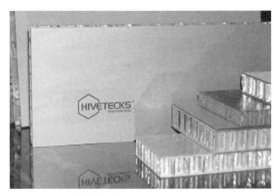

그림 15.8 벌집구조재 패널

4 경화 살 돋움(경화육성)

값이 비싼 부품의 사용 중 일부분이 마모되거나 손상되는 것은 흔히 일어날 수 있는 일인데 부품 전체를 교환하려면 많은 비용을 지불해야 한다. 이때 마모 또는 손상된 부분만 복원할 수 있다면 비용과 시간을 대폭 줄일 수 있다. 이러한 목적으로 개발된 것이 경화 살 돋움(hard facing)이다. 경화 살 돋움을 실시한 부품은 원 재료 이상으로 마모, 충격, 마찰 및 내부식성이 높으며 용접 또는 용사를 사용하여 실시한다.

경화 살 돋움의 용착은 일반적으로 꽤 두꺼우며(2mm 이상) 용도에 따라서는 매개층을 이용하여 최종 용착에 야금적인 문제가 없도록 하고 있다.

여러 가지 용접봉 및 용접와이어로 다양한 수준의 마모, 부식 및 내열성을 갖게 할 수 있다. 토목 기계, 시멘트로, 암석 분쇄 및 처리, 발전 플랜트 등의 밸브 및 밸브 시트, 축, 베어링의 표면, 철강 압연 롤 및 각종 수지 압출 스크루 등의 부분 보수에 많이 이용되고 있다. 특히 최근에는 보다 정밀한 레이저 클래딩(cladding이라는 단어를 쓰고 있지만 실제 내용은 hard facing임)이 개발된 이후 각종 금형의 보수에 널리 보급되고 있다.

경화 살 돋움 처리에 있어 중요한 포인트는 경도의 확보 및 크랙 방지 또는 줄임이다. 이를 위해서는 적절한 용접 재료의 선정은 물론 다음과 같은 점에 주의해야 한다.

1) 부품의 사전 준비

녹이나 오염 물질(기름, 먼지 등)은 기공(blow hole) 등의 원인이 된다. 또 부품의 크랙은 경화 살 돋움 부위의 크랙을 조장하므로 완전히 제거해야 한다.

2) 열 관리

크랙이 적거나 없는 살 돋움 금속을 얻기 위해서는 다음과 같은 열 관리에 주의해야 한다.

(1) 예열 패스 간 온도

크랙의 방지, 경감에 효과적이다. 표 15.1은 부품 소재의 탄소 당량과 예열 패스 간 온도의 관계를 보인 것으로 하나의 기준으로 사용 가능하나 실제에서는 부품의 크기, 용접 재료의 종류, 살 돋움 방법 등을 고려하여 예열한다.

(2) 직후열

용접 종료 후 바로 300~350℃로 10~30분 가열하는 직후열은 지연 크랙 방지에 큰 효과가 있다. 그러나 온도를 지나치게 올리면 경도 저하를 일으킬 수 있으므로 주의가 필요하다.

(3) 용접 후 열처리

550~750℃에서 하는 용접 후 열처리는 저온 크랙 및 사용 중의 뒤틀림 방지, 그리고 용접부 성능 개선에 효과가 있다.

∷ **표 15.1** 탄소 당량과 예열 패스의 온도 관계

강의 종류	탄소 당량(%)	예열 패스 간 온도
탄소강 저합금강	0~0.3	≤100℃
	0.3~0.4	≥100
	0.4~0.5	≥150
	0.5~0.6	≥200
	0.6~0.7	≥250
	0.7~0.8	≥300
	0.8~	≥350
고망간강(13% 망간)		예열 없음, 패스 간 수냉
오스테나이트계 STS		≤150
고합금강(고크롬계)		≥400

탄소 당량＝C＋Mn/6＋Si/24＋Cr/5＋Mo/4＋Ni/15

3) 밑바탕 용접

저합금강 등 경화성이 높은 부품에의 살 돋움과 매우 딱딱한 재료를 살 돋움하는 경우 크랙 방지를 위해 밑바탕 용접(underlaying)이 필요하다. 연강 용접 재료 및 오스테나이트계 STS 용접 재료를 쓴다.

4) 변형

용접 변형을 최대한 줄이기 위해서는 단속 용접(skip welding)이나 대칭법 등을 쓰거나 적절한 용접 고정구를 사용하는 것이 좋다.

그림 15.9 경화 살 돋움된 부품(출처 : Yuuki산업(주))

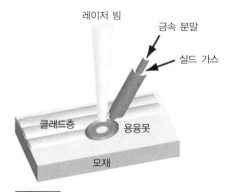

레이저 빔

금속 분말

실드 가스

클래드층

용융못

모재

그림 15.10 레이저 살 돋움 용접 개념도

최근에는 레이저 빔을 사용하여 종래의 용접 방법으로는 불가능하던 정밀 살 돋움 용접이 가능해져 뒤틀림, 언더컷, 기공 등이 없는 정밀하고 품질이 좋은 살 돋움을 얻을 수 있다.

레이저 살 돋움 용접(laser cladding)의 특징은 다음과 같다.

- 현미경으로 살 돋울 부위를 보면서 작업하므로 숙련도가 필요없으며 짧은 기간의 교육만으로도 누구나 정밀 작업이 가능하다.
- 살 돋움 재료만 순간적으로 용융하므로 부품에 대한 입열량이 적어 변형이나 응력이 생기지 않는다.
- 부품이 용융되지 않으므로 언더컷이 생기지 않는다.
- 밀착력이 강하며 박리하지 않는다.
- 좁은 홈 및 구멍의 바닥면, 측면, 내면 및 모서리에도 가능하다.
- 쓸데없이 넓게 살 돋움을 하지 않아도 되므로 마무리 시간과 비용을 크게 줄일 수 있다.
- TIG 용접 등에서 필요한 예열이나 후열이 필요없다.
- 부품 재료와 같은 소재로 살 돋움을 하므로 경도 차이가 없다.
- 거의 모든 금속의 살 돋움 및 이종 금속 간 살 돋움도 가능하다.
- 큰 면적을 살 돋움 할 때는 속도가 느리다.

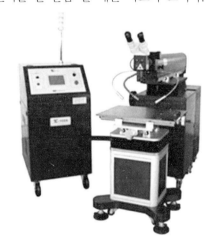

그림 15.11 레이저 살 돋움 용접기

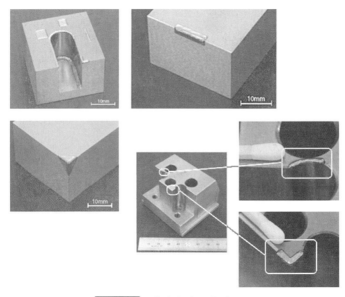

그림 15.12 레이저 살 돋움된 부품

5 클래딩

클래딩(cladding)은 '금속 표면에 다른 금속을 입히다'라는 뜻을 가진 단어이다. 클래딩을 하는 목적은 소재 전체를 어떤 특성(내마모성, 내부식성, 내열성 등)을 가진 금속으로 할 경우 비용이 많이 들거나 제작이 기술적으로 불가능할 때 표면만 이 금속으로 하고 내부는 값이 저렴하거나 가공이 가능한 금속을 사용해 이를 해결하는 데 있다.

알루미늄에 내부식성 알루미늄합금층을 입히거나 일반 강재 표면에 스테인리스강이나 니켈 합금 층을 입히는 것 등이 대표적인 예다.

금속을 입히는 방법에는 얇은 금속층을 깔고 롤러로 눌러 붙이는 방법이나 폭발 압접 등이 있다.

6 볼트, 너트 제조 공정

공정순서는 다음과 같다.

① 재료를 절단한다.
② 머리 부분을 예비 성형한다.
③ 머리 부분을 성형한다.
④ 육각 구멍 등 머리 부분의 볼트를 돌리기 위한 형상을 성형한다.
⑤ 축 부분을 좁힌다.

⑥ 전조 공정에 의해 나사 부분을 성형한다.

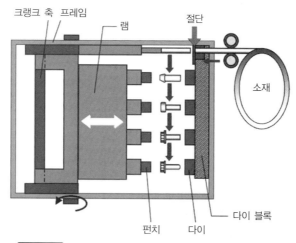

그림 15.13 볼트, 너트 제조 개념도(출처 : NS Lubricants Co.)

7 녹, 방청 및 세정

1) 녹과 방청

금속은 금을 제외하고 거의 대부분이 무언가의 화합물 형태로 자연에 존재한다. 예를 들어 철은 자철광(magnetite), 갈철광(limonite)이라는 철광석으로, 알루미늄은 보크사이트(bauxite)라는 형태로 존재한다. 그러므로 금속이 자연계에서 안정한 상태란 이와 같은 화합물, 즉 금속이 산화한 상태라고 할 수 있다.

우리는 일반적으로 화합물 형태로 존재하는 금속을 정련이라는 과정을 거쳐 필요한 금속 성분만 분리하여 쓴다. 결국 우리가 쓰고 있는 금속은 자연계에서는 대부분이 준안정 상태에 있는 것이다. 따라서 '녹이 발생한다'는 것은 준안정 상태에 있는 금속이 안정 상태인 금속 산화물로 돌아가는 현상이라고 말할 수 있다.

우리가 살고 있는 근대 문명은 철의 토대 위에 세워졌으며 우리 주변에는 철강 재료로 만든 수많은 제품이 있다. 그러나 이 철강 재료는 결정적인 약점을 가지고 있는데 바로 '녹(rust)'이다. 따라서 기계 강도를 떨어뜨리고 상품 외관을 망가뜨려 심각한 손해를 입히는 '녹'과의 전쟁은 필수적인 것이며, 이것이 바로 방청이다.

녹을 막는 방법에는 크게 세 가지가 있다.

- 표면을 주변 환경으로부터 차단
- 제품이 있는 환경을 개선
- 내부식 재료 사용

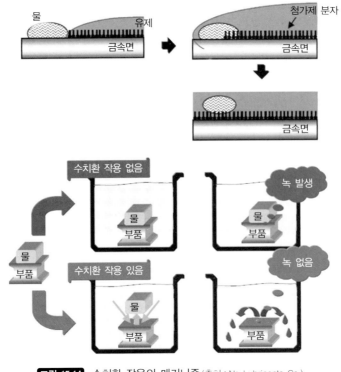

그림 15.14 수치환 작용의 메커니즘 (출처 : Ns Lubricants Co.)

이 중에서 표면을 주변 환경으로부터 차단하는 방법이 일반적으로 많이 사용되는 방법이며 비용도 가장 적게 든다. 여기에는 다음과 같은 구체적인 방법이 있다.

- 금속 피막 처리
- 비금속 피막 처리
- 방청유 바르는 처리

이 중 위의 두 가지 방법에 대해서는 제13장에서 이미 설명하였으므로 여기에서는 방청유 바르는 처리에 대해서만 설명하고자 한다.

이 처리는 방청 방식법 중 가장 짧은 시간 동안만 효과가 있는 방법으로, 방청유는 금속 표면을 환경 속의 부식 인자로부터 차단함으로써 부품의 녹 및 부식을 방지한다. 환경 중에 있는 부식 인자로는 대기 중의 산소, 수분, 염분, 먼지 및 유해 가스(NOx, SOx 등) 등이 있다. 방청유가 가지고 있는 대표적인 성능은 수치환 작용과 부식 인자 불활성화가 있다.

방청유를 효과적으로 활용하기 위해서는 금속 표면을 세정하는데, 용제에 의한 세정 시 용제의 증발 잠열에 의해 금속 표면의 온도가 낮아져 공기 중의 수분이 응축되며, 또 앞 공정이 수용성 가공유를 사용하는 가공인 경우에는 금속 표면이 물로 젖어 있다. 이러한 경우 방청유를 바를 때 금속 표면에서 물을 제거하는 성질인 수치환성이 요구된다.

방청 첨가제는 방청유 중에 교질 입자(micelle)를 만드는 교질(colloid) 형태로 분산되어 있는 것이 많으며 이 때문에 녹 발생의 원인이 되는 물, 산, 무기 염 등 유해 물질을 교질 입자 중에 가용화하거나 상호작용에 의해 불활성화하여 녹 발생을 간접적으로 막는 성질이 있다. 산 중화성, 지문 제거성 등이 이 성질에 의한 것이다.

방청유에는 사용 방법, 성분, 형태, 바른 후의 유막 상태 등에 따라 다양한 종류가 있다(표 15.2 참조). 또한 방청유를 바르는 방법에는 표 15.3에 나타난 것과 같이 여러 가지가 있다.

표 15.2 방청유의 종류

종류	유막 상태	점도	특징/용도
용제 희석형 방청유	불투명 경질 피막		옥내 및 옥외 방청
	투명 경질 피막		옥내 및 옥외 방청
	연질 피막 장기 방청		주로 옥내 방청
	수치환형 방청유		주로 옥내 방청
윤활유형 방청유	윤활유형	중점도	금속 재료 및 제품 방청
		저점도	
	내연기관용	고점도	내연기관의 방청 주로 보관 및 중하중에서 일시적으로 운전하는 경우
		중점도	
		저점도	
지문 제거형 방청유			기계 일반 및 기계 부품에 부착된 지문의 제거와 방청
페트로라텀형 방청유	연질막		구름 베어링 같은 고도의 기계 마무리면 등의 방청
기화성 방청유		중점도	밀폐 공간 내의 방청
		저점도	

표 15.3 방청유 바르는 방법

방법	방청유 종류	적용, 주의점
침적법	모든 유형	수치환 작용, 세정 방청에 최적 비교적 형상이 복잡한 부품에 알맞음
분무법	용제희석형 윤활유형	에어 스프레이, 에어리스 스프레이, 샤워 등이 있음 비교적 형상이 복잡하지 않은 대형 부품에 적합
붓 칠하기	모든 유형	주로 용제희석형, 페트로라텀형에 사용 도포 얼룩이 나타나기 쉬우므로 겹쳐 칠하기 필요
흘려 바르기	윤활유형	파이프 등의 내면 방청
충전법	윤활유형 기화형	밀폐용기 내의 방청

주의 : 1. 피방청 처리품의 겹침에 주의하여 얼룩 없이 방청유를 바른다.
2. 방청유를 바른 후 도막이 건조될 때까지 도막 파손, 먼지 부착 등이 일어나지 않도록 취급에 주의한다.
3. 작업 현장의 환기를 충분히 하고 화기 및 환경 위생에 주의한다.

2) 세정

아무리 뛰어난 방청유라 할지라도 금속 표면이 깨끗하지 않으면 오염물질이 원인이 되어 녹 및 부식을 일으킨다. 방청 처리는 방청 전처리부터 시작한다. 전처리란 사용할 방청유에 맞는 표면으로 만드는 것, 즉 세정 공정을 말한다.

물건이 있는 곳에는 항상 오염이 일어난다. 이 오염은 인간의 생활환경을 위생적으로 악화시킬 뿐 아니라 많은 제품의 제조 공정에 있어서 외관 향상, 품질 유지, 기능 및 정밀도 향상에 장애가 된다. 따라서 세정은 빠뜨리면 안 되는 제조 공정의 하나이다.

오염의 종류로는 가공유, 물, 절삭분(chip), 버, 슬러지, 피부 지방 및 땀, 대기 중의 먼지 및 부식 물질, 염분 등이 있다.

세정이 이루어지는 과정에는 크게 나누어 화학력과 물리력이 작용하는데 화학력에는 다음과 같은 것이 있다.

- 용해력 : 물 및 용제 등 세정제가 가진 오염에 대한 용해 능력
- 계면활성력 : 계면활성제의 분산, 부화, 물기, 가용화 등의 힘을 이용하여 피세정 부품 표면에서 오염을 제거하는 힘
- 화학 반응력 : 산, 알칼리의 반응력에 의해 변질되어 버린 피세정물 표면의 오염을 제거하는 힘 등이 있으며 세정제가 가진 화학력에 물리력을 부가함에 의해 세정성을 더욱 높이는 것이 가능하다. 이 물리력에는 다음과 같은 것이 있다.
  - 열 : 열 그 자체로 오염을 제거하는 것보다도 부착하고 있는 오염의 물성을 변화시켜 다른 세정 요소의 기능을 향상시키거나 촉진시키는 작용
  - 초음파 : 초음파 에너지(충격파)에 의한 진공 현상(cavitation), 가속, 직진류에 의한 오염의 강력 박리, 분산
  - 가압 : 분사 에너지에 의한 오염의 박리 촉진
  - 교반(요동 회전) : 피세정물과 신선한 세정액의 접촉 촉진
  - 감압 : 감압에 의해 오염을 팽창시켜 세정액을 세부까지 침투시켜 제거
  - 연마 : 손, 기계, 블라스트 등에 의한 연마로 오염 박리
  - 마찰력 : 브러시 등으로 비벼 오염의 박리를 촉진

아울러 세정 방법에는 다음과 같이 여러 가지가 있다.

- 침적 세정
  - 본 세정 전의 예비 세정에 많이 이용된다.
  - 세정 시간은 오래 걸리지만 균일한 세정을 할 수 있다.
- 초음파 세정 : 오염의 물리적인 떼어냄, 세정액에 의한 용해력 및 부화 분산을 촉진한다.
- 분류 세정
  - 오염의 물리적인 떼어냄, 세정액에 의한 용해력 및 부화 분산을 촉진한다.
  - 버블링(bubbling), 분사 세정에 비해 세정제 선택의 폭이 넓다.

- 요동 회전 세정
  - 피세정물을 요동시킴에 의해 세정액을 교반하고 세정제의 능력을 효율 좋게 발휘할 수 있다.
  - 다른 세정 방법과 병용하여 효과적인 세정 효과를 얻을 수 있다.
- 버블링 세정
  - 오염의 물리적인 떼어냄, 세정액에 의한 용해력 및 부화 분산을 촉진한다.
  - 저발포성 세정제를 써야 한다.
  - 피세정물이 복잡한 것에는 부적합하다.
- 분사 세정(jet spray, shower)
  - 오염의 물리적인 떼어냄, 세정액에 의한 용해력 및 부화 분산을 촉진한다.
  - 저발포성 세정제를 써야 한다.
- 증기 세정 : 증기조 내에서의 체류 시간 및 끌어올리는 속도를 조절함으로써 얼룩 없는 세정이 가능하므로 마무리 세정에 쓰이는 일이 많다.
- 감압(진공) 세정
  - 세정물의 세부까지 세정액의 접촉이 가능하므로 복잡한 형상의 부품 세정에 알맞다.
  - 다른 물리력을 사용하는 세정 방법과 병용하면 높은 세정 효과를 얻을 수 있다.

8 표면 무늬 넣기(표면 질감 처리)

일상생활에서 사용하고 있는 가방, 벨트, 핸드백 및 자동차의 내·외장 부품, 완구 및 스포츠용품의 표면에 가죽, 기하 형태, 그림 등 무늬가 음각 또는 양각으로 들어가 있는 제품을 많이 보게 되는데, 이것을 표면 무늬 넣기(surface texturing)라 하며 그 목적은 미관 향상에 의한 상품 가치의 향상 및 제품의 고급화와 미끄럼 방지에 있다.

이와 같은 것을 산업 제품에도 활용하고 있는데 여기서의 목적은 (1) 접착, 접합 효과 향상에 따른

그림 15.15 표면 무늬 넣기 처리된 부품

밀착 강도 강화, (2) 열전도 향상, (3) 반사 방지 또는 최소화, (4) 미끄럼면의 윤활 상태 개선 등이며 금속 부품 및 플라스틱 성형 부품에 활용하고 있다.

이 표면 무늬 넣기 방법에는 앞에서 이미 설명한 에칭, 샌드 블라스트, 쇼트 블라스트 및 레이저 빔에 의한 방법 등이 있다.

9 반도체 제조 공정

아래에 반도체를 만들기 위한 공정 순서를 간단하게 설명하였다.

① 규소봉 만들기 : 규소가 많이 들어 있는 모래를 녹여 순도가 높은 규소(실리콘, Si) 용액을 만든 다음 이것을 냉각하면서 규소봉을 만든다. 규소봉의 직경은 여러 가지가 있는데 주로 $\phi300mm$ 와 $\phi450mm$를 많이 쓴다.

② 웨이퍼(wafer) 만들기 : 규소봉을 얇게 자른 다음 회전판 위에서 연마하여 웨이퍼를 만든다(제5 장 93쪽 참조).

③ 회로 설계 : CAD 등 설계 소프트웨어를 활용하여 필요한 회로를 설계한다.

④ 마스크 제작 : 전자 빔을 이용하여 설계된 회로 패턴을 석영 유리판 위에 그려 넣어 마스크를 만든다.

⑤ 실리콘 산화막(SiO_2) 형성 : 800~1,200℃의 고온 챔버에서 산소를 이용하여 화학 반응을 일으켜 웨이퍼 표면에 산화막을 만든다.

⑥ 감광액 바르기 : 웨이퍼에 감광 물질(photo-resister)을 발라 웨이퍼 표면을 사진 필름과 같이 만든다.

⑦ 노광 : 웨이퍼 위에 마스크를 놓고 광을 쏘이면 마스크의 회로 패턴을 통과한 빛이 웨이퍼 위 감광 물질에 똑같은 회로 패턴을 옮기게 된다(제5장 10절 참조).

⑧ 현상 : 사진현상 시와 같은 화학 처리를 하여 웨이퍼에 회로 패턴을 만든다.

⑨ 식각 : 회로 패턴을 완성하기 위해 불필요한 부분을 깎아낸다.

⑩ 이온 주입 : 순수 반도체는 전기를 통하지 않으므로 전기 소자의 특성을 갖도록 하기 위해 이온

그림 15.16 웨이퍼

총으로 웨이퍼에 불순물(인, 붕소 등)을 투입한다.

⑪ 증착 : 가스와 웨이퍼 사이의 화학 반응에 의해 절연막 또는 전도성막 등의 얇은 막을 웨이퍼 표면에 형성한다(제13장 342쪽 참조).

⑫ 배선 : 각각의 회로를 연결하기 위한 알루미늄 배선을 한다.

⑬ 웨이퍼 뒷면 연마 : 가능한 한 웨이퍼를 얇게 하기 위해 뒷면을 연마한다.

⑭ 웨이퍼 절단(dicing) : 레이저 빔이나 다이아몬드 휠소를 사용해 웨이퍼를 칩 단위로 잘게 자른다.

⑮ 칩 자동 검사

⑯ 금선 연결 : 칩 내부의 외부 연결 단자와 리드프레임을 매우 가는 금선으로 연결한다.

⑰ 몰딩(molding) : 칩, 리드프레임, 연결 금선 등을 보호하기 위해 한꺼번에 수지로 밀봉한다.

⑱ 최종 검사 : 몰딩된 칩의 전기적 특성 및 기능을 컴퓨터로 검사한다.

⑲ 마킹 : 제품명, 회사명 및 로고 등 필요한 내용을 레이저로 마킹한다(제14장 12절 참조).

⑳ 출하

10 분말 소결

분말 야금은 금속 분말, 비금속 분말 및 금속 간 화합물의 분말 등을 원료로 하여 이들 원료 분말을 금속 틀에 넣고 압력을 가하면서 재료 융점의 1/2 온도까지 가열하면 분말이 강하고 단단한 고형 물체가 된다. 이를 소결(sintering)이라 한다. 간단하게는 밀가루로 과자 만드는 과정과 비슷하다. 분말 소결 과정은 다음과 같다.

① 분말 제조 : 분말 제조에는 아래와 같은 방법이 있다.
  - 용융 금속을 흘러내리면서 가스나 물을 분사하여 분말로 만든다.
  - 용융 금속을 회전하는 원판에 떨어뜨려 원심력으로 흩어지게 하여 분말로 만든다.
  - 금속 산화물을 환원(산소를 제거)시켜 만든다.
  - 볼 밀(ball mill)이라는 기계적 분쇄기로 분쇄하여 만든다.
  - 전해 용착(electrolytic deposition)

② 분말 혼합 : 분말의 혼합은 각종 결합제를 섞어서 혼합 강도가 충분하게 나오게 하여 소결 과정 중에 부서지지 않아야 한다. 또한 유동성을 좋게 하여 금형 수명을 길게 하기 위해 윤활제도 섞는다.

③ 압축 : 혼합한 분말을 가압하여 정해진 모양을 만드는 공정으로, 금형에 혼합 분말을 넣고 프레스로 압력을 가해 필요한 모양과 밀도를 얻어 충분한 강도를 얻는 공정이다.

④ 소결 : 소결하지 않은 생형 압축 분말은 여리고 강도도 약한데, 이 압축된 분말을 융점 이하의 열을 가하여 입자끼리 충분한 정도로 결합시키는 공정이다.

⑤ 마무리 가공 : 코이닝, 사이징, 기계 가공 등 치수를 정밀하게 하거나 경도, 강도, 내마모성을 개선하기 위한 열처리 및 표면을 좋게 하기 위해 실시한다.

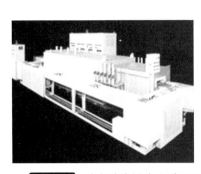

그림 15.17 여러 가지 분말 소결로 (출처 : 왼쪽 – 상원에프엠티, 오른쪽 – 에이스진공)

서로 접촉하고 있는 분말 입자는 열역학적으로 비평형인 상태에 있으며 표면의 면적을 감소시키는 방향으로 물질의 이동이 일어나 분말 입자 사이에 결합이 생겨 치밀한 물체가 된다. 결국 소결의 원동력은 물질 표면이 가진 에너지를 최소가 되도록 하는 힘, 즉 표면 장력이다. 형상이 볼록형으로 되어 있는 부분으로부터 오목형으로 되어 있는 부분으로 물질이 이동함에 의해 입자 간의 접촉 면적이 확대되고, 분말 입자 사이의 접촉면 중심부 부근에서 접촉면 주변부로 물질이 이동함에 의해 입자 사이의 거리가 짧아진다. 이것이 소결의 메커니즘이다.

소결의 종류에는 고상 소결, 액상 소결 및 기상 소결이 있으며, 소결은 금속과 비금속의 복합재를 만들 수 있다. 소결의 특징으로는 (1) 용융이 어려운 고융점 금속 및 초경합금으로 된 부품 제조가 가능하고, (2) 다공질 부품의 제조가 가능하며, (3) 제품의 정밀도가 높아 후가공이 많지 않은 점 등을 들 수 있다.

소결에 쓰이는 재료에는 다음과 같은 것이 있다.

① 소결 합금 : Fe, Fe-C, Cu-Zn, Cu-Sn, Sn-Pb, Al 합금(2000, 7000계), 스테인리스강, Ti 합금
② 고융점 금속 : W, Mo, Nb, Ta
③ 초경합금 : WC-Co, WC-TiC-Co
④ 서메트 : TiC-Mo-Ni, Al_2O_3-Cr

그림 15.18 분말 소결로 만들어진 부품 (출처 : 상원에프엠티)

11 판유리 제조 방법

대형 빌딩에 쓰이는 커다란 투명 유리, 자동차 유리 및 FPD(Flat Panel Display : PDP, LCD, LED) TV 등에 쓰이는 대형 판유리의 수요는 최근 급속히 늘고 있다. 이 판유리의 주요 원료는 규사, 소다회, 석회석 등이며 연마 및 절단 등 제조 공정 중에 발생하는 유리 가루(cutlet)도 재사용되고 있다. 유리를 착색하는 경우에는 산화 니켈 및 산화 코발트가 첨가된다. 이런 원료를 일정 비율로 섞은 후 1,600℃ 이상의 용해조에 넣어 가열하면 맑고 균질한 유리 소재가 얻어진다. 그런 다음에 제조할 판유리의 종류에 맞는 방법으로 성형하고 세정, 건조, 절단 등의 공정을 거쳐 판유리가 완성된다.

판유리 제조 방법에는 플로트(float)법, 롤아웃(roll out)법 및 수직 인상법이 있다.

1) 플로트법

플로트 판유리는 가장 일반적인 판유리로 유리창, 거울, 자동차 및 철도 차량의 안전유리로 쓰이고 있다. 이의 제조에는 플로트법이라는 방법을 쓰는데, 약 1,200℃의 녹인 유리 소재를 로 내에서 용융 금속(주석) 욕조 위에 연속적으로 부어 넓게 퍼지게 한 뒤 평탄한 표면을 형성하게 한다. 정밀한 온도 조절로 판의 두께 및 폭을 균일하게 제어할 수 있다.

유리의 두께는 응고하고 있는 유리 띠(glass ribbon)를 욕조로부터 빼내는 속도로 제어하며 0.4~25mm 두께로 제조 가능하다. 이후 유리는 서서히 냉각되면서 양면 모두 매끈한 제품이 된다. 서냉 라인을 지난 판유리는 온수로 세정하고 건조시킨 다음 자동 결함 검출기에 의해 판의 두께, 흠집, 뒤틀림, 이물의 혼입 등을 검사한다.

한편 유리의 폭은 장치의 크기 때문에 약 4m로 일정하지만 길이는 얼마든지 길게 할 수 있다. 그러나 운반 문제 등으로 현실적으로는 최대 13m 정도로 하고 있다. 그림 15.19에 제조 공정을 나타냈다.

절단은 커터로 유리에 절단 금을 긋고 그 부분을 아래로부터 충격을 주어 금을 따라 깨끗이 절단한다. 유리는 움직이면서 자르므로 커터는 유리 이동 방향과 직각이 아니라 속도에 따라 비스듬히 움직이며 유리의 양 측면은 반송 흔적이 있어 잘라낸다.

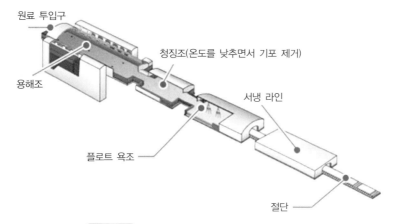

그림 15.19 플로트법의 개념도 (출처 : 아사히글래스)

2) 롤아웃법

용해조로부터 나오는 유리를 한 쌍의 롤로 잡아빼면서 모양을 만들거나 망을 넣거나 한다. 이후 서냉 라인과 절단 등의 공정은 플로트법과 같다.

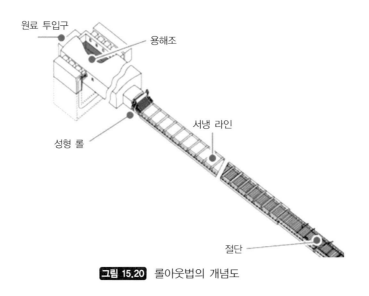

그림 15.20 롤아웃법의 개념도

3) 수직 인상법

수직 인상법에는 벨기에에서 개발된 후르콜(Fourcault)법과 미국에서 개발된 피츠버그(Pittsburg)법이 있다. 기본은 같지만 용해조로부터 판을 끌어올리는 방법이 다르다.

그림 15.21 수직 인상법 개념도

1 Super alloy의 종류

항공기 가스 터빈용 초합금	내열 합금	내식 합금	저팽창 합금		전열/저항 합금	전자 재료 합금	
Inconel	Inconel	Inconel	Inconel 783		Nichrome	Nickel 201	
617	617	050	Inconel		NCH 1	212	
625	625	625	903		1S	270	
625LCF	625LCF	625LCF	907		2	DF 16CN	
706	600	600	909		3	42CN	
718	718	718	NILO	INVAR		47CN	
718SPF	601	22	36	FN36	FCH 1	52CN	
HX	HX	686	365		2	MEN	Permalloy
X-750	X-750	690	42		CN 30	PB	45%
783	751	725	48		CONSTANTAN CN49	PC1	78%
Incoloy	601GC	C-276	K	KOVAR		PC2	
903	Incoloy	Incoloy	NI-SPAN-C902			PD	
907	DS	G-3	Super INVAR FN-315				
909	800	800					
A-286	A-286	020					
Nimonic	800HT	25-6Mo					
75	803	825					
80A	840	925					
86	864	Hastelloy					
90	330	C276					
105	Nimonic	C22					
115	75	B2					
263	80A	Carpenter					
901	90	20-C63					
PE16	Hastelloy X	Cupronickel					
PK33		7 : 3					
Udimet alloy		9 : 1	등록상표				
188			Inconel/Incoloy/Monel : Special Metal Co.				
500			Hastelloy : Heins Co.				
520			Kovar : Wesfinghous Co.				
720			Carpenter : Carpenter Co.				
D979							
R41							
Waspaloy							

2 금속 원소의 종류

이름		기호	융점(℃)
Tantalum oxide	산화탄탈	Ta_2O_5	3,880
Graphite	흑연	C	3,550
Tungsten		W	3,380
Rhenium		Re	3,180
Manganese oxide	산화망간	MnO_2	3,072
Tantalum		Ta	2,996
Magnesium oxide		MgO	2,800
Molybdenum		Mo	2,623
Calcium oxide		CaO	2,572
Niobium		Nb	2,467
Iridium		Ir	2,443
Yttrium oxide		Y_2O_3	2,410
Ruthenium		Ru	2,250
Hafnium		Hf	2,230
Boron	붕소	B	2,077
Aluminum oxide		Al_2O_3	2,050
Zinc oxide	산화아연	ZnO	1,975
Rhodium		Rh	1,960
Vanadium		V	1,917
Titanium oxide		TiO_2	1,855
Chrome		Cr	1,857
Zirconium		Zr	1,852
Platinum	백금	Pt	1,769
Thorium		Th	1,750
Titanium		Ti	1,667
Palladium		Pd	1,552
Scandium		Sc	1,539
Iron		Fe	1,536
Yttrium		Y	1,520
Cobalt		Co	1,495
Nickel		Ni	1,455
Silicon	규소	Si	1,412
Gadolinium		Gd	1,312
Berylium		Be	1,287
Manganese		Mn	1,246
Gallium arsenide	갈륨비소	GaAs	1,238
Uranium		U	1,132
Tin oxide	산화주석	SnO_2	1,127

이름		기호	융점(℃)
Sodium carbonate	탄산나트륨	Na_2O_3	1,124
Copper	동, 구리	Cu	1,084
Samarium		Sm	1,072
Gold		Au	1,064
Silver		Ag	961
Germanium		Ge	937
Lanthanum		La	920
Calcium		Ca	842
Sodium Chloride	염화나트륨	NaCl	801
Strontium		Sr	777
Potassium iodide	요화칼륨	KI	681
Aluminum		Al	660
Magnesium		Mg	650
Antimony	안티몬	Sb	630
Zinc	아연	Zn	419
Lead	납	Pb	327
Cadmium		Cd	321
Bismuth	창연	Bi	271
Tin	주석	Sn	232
Lithium		Li	180
Indium		In	156
Sulfur	황, 유황	S	112.8
Sodium	나트륨	Na	98
Potassium	칼륨	K	64
Phosphorus	인	P	44.1
Rubidium		Rb	39
Galium		Ga	30

3 각종 재료가공법의 치수 공차

가공법 \ IT 등급	5	6	7	8	9	10	11	12	13	14	15	16
선삭		▪	▪	━	━	━						
원통 연삭	━	━	━	━								
열간 단조				▪	▪	▪	▪	━	━	━	━	━
온간 단조			▪	▪	▪	▪	━	━	━	━		
냉간 단조		▪	▪	━	━	━	━	━				
압연(두께 정밀도)			━	━	━	━	━	━				
마무리 압연(두께 정밀도)	▪	▪	━	━	━							
마무리 압인(두께 정밀도)	▪	▪	▪	━	━							
딥 드로잉						━	━	━	━			
아이어닝 마무리	▪	▪	━	━	━	━	━					
관, 선의 인발					━	━	━	━				
전단				━	━	━	━	━	━	━		
정밀 진단	▪	▪	━	━	━							
로터리 스웨이징			━	━	━	━	━					

━━ : 표준, ▪▪▪ : 고정밀도 가공 기술 응용

4 경도 환산표

Vickers 경도 (하중 50kg)	Brinell 경도		Rockwell 경도			Rockwell superficial		shore 경도	인장 경도 (kg/mm³)
	직경	번호	A Scale	B Scale	C Scale	15-N	30-N		
940			85.6		68.1	93.2	84.4	97	
920			85.3		67.5	93	84	96	
900			85		67	92.9	83.6	95	
880			84.7		66.4	92.7	83.4	93	
860			84.4		65.9	92.5	82.7	92	
840			84.1		65.3	92.3	82.2	91	
820			83.8		64.7	92.1	81.7	90	
800			83.4		64	91.8	81.1	88	
780			83		63.3	91.5	80.4	87	
760			82.6		62.5	91.2	79.7	86	
740			82.2		61.8	91	78.1	84	
720			81.8		61	90.7	78.4	83	
700			81.3		60.1	90.3	77.6	81	
690			81.1		59.7	90.1	77.2		
680			80.8		59.2	89.3	76.8	80	232
670			80.6		58.8	89.7	76.4		228
660			80.3		58.3	89.5	75.9	79	224
650			80		57.8	89.2	75.5		221
640			79.8		57.3	89	75.1	77	217
630			79.5		56.8	88	74.6		214
620			79.2		56.3	88.5	74.2	75	210
610			78.9		55.7	88.2	73.6		207
600			78.6		55.2	88	73.2	74	203
590			78.4		54.7	87.8	72.7		200
580			78		54.1	87.5	72.1	72	196
570			77.8		53.6	87.2	71.7		193
560			77.4		53	86.9	71.2	71	198
550	2.7	505	77		52.3	86.6	70.5		186
540	2.75	496	76.7		51.7	86.3	70	69	183
530	2.75	488	76.4		51.1	86	69.5		179
520	2.8	480	76.1		50.5	85.7	69	67	176
510	2.8	473	75.7		49.8	85.4	68.3		173
500	2.85	465	75.3		49.1	85	67.7	66	169
490	2.85	456	74.9		48.4	84.7	67.1		165
480	2.9	448	74.5		47.7	84.3	66.4	64	162
470	2.9	441	74.1		46.9	83.9	65.7		158
460	2.95	433	73.6		46.1	83.6	64.9	62	155
450	2.95	425	73.3		45.3	83.2	64.3		151
440	3	415	72.8		44.5	82.8	64.5	59	148
430	3.05	405	72.3		43.6	82.3	62.7		144
420	3.05	397	71.8		42.7	81.8	81.9	57	141
410	3.1	388	71.4		41.8	81.4	61.1		137

Vickers 경도 (하중 50kg)	Brinell 경도		Rockwell 경도			Rockwell superficial		shore 경도	인장 경도 (kg/mm^3)
	직경	번호	A Scale	B Scale	C Scale	15-N	30-N		
400	3.15	379	70.8		40.8	81	60.2	55	134
390	3.15	369	70.3		39.8	80.3	59.3		130
380	3.2	360	69.8	110	38.8	79.8	58.4	52	127
370	3.25	350	69.2		37.7	75.2	57.4		123
360	3.3	341	68.7	109	36.6	78.6	56.4	50	120
350	3.35	331	68.1		35.5	78	55.4		117
340	3.4	322	67.6	108	34.4	77.4	54.4	47	113
330	3.45	313	67		33.3	76.8	53.6		110
320	3.5	303	66.4	107	32.2	76.2	52.3	45	106
310	3.55	294	65.8		31	75.6	51.3		103
300	3.6	284	65.2	105.5	29.8	74.9	50.2	42	99
295	3.6	280	64.8		29.2	74.6	49.7		98
290	3.65	275	64.5	104.5	28.5	74.2	49	41	96
285	3.7	270	64.2		27.8	73.8	48.4		94
280	3.75	265	63.8	103.5	27.1	73.4	47.8	40	92
275	3.75	261	63.5		26.4	73	47.2		91
270	3.8	256	63.1	102	25.6	72.6	46.4	38	89
265	3.8	252	62.7		24.8	72.1	45.7		87
260	3.85	247	62.4	101	24	71.6	45	37	85
255	3.9	243	62		23.1	71.1	44.2		84
250	3.95	238	61.6	99.5	22.2	70.6	43.4	36	82
245	3.95	233	61.2		21.3	70.1	42.5		80
240	4	228	60.7	98.1	20.3	69.6	41	34	78
230	4.1	219		96.7	18			33	75
220	4.2	209		95	15.7			32	71
210	4.25	200		93.4	13.4			30	68
200	4.35	189		91.4	11			29	65
190	4.45	181		89.5	8.5			28	62
180	4.55	171		87.1	6			26	59
170	4.7	162		85	3			25	56
160	4.8	152		81.7	0			24	53
150	5	143		78.7				22	50
140	5.15	133		75				21	46
130	5.35	124		71.2				20	44
120	5.5	114		66.7					40
110	5.6	105		62.3					
100	6.6	95		56.2					
95		90		52					
90		86		48					
85		81		41					
80		72		37.5					
70		63		24.5					
60		55		10					
50		47							

5 게이지(gauge) 환산표

게이지	강판	아연 도금 강판	스테인리스강	알루미늄	아연
3	0.2391 (6.0731)	–	–	–	0.006
4	0.2242 (5.6947)	–	–	–	0.008
5	0.2092 (5.3137)	–	–	–	0.010
6	0.1943 (4.9352)	–	–	–	0.012
7	0.1793 (4.5542)	–	0.1875	0.1443	0.014
8	0.1644 (4.1758)	0.1681 (4.2697)	0.1719	0.1285	0.016
9	0.1495 (3.7973)	0.1532 (3.8913)	0.1563	0.1144	0.018
10	0.1345 (3.4163)	0.1382 (3.5103)	0.1406	0.1019	0.020
11	0.1196 (3.0378)	0.1233 (3.1318)	0.1250	0.0907	0.024
12	0.1046 (2.6568)	0.1084 (2.7534)	0.1094	0.0808	0.028
13	0.0897 (2.2784)	0.0934 (2.3724)	0.094	0.072	0.032
14	0.0747 (1.8974)	0.0785 (1.9939)	0.0781	0.0641	0.036
15	0.0673 (1.7094)	0.0710 (1.8034)	0.07	0.057	0.040
16	0.0598 (1.5189)	0.0635 (1.6129)	0.0625	0.0508	0.045
17	0.0538 (1.3665)	0.0575 (1.4605)	0.056	0.045	0.050
18	0.0478 (1.2141)	0.0516 (1.3106)	0.0500	0.0403	0.055
19	0.0418 (1.0617)	0.0459 (1.1582)	0.044	0.0036	0.060
20	0.0359 (0.9119)	0.0396 (1.0058)	0.0375	0.0320	0.070
21	0.0329 (0.8357)	0.0366 (0.9296)	0.034	0.026	0.080
22	0.0299 (0.7595)	0.0336 (0.8534)	0.031	0.025	0.090
23	0.0269 (0.6833)	0.0306 (0.7772)	0.028	0.023	0.100
24	0.0239 (0.6071)	0.0276 (0.7010)	0.025	0.02	0.125
25	0.0209 (0.5309)	0.0247 (0.6274)	0.022	0.018	
26	0.0179 (0.4547)	0.0217 (0.5512)	0.019	0.017	
27	0.0164 (0.4166)	0.0202 (0.5131)	0.017	0.014	
28	0.0149 (0.3785)	0.0187 (0.4750)	0.016	0.0126	
29	0.0135 (0.3429)	0.0172 (0.4369)	0.014	0.0113	
30	0.0120 (0.3048)	0.0157 (0.3988)	0.013	0.0100	
31	0.0105 (0.2667)	0.0142 (0.3607)	0.011	0.0089	
32	0.0097 (0.2464)	–	–	–	–
33	0.0090 (0.2286)	–	–	–	–
34	0.0082 (0.2083)	–	–	–	–
35	0.0075 (0.1905)	–	–	–	–
36	0.0067 (0.1702)	–	–	–	–
37	0.0064 (0.1626)	–	–	–	–
38	0.0060 (0.1524)	–	–	–	–

두께 단위는 인치이며 괄호 안 값은 mm임.

6 자동차용 강판의 종류와 용도

종류	인장강도(MPa)	용도
일반 냉연 강판	항복점	
드로잉용(SPCD)	≤240	Floor, loof
딥드로잉용(SPCE, SPCF)	≤220	Fender, quarter panel
초딥드로잉용(SPCG)	≤190	내부 panel
특수 냉연 강판		
가공용 강판	≥270	
일반용 : 가공성을 중시한 일반용으로 항복점이 낮고 지연 시효성을 가진 강판	≤195	Door, hood(bonnet) 등 얇은 드로잉 부품
드로잉용		Side panel, floor
초딥드로잉용 : 극저탄소 냉연 강판으로 가공성이 우수	≤175	Quarter panel, oil pan, high loof (왜건, 밴 지붕)
고강도 강판		
일반 가공용 : 굽힘 가공	390~590	각종 보강재, member, pillar, bumper
드로잉 가공용	340~440	Pillar, side sill, dashboard
딥드로잉 가공용	340~440	Hood outer, door outer, member, dash board
저항복비(항복강도/인장강도)형	490~1180	Member, door impact bar, bumper
초연성형	590~780	Member, pillar, side sill
가공용 고강도 열간 압연 강판 및 강대	490~780	Member, wheel rim
저항복비형 고강도 열연 강판 및 강대	540~590	Wheel disk
고버링성 열연 강판	370~590	Suspension, ring, arm
고잔류 오스테나이트 열연 고장력 강판	590~780	구조재, 차축부
바닥용 강판(무늬목 강판)		Step부

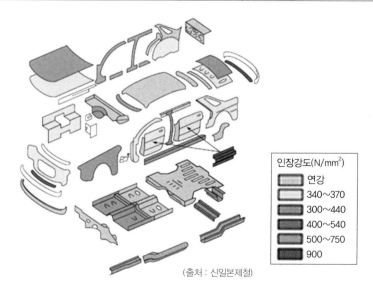

인장강도(N/mm²)
- 연강
- 340~370
- 300~440
- 400~540
- 500~750
- 900

(출처 : 신일본제철)

7 표면 처리 강판

표면 처리 강판이란 제강 회사에서 기존의 냉연 강판 등의 코일을 사용하여 미리 각종 표면 처리를 하여 출하하고 이들 재료를 사용하여 제품을 만드는 회사는 부품 가공 후 별도로 표면 처리를 할 필요가 없는 강판이다.

1) 도금 강판의 종류

(1) 용융 도금 강판

① 아연도금
- 합금화 : 도장 내식성, 용접성 우수, 도장 강판 용도에 적합
  세탁기, 에어컨 등의 외판, 새시, 도어 셔터, 자동차 내·외판에 사용

- 비합금화 : 내식성 우수
  자동차 외판, 집 외벽, 냉장고, 에어컨, 전자레인지 내판에 사용

② 알루미늄 도금 : 내열성, 내식성 우수
  자동차 배기 부품, 팬 히터에 사용
③ 아연-5% 알루미늄합금 도금 : 용융 아연에 비해 내식성 2~3배 우수
  도어, 새시, 파이프에 사용
④ 아연-55% 알루미늄합금 도금 : 갈바륨 강판, 3~5배 내식성 우수
  도어, 새시, 파이프에 사용
⑤ 아연-11% 알루미늄-3% 마그네슘 합금 도금 : 아연계 고내식성 도금
  건축용 각종 기구, 자동차 부품에 사용
⑥ 아연-마그네슘 도금 : 아연계 고내식성 도금
⑦ 주석-납(납≥75%) 합금 도금 : 내식성, 연납접성 우수
⑧ 주석-납(주석≥60%) 합금 도금

⑨ 주석-아연도금

(2) 전기 도금 강판

① 아연도금 : 가공성, 내식성, 도장성 우수

　자동차 내·외판, 에어컨, 세탁기, 팬 히터에 사용

② 아연-니켈 합금 도금 : 가공성, 내식성, 용접성 우수

　자동차 내·외판, 에어컨, 세탁기, 팬 히터에 사용

③ 동 도금

④ 니켈계 도금

⑤ 아연-주석-니켈 3층 도금 : 내식성, 프레스 가공성 우수

　자동차 외판에 사용

⑥ 주석 도금

⑦ 인산염 피막 아연도금

⑧ 전해 크롬산 처리(chromium plated tin free steel) : 비싼 주석 도금 강판 대체품

(3) 도장, 피복 강판

① 아연도금 도장

② 복합 도금 도장

③ 알루미늄 도금 도장

④ 염화비닐 도장

⑤ 도장(prepainted, precoated)

⑥ 기능성 도장

⑦ 라미네이트(laminated)

⑧ 법랑(porcelain enamel) : 이산화규소를 주성분으로 하는 유리질 유약을 피복하여 고온에서 구운 무기 피막 강판

(4) 클래드 강판

2) 도장 강판

미리 도장을 한 강판으로 이 강판을 쓰면 가전업체 등의 도장 공정 생략, 용접 생략 등에 의한 작업환경 개선 및 폐기물 감소, 생산 리드타임의 감소, 도장 시 불량률 감소, 반제품 재고 삭감 등 여러

가지 효과를 얻을 수 있다.

도막의 구조 제어에 의한 가공성과 경도 및 내오염성이 양립 가능한 도장 기술, 절단면의 내식성을 확보할 수 있는 도장 원판과 도료 개발, 용접을 대체할 수 있는 기계적 접합 기술 및 접착제 개발 등 도장 강판의 약점을 극복할 수 있는 기술의 개발에 따라 수요가 급속히 늘고 있다. 또한 아래와 같은 여러 가지 기능성 도장 강판도 개발되어 사용되고 있다.

- 고흡열 도장 : 내측의 서비스 도막으로 흡열성 피막을 시행
  DVD, PDP/LCD TV, TV 튜너, AV 기기 커버 등에 사용
- 고반사 도장 : 92~98%의 높은 확산 반사율, 상도 도막으로 고반사막 가능
  조명 기구 반사판, 액정 TV 부품에 사용
- 셀프 클리닝 도장 : 친수성 도막
  급탕기 외판, 에어컨 실외기 외판, 레인지 후드 등에 사용

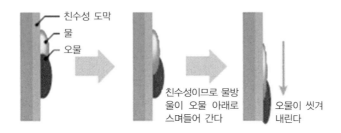

- 고가공성 메탈릭 도장 : 굽힘, 드로잉 등 고가공용에 적합
  DVD, PDP/LCD TV, TV 튜너, AV 기기 커버 등에 사용
- 대전 방지 도장 : 정전기에 의한 먼지 부착 최소화
  냉장고 측판 등에 사용
- 귤 껍질(orange peel) 도장 : 귤 껍질 표면처럼 도장 표면을 오톨도톨하게 함
  에어컨 실외기 외판, 냉장고 측판, 세탁기 외판에 사용
- 돌, 나무, 가죽 무늬 도장

도장 강판의 대표적인 구조는 아래 그림과 같다.

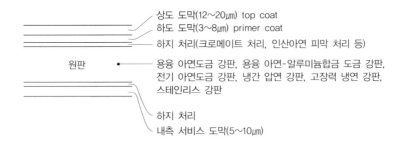

도장 강판은 성형 가공 및 접합 시에 특히 주의해야 하며, 성형 가공 시 주의할 점은 다음과 같다.

- 금형 설계 : 도장면에 닿는 부분은 경질 크롬 도금하는 것이 바람직하다.
- 틈새(clearance) : 일반적인 틈새보다 70% 정도 더 크게 한다.
- 누름 압력 : 표면이 미끄러우므로 누름 압력을 약간 강하게 한다.

한편 도장 강판의 접합 방식으로는 다음과 같은 방법을 주로 사용하고 있다.

- 기계적 방법

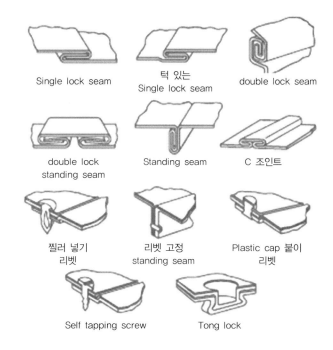

- 전기적 접합 : 돌기 용접(projection welding)과 스터드 용접을 주로 사용한다.

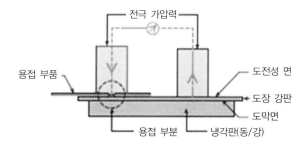

- 접착제에 의한 접합

3) 도장 피복 강판 제조

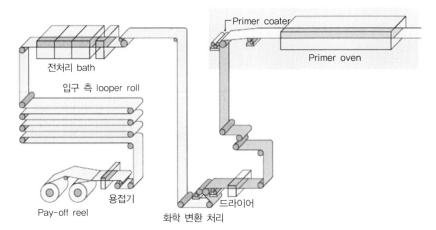

사용 원판 : 냉연 강판, 용융 아연도금 강판, 전기 아연도금 강판 등
    두께 0.3~1.6mm, 폭 600~1,320mm

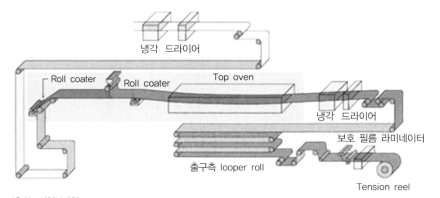

(출처 : 신일본제철)

8 열처리 종류와 목적

열처리의 종류

구분	방법		목적
일반 열처리 (전체 개질)	담금질 (quenching)	마르텐사이트화	경도 향상과 내마모성
		용체화 처리	가공성 향상
		서브제로 처리	시효 크랙, 경년 변형 방지
		오스템퍼	탄소강, 저합금강의 기계 특성 향상
	뜨임 (tempering)		잔류 음력 제거, 경도와 인성의 조정, 치수 안정성
		조절	담금 및 뜨임(QT 처리)
		시효 효과	인장, 피로강도 향상
	소준(nomalizing)		조직 균일화, 잔류 음력 제거, 피식성 향상(고합금강은 소둔)

열처리의 종류(계속)

구분	방법		목적	
일반 열처리 (전체 개질)	소둔(풀림) (annealing)	완전	중탄소강의 피삭성 향상	
		구상화	고탄소강의 피삭성 향상, 경화 크랙 방지	
		응력 제거	응력 제거	
		확산(중간)	경화 크랙 방지	
		자기		
		광휘		
		STS 안정화 처리		
	고용화(용체화)		피삭성 및 내식성 향상, 비철금속 강도 증가	
	석출 경화		경화, 내식성 향상	
표면 경화 열처리 (표면 개질)	침탄		인성과 내마모성 부여, 저탄소강에도 가능	
	질화		인성, 내마모성, 내피로성, 내식성 부여, 열변형이 적음	
	침탄 질화		인성과 내마모성 부여, 저탄소강에도 가능	
	연질화		내마모성, 내피로성, 내식성, 내슬라이딩성 부여, 열 변형이 매우 적음	
	고주파		필요한 부분에 표면 경화하며, 인성과 내마모성을 높임, 내피로성도 향상	중간비용
	화염			저비용
	레이저			고비용

시효 크랙(season crack) : 주조, 가공, 열처리 등에 의한 변형에 의해 시간이 지남에 따라 스스로 균열을 만드는 것
경년 변형(secular change) : 실온에서 장시간에 걸쳐 재료의 치수, 형상이 변화하는 것
경화 크랙(hardening crack) : 탄소량이 높은 강은 담금하면 내외의 팽창 불균일 때문에 자주 균열이 생기는 것

목적별 열처리 방법

목적	열처리 방법	
	철	비철
강도 증대	담금, 뜨임	용체화, 시효 처리
내피로성	Q, T, 침탄, 질화, 침탄 질화, 연질화, 고주파, 화염, 레이저	용체화, 시효 처리
내충격성	Q, T, 오스템퍼	
내마모성	Q, T, 침탄, 질화, 침탄 질화, 연질화, 고주파, 화염, 레이저	
내식성	Q, 연질화	용체화
저온 취성	Q, T	
조직 균일화	불림, 풀림	풀림
내부 응력 제거	풀림	풀림
치수 안정성	풀림, 서브제로	
냉간 가공성	풀림	풀림
피삭성	저탄소강 : 불림, 고탄소강 : 풀림	
Spring 특성 개선	Q, T, 오스템퍼	
내열성	Q, T, 연질화	
자기 특성	자기 풀림	용체화, 시효 처리
경년 변화 방지	서브제로 처리, 풀림	

❖ 재료별 열처리 종류, 목적 및 경도

강종	재료	목적 및 특성	열처리 종류	경도					
				OT(HB)	침탄 (HRC)	연질화(Hmv)		고주파 (HRC)	Q (HRC)
						가스	액체		
일반 구조물 압연강	SS400 SHP1 SCP1	내마모성	침탄 질화 가스 연질화			400~550			
기계 구조용 탄소강	SM30C SM35C SM40C SM45C SM50C SM55C	내마모성	Normaalizing Q & T(조질) 고주파 레이저 침탄	152~212 167~235 179~255 201~269 212~277 229~285		450~600	< 50	< 50	< 62
기계 구조용 합금강	SCr435 SCr440 SCM435 SCM440 SCM445 SNCM630 SMn438		Q & T (고탄소) 침탄 (저탄소)	255~321 269~331 269~331 285~352 302~363 248~302 212~285		600~800			
	SMn420 Scr415 Scr420 SCM415 SCM420 SNC415 SNCM420 SACM645		Q & T (고탄소) 침탄 (저탄소)		> HRC 58~60	900~1,200	< 50		
탄소 공구강	STC1 STC2 STC3 STC4 STC5 STC6 STC7 SK/STS93		Q & T	63~65 63~65 63~65 62~64 59~61 58~60 55~58					64~66 64~66 64~66 64~66 61~63 61~63 58~60 < 62
합금 공구강	STS3 STS21 STD8 STD11 STD61		Q & T	≥60 < 55 ≤58 < 53		1,000~1,200			< 62
고속도 공구강	SKH51 SKH55 SKH57		진공 열처리	≥58		550~650	< 50		< 62
스프링강	SPS3 SPS11	피로강도	Q & T						
베어링강	STB2 STB5	내마모성	Q & T 침탄	62~65					< 62

재료별 열처리 종류, 목적 및 경도(계속)

강종	재료	목적 및 특성	열처리 종류	경도					
				OT(HB)	침탄 (HRC)	연질화(Hmv)		고주파 (HRC)	Q (HRC)
						가스	액체		
STS									
오스테나 이트계	2xx 3xx	내식성	고용화 처리				<1,000		
마르텐사 이트계	420J2 440 431 416 410 403	내식성 강도 내마모성	Q & T						
페라이트계	430 434 410L	내식성	불림						
석출 경화계		고강도	고용화 후 석출 경화						
주철									
회주철	FC100 FC250 FC300 FC350		응력 제거 Q & T 질화 고주파 레이저			600~700			
구상 흑연 주철	FCD	강도 및 인성	오스템퍼						
알루미늄		강도 내식성 내열성	고용화 시효 처리 (석출 경화)						
Ti 합금		내마모성	시효 처리 질화			1,200~1,600			
동 합금	인청동	스프링성	저온 풀림						
	베릴륨동	강도	시효 처리						

찾아보기